KB266566

정점의 문명

책과함께

정점의 문명

역사의 황금시대가 가르쳐주는 것

요한 노르베리 지음 | 이재황 옮김

책과함께

일러두기
- 이 책은 Johan Norberg의 PEAK HUMAN(2025)을 우리말로 옮긴 것이다.
- 옮긴이의 설명은 〔 〕로 덧붙였다.

이 세상에서 유일하게 새로운 것은

아직 우리가 알지 못하는 역사임을

일깨워주신 아버지에게 바친다.

차례

서론

과거의 진보에 대해 더 이상 관심을 갖지 않는 사회는 머지않아 미래에 진보할 수 있는 자기네의 능력에 대한 믿음도 잃을 것이다.

— 조엘 모키어[1]

모든 민족에게는 기한이 있다. 정해진 기한이 도래하면 그것을 한 시간도 늦추거나 앞당길 수 없다.

—《쿠란》7장 34절

이런 감정은 역사적으로 중요한 도시들을 방문해본 많은 사람에게 익숙할 것이다. 나는 처음으로 아테네에 와서 그 민주적 에클레시아(민회), 플라톤의 아카데미아, 아리스토텔레스의 리케이온을 순례했다. 그리고 그 순례 과정에서 깊은 슬픔을 느꼈다. 이곳은 인류 역사에서 가장 이례적인 몇몇 순간이 펼쳐진 무대였는데, 남아 있는 것이라고는 잡석, 쓰레기, 개 배설물뿐이었다. 부산한 생기 대신에 정적이 흘렀고, 그 정적은 이따금 지나가는 취객에 의해 깨질 뿐이었다.

물론 나는 아테네에서 대단한 아름다움도 경험했다. 아크로폴리스 위의 거대한 기념물 같은 것들이다. 그러나 그조차도 지나간 영광의 표본이었다. 이곳은 과거에 세상의 중심지 노릇을 했으나, 이제는 한데 그러모은 기둥, 돌 토막, 파편들이 과거의 인상적이었던 모습을 말해주고 있다.

고대 그리스를 깊이 흠모했던 시인 퍼시 비시 셸리Percy Bysshe Shelley는 왕 중의 왕 오지만디아스Ozymandias〔이집트의 파라오 람세스 2세의 존호 우세르마아트레 세테펜레Usermaatre Setepenre의 그리스식 변형〕의 부서진 기념비에 대해 쓰며 그런 생각을 했을 것이다.

너희 힘 있는 자들아, 나의 업적을 보라, 그리고 절망하라!
그밖에는 아무것도 남아 있지 않다.
(…)

외롭고 평탄한 사막이 멀리까지 펼쳐져 있다.

위대한 문명의 덧없음을 마주치자 내 마음은 뛰기 시작했다. 문명들이 어떻게 그토록 거창하게 떠오를 수 있었고, 어떻게 그렇게 철저히 몰락해 거의 흔적조차 남기지 않게 되었을까? 이런 물음은 언젠가 여행자들이 우리의 자랑스러운 유적과 광장들을 찾아와, 우리 문명이 왜 길을 잃어 이렇게 굼뜨고 정체된 상태가 됐는지를 숙고하지 않을까 하는 생각으로 나를 이끌었다.

지금은 역사 속 황금시대에 대해 쓰기에 위험한 시대다. 권위주의와 대중영합주의가 부활해 이웃한 민주주의 국가를 없애고자 하는 잔혹한 독재자들이 존재하는 시대이며, 진보에 대한 믿음보다 불가피한 쇠퇴에 대한 두려움이 더 만연한 시대다. 이렇게 말하면 나의 동기에 대한 의혹을 불러일으킬 수 있다. 미국의 법학자 해럴드 버먼Harold Berman이 서양 법의 등장에 관한 훌륭한 역사서를 썼을 때와 비슷한 것 아니냐는 추측이다. 사람이 물에 빠져 죽을 때는 지나온 삶 전체가 눈앞에 떠오른다고 하는데, 아마도 박두한 파국에서 벗어날 방도를 자신의 경험 속에서 찾으려는 무의식적인 노력일 것이다.[2]

나는 그렇게 멀리까지는 가지 않겠다. 우리는 아직 물에 빠진 것은 아니다. 그러나 인류의 역사적 경험에서 배우는 일은 나쁜 상황에 빠지지 않도록 하는 데 도움을 줄 수 있다. 어쩌면 우리 배를 계속 항해 가능한 상태로 유지하는 데 도움을 줄지도 모른다. 우리는 과거의 실수를 반복하지 않기 위해서 역사를 공부해야 한다고 말하고, 그것은 훌륭한 얘기다. 그러나 우리 조상들이 실수만 저지른 것은 아니다.

인류의 역사는 타락과 공포의 긴 목록이지만, 동시에 인류의 대부분을 그러한 공포로부터 최초로 해방시킨 지식·제도·기술의 원천이기도 하다. 역사 기록은 인류가 탐험, 상상력, 혁신이라는 측면에서 무엇을 해낼 수 있는지를 보여준다. 이것 자체가 역사를 공부해야 할 중요한 이유다. 무엇을 할 수 있는지에 대한 우리의 정신적 지평을 넓혀주기 때문이다.

이 책은 세계의 위대한 문명 가운데 일곱 개 문명을 다룬다. 고대 아테네, 로마 공화국과 초기 제국, 아바스 칼리파국, 중국의 송나라, 르네상스 이탈리아, 네덜란드 공화국, 그리고 영어권 세계다. 왜 이들을 선택했는가? 내가 이해하기로, 이들 각각이 내가 황금시대라고 생각하는 시기를 대표하기 때문이다. 황금시대는 짧은 기간 안에 여러 분야와 부문을 혁명적으로 바꾼 수많은 혁신이 나타난 시기다. 황금시대는 낙관주의 문화와 연관되어 있으며, 이는 사람들이 새로운 지식을 탐구하고 새로운 방법과 기술을 실험하며 그 성과를 서로 교환하도록 장려한다. 그 특징은 그 이전 및 이후의 시기와 비교해, 그리고 당대의 다른 문화와 비교해 두드러지는 문화적 창의성, 과학적 발견, 기술적 성취, 경제적 성장이다. 그 결과로 평균적인 생활수준이 높아지며, 이는 통상 다른 이들뿐 아니라 흔히 그 후손들까지도 부러워하는 대상이 된다.

이 책은 다른 많은 문화들을 탐구하는 훨씬 두꺼운 책이 될 수도 있었다. 왜냐하면 황금시대는 지리·민족·종교에 따른 것이 아니라, 우리가 이러한 여건들을 어떻게 변모시키느냐에 달려 있기 때문이다. 그리고 여기서 다룬 문화들은 이런저런 이유로 자신들의 신앙과 전통의 특정 부분을 해석하거나 강조하기 시작해 경이로운 일(상인과 이주민을 통해 들어오거나 내부의 괴짜들이 꿈꾸거나 혹은 누군가가 우연히 발견한 색다른 생각과 방법)을 이루는 데 더 열려 있던 시대에 우연히 앞서 나가게 됐을 뿐이다.

이러한 진보에는 중요한 전제조건이 있으며, 이어지는 여러 장에서도 툭툭 튀어나올 것이다. 기본적인 원료는 그로부터 배우고 새로운 방식으로 결합할 수 있는 다양한 생각과 방법들이다. 따라서 진보를 이루기 위해서는 일정한 인구 밀도가 필요하고, 도시 복합체는 종종 특히 창의적이다. 다른 문명의 기여를 받아들이는 것은 더 많은 두뇌를 활용할 수 있는 가장 빠른 방법이며, 이 때문에 황금시대는 종종 다양한 문화가 교차하는 지점에서 나타난다. 그리고 모든 경우 국제 무역, 여행, 이주가 가져온 자극에서 큰 도움을 받았다. 그들은 대개 해양 문화였고, 늘 새로운 발견을 찾아 두리번거렸다. 프랑스 역사가 페르낭 브로델Fernand Braudel이 탁월하게 간파했듯이, 거리는 "문명의 가장 큰 적"이다.

이러한 원료를 활용하기 위해서는 포용적인 사회가 필요하다. 시민들은 봉건 영주, 중앙집권적 정부, 약탈하는 군대의 변덕에 휘둘리지 않은 채 실험하고 혁신할 자유가 있어야 한다. 이를 위해서는 평화, 법치, 그리고 안정된 재산권이 필요하다.

가장 중요한 것으로는 무엇을 믿고 생각하고 말해야 할지, 어떻게 살고 무엇을 해야 하는지에 대해 위에서 강요하는 정통주의orthodoxy가 없어야 한다. 우리가 받아들일 수 있는 영역을 이미 알고 익숙한 것으로 제한한다면 우리는 그 한계에 갇힐 것이고, 필연적으로 침체에 빠질 수밖에 없다. 우리가 더 많은 지식, 부, 기술적 능력을 원한다면 부적응자나 말썽꾼들에게도 어느 정도 여지를 주어야 한다.

이 책에서는 발견, 혁신, 적응을 위해 구축된 제도가 과학, 문화, 경제, 전쟁에 얼마나 깊은 영향을 미쳤는지를 살펴볼 것이다.

이러한 제도를 오랫동안 유지하는 것은 쉽지 않다. 황금시대를 연구하면서 가장 우울한 점은 그것이 오래 지속되지 않는다는 사실이다. 2300년씩이나 걸려 아테네로 돌아갈 필요가 없다. 진보의 중심지를 몇십 년 뒤에 다시 찾았을 때 이미 모든 것이 끝나버린 사례가 많다. 같은 장소, 같은 전통, 같은 사람들이지만, 대체할 수 없는 그 불꽃이 사라져버린 것이다.

미국 캘리포니아의 역사학자 잭 골드스턴Jack Goldstone은 이러한 일시적 성장의 사례를 '개화efflorescence'라고 부른다.[3] 이는 사실 '반反위기'를 일컫는 또다른 말이다. 위기가 인간의 안녕 지표가 갑작스럽고 예상치 못하게 하락한 것이라면, 개화는 급격하고 예상치 못하게 상승한 것이다.

골드스턴은 대부분의 사회가 이러한 개화를 경험했으며, 그것이 통상 여러 세대에 이어질 사상, 정치 조직, 경제생활의 새로운 패턴을 만들어냈다고 주장한다. 이는 인류가 오랜 정체의 역사를 보내다가 어느 순간 갑자기 진보를 이루었다는 흔한 관념을 바로잡아준다. 역사는 성장과 진보로 가득하다. 그것은 자동적이고 가속적인 것이 아니라 언제나 주기적인 개화였을 뿐이다. 다시 말해서 이러한 시기는 오래가지 않는다. 그래서 뒤이은 백은시대, 청동시대, 흑철시대의 사람들조차 흔히 자신들의 시대를 황금시대로 여겼다.

역사에는 마치 '현상 유지 대여과기Great Status Quo Filter'가 존재하는 것처럼 보인다. 이는 외계 생명체가 있을 법함에도 불구하고 왜 우리가 그들을 발견하지 못하느냐는 엔리코 페르미Enrico Fermi 역설에 대한 가설과도 비슷하다〔여기서 '대여과기'는 문명의 무한한 발전을 가로막고 있는 필연적인 이유를 상징하는 존재다). 어느 시대든 문명은 억압과 결핍이라는 족쇄에서 벗어나려 했지만 갈수록 반대의 힘이 커졌고, 머잖아 그 힘이 문명을 다시 땅으로 끌어내렸다. 자기네를 끌어올린 혁신으로 충분한 이득을 누린 엘리트들은 뒤에 남은 사다리를 걷어차고 싶어하고, 변화에 위협을 느끼는 집단은 문화를 정통주의 속에 화석화하려 하며, 공격적인 이웃은 성공한 자의 부에 매혹되어 그 황금알을 차지하기 위해 거위를 죽이려 든다.

그렇다면 지적·경제적·정치적 엘리트들은 왜 계속해서 경이와 혁신을 가져오는 체제를 받아들일까? 물론 그 체제가 사회 전체에 더 많은 자원을 제공할 수 있지만, 처음에 자신들을 권좌에 올려놓은 기존 질서를 뒤흔들 위험도 존재한다. 흔히 이런 제도는 우연히 혹은 혁명적 격변의 결과로 생겨났다. 아니면 어려운 상황에서 중요한 해결책을 제공했기 때문에, 또는 경쟁자와 치열하게 경쟁하는 시기에 필요한 자원과 기술을 확보하기 위해 받아들일 수밖에 없었기 때문에 의도치 않게 부상했다.

그러나 조만간 대부분의 엘리트는 안정을 되찾고, 정통주의를 다시 강요하기 시작하며, 예측 불가능성을 없앤다. 유명한 경제사학자 조엘 모키어Joel Mokyr는 이를 기술사학자 D. S. L. 카드웰Donald Stephen Lowell Cardwell의 이름을 따 '카드웰의 법칙'이라고 부른다. 카드웰은 대부분의 사회에서 기술적으로 창의적인 시기는 아주 짧게만 이어진다고 주장했다.[4]

변화로 인해 잃을 것이 많은 기득권층의 사익에 대한 인식은 창의성과 성장이 왜 종식되는지를 상당 부분 설명해준다. 그러나 그런 집단은 언제나 존재하며, 항상 미래의 발걸음을 멈추게 하려고 애쓴다. 그들의 반작용이 어떤 시기와 장소에서는 성공하지만 다른 경우에는 실패하는 이유는 무엇일까? 여기에 작용하는 요소는 여러 가지이며, 이들은 이 책에서 중요하게 다뤄질 것이다. 그러나 그 모든 요소를 강화하는 심리적 요인이 하나 있다.

미술사가 케네스 클라크Kenneth Clark는 "문명의 최악의 적은 무엇인가?"라고 묻고 이렇게 답했다. "무엇보다도 두려움이다. 전쟁에 대한 두려움, 침략에 대한 두려움, 전염병과 기근에 대한 두려움이다. 이런 것들은 무언가를 만들거나, 나무를 심거나, 심지어 내년 농사를 지을 가치조차 없게 만든다. 그리고 초자연적인 것에 대한 두려움도 있다. 아무것도 의문시하거나 변화시키지 못하게 하는 두려움이다."[5]

우리 인간은 두 가지 기본 설정을 가지고 있다. 우리는 교역자이면서 동시에 부족 생활자다. 초기 인간은 탐험, 실험, 교환을 하려 했고, 새로운 장소, 상대자, 지식을 발견하려 했기 때문에 (상대적으로) 번영했다. 그러나 때로는 위험에 대한 날카로운 감수성을 지니고, 잠재적 위협에 즉각 반응(맞서 싸우거나, 익숙한 장소인 자기네 동굴과 부족에게로 도망쳐 돌아갔다)한 덕분에 모험에서 가까스로 살아남았다. 우리에게는 본성상 모험심 측면과 위험 감수성 측면 모두가 필요하다. 하지만 호모 사피엔스가 출현한 이후 수십만 년 동안은 세계가 오늘날보다 훨씬 위험했기 때문에, 우리의 '육감'이 지나칠 정도로 위협에 민감했다. 그 결과 이 감각은 종종 잘못 작동하며, 분열시키고 장악하려는 이들이 쉽게 이를 조작할 수 있다.

나의 책 《개방: 인류의 진보 이야기》Open: The Story of Human Progress에서 설명했듯이, 이런 불안의 측면은 우리가 사바나를 떠나 더 안전한 세상에서 살게 된 후에도 인간 본성의 중심에 남아 있다. 공동체가 예컨대 이웃 국가의 군대, 유행병, 경기 침체, 갈등 등으로 위협을 느끼면 흔히 사회 전체에 '투쟁 혹은 도피' 본능이 작동해 희생양을 찾거나 물리적·지적 장벽 뒤로 숨으려 한다. 그러나 복잡한 위협은 단순한 회피나 공격이 아니라 배움과 창의성을 요구할 것이다.

우리는 문명이 교역과 실험을 받아들일 때는 번영하고, 문화적 자신감을 잃을 때는 쇠퇴하는 것을 반복해서 목격한다. 위협을 받으면 우리는 흔히 안정성과 예측 가능성을 추구하며, 낯설고 예측 불가능한 것을 배척한다. 안타깝게도 이것은 흔히 재앙에 대한 두려움을 스스로 실현시킨다. 그런 장벽은 다른 가능성으로 향하는 접근을 차단하고, 위협에 대응하는 데 도움을 줄 수 있었을 적응과 혁신을 제한하기 때문이다. 무력화에 대한 공포의 문제점은 그것이 정말로 무력화하는 경향이 있다는 것이다.

나는 두려워할 것은 두려움 자체뿐이라고까지 말하고 싶지는 않다. 그것은 무장한 약탈자나 흑사병을 너무 가볍게 보는 말일 것이다. 그러나 폐쇄적이고 억압적인 불안은 우리가 그 위협에 맞서기 위해 필요한 도구를 빼앗아간다는 사실은 분명하다. 외부의 적은 사람을 죽이고 파괴할 수는 있어도, 호기심과 창의성을 죽일 수는 없다. 그것은 우리 스스로만이 할 수 있는 일이다.

역사는 흔히 반복되는데, 그것은 인간 본성도 반복되기 때문이다. 모든 황금시대는 끝났지만, 단 하나만은 예외다. 바로 우리가 지금 살고 있는 시대다. 미국 언론인 노먼 커즌스Norman Cousins는 "역사는 거대한 조기 경보 장치다"라고 말했다. 이것이 우리 문명에게 어떤 영향을 줄까? 이에 대한 나의 생각은 다른 사례들을 살펴본 뒤에 이야기하겠다. 다만 한 가지는 말할 수 있다. 우리가 헤엄치는 법을 알고 있다 하더라도 그것은 저절로 이루어지는 것이 아니라 의식적 노력을 필요로 한다. 그렇기 때문에 때때로 역사의 수영 교습을 반복하는 것이 도움이 된다.

나의 주장을 현대의 문화전쟁이라는 맥락 속에 놓는다면 나는 모든 문화가 동등하다는 상대주의적 주장도, '그리고' 문명 대 야만(흔히 유럽의 유대-기독교 문명 대 나머지라는 구도)이라는 두 개의 대립적이고 충돌하는 문화에 서열이 있다는 주장도 반대한다.

일부 문화는 다른 문화보다 더 낫다. 이를 부정하는 것은 물리학자 데이비드 도이치David Deutsch가 지적했듯이 "자기네 문화의 미래 상태가 현재보다 더 나아질 수 있음을 부정"하는 것이다.[6] 그렇다면 가산家産 노예제와 인권이 똑같이 좋다는(혹은 나쁘다는) 말이다. 어떤 문화는 남의 것을 빼앗는 것이 아니라 서로 도움을 줄 수 있는 제도를 제공하기 때문에 다른 문화보다 더 낫다. 그런 시대는 억압과 파괴가 아니라 자유와 기회를 창출한다. 이 책에서 우리가 보게 될 것들이다.

하지만 여기서는 대립하며 충돌하는 두 문명의 내재적 특성을 이야기하는 것이 아니다. 이 책에서 다루는 일곱 차례의 황금시대에는 토착신앙인, 이슬람교도, 유학자, 가톨릭교도, 칼뱅교도, 성공회 신자, 세속 문명 등이 모두 등장한다. 한 시대에는 야만인으로 보였던 이들이 다음 시대에는 과학과 기술의 세계적 선도자가 되었고, 그후에는 다시 역할이 바뀌었다. 그들은 단지 다른 문명에서 온 기여를 가장 잘 받아들였고, 그 덕분에 더 많은 두뇌를 활용할 수 있었던 시대에 두각을 나타냈을 뿐이다.

이 때문에 민족주의적 우파도, 깨어 있는 좌파도 문화적 뒤범벅에 대한 그들의 십자군에서 형편없이 비역사적이다. 문명은 타고난 속성을 지닌 단일체가 아니라, 그들이 다른 곳에서 발견한 것을 어떻게 다루고 채용하고 적응(원한다면 전용)시키느냐에 따라 규정되는 복잡하고 성장하는 유기체다. 문명이 그런 모습을 띠게 만드는 것은 바로 그 연결과 조합이다.

독자가 이 책을 읽고 난 뒤 문명화된 일곱 개의 문명이 존재했고 나머지는 미개했다는 인상을 갖게 된다면 나는 일을 제대로 하지 못한 것이다. 자유와 강압 사이, 이성과 미신 사이의 싸움은 문명들 사이의 충돌이 아니다. 그것은 모든 문명 '내부'에서, 그리고 어떤 의미에서는 우리 각자 내부에서 벌어지는 충돌이다. 모든 문화, 국가, 정부는 품위와 창의성을 발휘할 수도 있고, 무지와 경악스러운 야만성을 드러낼 수도 있다. 그렇기 때문에 '황금시대'란 다른 문명과의 비교만이 아니라, 그렇지 않았다면 어떤 모습이었을지와의 대비를 통해 이해되어야 한다. 물론 순수한 의지만으로 되는 것은 아니지만, 우리 각자는 지구상의 이 특별한 장소를 품위 있고 창조적인 곳(그 반대가 아니라)으로 만들 의지를 우리 속에 지니고 있다.

그런데 '도대체 누구에게 황금시대였는가?'라는 질문은 과도하게 예민한 구호가 아님을 강조해야겠다. 이 책에서 다루는 모든 문명은 노예제를 시행했고, 여성의 기본적 권리를 부정했으며, 이웃 집단을 남녀노소 마지막 한 사람까지 말살하는 데서 큰 기쁨을 느꼈다.

때때로 나는 이러한 시대들을 돌아보며, 그 시대에 살았다면 얼마나 멋졌을까 하는 꿈을 꾸려는 유혹을 받는다. 아테네 리케이온이나 바그다드 베이툴히크마Bayt al-Ḥikmah('지혜의 전당')에서 철학을 논하고, 키케로나 송나라 황제와 정치 전략을 이야기하고, 로마 만신전 판테온이나 레오나르도 다빈치의 그림 〈최후의 만찬〉이나 인쇄술의 창조 현장에 함께 있었다면 말이다. 하지만 그럴 때마다 나는 내가 그런 곳 근처에도 갈 수 없었을 것임을 상기한다. 나는 굶주림과 약탈자로부터 가족을 지키기 위해 절박하게 몸부림치는 가난한 농민이었을 것이다. 그것도 운이 좋은 축에 속했다면 말이다.

고전학자 메리 비어드Mary Beard가 지적했듯이, 사람들이 로마제국을 동경한다고 말할 때 그들은 언제나 자신이 황제나 원로원 의원(겨우 수백 명이었다)이었을 것이라고 상상하지, 광산이나 농장이나 남의 집에서 일한 노예(수백만 명이었다)였을 것이라고는 상상하지 않는다.

기록으로 남은 역사는 문자를 아는 극소수 엘리트의 작품이며, 대부분의 사람들은 대부분의 시대에 험난하고 잔혹하며 짧은 삶을 살았다. 사실 이는 소수의 엘리트들도 마찬가지였다. 아무리 권력이 막강해도 불운하게도 변덕스러운 통치자의 기분을 상하게 하면 한순간에 모든 것을 잃을 수 있었고, 심지어 통치자 자신도 예컨대 세균 감염이나 외적의 침입 앞에서는 속수무책이었다. 역사서에서 어떤 도시가 "약탈당했다"라고 기록할 때마다 그것은 수천 명의 민간인이 강간당하고 신체를 훼손당하고 장기가 꺼내졌다는 의미임을 기억해야 한다. 이것은 또한 인류가 어떤 일을 저지를 수 있는지를 보여준다.

우리 조상들이 이를 헤쳐 나왔다는 것은 그들이 위대하다는 증거다. 수만 세대가 공포와 굶주림을 겪었고, 그러다가 최근의 열 세대 동안에 모든 것이 갑자기 변했다. 그 변화 덕분에 오늘날 많은 사람이 평화, 민주적 자유, 배불리 먹는 삶을 자연스러운 상태로 여기기 시작했다. 역사는 단순한 범죄 현장이 아니다. 역사는 또한 인류가 무엇이 범죄인지 깨닫고 그것을 극복하는 방법을 찾는 데 도움을 준 생각들이 발전한 장소다. 이전 세대가 충분히 개명하고 선량하지 않았다는 이유로(실제로 그렇지 않았다) 그들의 모든 성취를 폐기해버린다면 우리는 결국 무엇이 개명하고 선량한 것인지 분별할 능력을 잃게 될 것이다. 왜냐하면 그러한 표현과 도덕적 감수성 자체가 그들의 투쟁 속에서 형성됐기 때문이다.

그러니 잡초가 무성한 과거의 폐허 속에서 우리 문명이, 골드스턴이 말한 일시적 개화의 긴 목록에 하나 더 추가하는 데 그치지 않도록 담보하는 데 도움이 될 수 있는 무언가 자극이 되고 유용한 것을 발견한다면, 그것을 위해 함께 노력해야 한다. 예전에 요한 볼프강 폰 괴테가 말했듯이, 전통은 부모로부터 물려받는 것이 아니라 스스로 획득해야 한다.

요한 노르베리

1장

아테네

민주주의자, 몽상가, 기타 일탈자들

인류의 역사에서 그리스는 인류가 가장 아름다운 젊음과 신부 같은 아름다움을 경험한 장소로 영원히 남을 것이다.

— 요한 고트프리트 헤르더[1]

페리클레스의 탄생(서기전 495)과 아리스토텔레스의 죽음(서기전 322) 사이에 놓인 이 시기는 의심할 여지 없이 (⋯) 세계 역사에서 가장 기억할 만한 시기다.

— 퍼시 비시 셸리, 1815[2]

소크라테스, 플라톤, 아리스토텔레스가 없었다면 그후 2천 년 동안 철학이 없었을 것이고, 그 이후에도 없을 것이다.

— 존 스튜어트 밀, 1843[3]

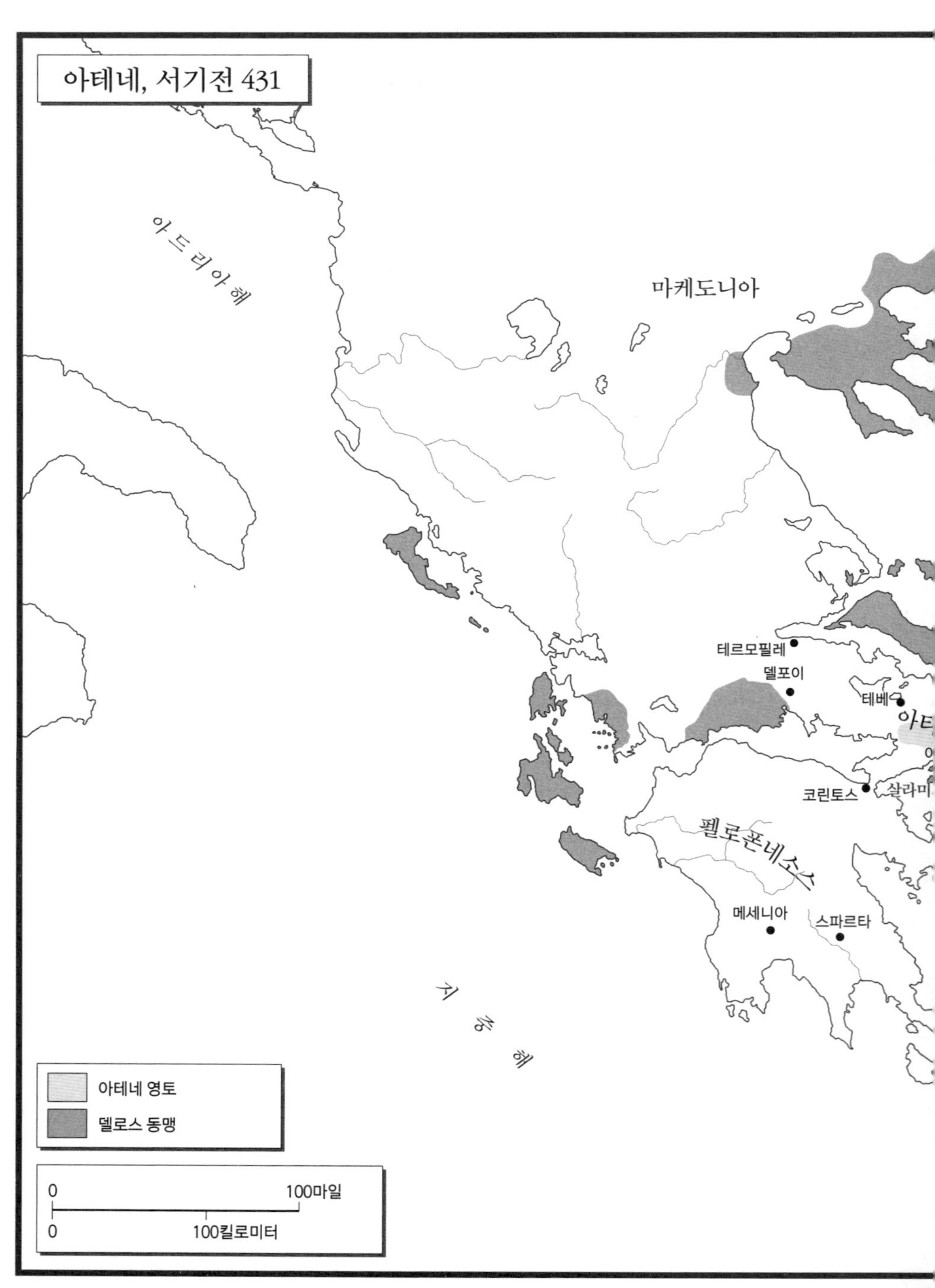

아테네, 서기전 431
마케도니아
아드리아해
테르모필레
델포이
테베
아테
코린토스
살라미
펠로폰네소스
메세니아
스파르타
에게해
아테네 영토
델로스 동맹
0
100마일
0
100킬로미터

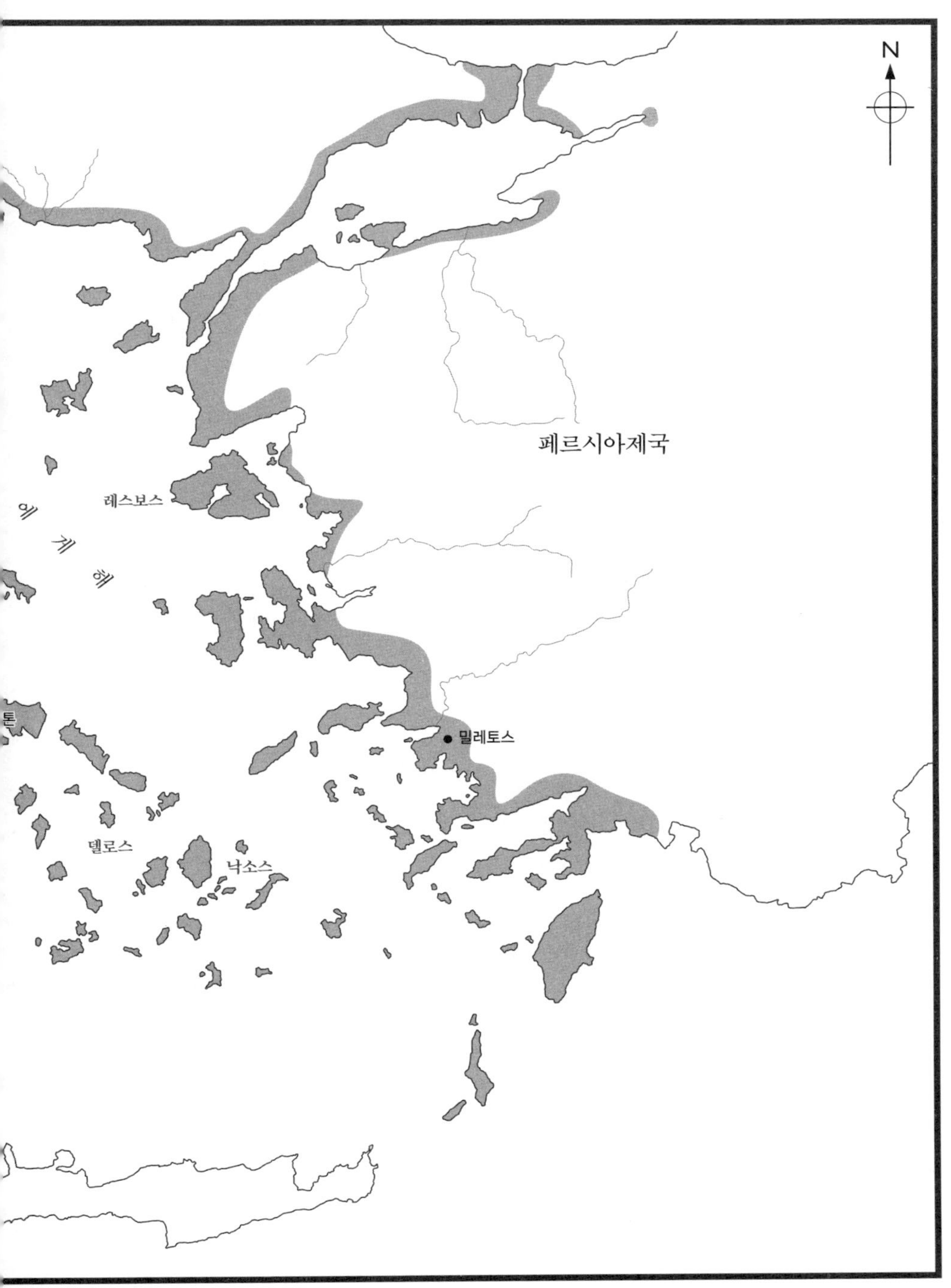

N
페르시아제국
레스보스
에게해
델로스
낙소스
밀레토스
토

어떤 이들에게 이것은 서방 문명의 기원에 대한 이야기다.

서기전 480년, 강력하고도 전제적인 페르시아제국이 그리스를 침공해 매우 독립적인 도시국가들을 파괴하려 했다. 그들이 장차 로마제국과 이어 유럽 전역에 자극을 주게 될 황금시대를 만들어내기 전이었다. 헤로도토스에 따르면, 크세르크세스 1세의 광대한 페르시아제국 곳곳에서 모인 250만 대군은 땅을 흔들며 많은 강물을 다 마셔버렸다. 1200척의 함대를 거느린 페르시아군은 막 태동하던 그리스의 개명을 파괴할 태세였다. 게오르크 빌헬름 프리드리히 헤겔의 말에 따르면, "세계사의 이해관계가 백척간두에 서 있던" 순간이었다. 한 군주 아래 통합된 세계와 자유로운 개성이 약동하는 독립 국가들이 "전투 대열을 갖추고 마주 섰다."4

하지만 그때 기적적으로 인류 역사상 가장 거대한 군대의 진격은 해안 근처의 좁은 테르모필레 통로에서 멈춰 섰다. 그들을 막아선 것은 300명에 불과한 스파르타 전사와 일부 동맹군이었다. 스파르타는 펠로폰네소스반도 동남부의 찬탄을 자아내는 권위주의적 도시국가로, 엄격한 위계질서와 조직화된 생활방식으로 통치되고 있었다. 지주 계층은 모든 시간을 훈련과 운동에 바쳤다. 스파르타인들은 전투에서 가장 용맹했고 거의 언제나 승리했으며, 승리하지 못할 때는 차라리 전사戰死를 택했다. 스파르타 여성들은 남편과 아들에게 "방패를 들고 오든지, 아니면 그 위에 실려 오라"고 말했다. 방패는 무거웠고, 적에게서 도망치기 위해 방패를 버리는 것은 죽음보다 더 큰 치욕이었다.

레오니다스 왕의 지휘 아래, 죽음을 각오한 300명의 스파르타 전사들은 수십만의 페르시아군을 저지했다. 무기를 내려놓으라는 요구에 스파르타인들은 유명한 말로 응수했다. "와서 가져가 보라." 크세르크세스는 스파르타인을 상대로 세 대륙에서 모은 최정예 병력을 투입했으나 그 방어선을 뚫지 못했다. 그러나 잔혹한 전투의 둘째 날이 끝나갈 무렵에 그리스인들은 배신을 당했다. 누군가 페르시아군에게 산길이 있다는 것을 알려주어 그리스군 전열의 후방으로 돌아갈 수 있게 한 것이다. 스파르타인들은 동맹군에게 도망치라고 했지만 정작 자신들은 끝까지 싸우기를 택했다. 그들은 방어선 뒤에서 나와 싸우다 차례차례 쓰러져갔지만, 그전에 수천 명의 침략자를 하데스(저승)로 데리고 갔다.

레오니다스 왕과 그의 병사들은 열천熱泉이 있어 테르모필레('뜨거운 관문')라 불린 곳에서 전사했지만, 페르시아군의 진격을 지연시켰고 다른 이들이 병력을 모을 시간을 벌어주었다. 그뿐만 아니라, 스파르타인들은 그들의 고귀한 희생을 통해 그리스인들에게 반격에 나서도록 자극을 주었다. 결국 그리스인들은 단결해 페르시아군을 물리쳤고, 레오니다스의 희생은 패배가 아니라 승리의 시작이었다. 그 희생으로 그리스인들은 자유를 지켜냈고, 그 덕분에 아테네와 다른 도시들은 문화적 번영과 과학적 발견의 놀라운 시대를 열어젖힐 수 있었다. 이는 더 나아가 서방 문명과 현대 세계의 창조로 이어졌다.

이것은 놀라운 이야기이고, 내가 처음 역사와 고대 세계에 매혹되게 했던 일화 가운데 하나다. 하지만 유감스럽게도, 이 이야기는 거의 전부 헛소리다.

스파르타의 패자들

페르시아의 침공은 실제로 일어났고, 그리스 전역이 거의 크세르크세스의 지배 아래 놓일 뻔했다. 250만 명이라는 병력 규모는 엄청난 과장이지만, 현대 추정치인 약 25만 명에 더 가깝다 해도 그것은 여전히 당시 세계 역사상 가장 큰 규모의 침략군이었다. 그러나 스파르타인들은 그 페르시아 군대를 격파하지 못했으며, 그리스 안에서는 물론 심지어 자기네 도시 안에서조차 자유의 수호자가 아니었다. 그들은 소수의 과두정으로 악명 높았고, 대부분의 그리스인들과 달리 다른 그리스인들을, 사실상 이웃 주민 전체를 열광적으로 노예화했다. 스파르타 지주 엘리트의 생활방식은 주변의 예속민인 헤일로타이Heilôtai 인구를 노예로 만들어 자기네가 가진 땅을 경작하게 한 덕분에 가능했다. 이후 전쟁들에서 스파르타가 아테네인이나 코린토스인을 스스로 이기지 못하자, 그들은 페르시아가 다시 돌아와 같은 그리스인들을 굴복시키는 지역 집행자 노릇을 해주기를 기꺼이 바랐다.

스파르타인들에 대해 말할 수 있는 유일하게 긍정적인 점은 소년과 장정을 7세부터 30세까지 혹독한 군대식 '아고게agōgē' 학교로 분리(그들의 통과의례는 영화에 나오는 것처럼 늑대를 죽이는 것이 아니라, 비무장 노예에게 몰래 접근해 암살하는 것이었다)한 덕분에 여성들이 가정의 관리자로서 비교적 강한 사회적 위치를 가졌다는 것이다.

스파르타인들은 선전에서처럼 무적의 병사가 아니었다. 그들은 다른 사람들보다 훈련을 더 많이 받은 훌륭한 보병이었지만, 평균적인 그리스군보다 훨씬 뛰어나지는 않았다. 126차례의 스파르타 군사 교전을 평가한 분석에 따르면, 그들이 명확히 승리한 것은 50차례에 불과했고, 5차례는 무승부, 71차례는 패배였다.[5] 그리고 패하거나 패배할 위험에 처하면 그들도 흔히 다른 사람들과 마찬가지로 도망쳤다. 말하자면 돌아올 때 방패 위에 실려 오는 것이 아니라 방패를 버려두고 말이다.

고전학자 브렛 데버로Bret Devereaux는 스파르타인들이 전쟁에서 창의적이지 않고 대개 같은 방식을 되풀이하려 했다고 주장한다. 그들은 병참을 제대로 익히지 못했고, 새로운 전술이나 제병諸兵 연합, 해군 작전을 실험하지도 않았다. 스파르타가 전략적 목표를 얼마나 잘 달성했는가로 그들을 평가하면서 데버로는 이렇게 썼다.

스파르타의 군대는 전면적인 실패다. 스파르타인은 발군의 병사가 아니었고, 훈련도 훌륭하지 않았다. 아고게는 사실 발군의 병사를 만들기는커녕, 스파르타인들을 융통성 없고 오만하고 비창의적으로 만들었고 그러한 결점이 스파르타 권력의 쇠퇴를 직접 초래했다. (…) 스파르타 체제의 공포, 아고게의 추악함, 헤일로타이 억압, 일상생활 통제는 모두 아무 소용이 없었다. 더 나쁜 것은, 그것이 기본적인 문제의 해결 방법조차 생각할 줄 모르는 스파르타 지배 계층을 만들어냈다는 점이다.[6]

테르모필레에서 스파르타인은 300명이 아니라 아마도 5천 명 이상이었고 여기에 다른 그리스 동맹군이 가세했을 것이다. 스파르타는 주력 부대를 본국에서 멀리 떨어진 곳에서 위험에 빠뜨리지 않기로 결정했고, 소수의 병력만 동원된 것은 두 개의 축제가 진행 중이어서 대다수의 사람들이 본국에 머물고 있었기 때문이라고 핑계를 댔다. 그러나 그들은 싸우지 않을 적당한 구실을 찾지 않았던 여러 도시의 수천 명과 합류했다. 심지어 파멸로 끝난 최후의 항전에서 주력이 떠난 뒤에도 300명의 스파르타인은 테스피아이 및 테베군과 함께 있었고, 스파르타는 그들의 노예들까지 남아 싸우라고 명령했기 때문에 전체 병력은 약 2천 명 정도였으며 스파르타인은 그중 가장 작은 부대였다.

그들의 희생이 그리스인들에게 페르시아에 맞서 단결해 싸우도록 자극한 것도 아니었다. 그들은 이미 단결한 상태였다. 테르모필레에서 싸우기로 한 결정은 그리스 도시국가 연맹 회의에서 공동으로 내린 것이었고, 그 전투가 벌어지는 동안 페르시아군이 육군을 측면에서 포위하는 것을 막기 위해 연합 그리스 함대가 테르모필레 앞바다에서 페르시아 함대와 싸우고 있었다. 이는 아테네인들이 촉구한 조치로, 함대의 스파르타인 지휘관 에우리비아데스Eurybiades는 페르시아군이 해상에서 무적이라고 투덜대며 펠로폰네소스로 철수해 육군에 의존하자고 주장했기 때문이다. 한 역사가의 말처럼, 그는 "아마도 그리스 제독으로서 최상의 자격을 갖추지는 못한" 자였다.[7] 아테네인들은 그를 붙잡기 위해 돈을 주어야 했다.

결정적으로, 테르모필레 전투는 후대의 신화가 말하는 것과 같은 큰 승리가 아니었다. 정반대로, 그것은 전쟁 전체를 거의 망칠 뻔한 대실패였다. 테르모필레는 페르시아의 압도적 병력에 맞서 싸울 수 있는 곳으로 그리스인들이 영리하게 선택한 장소였다. 그 길목은 너무 좁아서 마차 두 대가 간신히 스쳐 지나갈 수 있을 정도였다. 잘 훈련되고 중무장한 병사 5천 명 이상이 그 길목을 지킨다면 아무리 많은 페르시아 병사가 줄을 서서 차례를 기다린다 해도 그 위치는 거의 난공불락이었다. 일대일 전투에서는 경무장한 페르시아인들이 패할 수밖에 없었고, 그 정도로 많은 그리스군 병력이라면 부상자와 지친 병사를 계속 교대하면서 항상 팔팔하고 주의력 있는 병력을 전면에 세울 수 있었다.

그리고 조금 더 버티기만 했어도 충분했다. 크세르크세스는 아마도 25만 명에 달하는 배고프고 목마른 병력을 이끌고 왔는데, 그들은 현지 조달에 의존하며 고국에서 멀리 떨어져 있었다. 만약 방어군이 테르모필레를 단 며칠만 더 지켜냈다면 침략군은 보급이 바닥나 퇴각할 수밖에 없었을 것이다. 150년 뒤에 벌어진 자그로스산맥의 페르시아 문[주] 전투에서도 훨씬 적은 수의 페르시아 병력은 알렉산드로스 대제의 침략군을 상대로 비슷하게 좁은 길목을 한 달 동안이나 지켜냈다.

그리스인들은 페르시아군이 그들의 유명하고 가공할 정보 능력으로 분명히 알아낼 수밖에 없는, 통로를 우회하는 산길을 차단할 수도 있었다. 하지만 레오니다스 왕은 엄청난 오산으로 그 길을 지키는 데 경험이 부족한 병력을 배치했고, 헤로도토스에 따르면 그들은 자신들의 전략적 목표에 대한 명확한 이해도 부족했다. 페르시아의 거대한 정예부대는 그들을 그냥 지나쳐 가서(혹은 그들을 신속히 제거하고) 테르모필레 방어군을 포위해 전멸시켰다. 난공불락이라던 그 길목은 사흘도 되지 않아 함락됐고, 크세르크세스의 군대는 신속히 진군해 저항하는 도시들을 파괴했다. 그들에게는 이제 아테네를 약탈하고 불태울 길이 활짝 열렸다. 병사로서의 스파르타인에 관한 대중 역사서에서 이 전투를 상세히 재구성한 마이크 콜Myke Cole은 스파르타인들이 "페르시아 전쟁 기계의 바퀴 아래 놓인 과속 방지턱에 불과했다"라고 평가한다.[8] 스파르타인들은 "와서 가져가 보라"고 창과 검을 들고 위협적으로 외쳤지만, 페르시아인들은 곧바로 나아가 정말로 그렇게 했다.

스파르타인은 고대사에서 가장 과대평가된 전사들이다. 그들은 그저 홍보를 매우 잘했을 뿐이다. 스파르타인에 대해 글을 쓴 사람들이 아테네의 귀족층이었다는 점이 그 이유 가운데 하나였다. 그들은 자기네 도시의 천박한 민주정을 경멸했고, 소수 엘리트에게 권력이 집중된 스파르타의 전체주의를 부러워했다.

그러나 우리의 보다 넓은 역사적 주제(즉 개방성과 혁신이 무력보다 우세하다는 사실)를 완벽하게 보여주듯이, 페르시아 침략군을 물리치고 그리스를 구한 것은 스파르타인의 용맹성과 완력이 아니라 아테네인의 지략과 상상력이었다. 뒤에서 보겠지만 아테네인들은 즉흥적 대응, 혁신, 그리고 수많은 속임수와 책략을 통해 막강한 페르시아군을 한 번이 아니라 두 번이나 격파하는 데 성공했다. 이러한 놀라운 성공은 역사가 짧은 민주정에 자유를 더 심화할 문화적 자신감을 부여했고, 결국 역사의 흐름을 바꿀 문화적·철학적 황금시대를 열어놓았다. 물론 그 황금시대는 그들의 도시가 불타 사라지고 그 신전들이 파괴된 이후에야 찾아왔지만 말이다.

아테네의 풍파

그리스는 달랐다. 유럽 동남부 발칸반도 끝에 있는 그리스 지역은 이집트와 메소포타미아 도시들과 같은 더 오래되고 수준 높은 문명과 가까이 있었다. 이들은 정착 농업, 계약과 화폐로 이루어진 제도화된 경제, 문자언어, 성문화된 법률과 여러 가지 과학, 그리고 인류 문명의 다른 여러 측면을 갖춘 뛰어난 선구자들이었다.

그리스는 또한 페니키아 상인들에 의해 문화적, 경제적으로 통합된 지중해에 면해 있었다. 그리스 도시들과 사상가들은 이러한 성취를 바탕으로, 서기전 8세기 어느 시점에 페니키아인들에게서 알파벳을 받아들이고 메소포타미아와 이집트에서 과학, 미술, 기술을 배웠다. 그러나 그리스인들은 또한 자기네 이웃들과 달리 단일 제국의 지배를 받지 않았기 때문에 서로에게서도 배웠다.

그리스인들은 때로 신(아마도 유일신이 아니라 고대의 많은 신 가운데 하나일 것이다)이 유럽을 만들 때 모든 돌을 그리스 땅에 던졌다고 말한다. 바위투성이 언덕, 산맥, 물길로 나뉜 정착지들은 쉽게 통합될 수 없었다. 대신에 그리스는 천 개가 넘는 매우 자치의 정도가 높은 도시국가, 즉 폴리스polis(여기서 '정치'를 뜻하는 영어 politics가 나왔다)들로 이루어졌다. 폴리스는 대개 방어하기 쉬운 아크로폴리스akropolis(그리스어 akros는 '높은 곳'을 뜻한다) 주변에 생겨났다. 바다와 가까운 곳에 자리잡아 무역과 교통이 용이했다. 이 도시국가들은 전쟁과 경기를 통해 늘 경쟁했지만, 또한 서로를 관찰하고 모방하기도 했다. 그들은 결코 완전히 낯선 존재가 아니었다. 같은 언어를 쓰고, 호메로스의 영웅서사시를 공유했으며, 제우스와 헤라 등 같은 신들을 섬겼다. 각 도시는 법, 경제, 사상의 혁신을 시도하는 천 개의 작은 실험실을 옆에 두고 있는 셈이었다. 누구라도 "마음에 드는 것을 골라낼" 수 있는 "헌법의 판토폴리온pantopōlion(슈퍼마켓)"이 존재한다고 플라톤은 적었다.[9]

끊임없이 탐험하고 교역하던 항해자였던 그리스인들은 새로운 방식과 방법을 접할 수밖에 없었다. 아마도 이렇게 다른 것을 경험하고 다양한 선택의 폭을 가졌던 것이, 그리스인들이 통치자를 신으로 보거나 신과 밀접하게 연결된 예외적 존재로 보지 않는 독특한 습관을 설명해줄 것이다. 이집트와 메소포타미아의 통치자는 자신을 신 또는 신을 대신해 다스리는 존재로 내세웠기 때문에 그들의 명령에 반대하는 것은 대단히 용기 있는 자만이 할 수 있는 일이었다. 그리스인들은 페르시아에서 오직 사제만이 제사에 참여할 수 있다는 사실을 이상하게 여겼다. 그리스에서는 여성이나 노예도 신에게 제사를 드릴 수 있었기 때문이다.

이런 독자성은 또다른 기이한 관습으로 인해 강화됐다. 많은 그리스인이 농노나 예속민이 아니라 재산을 소유한 독립적인 농민이 됐다. 이것이 정확히 어떻게 이루어졌는지는 알 수 없지만, 서기전 1200년 무렵 후기 청동기시대 붕괴 이후에 일어났다. 이때 옛 그리스 궁정 문화는 자연재해와 새롭고 더욱 치명적인 무기를 가진 침입자들로 인한 환난으로 몰락했다. 암흑시대 동안 인구가 감소하자 지배 귀족들은 남아 있는 농민들에게 더 많은 권한과 토지를 넘겨줘야 했다. 시간이 흐르면서 일부 농민들은 토지에 대한 재산권을 확보했고, 이를 자녀에게 상속할 수 있게 됐다. 이제 그들은 토지를 개발하는 일, 그리고 결실을 보려면 긴 기간이 필요한 포도나무, 과수, 올리브나무 같은 작물 재배에 관심을 갖게 되었다.

미국의 고전학자 빅터 데이비스 핸슨Victor Davis Hanson에 따르면, 바로 이 계층이 그들의 독립적인 지위뿐만 아니라 전쟁 수행에 대한 기여를 통해 세계를 바꾸었다.[10] 그리스 세계는 팔랑크스phalanx('방진方陣')라 불리는 특별한 형태의 보병대를 발전시켰는데, 이는 호플리테스hoplitēs로 알려지게 되는 중장重裝 보병들로 구성됐다. 병사들은 어깨를 맞대고 빽빽하게 서서 8열 이상 깊이의 거의 뚫을 수 없는 대형을 이루었다. 그들은 이름의 유래가 된 방패 호플론hoplon으로 보호받으며 창으로 적을 공격했고, 창이 부러지면 단검을 사용했다. 이는 엄청나게 효과적이었다. 등자가 발명되기 전에는 돌격하던 기병도 이 창의 벽에 부딪쳐 흔히 그대로 밀려나곤 했다.

누가 호플리테스가 될 수 있었을까? 그들은 군마를 사용하지 않았기 때문에 귀족일 필요는 없었지만, 청동 갑옷을 마련할 수 있어야 했으므로 가난한 사람은 호플리테스가 될 수 없었다. 핸슨에 따르면, 호플리테스는 중간 계층, 즉 독립적인 재산은 있으나 아주 부유하지는 않은 사람들이었다. 다시 말해서 독립적인 소규모 자영농이었다.

이들이 폴리스를 방어하는 병사 역할을 겸했기 때문에, 호플리테스 농민들은 자신들이 어느 정도 권력을 누릴 자격이 있다고 생각하기 시작했다. 어떤 폴리스에서는 이들이 공식적으로 모여 중요한 정보와 때로 지배 귀족들이 중대한 결정을 놓고 벌이는 토론을 들었다. 이들 중 일부가 자신들의 목소리 역시 반영되어야 한다고 감히 생각한 것도 당연했다. 결국 대중의 압력, 협상, 정변, 그리고 어쩌면 세계 최초의 유산시민有産市民(부르주아지) 혁명들 가운데 일부를 통해 이들은 몇몇 지역에서 권력의 일부를 차지하게 됐다. 이 호플리테스 농민들이 길러낸 모든 것 가운데 가장 중요한 것은 정부에 대한 공적 참여와 입헌적 통치였다. 그들은 심지어 민간인이 군사 정책을 결정해야 한다는 개념까지 개척했다.

무역은 귀족의 통제력을 더욱 약화했다. 서기전 750년 이후, 증가하는 인구 부담을 덜기 위한 그리스인의 식민지 개척 물결이 먼저 시칠리아와 이탈리아 남부를 향했고, 이후 흑해 연안으로 향했다. 이는 전 지역의 무역을 자극했고, 비교적 부유한 새로운 계층을 만들어냈다. 상인, 제조업자, 용병 등이었다. 이오니아인들의 새로운 혁신인 주화는 거래를 편리하게 했고, 귀족들의 증여 교환망을 약화했다. 동시에 무역을 통해 그리스인들은 다른 문화를 접하면서 금속 세공, 도기 그림, 시에서의 혁신을 촉진했다.

이 모든 상황은 때로 특정한 그리스적 성격이라고 불리는 개방적이고 호기심 많고 유연한 성향을 설명해준다. 그리고 그리스 도시국가들 가운데 에게해에 자리잡고 가장 인구가 많은 폴리스였던 아테네는 이러한 정신을 그야말로 전형적으로 구현한 것으로 보였다. 아테네인들은 특히 외향적이 될 수밖에 없었는데, 선택지가 별로 없었던 것도 작용했다. 아테네 주변의 아티케 지역은 토질이 좋지 않았다. 플라톤은 그것을 병으로 쇠약해진 몸의 골격에 비유했다. 곡물 수확은 인구를 감당하기에 충분하지 않았지만 이 땅은 올리브기름과 포도주를 생산할 수 있었고, 그 결과 아테네인들은 흑해로부터 곡물을 수입하고 자신들의 상품을 수출하기 위해 일찍부터 광범위한 무역망을 발달시켰다. 수입한 목재로 점점 더 인상적인 상선 선단을 만든 아테네가 결국 해군 강국이 되기로 결정한 것은 자연스러운 일이었다.

새로운 집단인 비교적 부유한 농민과 상인은 기존의 질서를 흔들기 시작했다. 동시에 많은 가난한 농민들은 대지주에게 진 빚을 갚지 못해 노예로 전락했다. 또다른 농민들은 일종의 예속 상태에 놓여 있었는데, 지배자에게 생산물의 일부를 바쳐야 했다. 이때는 귀족 가문들 사이의 다툼과 음모, 내부의 무질서 및 혁명의 위협이 난무하는 혼란스러운 시기였다. 아테네를 갈기갈기 찢을 듯한 문제의 원인을 파악하려는 시도로, 솔론Solōn(서기전 630?~560?)이라는 인물이 서기전 590년대에 최고 권한을 가진 입법자로 임명됐다.

솔론은 아마도 다른 이들의 저술과 그 자신의 저작(많은 시를 포함해서)을 통해 우리에게 알려진 그리스 역사 속 최초의 실존 인물일 것이다. 시간이 지나면서 솔론은 거의 신화적인 건국의 아버지처럼 여겨졌고, 온갖 입법과 이야기가 그의 것으로 치부되고 있다. 그는 귀족 가문 출신으로 보이지만, 집안이 가난했기 때문에 상인이 되었고 그후 널리 여행하며 다양한 사회와 헌법을 비교해보았던 듯하다. 그의 야망은 여러 계층을 균형 있게 조정하고 모두에게 체제 내에서의 지분을 부여하는 적절한 헌법을 만드는 것이었다.

그는 민주정을 이루려고 한 것이 아니라 그리스인들이 말하는 '이소노미아isonomia'(동권同權)를 추구했다. 귀족이든 빈민이든 상관없이 법에 의해 평등하게 통치를 받는 것이다. 그의 계획의 핵심은 최하층까지도 자유와 재산을 보호받는 것이었다. 솔론은 토지에서의 봉건적 관계를 폐지했고, 채무 노예제 관행을 금지했다. 부채가 일괄적으로 소멸된 것은 아니지만, 인간을 담보로 잡는 형태의 부채는 취소됐다. 노예가 된 농민들은 해방됐고, 해외로 팔려간 아테네인들을 솔론이 찾아 자유인으로 되돌려보냈다는 이야기까지 있다.

그렇다고 노예제가 폐지되지는 않았다. 다른 모든 폴리스와 마찬가지로 아테네에도 대규모 노예 인구가 있었으며, 보통 전쟁 포로나 해외에서 구매한 노예들이었다. 서기전 5세기 중엽에는 그 수가 10만 명에 달했을 것이다. 대부분의 노예는 개인 소유로 가정이나 농업에 종사했지만, 공장에서 일하기도 했고 가장 불운한 자들은 라우리온Laurion의 국가 소유 은광에서 일해야 했다. 벌거벗겨지고 낙인이 찍힌 노예들은 그곳에서 자유를 자랑으로 삼던 도시를 위해 은을 캐내야 했다. 노예제는 고대 세계에서 당연한 것으로 여겨졌으며, 가장 진보적이고 급진적인 사상가들조차도 이를 문제 삼지 않았다. 해방됐거나 도망친 노예들조차 노예를 소유했다.

솔론이 실시한 개혁의 정확한 세부 사항은 알려져 있지 않지만, 그 개혁은 모든 아테네 시민에게 법적 보호를 확대했고 소농 계층을 보호하는 데 이바지했다. 그는 공직에 대한 세습적 독점을 일련의 재산 기준으로 대체했다. 최고위 관직은 가장 부유한 계층에게 한정했지만, 하급 관직은 가장 가난한 무산 노동자를 제외한 모든 이들에게 개방했다. 그러나 무산 노동자들 또한 민회에 참여할 수 있었고, 그곳에서 아르콘árchōn(집정관)을 선출하고 그들에게 책임을 물을 수 있었다.

동시에 솔론은 화폐경제와 국제 무역을 장려했다. 외국 상인들은 아테네에 정착하도록 장려됐고, 심지어 시민권을 얻을 수도 있었는데 이는 당시로서는 유례없는 일이었다. 올리브기름 같은 환금작물의 수출이 권장됐고, 반면에 곡물 수출은 식량 안보 목적으로 금지됐다.

그러나 이러한 변화에도 불구하고 전반적으로 귀족 가문들이 여전히 권력을 쥐고 있었고, 그들은 끊임없이 다툼을 벌였다. 서기전 6세기 중엽, 장군 페이시스트라토스는 아테네의 티란노스tyrannos, 즉 참주僭主(법의 제약을 받지 않고 통치하는 권력 찬탈자를 가리키는 전통적인 용어다)로서 권력을 잡았다. 그는 자신의 지위를 공고히 하기 위해 중·하층을 포섭한 상당히 자애로운 전제군주로 평가되기도 하지만, 그의 아들 히피아스의 통치는 적으로 보이는 사람은 누구든 편집증적으로 숙청하는 방향으로 퇴보했다.

역사상 최초의 민주정은 참주에 맞선 투쟁 속에서 탄생했다. 이는 매우 놀라운 방식으로 이루어졌으며 예상 밖의 몇몇 옹호자들에 의존했는데, 바로 추방된 아테네 귀족들과 스파르타 병사들이었다.

민주 혁명

강력한 알크마이온Alkmaion 가문은 때로는 참주 페이시스트라토스와 협력하기도 했지만, 때로는 그와 싸우고 배신하기도 했다. 결국 그들은 추방되어 귀환을 위한 음모를 꾸미게 됐다. 알크마이온 가문 출신의 유명 인사 클레이스테네스Kleisthénēs(서기전 570?~508?)는 스파르타가 아테네 같은 경쟁 도시를 불안정하게 만드는 데 관심을 보이리라는 것을 알고 있었다. 그러나 어떻게 스파르타를 설득하고 침략하게 만들어 참주를 몰아낼 수 있을까? 언제나 장기적인 전략을 펼치던 클레이스테네스는 지진 이후 델포이 신탁소 사제들을 위해 값비싼 보수 공사를 해주었다. 이러한 넉넉한 후원 이후, 델포이를 찾은 스파르타인들은 무엇을 묻든 같은 대답을 들었다. "먼저, 아테네인들을 해방하라."

아테네를 스파르타의 속국으로 만들 기회를 얻는 '동시에' 이에 대한 신의 승인까지 얻게 되자 스파르타 왕 클레오메네스는 서기전 510년에 이 도시에 군대를 파견했다. 이 원정은 패배했지만, 그들은 다시 더 큰 규모의 군대를 파견해 이번에는 아테네의 참주를 축출하는 데 성공했다. 여기까지는 오히려 쉬운 일이었다. 훨씬 더 어려운 것은 스파르타가 꼭두각시 정권을 세우려는 이해관계와 아테네 귀족들의 지배 욕구 사이에서 절충점을 찾는 일이었다. 처음에는 스파르타와 손잡은 경쟁자 이사고라스Isagoras가 주도권을 잡아 권력을 다시 귀족들에게 돌리려 했다. 그러나 시대는 변해 있었다. 참주정에도 불구하고 무역은 계속 성장했고, 통치자가 결심하지 않은 사안에 대해서는 대중의 참여 무대가 여전히 기능하고 있었다. 참주가 사라지자, 사람들은 스파르타인이나 과두 집정자가 아니라 자신들이 통치할 때가 왔다고 생각했다.

클레이스테네스는 아테네가 변했다는 사실을 알고 기회를 엿보았다. 분명히 그와 그의 집단은 추방 기간 동안 아테네가 어떻게 하면 좀더 안정적인 곳이 될 수 있을지에 대해 매우 진지하게 고민했던 것으로 보인다. 권력 투쟁에서 패배할 때마다 자신의 가문이 추방되거나 죽임을 당하는 위험에 항상 노출되지 않는 곳이다. 그 해답은 완전히 전례 없는 것이었다. 그는 데모스dēmos(민중)를 향해 그들에게 크라토스krátos(권력)를 주는 급진적인 개혁안을 제시했다〔두 단어를 합친 데모크라티아dēmokratía가 '민주주의'를 뜻하는 말이다〕. 그는 모든 자유민에게 국가의 미래 설계에 참여하라고 초대했고, 대중의 열렬한 환호가 뒤따랐다.

이 일은 스파르타인들을 격분시켰다. 그들은 민주정이 제대로 시작되기 전에 그것을 해체하고 클레이스테네스와 수백 명의 반反스파르타 가문 사람들을 추방하기 위해 다시 돌아왔다. 스파르타 왕 클레오메네스는 자신의 병사들 및 이사고라스와 함께 아크로폴리스에 자리를 잡고 새로운 과두정 헌법을 만들었다. 그러나 아테네 시민들은 스파르타 왕과 그의 꼭두각시가 무사히 음모를 꾸미도록 내버려두지 않았다. 놀랍게도 그들은 새로 얻은 자유를 지키기 위해 격렬하게 봉기했고, 아크로폴리스로 행진해 이틀 동안 그곳을 봉쇄했다. 사흘째가 되자 클레오메네스 왕은 굶주리고 초췌해져, 국경까지 무사히 보내준다는 조건으로 굴복했다. 스파르타인들은 군대가 아니라 민주주의적 폭동을 일으킨 시민들에게 패배한 것이었다. 시민들은 이어서 이사고라스의 동맹자들을 처형했다.

클레이스테네스는 의기양양하게 돌아왔고, 도시는 혁명의 열기로 들끓었다. 이제 자기 손으로 일을 처리하는 새로운 헌법을 만들 때였다. 변화는 대담하고 복잡했으며, 시행도 매우 시급해 보였다. 치욕을 당한 스파르타인들이 곧 군대를 이끌고 돌아올 것임을 그들은 알았기 때문이다. 다른 도시들 또한 권력 공백을 틈탈 가능성이 있었다. 그들은 단호하고 신속하게 행동해야 했고, 실제로 그렇게 했다.

노예나 외국인을 제외한 남성 시민으로 이루어진 민회는 모든 문제에 대해 최고 권력을 부여받았다. 누구나 민회가 열리는 언덕에 모일 수 있었고, 실제로 보통 수천 명이 모였다. 모든 민회는 "발언할 사람 있습니까?"라는 말로 시작됐다. 누구든지 발언대에 나가 의견을 개진할 수 있었고, 무슨 문제든 다수의 뜻에 따라 결정을 내렸다. 집행관직은 대부분의 시민에게 개방됐으며, 다만 최고위 집정관직에 대해서는 일정한 재산 요건이 여전히 남아 있었다.

민회가 미리 공모한 소수 파벌에 의해 장악되는 것을 막기 위해 500인 평의회가 설치됐다. 이 평의회는 민회의 의제를 설정하고 때로는 특정한 제안을 준비했다. 평의회 구성원은 추첨으로 뽑혔고 임기는 1년이었으며, 평생 두 번까지만 재임할 수 있었다. 이는 거의 모든 아테네 시민이 언젠가는 평의회에 참여하게 된다는 얘기였다.

그러나 이것이 전부가 아니었다. 클레이스테네스는 민주정이 제대로 작동하려면 오래된 귀족 중심의 부족적 결속을 완전히 해체해야 한다고 판단했다. 그래서 그는 아테네를 100여 개의 데메deme(구역)로 나누고, 이들이 스스로를 통치하도록 했다. 이것이 가문의 구성원이 아니라 시민권의 새로운 기반이 됐다. 아테네인들에게는 매우 놀라운 일이었지만, 이제부터 사람들은 이 데메에서 자신의 이름을 취하게 됐다. 개인 이름과 아버지의 이름이 아니라, 개인 이름과 데메의 이름을 사용하는 것이다.

더 나아가 각 데메는 세 부분으로 나뉘었고, 이들로부터 기존의 혈연적 부족을 대신하는 새로운 10개의 부족이 만들어졌다. 10개 부족은 각기 도심, 농촌, 해안 지구를 골고루 포함하도록 구성됐다. 이로써 모든 사람이 갑자기 다중적 소속을 갖게 됐고, 각 부족 안에서 사회적·지리적 혼합이 이루어졌다. 대지주, 도시 기술공, 가난한 부두 노동자가 한 부족 안에 속하게 된 것이다. 이 부족들은 하나의 호플리테스 부대와 기병대를 모집하고 조직하는 임무를 맡았으며, 그들이 자기네 지휘관도 선출했다. 또한 평의회의 구성원도 부족 단위로 뽑혔는데, 한 부족에서 50명씩 선출됐다. 500명 중 50명씩이 돌아가며 평의회의 운영위원회 역할을 했다.

현대인의 눈에는 이상하고 잔혹하게 보이는 또 하나의 제도가 만들어졌다. 바로 도편 추방ostrakismos 제도다. 매년 민회는 아테네에서 추방하고 싶은 사람이 있는지 물었고, 있다는 답변이 돌아오면 두 달 후 새로운 투표를 진행했다. 시민들은 도자기 조각인 오스트라콘ostrakon에 추방하고 싶은 사람의 이름을 긁어 썼다. 6천 명이 참석한 상황에서 가장 많은 표를 얻은 사람은 10년 동안 도시에서 떠나야 했다. 이는 사실상 독재자나 잠재적 참주를 피를 흘리지 않고 제거하기 위한 안전장치였다. 추방된 사람은 재산을 잃지 않았고, 10년 후에는 예전의 삶과 지위에 그대로 복귀할 수 있었다.

이것이 민주주의였을까? 물론 우리의 현대적 기준으로 보면 아니었다. 여성과 노예는 어떠한 정치적 영향력에서도 완전히 배제되었기 때문에 아테네인 가운데 대다수는 이 민주주의에 포섭되지 않았다. 그러나 이러한 집단이 배제된 것은 당시 어느 곳에서나 마찬가지였다. 아테네인들(그리고 다른 모든 이들)이 놀라워한 것은 많은 사람이 포함됐다는 사실이지, 많은 사람이 배제됐다는 사실이 아니었다. 갑자기 가장 가난하고 가장 학식이 없는 시민들조차 귀족과 장군들을 위해 전쟁, 평화, 공공 행정 문제를 담당하는 평의회에 참여할 수 있게 된 것이다. 민회에서는 누구나 (용기만 있다면) 발언할 수 있었고, 투표할 때는 모든 사람이 한 표씩을 행사했다.

사법권 또한 민중 재판소에 넘겨졌다. 판사도 변호사도 없고, 단지 두 소송 당사자가 서로 논쟁할 뿐이었다. 유죄 여부와 형량을 결정하는 권한을 가진 배심원단은 501명 이상이었다. 이들은 자원한 6천 명의 시민 중에서 추첨으로 선발됐다.

고대 아테네인들이 그들의 기준에 따라 우리를 평가한다면 아마도 우리가 민주주의를 갖고 있지 않다고 말할 것이다. 우리는 모든 사안을 직접민주주의 방식으로 직접 모여 결정하지 않기 때문이다. 대표자들에게 맡겨 우리를 통치하게 하고 계속 재선될 수 있다는 사실은 아마도 아테네인들의 눈에 일종의 과두정치로 보일 것이다. 마틴 울프Martin Wolf 같은 몇몇 현대 관찰자들은 할당된 민회 같은 아테네에서 창안한 제도들이 오늘날의 민주주의를 더 대표성 있게 만들고, 정치적 부족주의와 선거 운동의 힘을 깨는 데 도움이 될 수 있다고 주장해왔다.[11]

에우리피데스는 그의 희곡 《탄원하는 여인들Hiketides》에서 민주주의 이념을 전설 속 아테네 영웅 테세우스의 입을 빌려 표현한다. 테베의 전령이 와서 도시의 '주인'에게 말하겠다고 하자, 테세우스는 이렇게 응수한다.

시작부터 틀렸구나, 이곳에서 주인을 찾다니

이 도시는 자유롭고, 어떤 사람에게도 지배받지 않네.

백성들이 해마다 번갈아가며 다스리지.

그들은 권력을 부자에게 넘겨주지 않아.

가난한 사람도 그 권리를 똑같이 누리지.[12]

이 변화의 규모는 실로 숨 막힐 듯했으며, 당시 이 제도가 실제로 작동하리라고 생각한 주요 사상가는 거의 찾기 어려웠다. 그러나 시민 집단은 분명히 그렇게 믿었다. 그것은 열광적인 속도로 작동해 광범위한 변화를 일으켰다. 모든 제도는 사방에서 아테네에 가해지는 합동 공격에 대비해 제때에 갖추어졌다.

전쟁 중의 민주주의자들

서기전 506년 여름, 복수심에 불타는 스파르타인들은 펠로폰네소스 동맹군과 함께 그들의 반도와 아티케를 잇는 좁은 지협을 넘어 진군했다. 동시에 강력한 테베군은 서쪽에서 아테네를 공격하고 있었고, 세 번째 군대는 북쪽 에우보이아섬의 칼키스에서 공격했다. 신생 민주정은 처음으로 전쟁에서 시험을 받게 됐다. 호플리테스들은 새로운 부족 동료들과 함께 방패로 자신들을 보호하며 전장으로 행군했다.

먼저 아테네인들은 남쪽으로 진군해 펠로폰네소스군을 마주했지만, 전투가 벌어지기 전에 스파르타의 동맹군이 퇴각하기 시작했다. 역사가들은 이에 대해 일치된 설명을 내놓지 못한다. 스파르타가 이사고라스를 참주로 세우려 한다는 계획을 알고서는 부당하다고 느꼈을 수도 있고, 두 스파르타 왕 사이의 불화에 실망했을 수도 있으며, 혹은 단순히 아테네인들에게 매수되었을 수도 있다. 그 이유가 무엇이든 간에 이제 스파르타인들은 남쪽 전선에서 홀로 남게 됐고, 전투를 하지 않고 서둘러 펠로폰네소스로 돌아갔다.

아테네인들은 이것이 신의 개입이 아니면 무엇이겠느냐며 열광했고, 즉시 북쪽으로 방향을 틀어 테베군과 싸워 빠르고 결정적인 승리를 거두었다. 헤로도토스에 따르면 700명의 포로를 사로잡았다. 같은 날 늦게 아테네인들은 에우보이아로 건너가 칼키스군을 격파했다. 그들은 그곳 귀족들에게 속한 토지를 몰수해 약 4천 명의 아테네인 정착민을 위한 식민지로 만들었다.

승리한 자들은 방진에서 자기네 옆에 서 있던 같은 부족 사람들을 믿기지 않는다는 듯이 바라보았을 것이다. 모든 적이 몰살당했고, 스파르타인들은 도망쳤으며, 마지막까지 남아 서 있는 이들은 아테네 자유민들이었다. 이들은 폭군이나 귀족이 아닌 자신들의 자유를 위해 싸운 시민 병사들이었다.

헤로도토스는 그 경이로움을 이렇게 묘사한다.

이렇게 아테네는 갈수록 힘을 늘려갔고, 법 앞의 평등이 얼마나 고귀한 것인지 증명했다(증명이 필요했는지 모르지만). 단지 한 측면에서만이 아니라 모든 면에서 말이다. 그들이 참주들로부터 억압을 받을 때는 전쟁에서 이웃의 어느 국가들보다 더 나은 성과를 내지 못했지만, 일단 멍에를 벗어던지고 나자 그들은 세상에서 가장 훌륭한 전사들임을 입증했다. 이는 그들이 권위에 눌려 있을 때는 노예가 주인을 위해 일하는 것을 회피하듯이 그들도 일부러 전장에서의 의무를 회피했다는 것을 분

명히 보여준다. 그러나 자유를 얻자, 그들 안의 모든 사람은 자기네의 대의에 관심을 갖게 됐다.[13]

이 승리들이 불러일으킨 자신감은 혁명을 구해냈다. 전례가 없던 실험은 살아남았을 뿐만 아니라 승리했다. 때로 이 자신감은 도시가 감당하기에는 지나치게 커져, 아테네인들은 파괴할 괴물을 찾아 나서기도 했다. 서기전 499~498년, 에게해 건너편 이오니아(오늘날의 튀르키예)의 그리스 도시들이 페르시아 통치자들에 맞서 반란을 일으키자, 아테네는 자기네의 혁명 수출에 도움이 될까 해서 함대를 보냈지만 실패했다. 반란은 4년 후에 진압됐지만, 페르시아 왕 다리우스 1세는 아테네에 대한 원한을 잊지 않았다. 전승에 따르면 그는 노예를 시켜 매일 식사 때마다 세 번씩 "주상 전하, 아테네인들을 기억하십시오"라고 말하게 했다.[14] 해가 지나도 마찬가지였다.

서기전 491년, 다리우스는 그리스 도시들에 사자를 보내 흙과 물을 요구했다. 흙과 물은 전통적으로 복종의 상징이었으며, 이는 그가 그리스 전역을 정복할 계획임을 알리는 신호였다. 대부분의 도시들은 곧바로 굴복했지만, 두 개의 가장 큰 도시국가는 페르시아의 요구를 가장 명확하고 무례한 방식으로 경멸했다. 스파르타인들은 사절단을 우물에 집어넣어 익사시켰고, 흙과 물을 거기서 찾아보라고 그들에게 말했다. 자기네가 법적 절차를 존중한다는 데 긍지를 가지고 있던 아테네인들은 그 대신 사절단을 재판에 회부했다. 물론 그들 역시 유죄 판결을 받고 처형됐다. 적어도 스파르타는 자기네의 경솔한 행동을 후회하고 결국 스파르타 귀족 두 명을 페르시아 왕에게 보내 보상으로 처형하게 했으나, 왕은 정중히 거절하고 스파르타의 죄를 용서하지 않았다. 중간 지대는 존재할 수 없었다. 결국 600척의 배가 기병대 및 약 2만 5천 명의 보병으로 이루어진 페르시아 침공군을 싣고 그리스를 향해 출항했다. 이는 이 장의 앞부분에서 언급된 더 유명한 침공 이전에 있었던 페르시아의 1차 그리스 침공으로 알려져 있다.

많은 두려움을 불러일으켰던 페르시아군은 서기전 490년 9월, 아테네 동북쪽의 마라톤에 상륙했다. 한 아테네 전령이 도움을 요청하기 위해 스파르타까지 달려갔지만 거절당했다. 스파르타인들은 한창 축제(이전에 이 이야기를 들어봤을 수도 있겠다) 중이었고, 축제가 끝나기 전에는 합류할 수 없었다. 아테네인들은 어쩔 수 없이 페르시아군에 맞서 싸우기 위해 서둘러 출정해야 했고, 호플리테스군은 적병의 절반 이하인 열세였던 것으로 보인다. 피비린내 나는 학살이 불 보듯 뻔했다.

양군의 대치가 닷새 동안 이어진 끝에 아테네인들은 페르시아 기병대가 사라진 것을 눈치챘다. 아마도 기병은 배를 타고 곧장 아테네로 향했던 듯하다. 이는 위협적인 상황이었지만 동시에 공격할 수 있는 기회이기도 했다. 그리스군은 언덕 아래로 돌격해 충격에 빠진 페르시아군을 들이받았다. 전선을 적의 전선 길이에 맞춰 늘이기 위해 그리스군은 중앙을 약화해야 했지만, 이것 역시 그들에게 유리하게 작용했다. 페르시아군은 그동안 어떤 그리스군도 자신들을 야전에서 이긴 적이 없다는 사실을 알고 있었기에 중앙으로 밀고 들어왔지만, 아테네군은 이를 이용해 중무장한 양익이 전진해 돌아 들어가 그들을 포위했다. 페르시아군은 공포에 질려 자기네 배를 향해 달아났으나 추격을 당해 살해됐다. 전투가 끝났을 때, 페르시아군은 6천 명이 넘게 전사했지만 그리스군 전사자는 200명이 채 되지 않았다. 이는 당시 알려진 세계 전역에 충격을 준 놀라운 승리였고, 이후 그리스의 독립을 구하고 따라서 현대 문명을 가능하게 한 전투로 기억되기에 이르렀다. 1846년, 존 스튜어트 밀은 이렇게 적었다.

마라톤 전투는 영국 역사 속의 사건으로서도 헤이스팅스 전투보다도 더 중요하다. 그날의 결과가 달랐다면 브리튼인과 색슨인은 여전히 숲 속을 헤매고 있을 것이다.[15]

그러나 끝난 것은 아니었다. 살아남은 페르시아 함대가 아테네로 향하고 있었고, 지친 호플리테스들은 신속히 아테네로 행군해야 했다. 그들은 늦지 않게 그곳에 도착해 페르시아군의 상륙을 저지했고, 결국 페르시아군은 퇴각했다. 이것이 현대 마라톤 경기에서 기념하는 행군이다. 이 이야기와 스파르타로 달려갔던 전령의 이야기가 뒤섞여 있는 기원이 다른 전승들이 있는데, 스파르타까지의 거리는 225킬로미터에 이른다. 반면에 마라톤과 아테네 사이의 거리는 약 40킬로미터로, 1896년 제1회 근대 올림픽 경기에서 채택한 마라톤 경기 거리와 비슷하다.

그러나 진짜 마라톤 달리기를 하려면 먼저 아침에 페르시아 군대를 격파하고, 그후 무거운 갑옷 차림에 방패를 든 채 40킬로미터 거리를 완주하고 다시 오후 늦게 전체 함대를 상대할 준비를 해야 한다. 아테네인들은 바로 그렇게 했다. 그들은 가장 큰 제국조차도 물리칠 수 있음을 증명해 페르시아인들, 그리스 세계 전체, 그리고 아마 자신들조차도 놀라게 했다. 이는 결과적으로 유용한 능력이었다. 페르시아인들은 곧 다시 돌아올 것이었기 때문이다.

살라미스 해전

이렇게 해서 우리는 다시 시작 지점으로 돌아왔다. 마라톤 전투 10년 뒤인 서기전 480년, 다리우스의 뒤를 이은 크세르크세스가 페르시아의 2차 그리스 침공을 시작했다. 땅을 뒤흔들고 많은 강물을 말려버리는 침공이었다. 이때는 세계 역사의 모든 것이 어떻게 될지 불안정하던 시기였다. 이번에 페르시아는 요행을 바라지 않았다. 제국 전역에서 병력을 소집했고, 아마도 약 25만 명의 병력과 600척의 배가 동원된 듯하다. 이는 압도적인 병력이었고, 정말로 난공불락이라 여겨졌던 테르모필레 통로에서 페르시아군은 스파르타 방어군을 단 이틀 반 만에 격파했다. 아티케로 가는 길이 뚫렸고, 페르시아군은 아티케에서 아테네로 진군해 방어군을 전멸시켰으며 당시 아크로폴리스에 있던 목조 건물들을 불태우고 신전들을 파괴했다.

이는 어떤 도시에게나 비극이겠지만, 신화 속의 개념인 아우토크토나스autóchthonas('토착민')를 긍지로 삼았던 아테네인들에게는 특히 끔찍했다. 그들은 자기네가 토착민이라고 믿었다. 다른 어디에서 온 것도 아니고 땅에서 태어났으며, 어디로도 떠나지 않는 존재였다. 그러나 그들은 도시를 떠났다. 도시가 페르시아군에게 파괴되기 전에 그곳은 비워졌다. 여성들은 펠로폰네소스반도의 트로이젠〔현대의 트리지나〕을 향해 떠났고, 모든 남성은 아테네 바로 서쪽 살라미스섬〔현대의 살라미나섬〕 근처의 함대로 이동했다. 이 모든 것, 그리고 뒤이은 작전은 페르시아 전쟁의 진정한 영웅이자 고대 세계에서 가장 매력적인 인물 가운데 하나인 아테네인 테미스토클레스Themistokles(서기전 524~459)가 사전에 계획한 것이었다.

역사가 톰 홀랜드Tom Holland는《페르시아 전쟁Persian Fire》이라는 이 전쟁에 관한 현대의 멋진 기록을 쓰면서, 관련된 여러 인물을 설명하기 위해 호메로스의 위대한 서사시에 의존했다. 호메로스의 글은 고대 그리스 정체성을 형성하는 데 필수적이었다.[16] 스파르타의 왕 레오니다스가 강하고 용감하며 싸움을 갈망하다가 자신의 취약한 발뒤꿈치를 보호하는 것을 깜박 잊는 바람에 죽음을 맞는 아킬레우스라면, 테미스토클레스는 오디세우스에 더 가까운 듯하다. 오디세우스 역시 완력을 갖춘 남자이지만, 그의 주요 강점은 지능, 계략, 기만이었다. 그리고 아킬레우스는 길고 행복한 삶보다 전장에서의 죽음을 선호했지만, 오디세우스는 오직 살아남아 아내 페넬로페가 있는 고향에 돌아가기를 원했다.

테미스토클레스는 아버지가 정치적 연줄이 없는 채소 장수였고 어머니는 심지어 아테네인이 아니었던 것으로 보이지만, 아테네의 정치 체제 안에서 출세하는 데 성공했다. 그는 그동안 소외됐던 하층민에게 호소함으로써 성공했으며, 그들의 지지를 얻기 위해 시장과 술집을 돌아다녔던 것으로 유명하다. 그들의 도움으로 그는 도시에서 가장 두드러진 정치인이 됐다. 그는 자신의 지위를 이용해 아테네를 해상 강국으로 변모시켰다. 그가 마라톤 전투의 약화된 중앙부에서 마지막으로 마주쳤던 페르시아인들이 대군을 이루어 곧 돌아올 것임을 잘 알고 있었기 때문이다.

테미스토클레스(그리스 원작을 본떠 만든 로마 시대의 흉상을 믿을 수 있다면 그는 우연히도 윈스턴 처칠을 약간 닮았다)는 먼저 피레우스 항에 새로운 항만 단지를 조성하는 데 필요한 지지를 확보했다. 그곳은 도시에서는 더 멀었지만 더 크고 더 잘 보호됐으며, 한마디로 대규모 함대에 적합한 곳이었다. 다음으로 그는 그런 함대를 건설해야 한다고 주장하기 시작했으며, 서기전 483년에 매장량이 많은 은광이 새로 발견되면서 이를 위한 자금 확보가 가능해졌다. 은광의 이익을 아테네 시민들에게 균등하게 나누어야 한다고 외치는 반대파들 사이에서, 테미스토클레스는 자신이 만들려는 함대가 아테네의 주요 경쟁 섬나라 가운데 하나인 아이기나를 물리치는 데 사용될 수 있다고 주장함으로써 그들의 경쟁심을 자극했다.

그의 계획이 승인되자 아테네인들은 막대한 양의 목재를 들여왔고, 피레우스의 조선소에서는 서둘러 200척이 넘는 삼단노선三段櫓船을 건조해 함대를 만들었다. 노 하나에 노잡이가 한 명씩 배치된 노열櫓列이 3단으로 된 날렵한 배였다. 앞부분에는 적군의 선체를 꿰뚫기 위한, 흔히 청동을 입힌 충각衝角이 있었다. 사실상 삼단노선은 현대로 치면 유도 미사일과 맞먹는 것이었다. 아테네인들은 이들 배의 속도와 기동성을 개선하기 위해 새로운 설계를 끈질기게 실험했다. 그런 뒤에 남자들(이 함대에 배치하기 위해 필요한 인원이 약 4만 명이었기 때문에 남성 전원이었다)은 진을 빼는 노 젓기 훈련을 시작했다. 배가 속도를 내고 빠르게 방향을 돌릴 수 있도록 하는 훈련이었다. 그들은 반복적으로 이 훈련을 실시했는데, 시간이 빠르게 줄어들고 있었기 때문이다.

이렇게 해서 크세르크세스가 침공했을 때, 아테네는 이미 바다에 있었다. 테르모필레에서 레오니다스가 패배한 것은 큰 충격이었지만, 그것은 곧바로 선전 목적으로 활용됐다. 톰 홀랜드는 테르모필레의 고귀한 희생에 관한 신화를 만든 사람이 바로 위대한 선전가 테미스토클레스였다고 주장한다. 마지못해 싸우는 스파르타인들과 기타 그리스인들을 자극하기 위해서였다.[17] 300명의 스파르타인이 파멸이 예정된 싸움을 향해 용감하게 나아가 영원한 영광을 얻었는데, 수만 명의 우리가 펠로폰네소스로 도망치거나 항복한다면 얼마나 비겁해 보이겠는가? 만약 이 주장이 옳다면 스파르타의 가장 자랑스러운 순간은 사실 아테네의 한 사기꾼이 창작한 것이라 할 수 있다.

그리스 함대는 피레우스로부터 2킬로미터 떨어진 섬인 살라미스로 후퇴했는데, 그곳에서는 아테네의 폐허에서 피어오르는 연기를 볼 수 있었고 선원들은 분노했다. 다른 여러 도시들은 이제 펠로폰네소스로 퇴각해 지협을 가로질러 장벽을 쌓고 그곳에서 방어하기를 원했다. 그러나 아테네인들로서는 아티케를 페르시아에게 내주는 것은 절대로 용납할 수 없는 일이었고, 테미스토클레스는 또한 넓은 바다에서 싸운다면 그리스 함대가 훨씬 더 큰 페르시아 함대(주로 페니키아인과 이집트인으로 이루어졌으며, 더 가볍고 더 빠른 배에 항해 기술도 우월했다)에 패배할 것임을 잘 알고 있었다.

그들이 가진 유일한 희망은 페르시아군을 제한된 지역으로 끌어들이는 것이었다. 살라미스섬과 본토 사이 같은 좁은 곳이었다. 테미스토클레스는 그리스 함대의 대부분을 차지하는 아테네 함선을 그 가족들과 함께 이탈리아로 데려가 그곳에 도시를 재건하겠다고 위협함으로써 겨우 퇴각을 늦출 수 있었다. 그러나 그는 이것이 일시적인 시간 벌기에 불과하며, 전투가 곧 시작되고 이어 동맹이 무너지리라는 것을 알고 있었다. 그래서 가장 큰 속임수를 빼들었고, 이는 군사사에서 가장 성공적인 계략 가운데 하나로 꼽힌다.

어둠을 틈타 테미스토클레스는 자기 아이들의 가정교사였던 신뢰하는 노예를 페르시아인들에게 보냈다. 그에게 들려 보낸 전갈은 테미스토클레스가 불화를 빚고 있는 동맹들에 진저리가 났으며 그들을 배신할 의향이 있다는 내용이었다. 그는 그리스 함대가 무질서하게 도주할 준비를 하고 있으니, 페르시아군이 도주로를 차단해 섬멸할 수 있다고 했다. 이것은 페르시아가 평소에 장려하고 보상을 해주던 것과 똑같은 배신이었고, 불화가 있다는 주장 역시 거의 사실에 가까웠기에 믿을 만한 정보였다. 페르시아 함대에는 해협 주위에 자리를 잡으라는 명령이 내려졌다. 크세르크세스는 그리스군의 최후를 지켜보기 위해 해협 위쪽에서 도금된 보좌에 앉았다고 한다. 탁월한 왕은 미끼를 물고 말았다.

그러나 어쩌면 테미스토클레스는 자기네 펠로폰네소스 동맹군 역시 속였던 것이 아닐까? 이것은 그들을 강제로 움직이게 하고, 그들의 후퇴를 막으며, 전투가 반드시 살라미스에서 벌어지도록 만드는 방법이었다. 그리고 누가 알겠는가? 그는 심지어 진짜 배신의 가능성 역시 있다고 생각했는지 모른다. 결과적으로 그리스가 패배한다면 그의 전갈은 아테네인들이 크세르크세스에게 자비를 구할 근거가 될 것이다. 그가 이후에 보인 일부 행동은 테미스토클레스가 적과의 협력을 뜻하는 그리스어 메디스모스medismos(이 말의 뿌리인 'Mede'는 메디아인을 가리키지만 페르시아인의 범칭으로도 쓰였다)에 해당하지 않았다고 보기도 어렵다는 것을 시사한다.

다음날 아침, 페르시아군은 그리스 함대가 완전히 무질서에 빠져 있다고 생각하고 그들을 소탕하기 위해 좁은 목으로 들어가는 치명적인 실수를 저질렀다. 그리스인들이 절망에 빠졌음을 시사하는 흔적들이 있었다. 페르시아군이 동남쪽에서 들어오자 약 50척의 코린토스 삼단노선이 북쪽으로 도주하는 듯 보였으나, 돌연 다시 방향을 틀어 전열로 복귀했다. 다른 그리스 함선들은 곶 뒤에 숨어 있었고, 이제 적이다가오자 뒷걸음질쳐 해안 가까이로 다가갔다. 혼란스러운 것이 아니라 매우 규율이 잡혀 있었으며, 모든 뱃머리가 적을 향하고 있었다.

갑자기 그 가운데 한 척이 힘껏 노를 저어 페르시아 함선 하나를 들이받았고, 곧 다른 모든 배가 합세했다. 더 무거운 아테네 배들은 큰 피해를 주었으며, 좁은 해협에서는 페르시아 배들의 빠른 속력이 아무 소용도 없었다. 한꺼번에 많은 배가 몰려들면서 대혼잡이 일어났다. 전열은 무너졌으며, 노들이 뒤엉키고 배들이 서로 충돌했다. 페르시아 선원들이 그저 자리를 지키느라 밤새 노를 저어 지쳤던 것도 불리하게 작용했다. 곧 바다는 난파선과 익사한 자들로 가득 찼다. 페르시아군에게는 참사였다. 그리스는 배 40척을 잃었지만, 페르시아는 200척 이상을 잃었다. 크세르크세스는 그리스군이 유럽과 아시아를 잇는 좁은 해협인 헬레스폰토스(지금의 차나칼레 해협)의 다리를 파괴해 도주로를 끊기 전에 돌아가기로 결심했다. 소아시아의 이오니아인들도 다시 반란을 일으켰고, 이제 페르시아는 그들을 제지할 수 없었다.

비록 크세르크세스가 떠나면서 그리스에 군대를 남기고 전쟁은 1년 더 이어졌지만, 그리스인들의 독립을 지키기 위한 이 전쟁에서 서기전 480년의 살라미스 해전보다 더 결정적이라고 주장할 만한 순간은 없었다. 만약 페르시아군이 승리했다면 지협에 배치된 어떤 요새도 그들이 펠로폰네소스인들의 배후에 병력을 상륙시키는 것을 막을 수 없었을 것이다.

이 승리는 아테네의 승리였고, 따라서 테미스토클레스의 승리였다. 그는 아테네를 적절한 시기에 해양 강국으로 탈바꿈시키는 일을 책임졌고, 그리스군이 살라미스에 머물도록 만들었으며, 페르시아군을 살라미스로 유인했고, 그곳에서 함대를 이끌어 승전을 거두었다. "결국

한 개인의 노력이 형성 단계의 서방 문명을 구했다는 결론에 이르게 된다"라고 한 역사가는 주장한다.[18]

한편으로 테미스토클레스는 아테네가 만든 인물이었다. 끊임없는 혁신과 변화를 위해 하층민의 지지에 의존하던 외국 혈통이 섞인 신출내기에게 그런 막중한 책임을 맡길 수 있었던 다른 폴리스는 상상하기 어렵다. 역사가 배리 스트라우스Barry Strauss는 "오직 민주정 같은 개방적이고 혁신적이고 활기 넘치고 실용적이고 능력주의적인 체제만이 살라미스에서 승리를 가져온 정책을 추구할 수 있었다"라고 말한다.[19]

테미스토클레스가 다른 정치 체제에 살았더라면 어떤 인물이 됐을지는 서기전 470년 이후 드러났다. 수많은 경쟁자를 도편추방했던 말썽쟁이 자신이 이번에는 도편추방을 당한 것이다. 과거의 음모가가 여러 해 동안 만들어낸 모든 적들이 마침내 그를 덮쳤다. 그는 긴 여정에 올랐고, 기묘한 운명의 장난으로 크세르크세스의 아들인 페르시아 왕 아르타크세르크세스 1세에게 복무하는 신세가 돼서 왕을 즐겁게 했다. 테미스토클레스는 그 몇 년 뒤에 마그네시아의 총독이자 옛 적의 충성스러운 신하로서 생을 마감했다.

개방된 도시

"만약 크세르크세스가 살라미스에서 이겼다면 우리는 여전히 야만인이었을 것이다"라고 볼테르는 썼다.[20] 이는 크세르크세스와 그리스인들 사이의 야만성의 차이를 과장한 것이다. 페르시아는 통상 독자적인 정치 체제를 가지고 있는 속국을 내버려두었고, 복속된 그리스 국가들의 새로운 과학적·경제적 발전을 억누르는 데 아무 관심이 없었다. 이 승리의 결정적인 중요성은 그것이 아테네를 구했다는 점이 아니라, 아테네가 새로운 길을 더욱 빠르게 걸어갈 자신감을 얻게 되었다는 데 있다.

역사 속의 여러 다른 시대에 반복되는 일이지만, 군사적 승리는 문화적 자신감을 낳고, 승자들이 혁신을 하고 경이로운 일을 할 수 있게 하는 제도들의 강화로 이어졌다. 그들의 무모하고 작은 민주주의 실험은 단지 살아남은 정도가 아니라, 가장 절박한 상황에서 승리를 거두었다. 처음에는 다른 그리스의 경쟁자들을 상대로, 이어 마라톤과 모든 것이 끝난 듯했던 살라미스 전투에서 페르시아제국을 상대로 승리했다. 시민들이 아테네로 돌아와 도시를 재건하기 시작했을 때, 그들은 민주적 원칙에 따라 재건했다. 자유로운 그리스인과 페르시아 농노 사이의 대비를 강조할수록, 그들은 새로운 민주주의적 이상에 더 깊이 헌신하게 됐다. 자유와 혁신이 승리했다면, 이 도시는 그 길로 나아가야 했다. 페르시아 전쟁에서 거둔 놀라운 승리는 아테네 황금시대의 시작이었다.

아이스킬로스는 그의 희곡 《페르시아인들Persai》에서 "이제 사람들의 혀는 더 이상 감시받지 않는다. 민중이 해방되어 그들의 발언이 자유로워졌기 때문이다"라고 말했다. 이 희곡은 침공이 끝난 지 불과 7년 뒤에 이 전쟁 이야기를 다시 쓴 것이다. 아이스킬로스는 그 전쟁에 참전했는지도 모른다.[21]

그리스인들은 어떻게 해서 페르시아가 다시 침략하지 않도록 만들 수 있었을까? 이오니아 도시들 같은 에게해 주변의 그리스인들은 어떤 형태로든 연합 함대를 구상하기 시작했다. 그러나 스파르타는 해외 원정에 관심이 없었고, 이오니아인들에게 본토 그리스로 이주하라고 권했다. 그리고 어쨌든 아테네는 이제 해상 강국이었기 때문에, 도시들은 새로운 침략을 막고 동시에 복수와 전리품을 얻기 위한 동맹을 이끌어달라고 아테네에 요청했다. 아테네는 이를 흔쾌히 받아들였다. 이로써 어차피 필요한 해군을 유지하기 위한 돈이 꾸준히 들어오는 것이 보장되기 때문이었다. 함선과 병력을 제공하지 않는 회원국들은 그 대신 비용을 지불해야 했다. 동맹은 서기전 478년 델로스섬에서 합의됐고, 금고는 그곳의 신전에 보관됐다. 그래서 이 동맹은 델로스 동맹으로 알려지게 됐다. 이 동맹의 중요한 성과 가운데 하나는 해적을 소탕해 에게해와 흑해가 대규모 국제 무역이 가능한 안전한 곳이 되었다는 것이다.

살라미스 해전 이후 아테네의 변화를 가장 잘 보여주는 사실은 그리스 사상의 위대한 권위자 플라톤이 이 승리가 아테네 시민들을 오히려 나쁘게 만들었다고 주장했다는 점이다. 그는 이 승리가 육상에서 고귀한 전사들에 의해 이루어진 것이 아니라 "잡다한 부랑자 무리"에 의해 해상에서 이루어졌다고 불평했으며, 이것이 아테네인들로 하여금 "방종한 자유의 극단"으로 나아가도록 자극했다고 말했다.[22]

함대에는 사회 극빈층이 배치됐고, 마치 호플리테스 농민들이 나라를 지켰을 때 자신들의 권리를 요구했던 것처럼 이제는 최하층 노잡이들이 권리를 주장했다. 민주주의 제도는 실제로 급진적으로 변했으며, 특히 페리클레스Periklēs(서기전 495?~429)의 지도 아래 더욱 그러했다. 그는 서기전 5세기 아테네의 지도적인 정치인이었고, 그의 영향력은 너무나 커서 황금시대 전체가 때로 그의 이름을 따서 불리기도 한다. 그는 언변에 능하고 전략적 통찰이 뛰어나 아테네인들은 해마다 그를 장군으로 선출했다.

페리클레스는 개혁가 클레이스테네스의 후손으로, 아마도 테미스토클레스의 민주적 전략과 해상 전략에 대한 기억을 보존하기 위해 연극 〈페르시아인들〉 상연을 후원해 유명해졌다. 페리클레스는 급진적 민주주의자였으며, 어떤 사람들은 그를 대중영합주의자라고 부르기도 한다. 그는 최하층 시민들에게 최고위 집정관직을 제외한 거의 모든 공직을 개방했고, 대부분의 직책에 대한 선거를 연례 추첨으로 바꾸어 가문과 파벌의 권력을 완전히 분쇄했다. 전문적 능력이 필요한 장군과 일부 공직만 선출로 남겨두었다.

심지어 가난한 사람도 재정적 어려움에 시달리지 않고 이러한 직책을 맡을 수 있도록 하기 위해 공직을 유급화했다. 공직이 수백 개에 달하고 임기는 1년으로 제한됐기 때문에 주민의 상당수가 국가 운영 경험을 쌓을 수 있었다. 이는 가난한 사람들에게도 스스로 교육을 받는 강력한 동기가 됐을 것이다. 갑자기 자신이 국가의 가장 강력한 직위 중 하나를 맡게 될 수도 있었기 때문이다.

그러나 페리클레스 역시 부모가 모두 아테네인인 사람에게만 시민권을 부여했다. 이는 '바로 그곳 출신'이라는 아우토크토나스(토착민)의 아테네 신화와 잘 맞아떨어졌지만, 동시에 시민권을 점점 더 가치 있게 만들려는 그의 야망과 관련이 있었을 것이다. 500명의 평의회 의원과 심지어 수가 더 많았을 배심원단도 이제 국가로부터 급료를 받았다. 한 집단에 관대한 혜택을 주면 그 집단에 대한 진입을 제한하는 것이 흔히 여론의 지지를 받았다. 그러나 이러한 규정이 이전부터 존재했다면 테미스토클레스는 아테네를 이끌 수 없었을 것이고, 어쩌면 페르시아인들이 그리스 전체를 정복했을지도 모른다.

외국인, 여성, 노예에 대한 차별에도 불구하고, 아테네는 다른 모든 도시국가에 비해 놀라울 정도로 자유로웠다. 이러한 자유를 가장 강력하게 표현한 것은 투키디데스Thoukudídēs가 기록한 서기전 431/430년 페리클레스의 조사弔辭에서 찾아볼 수 있다. 이 글에서 페리클레스는 단순히 죽은 이 도시 전사들을 찬양한 것이 아니라, 그들이 싸우고 죽게 만든 이념을 칭송했다.

우리 헌법은 민주주의라 불립니다. 그 이유는 권력이 소수의 손에 있지 않고 온 시민에게 있기 때문입니다. 사적인 분쟁을 해결할 때, 모든 사람은 법 앞에 평등합니다. 공적 책임이 있는 자리에 저 사람 대신 이 사람을 임명할 때 중요한 것은 특정 계급에 속하는지가 아니라 그 사람이 가진 실제 능력입니다.

페리클레스는 이어 "우리 도시는 세계를 향해 열려 있"다고 말했다. 외국인들은 아테네에 거주할 수 있으며, 도시가 무역을 기반으로 하고 있으므로 "외국의 상품을 즐기는 것이 우리에게는 우리 지역 생산품을 즐기는 것만큼 자연스러운 일로 여겨졌"다. 결론은 이러했다. "우리 도시는 그리스에 대한 모범이며, 내가 생각하기에 우리 시민 한 사람 한 사람은 인생의 모든 다양한 측면에서 자기 자신을 올바르게 지배하고 소유할 수 있는 존재임을 보여줄 수 있다고 단언합니다."[23]

이러한 개방성은 문화, 경제, 군사 분야에서 놀라울 정도로 창의적인 분위기와 빠른 혁신을 촉진했다. 사람들은 곳곳에서 미술, 수사학, 생산 분야에서 새로운 착상과 방법을 실험하며 서로 경쟁했다. 투키디데스는 스파르타의 동맹인 코린토스인이 스파르타인들에게 아테네가 매우 다른 존재임을 경고한 이야기를 전한다.

아테네인은 언제나 혁신가이며, 빠르게 결단을 내리고 그것을 실행하는 속도도 빠릅니다. 반면에 당신들은 현 상태를 유지하는 데 능할 뿐, 독창적인 생각을 내놓지 못하고 행동은 목표에 도달하지 못한 채 멈추는 경향이 있습니다. (…) 당신들은 머뭇거리지만, 그들은 결코 주저하지 않습니다. 당신들은 국내에 있지만, 그들은 항상 국외에 있습니다. 그들은 멀리 갈수록 더 많은 것을 얻는다고 생각하지만, 당신들은 어떤 움직임이라도 이미 가진 것을 위태롭게 할 것이라고 생각하기 때문입니다.[24]

소포클레스는 그의 희곡 《안티고네Antigónē》에서 이 문화적 생활 감각을 묘사했다. "세상에는 경이로운 것이 많지만, 그 가운데 가장 중요한 것은 인간이다." 언어의 발명, 법, 바다의 정복을 언급하며 합창단은 이렇게 결론짓는다. "그의 힘으로 할 수 없는 것은 없다."

불문율과 확고한 법

일반적인 해석에 따르면 고대 그리스인은 개인의 자유라는 개념을 몰랐다고 한다. 민주주의는 있었을지 모르지만, 자유민주주의는 아니었다. 다수가 어떤 일이든 헌법적 제약과 개인 권리의 보호 없이 결정할 수 있었다. 권력 분립은 거의 없었고 실질적인 견제와 균형이 없었던 것은 사실이다. 다수가 입법과 심지어 재판 사무까지 모두 담당했다. 특히 전시 상황에서는 민회가 정말로 다수의 독재로 바뀌는 사례들이 있었다. 예를 들어 서기전 406년에 물에 빠진 선원들을 구하지 못한 장군들이 단 한 번의 투표로 사형을 선고받았다.

그러나 아테네에 개인의 자유가 없었다고 말하는 것은 사료와 일치하지 않는다. 오히려 아테네인들은 그러한 자유를 잘 보호하고 자랑스러워한 것으로 보인다. 페리클레스는 이에 대해 "우리의 정치 생활이 자유롭고 개방적인 것처럼, 서로와 관련된 일상생활 역시 마찬가지다. 옆집 사람이 자기 방식대로 즐긴다고 해서 흥분하지 않는다"라고 말했다. 우리는 "사적 생활에서 자유롭고 관용적"이라고 그는 결론지었다.[25] 펠로폰네소스 전쟁 동안 한 장군은 절박한 전투에서 병사들을 결집시키며, 사람들이 "자신의 방식대로 자신의 삶을 영위할 자유가 있는" 아테네를 위해 그들이 싸운다는 점을 상기시켰다.[26]

이 가운데 일부는 틀림없이 아테네의 자유주의와 스파르타의 전체주의를 극명하게 대비시키기 위한 선전이었지만, 비판자들은 동의했다. 플라톤은 민주주의에서 각 개인은 "자신이 원하는 것을 할 자유가 있"으며 "자기 삶을 마음대로 설계"할 수 있다고 불평했다.[27] 아테네 정부는 다른 정치체들에 비해 개인적인 도덕과 생활방식의 선택에 대해 훨씬 덜 개입했던 듯하다. 언론의 자유도 매우 광범위했으며, 민회 내에서만이 아니었다. 한 웅변가는 아테네인은 스파르타의 체제를 찬양할 수 있지만, 스파르타인은 스파르타 방식 이외의 것을 찬양할 자유가 없다고 지적했다. 공공 종교는 신들의 호의를 유지하기 위해 매우 중요하게 여겨졌지만, 대부분의 시간 동안에는 강요되는 정통 관행이나 의례가 없었다. 정부는 주로 누군가가 공개적으로 종교적 의례 또는 상징을 조롱하거나 위반했을 때만 개입했다. 정치나 배심원 업무에 참여하는 것이 의무는 아니었지만, 참여하지 않는 사람은 '이디오테스

idiōtēs('개인'이라는 뜻. 여기에서 '바보'를 뜻하는 영어 'idiot'가 나왔다)로 여겨지는 위험을 감수해야 했다.

더 많은 사람이 참여하는 형태의 통치 체계에서는 서로의 사적 영역을 존중하는 것이 자연스러워 보인다. 비록 공식 규정은 없었지만, 페리클레스는 아테네인들이 체제를 위한 토대로 인식된 자유, 재산, 관계에 관한 규칙의 총체를 이루는 성문법과 '불문법'을 존중했다고 말했다. 성문화되지 않은 것은 대부분의 사람들에게 민회가 결정할 수 있는 것의 한계로 여겨졌다.

결국 이 법의 기원은 자연에서 찾아야 했고, 신들에 의해 전해졌다. 이는 소포클레스의 희곡 《안티고네》에서 아름답게 표현됐다. 주인공 안티고네는 크레온 왕의 명령을 어기고 반역한 오라비를 성스러운 의식에 따라 매장한다. 왕이 이는 법을 어긴 것이라고 비난하자, 안티고네는 이것이 제우스로부터 온 명령이 아니며 자연법이 왕보다 위에 있다고 답한다.

나는 당신의 명령이 그리 강력하다고 생각하지 않으니
신들의 불문율과 확고한 법을
인간인 당신이 뛰어넘을 수 없소.
지금만이 아니고, 어제만이 아니고, 그것들은 항상 존재하며
아무도 그것이 언제 생겼는지 아는 사람은 없소.

오스트리아의 사상가 프리드리히 하이에크Friedrich Hayek는 이렇게 썼다. "고대인들은 개인의 자유라는 의미에서의 자유를 알지 못했다고 흔히 말한다. 고대 그리스에서도 이는 많은 지역과 시기에 사실이었지

만, 전성기의 아테네에서는 분명히 그렇지 않았다."[28] 하이에크는 더 나아가, 아테네의 사례가 2천 년 후 잉글랜드에서 법치의 발전을 자극했다고 주장하기까지 했다.

이 자유는 경제 영역으로도 확장됐는데, 이는 재산 소유자들을 기반으로 한 폴리스에 걸맞은 것이었다. 새 집정관(아르콘)이 임명되면, 그는 자신의 재임 기간 동안 모든 사람의 재산이 존중될 것이라고 선서했다. 사업에 대한 규제는 거의 없었고, 토지와 노동의 시장이 존재했다.

아테네인들은 강력한 은화 기반의 안정적인 화폐 체계를 가지고 있었고, 예금을 받고 신용을 제공하는 최초의 상업은행도 일부 운영했다. 이 폴리스는 자유무역 정책을 견지했으며 수출입에 대해 단 2퍼센트의 세율만 부과했다. 식량을 수입에 의존한 이 도시에서 한 가지 중요한 예외는, 아티케에서는 어느 누구도 곡물을 다른 나라에 팔 수 없었다는 점이다.

경제학자 안드레아스 배리Andreas Bergh와 칼 함푸스 리트켄스Carl Hampus Lyttkens는 불경에 가까울 정도로 혁신적인 논문에서 현대 프레이저 연구소Fraser Institute의 경제자유지수를 이용해 아테네의 자유시장을 계량화하고자 했다. 그들의 추정에 따르면 서기전 4세기 아테네는 10점 만점 기준으로 약 8.8점을 기록했으리라는 것이다. 오차 범위가 크기는 하지만, 이는 놀라운 수치다. 2023년 지수에서 최고 점수는 싱가포르로 8.56점이었고, 미국은 8.14점이었다.[29]

물론 이 점수는 주민 가운데 여성과 노예가 차지하는 비율에 따라 조정되어야 한다. 그들은 이러한 자유를 누리지 못했기 때문이다. 그럼에도 불구하고 이는 인상적이다. 대부분의 사람들이 참주나 귀족에게 삶 전체를 통제당하던 시대에, 아테네는 재산을 가진 남성이 오늘날 세계의 어떤 나라보다도 더 경제적으로 자유로운 체제를 개발할 수 있었던 듯하다.

아테네가 누린 경제적 자유의 수준이 어떠했든, 이는 실제 성과를 낳았다. 아테네는 중요한 무역 중심지가 됐고, 화폐경제는 새로운 상품과 서비스를 가능하게 하는 분업을 만들어냈다. 또한 혁신이 있었다. 새로운 청동 주조 방식과 도자기 산업의 호황으로 새로운 양식이 실험되고 주요 수출품이 됐다. 도자기 산업은 아테네의 케라메이코스 Kerameikos('도자기'를 뜻하는 영어 ceramic은 여기서 유래했다) 지역에서 번성했다.

제한된 고고학적 기록과 물가 및 임금을 바탕으로 판단하면 서기전 800년에서 서기전 300년 사이 그리스인의 1인당 소비는 50~100퍼센트 증가한 것으로 보인다. 이는 공업혁명 이후의 나라들 이외의 어느 곳과 비교해도 매우 높은 수준이며, 특히 이 기간 동안 인구가 거의 열 배 증가했다는 점을 감안하면 더욱 인상적이다(물론 이 수치는 그리스 암흑시대가 기점이라는 것을 기억할 필요가 있다).

이러한 발전은 중산층이 불균형적으로 많은 아테네인들에 의해 주도됐다. 아테네는 또한 전근대 사회에서는 매우 드물게 비숙련 노동자의 임금이 생계 수준을 훨씬 상회했던 사회 가운데 하나였다. 하루 임금 역시 서기전 5세기 후반에서 서기전 320년 사이에 60퍼센트 이상 증가했다. 흥미롭게도 최고점에 도달한 것은 아테네가 제국을 잃은 '이후'였다.[30]

지혜와 전쟁의 여신 아테나는 도시의 수호신이었으며, 올리브나무라는 선물을 도시에 주었다. 올리브나무가 풍성한 열매를 맺기까지는 여러 해가 걸리므로, 아테네에 이렇게 많은 올리브나무가 심어졌다는 것은 사람들이 미래에 대한 희망을 가지고 있었고 그사이에 자신들이 먹고살 방법을 찾았다는 것을 의미한다.

이것이 또한 올리브나무 가지가 평화의 상징이 된 이유이기도 하다. 올리브를 수확할 수 있게 되기까지 20년이 걸린다면, 전쟁으로 한순간에 모든 투자가 사라질 수 있어 더욱 취약해진다. 따라서 올리브 재배자들은 도시국가 간에 갈등이 발생했을 때 보통 협상과 화해를 요구했으며, 이 때문에 올리브는 상업과 평화를 상징하게 됐다.

상업이 아테네에 전례 없는 부를 가져다주었다고 해서 상업이 널리 존중받게 된 것은 아니었다. 경제는 빠르게 변화하고 있었으나, 엘리트들의 태도는 여전히 압도적으로 귀족적이고 상무적이었다. 주요 도덕가들은 전사, 예술가, 철학자의 삶을 가장 명예로운 것으로 여겼다. 생산이 필요하다면 그것은 반드시 토지 재산과 관련된 것이어야 했다. 무역이나 수공업처럼 천한 일은 외국인이나 노예에게 맡기면 됐다. 이런 활동에 대해 적대감을 가진 한 가지 이유는 무역이 사회적 위계를 약화하기 시작했고, 가문을 위대한 전사나 반신반인의 계보로 거슬러 올라갈 수 없는 미천한 자들이 엘리트층에 침투했기 때문이다. 노예 파시온Pasion은 아테네에서 가장 부유한 사람 가운데 하나였는데, 아마도 시리아 출신인 듯하며 은행가로 크게 성공했다.

플라톤은 무역이 "사람의 영혼에 교활하고 기만적인 습성을 기른다"고 주장했다. 개방적인 도시가 "적의 사악한 관습을 모방하는 수준으로 타락"하는 경향이 있다는 것이 한 가지 이유였다.[31] 플라톤의 이상理想 국가에서 상인 계급은 다른 사람들과 분리되어 그들의 외래 사상이 퍼지는 것을 막아야 했으며, 단순한 상품만을 고정된 가격에 거래할 수 있었다.

아리스토텔레스는 이보다 덜 적대적이었고 경제적 교환의 가치를 인정했다. 그러나 그 역시 이윤 추구가 도덕적 규범을 훼손할 수 있다고 우려했으며, 이를 엄격히 통제해야 한다고 보았다. 그는 기술공이나 상인이 돈을 벌기 위해 하는 일을 비천한 것으로 간주했는데, 특히 그런 일은 덕을 기를 여가 시간을 충분히 남겨주지 않기 때문이었다 (플라톤과 아리스토텔레스는 모두 자기네가 원하는 여가를 누리던 부유한 인물들이었다. 플라톤은 노예 여섯 명을, 아리스토텔레스는 열세 명을 거느렸다).[32]

화폐경제의 부상이 전통적 위계를 약화한 것은 사실이다. 이는 사람들이 혈족 집단을 벗어나 다른 집단, 심지어 낯선 이들과도 협력과 교환을 할 수 있게 했다. 사상사가 피터 왓슨Peter Watson에 따르면, 이는 또다른 장기적 효과를 낳았다. 화폐와 시장의 등장으로 그리스인들에게는 "합리적이고 논리적인 사고가 장려"됐으며, 국제 무역을 촉진해 "무엇보다도 사상이 전 세계로 퍼지는 데 이바지"했다는 것이다.[33]

어쩌면 그 모든 불명예스럽고 믿을 수 없다고 여겨진 상인들이 플라톤과 아리스토텔레스를 만들어냈다고도 말할 수 있을 것이다.

페리클레스 시대의 아테네

플라톤은 민주주의 찬미자는 아니었다. 그러나 그조차도 민주정이 아마도 가장 공정한 체제일 것이라고 인정했다. 다양한 개성이 존재하고 여러 사상이 자유롭게 표현되는 이 체제를 그는 온갖 색깔로 장식된 다채로운 외투에 비유했으며, 그래서 이 체제는 "가장 아름다워 보일

것"이라고 했다.[34]

그 시절 다채로운 아테네의 거리를 걸었다면 다양한 일에 몰두한 전설적인 인물들과 마주칠 가능성이 컸을 것이다. 민회에서 페리클레스의 연설을 듣고, 이어 그가 아낙사고라스나 프로타고라스 같은 철학자와 토론하는 모습 혹은 새로이 웅장하게 재건될 아크로폴리스를 위해 페이디아스에게 조각품을 주문하는 장면을 보았을 수도 있다.

소크라테스가 플라톤이나 크세노폰 같은 제자들과 논쟁하는 모습을 만났을지도 모른다. 도시의 다른 한편에서는 헤로도토스가 최초의 역사서를 준비하고 있었다. 이 역사의 아버지는 신화와 괴물들에 관한 많은 이야기를 기록했기 때문에 종종 '거짓말의 아버지'라 불렸다. 그러나 아마도 그는 그저 재미있는 이야기를 사랑했던 건지도 모른다. 우리 모두 그렇지 않은가? 그는 단지 여러 지역의 많은 사람에게서 들은 이야기들을 체계적인 방식으로 기록한 최초의 사람이었을 뿐이다. 과학적 역사학의 아버지라고 불리게 되는 사람은 아테네의 장군 투키디데스였다. 펠로폰네소스 전쟁의 역사를 신의 개입으로 설명하지 않고 공정한 방식으로 서술하려 했기 때문이다.

아테네를 다른 길로 지나갔다면 인류 최초의 극작가들인 아이스킬로스, 소포클레스, 에우리피데스를 마주쳤을지도 모르고, 잘못 째려보기라도 했다면 희극 작가 아리스토파네스에게서 욕설을 들었을지도 모른다.

페리클레스는 "토론이 행동을 가로막는 걸림돌이라고 여기는 대신, 우리는 어떤 것이든 현명한 행동을 하기에 앞서 반드시 필요한 과정으로 여긴다"라고 말했다. 아테네 사람들은 자유롭게 수다를 떨기 시작했다. 단지 말할 수 있도록 허용됐기 때문이 아니라 무언가 말할 것이 있었기 때문이다. 페르시아 전쟁 이후, 그들은 자신들이 방금 어떤 일을 겪었는지 스스로에게 묻기 시작했다. 왜 그들은 자기네의 목숨과 자기네의 도시를 걸고 세계에서 가장 강력한 제국에 도전할 용기를 냈는가? 이 질문은 선술집, 극장, 사상가들의 모임에서 사유와 논쟁을 촉발했다. 시민이 된다는 것은 무엇이고, 좋은 삶이란 무엇인가? 신들, 폴리스, 개인의 명예는 우리에게 어떤 요구를 하는가? 우리는 운명의 손아귀에 있는가, 아니면 삶이 우리의 손에 달려 있는가?

위대한 철학자들이 이런 문제들에 대해 토론하기 전에, 대중오락이 먼저 다루었다. 연극은 아테네에서 발명됐고, 스스로를 통치하는 시민들의 문해력 및 고민과 밀접하게 연결되어 있었다. 포도주와 축제의 신 디오니소스에게 바치는 찬가에서 합창단은 언제나 노래하고 춤추었지만, 그러다가 어느 순간 합창단 중 누군가 앞으로 나와 가면을 쓰고 자신들이 노래하던 등장인물 중 하나를 연기했을 것이다. 우리가 아는 한, 처음으로 배우들이 타인의 역할을 맡아 일인칭으로 말하며 이야기를 처음부터 끝까지 들려주기 시작했다. 이것이 없었다면 넷플릭스도 지금의 모습이 아니었을 것이다.

서아시아 지역의 대부분의 이전 문학과 달리, 위대한 비극 작가들은 전적으로 신들의 이야기에만 초점을 맞추지 않고 인간의 곤경, 사회적 갈등, 도덕적 난관을 다루었다. 그들은 종종 긴 논쟁을 무대에 올렸고, 때로는 아이스킬로스의 《오레스테이아Oresteia》의 결말처럼 민주적 법정의 현명한 판결만이 논쟁을 해결할 수 있었다. 아리스토파네스의 희극 《개구리Bátrakhoi》에서 그는 에우리피데스에게, 관객이 스스로 생각하고 '이것은 왜 이럴까? 우리가 말하는 것은 무슨 의미일까?'라고 묻는 것을 배우게 한 일이 자신의 주요 성취라고 말하게 했다.

희극에서도 아테네는 선구자였으며, 여기서는 당대의 정치적 문제가 흔히 중심 줄거리가 됐다. 가장 위대한 정치가와 사상가들이 아테네 시민 상당수 앞에서 정기적으로 가차 없이 조롱당했다. 페리클레스 본인도 그의 정치, 그의 애정 생활, 그리고 그의 머리 모양(아테네인들은 그것이 해총海蔥처럼 생겼다고 생각했음이 분명하다)에 대해 끊임없이 무대에서 조롱받았다는 사실만큼 아테네가 얼마나 언론의 자유를 누렸는지 잘 보여주는 것은 없다. 세계 최초의 극장에 가는 데에는 위험도 따랐다. 초기 희극의 기묘한 특징 중 하나는 공연 도중 합창단이 관객을 모욕하는 장면이 끼어들곤 했다는 점이다. 아마도 그 뿌리였던 남근 행렬의 전통에서 물려받은 부분이었을 것이다.

'이것은 왜 이럴까?' '우리가 말하는 것은 무슨 의미일까?' 이는 최초의 위대한 철학 시대를 열게 되는 괴짜 사상가들이 던진 질문이기도 하다. 자극은 외부에서 왔지만, 아테네의 지적 개방성이 그것을 증폭시켰다. 수많은 대안적 생활방식과 통치 방식을 손쉽게 접할 수 있게 되면서, 아테네인들은 길이 하나만 있는 게 아님을 깨달았다. 그들은 심지어 자신들을 외부인의 시각으로 보기 시작했고, 자신들에게 자연스럽고 필요하다고 여겼던 것이 외국인에게는 터무니없거나 심지어 범죄로 보일 수 있다는 사실을 인식했다. 헤로도토스는 한 페르시아 왕이 인도인들과 그리스인들을 불러 어떤 대가를 주면 서로의 장례 풍습(각기 자기네 아버지를 태우거나 먹었다)을 받아들일 수 있느냐고 묻자 양쪽 모두 두려움에 사로잡혀 어떤 대가로도 그렇게 하도록 설득할 수 없다고 대답했다는 이야기를 전한다.[35]

밀레토스의 탈레스는 서기전 6세기 초, 신과 숨은 영적 존재들의 행위에 의존하지 않고 우주와 자연이 어떻게 작동하는지를 논의해 사상사의 새로운 장을 열었다. 서기전 433년에 아테네로 이주한 아브데라의 프로타고라스와 다른 이른바 '소피스트'('현자')들이 이제 같은 일을 했지만, 그것을 인간의 본성과 사회에 적용했다. 소피스트라는 말은 역사 속에서 악담으로 전락하게 된다. 플라톤은 바로 소피스트에 대한 부정적 인식을 만들어내 후대에 넘긴 사람이었다. 그는 소피스트들이 진리보다 돈과 과시에 더 관심을 가졌다고 주장했다. 그러나 소피스트들은 온갖 수준에서 전통적 사고에 도전했으며(그들 가운데 일부는 심지어 신들의 존재 자체에 도전했던 듯하다), 그 덕분에 아테네는 그리스의 지적 중심지가 되고 소크라테스, 플라톤, 아리스토텔레스가 지식, 사회, 인류를 이해하는 새로운 방법을 탐색할 수 있는 활기찬 환경이 만들어졌다.

이 모든 사람들이 빠르게 가장 아름다운 도시로 변모하고 있던 아테네의 거리로 몰려들었다. 페리클레스는 페르시아인들이 파괴한 아크로폴리스를 그리스 전체에서 가장 찬란한 아름다움과 권력의 상징으로 바꿔놓겠다고 결심했다. 거대한 문 뒤에는 화려한 조각들로 장식된 웅장한 신전들이 세워졌다. 항해자들은 아테네에 접근하면서 멀리서도 아테나 여신의 투구와 창끝을 볼 수 있었다고 한다. 아크로폴리스에 세워진 높이 9미터에 이르는 이 거대한 청동상은 조각가 페이디아스가 만들었다.

아크로폴리스 위의 거대한 파르테논 신전은 절묘하게 조각된 도리아식 기둥들로 이루어졌으며, 오늘날에도 역사상 가장 위대한 건축물 가운데 하나로 여겨진다. 신전은 건물이 덜 완벽해 보이게 하는 착시를 보정하기 위해 무수한 미세 곡선과 굴절을 활용해 지어졌다. 예를 들어 수평선이 처져 보이는 착시를 상쇄하기 위해 직선을 사용하지 않았으며, 이는 건물에 역동성과 생명력을 부여하기 위한 의도였을 것이다.

신전은 지금보다 당시에 훨씬 더 압도적인 인상을 주었을 것이다. 조각품들은 원래 흰색이 아니라 갖가지 색채로 칠해져 있었기 때문이다. 우리가 오늘날 보는 흰 대리석은 색칠이 벗겨진 결과이고, 이에 따라 우리는 채색되지 않은 모습만 보게 된 것이다. 그리고 때로는 복원(혹은 훼손)을 담당한 이들이 남아 있던 안료를 의도적으로 제거해 작품을 더 순수해 보이게 만들었다. 엘긴Elgin 대리석 조각품들을 복원하는 작업을 했던 한 석공은 최대한 희게 만들고 필요하면 표면을 깎으라는 지시를 받았다고 털어놓았다.[36]

제국의 오만

페리클레스는 이 화려한 새 아크로폴리스를 건설하기 위한 자금을 어디서 조달했을까? 그는 델로스 동맹의 연합국들로부터 돈을 가져왔다. 페리클레스는 위대한 민주주의자였을 뿐 아니라 열렬한 제국주의자이기도 했다. 아테네는 모든 것을 갖고 있었지만, 더 많은 것을 원했다. 군사적 승리가 아테네인들에게 점점 더 우월감을 심어주자, 그들은 더 많은 곳에 관여했다. 그리고 동맹을 완전히 지배하게 되자 그들은 그 힘을 이용하기 시작했다.

거의 대부분의 동맹국은 함대를 제공하는 일을 중단하고 대신 그 임무를 아테네가 맡도록 돈을 지불했다. 그 결과 동맹국들은 갈수록 더 약해지고 아테네는 더 강해졌다. 결국 페르시아는 완전히 패배했고, 따라서 아테네가 페르시아에 흙과 물을 바치는 것이 아니라 그 반대가 되어야 사리에 맞았다. 일부 동맹국들은 더는 필요 없어 보이는 해군을 위해 왜 계속 돈을 내야 하는지 자문하기 시작했다. 이는 다른 시대의 다른 방위 동맹에서도 익숙한 문제였다.

서기전 470년, 낙소스섬은 동맹에서 탈퇴하려 했지만 억지로 다시 들어왔다. 아테네는 낙소스가 평화와 안정에 기여하지 않고 무임승차하려 한다는 주장을 펼 수 있었다. 그러나 5년 뒤 또다른 섬나라 회원국인 타소스와 전쟁이 벌어졌을 때는 그런 명분이 없었다. 이번에는 동맹 문제와 관련된 것이 아니라, 타소스가 장악하고 있는 금·은 광산을 둘러싼 다툼이었다. 2년간의 포위 끝에 아테네는 광산들을 손에 넣었다. 아테네가 처음으로 동맹의 자원을 또다른 동맹국을 상대로 한 자기네의 이익 추구에 사용했다. 머지않아 동맹국들은 주요 재판을 아테네 법정으로 가져오도록 강요받기 시작했다. 서기전 454년, 동맹의 금고가 델로스에서 파르테논 신전으로 옮겨졌을 때, 이는 동맹이 더 이상 독립된 국가들의 연합이 아니라 아테네 제국이 됐음을 뒤늦게 확인한 셈이었다.

아테네는 권력의 정점에 있었다. 어쩌면 이는 진즉에 우려했어야 하는 상황이었다. 그 시기는 그리스인들의 신화에서 가장 휘브리스 húbris(오만, 즉 한계조차 넘어서 아마도 신들까지 거스를 수 있다는 치명적인 믿음)에 빠지기 쉬운 순간이었기 때문이다. 아테네의 제국적 야망은 과거 아테네를 보호자로 여겼던 그리스 도시국가들을 소외시키기 시작했다. 아테네는 또한 더 많은 지역에 개입하면서 스파르타 같은 다른 강대국의 의심도 샀다. 결국 이는 펠로폰네소스 전쟁(서기전 431~404)으로 알려진 스파르타와의 거대하고도 파괴적인 충돌로 이어지게 된다. 바로 투키디데스의 대작으로 유명해진 전쟁이다. 투키디데스는 아테네의 장군이었으나 암피폴리스를 구하는 데 실패한 뒤 추방됐고, 이후 그리스 전역을 돌아다니면서 이 전쟁에 관한 이야기를 수집하며 여생을 보냈다.

이 전쟁은 우리 시대와도 상당한 관련이 있다. 바로 '투키디데스 함정'이라 불리는 개념 때문이다. 이는 스파르타가 아테네의 성장하는 힘을 두려워해 전쟁이 일어났다는 개념으로, 신흥 강국이 기존 패권국을 위협할 때 전쟁 위험이 커진다는 주장에 사용되어왔다. 1차 세계대전이 일어나기 전 독일이 영국에 도전했던 상황, 그리고 오늘날 중국의 부상이 기존 패권국인 미국을 걱정스럽게 만드는 상황 같은 것이다.

이것은 위험이다. 그러나 만약 아테네가 스파르타의 동맹들을 자극하고 끊임없이 다른 국가들에 군사적으로 개입하거나 무역 봉쇄 조치를 취하지 않고 커가는 자신들의 힘을 평화롭게 누리기만 했다면 어땠을까? 오히려 스파르타가 분노를 그토록 오래 참은 것이 놀라울 정도다. 코린토스의 옛 식민지 하나로 인해 아테네와 코린토스 사이에 전쟁이 발발한 뒤, 코린토스인들은 내켜하지 않는 스파르타인들을 설득해 전쟁에 나서게 했다. 그들은 스파르타가 동맹을 위해 나서지 않는다고 비난해 스파르타를 끌어들였다. 역설적으로 아테네가 고압적이었기 때문에 권위주의적인 스파르타가 그리스인의 해방자로 포장될 수 있었다 (물론 스파르타의 '해방'은 흔히 민주정을 과두정으로 대체하는 것이었다).

서기전 4세기 중반, 아테네에서는 자성의 분위기가 생겨나 크세노폰과 이소크라테스가 제국주의에 강력하게 반대하는 글을 썼다. 그들은 아테네가 한때 지도적 위치를 얻은 이유는 강압이 아니라 봉사 때문이었으며, 강압은 동맹국들이 등을 돌리게 만들었을 뿐이라고 주장했다. 그들은 힘에 의존한 지배는 폭압적이며 위험하고 비용도 많이 든다고 주장했다. 평화로운 상업 중심지로서 아테네는 안전하고, 무역으로 이익을 얻으며, 전쟁으로 내몰린 모든 상인과 방문객들을 끌어들일 수 있으리라는 것이었다. 설득력 있는 주장들이었지만, 이는 이 도시국가를 거의 파괴한 전쟁 이후의 뒤늦은 지혜 덕분에 쓰인 것이었다.

페리클레스는 아테네가 제국 세력으로 남으면서도 스파르타에게 전쟁을 해봐야 이득이 없을 것이라고 설득하면 안전을 유지할 수 있다고 보았다. 아테네는 도시 주위와 약 6킬로미터 떨어진 피레우스 항구까지 이어지는 성벽을 구축했다. 아테네는 바다를 장악했고 스파르타는 포위전을 발전시키지 못했으므로, 아테네인들은 그저 성벽 안으로 들어가 무역을 통해 식량을 공급받고 해군에 의지해 전쟁에서 승리할 수 있었다. 이는 합리적인 전략이었지만 치명적인 결함이 있었다. 바로 적도 합리적이어야 한다는 점이었다. 예컨대 평판에 대한 두려움이나 코린토스인의 조롱에 휘둘리지 않아야 했다. 펠로폰네소스 연합군은 매년 여름 아티케로 들어가 불을 지르고 약탈한 뒤, 자기네 나라로 돌아갔다. 아테네 주민들이 성벽 안에 안전하게 숨어 있었기 때문이다. 그것은 잠시 동안이었다. 위대한 페리클레스조차 간과한 적이 하나 있었다. 바로 세균이었다.

서기전 430년 여름, 환기가 되지 않는 도시의 오두막들에 빽빽이 들어차 있던 난민들이 머리가 타는 듯 열이 나고 가슴에 통증이 생기며 목과 혀에서 피를 흘리기 시작했다. 대략 일주일 뒤 감염된 사람들은 죽기 시작했고, 곧 시신이 아테네 전역에 널렸다. 밀집된 공간은 아테네 주민의 약 4분의 1을 죽음으로 몰아넣은 전염병의 온상이 됐다. 이는 아테네의 전투 능력과 사회 결속에 큰 타격을 주었다. 자연재해가 신의 심판으로 해석되던 시대였기에 사기에도 막대한 악영향을 미쳤다. 전염병의 희생자 중 한 사람이 다름 아닌 페리클레스였다.

페리클레스가 사라지자 아테네 민회는 더 변덕스러운 인물들에게 휘둘리게 됐고, 그의 상당히 신중한 접근과 제한된 전쟁 목표는 위험도가 높은 전략으로 대체됐다. 그중 일부는 성공했지만, 때때로 이들은 모든 것을 걸고 도박을 벌이다가 패배했다. 가장 파국적이었던 것은 서기전 415년 시칠리아의 강력한 도시 시라쿠사를 정복하려는 계획이었다. 그곳을 약탈하기 위해서였다. 시칠리아 원정은 과도한 팽창을 경계하라는 페리클레스의 경고를 거스른 것이었고, 그 결과 아테네는 함대의 절반과 아마도 4만 명의 병사를 잃었다. 이는 전염병보다도 더 아테네를 약화했다.

그러나 아테네는 언제나 다시 일어서곤 했고, 적어도 그 적들이 확실하게 유연성이 부족한 데 힘입을 수 있었다. 투키디데스는 이렇게 썼다.

다른 여러 상황과 마찬가지로 이번 경우에 스파르타인들은 아테네인들이 상대할 수 있는 가장 놀랍도록 도움이 되는 적임이 드러났다. 특히 해상 강국인 아테네에게는 양국의 민족적 성향의 큰 차이가 엄청난 도움이 됐다. 아테네는 빨랐던 반면에 스파르타는 느렸으며, 아테네는 진취적이었던 반면에 스파르타에게는 진취성이 없었다.[37]

진짜 '투키디데스 함정'

펠로폰네소스 전쟁은 그리스 전역을 휘말리게 한 길고도 끔찍한 투쟁으로 변모했다. 거의 모든 도시국가가 혼란과 혁명 속으로 내던져졌다.

민주파는 보통 아테네에 도움을 청하며 귀족 및 과두파와 싸웠고, 그들은 스파르타에 도움을 청했다. 서로 다른 파벌들의 공격적인 부족주의 때문에 "그리스 세계 전역에서 인격의 전반적인 파탄이 일어났다"라고 투키디데스는 썼다.

그의 생각에 따르면 평화로운 시기에는 사람들이 높은 도덕적 기준을 따르지만, 파멸에 대한 두려움과 권력, 약탈, 복수에 대한 희망은 사람들을 갑작스레 가장 극단으로, 그리고 그 너머로 몰아붙였다.

예전에는 무분별한 공격 행위로 불렸던 것이 이제는 당파의 일원에게서 발견할 수 있다고 기대되는 용기로 여겨졌다. 미래를 생각하며 기다리는 것은 단지 누군가가 비겁하다고 말하는 또다른 방식일 뿐이었다. 절제의 개념은 그저 남자답지 못한 성격을 숨기려는 시도에 불과했다. 어떤 문제를 모든 측면에서 이해할 수 있는 능력은 그가 행동에 전혀 적합하지 않다는 얘기였다. 광적인 열정은 진정한 남자의 표지였다.[38]

죽음은 온갖 모습과 형태로 찾아왔다. 끔찍한 일들이 벌어졌고, 인간 본성이 변하지 않는 한 앞으로도 벌어질 것이라고 투키디데스는 경고했다. 아테네인들도 이러한 통제할 수 없는 격정에서 벗어나지 못했으며, 자신들도 매우 야만적인 행동을 할 수 있음을 보여주었다. 그들은 흔히 스파르타의 잔혹 행위 쪽으로 비난의 화살을 돌리며 자신들을 정당화했다.

서기전 428년 레스보스섬의 미틸레네에서 아테네에 대한 반란이 진압된 후, 아테네 민회는 어처구니없게도 모든 미틸레네 성인 남성을 처형하고 여성과 아이들을 노예로 팔기로 결정했다. 삼단노선 한 척이 이러한 명령을 받고 미틸레네로 떠난 뒤, 아테네인들은 다시 생각하기 시작했다. 특히 많은 미틸레네 주민이 반란을 일으킨 과두 지배자 쪽에 가담하지 않았기 때문이다. 민회가 다시 소집되어 전날 내린 결정을 뒤집기로 결정했다. 새로운 배가 보내졌고, 밤낮없이 노를 저어 학살이 시작되려는 바로 그 순간에 도착하는 데 성공했다.

그러나 서기전 421년 아테네가 스키오네라는 도시의 반란을 진압했을 때는 그런 후회가 없이 성인 남성들을 처형하고 여성과 아이들을 노예로 팔아버렸다. 중립적이었던 멜로스섬을 정복한 후에도 아테네는 같은 일을 했는데, 투키디데스에 따르면 아테네 사절은 이 행위를 정당화하려는 시도조차 하지 않았다. 그러고는 직설적으로 "강자는 자기 힘으로 할 수 있는 일을 하고, 약자는 받아들여야 하는 것을 받아들인다"라고 선언했다.[39]

아무리 애를 써도 아테네와 스파르타는 모두 상대를 꺾을 수 없었다. 결국 스파르타는 그리스의 오랜 숙적에게 도움을 청했다. 서기전 411년, 스파르타는 페르시아에, 금을 주면 그들의 옛 그리스 영토를 되찾게 해주겠다고 제의했다. 이 자원을 가지고 스파르타는 대규모 함대를 건설하고 용병을 고용해 함선에 배치했다. 아테네는 계속해서 전투에서 승리해 스파르타 함대를 파괴했지만, 페르시아의 돈줄 덕분에 스파르타는 계속해서 함대를 재건할 수 있었다. 스파르타는 급여를 더 많이 주었으므로 아테네의 일부 노잡이들마저도 그들에게로 넘어갔다. 스파르타-페르시아 동맹은 아테네에게 너무도 버거웠다. 아무리 승리를 거두더라도 일시적인 안도를 제공하는 데 그쳤고, 단 한 번의 패배가 치명적일 수 있었기 때문이다. 그런 패배는 결국 서기전 405년 말에 찾아왔다. 스파르타가 기습 공격을 가해 해변에 있던 아테네 함선 171척을 나포했다. 스파르타는 이제 헬레스폰토스 해협을 봉쇄해 무역을 막고 아테네를 굶주리게 함으로써 항복을 받아낼 수 있게 됐다.

스파르타의 동맹국인 코린토스와 테베는 아테네를 완전히 파괴하기를 원했지만, 스파르타는 코린토스와 테베의 야심이 걱정스럽다고 보고 이를 견제하기 위해 순종적인 아테네가 필요했다. 스파르타는 아테네를 완전히 파괴하는 대신에 제국을 해체하고 피레우스까지 구축했던 장성과 요새를 파괴했다. 민주정 체제는 스파르타에 우호적인 과두정 30인 평의회로 대체됐다.

이것이 일반적으로 펠로폰네소스 전쟁의 종결로 여겨지지만, 더욱 흥미로운 종막이 있다. 한때 소크라테스의 제자였던 크리티아스가 이끄는 '30인 참주'가 공포정치를 시작해 1500명의 아테네 시민을 재판 없이 살해했다. 처음에 그들은 적과 민주파를 상대하기 위해 등장했지만, 곧 그들이 탐내는 토지와 재산을 가진 사람은 누구든 살해했다. 이에 아테네 시민들은 경악했고, 수천 명이 도시를 탈출했다. 망명자들은 한 해군 장군의 지도 아래 결집했으며, 곧 이 반란군은 스파르타 수비대와 과두정 군대를 모두 물리쳤다. 독재가 펼쳐진 지 불과 8개월 만에 30인의 참주를 축출하고 민주정을 회복했다. 여러 면에서 민주정은 더욱 심화됐다. 불문법이 성문화되고, 민회 참여자들에게 급여가 지급되어 가난한 시민들 사이에서 직접 민주정에 대한 새로운 열정이 생겨났다.

이 일화는 아테네의 회복력에 대해 놀라운 사실을 알려준다. 그들의 민주주의와 개방적인 문화는 위기가 닥쳤을 때 활용할 수 있는 깊은 혁신의 집적과 활기찬 재능을 제공했다. 한 세기 동안 두 번이나 도시가 적에게 함락됐지만, 두 번 모두 다시 일어섰다. 장성은 파괴된 지

불과 10년 만에 재건됐다. 곧 아테네는 아마도 70개에 달하는 동맹국과 함께 방어 성격의 두 번째 동맹을 창설하기까지 했다.

사실 대부분의 주요 지식인들이 혼란스럽고 불가능한 체제라고 여겼던 아테네의 민주정 체제는 다른 그리스 폴리스들보다 더 강한 결속력을 유지했다. 체제는 파벌 사이의 전쟁으로 붕괴된 적이 없었고, 데모스(민중)는 법을 뒤엎거나 부자들의 재산을 몰수하지 않았으며, 과두정 음모는 드물고 결국 성공하지 못했다. 아주 짧은 휴지기들을 제외하면 민주정 체제는 180년 동안 온전히 지속됐다.

대중민주주의에 열광적이지 않았던 투키디데스조차 위기 시 아테네 사람들이 질서정연하게 스스로를 가다듬는 방식에 감탄했다. 그는 시칠리아 원정 파괴 이후에 관해 쓰면서 "모든 민주정이 그렇듯이, 이제 공포에 사로잡힌 그들은 모든 것을 정돈할 준비가 되어 있었다"라고 적었다.[40]

아테네가 끊임없이 스스로를 재창조하는 동안, 스파르타는 서서히 스스로를 질식시키고 있었다. 외국인 혐오와 새로운 부를 창출할 수 있는 시장의 부재는 지배 계급을 강화했다. 닫힌 사회가 승리했고, 그 결과 스파르타는 회복 불능의 쇠퇴에 직면했다. 역사가 브렛 데버로에 따르면, 서기전 480년에는 완전한 시민권을 가진 스파르타 남성이 8천 명이었다. 서기전 418년에는 그 수가 3500명, 서기전 394년에는 2500명, 서기전 371년에는 1500명으로 줄었다.[41] 한때 자랑스러웠던 스파르타 군대는 전투나 지진 때문만이 아니라 스스로의 과두정 정책의 무게에 짓눌려 붕괴했다. 펠로폰네소스 전쟁이 끝난 뒤 스파르타는 페르시아와 손을 잡고, 해방을 약속했던 도시들을 지배하거나 페르시아에 넘겨주는 방식으로 스스로를 타락시켰다. 분노한 그리스인들은 복수를 갈망했다.

서기전 376년, 아테네 동맹은 스파르타 함대를 격파하고 그들을 에게해에서 몰아냈다. 서기전 371년, 스파르타가 신흥 강국 테베를 육지에서 상대해야겠다고 느꼈을 때 그들은 완전한 시민권을 가진 불과 700명의 스파르타인으로 이루어진 군대를 가지고 있었다. 병력의 대부분은 동맹군이었다. 짝을 이룬 연인들로 구성된(용감하게 행동하도록 고무하기 위해서였다고 한다) 히에로스로코스Hieròs Lóchos('성스러운 부대')가 선봉에 선 테베 군대는 레우크트라 전투에서 스파르타군에 결정적인 패배를 안겼다. 펠로폰네소스의 스파르타 지배하에 있던 도시들은 이 기회를 틈타 반란을 일으켰고, 테베의 지원을 받았다. 테베인들은 그 도시들이 독립하도록 도왔고, 이어 메세니아의 헤일로타이들을 해방시켰다. 단 일격으로 스파르타는 영토의 3분의 1과 230년 동안 지배해온 노예 주민을 잃었고, 갑자기 튼튼한 방어벽을 갖춘 적대국들에 둘러싸이게 됐다. 스파르타는 이류 국가로 전락했고, 다시는 옛 지위를 회복하지 못했다.

결국 스파르타가 우리에게 남긴 것은 그 병사들에 대한 이야기뿐이고, 오늘날에도 축구팀이나 대학 사교 클럽에서 이 이름을 즐겨 사용한다. 그러나 이 전체주의적 도시는 창의성이 부족해 문학도, 시도, 미술도, 건축도, 혁신적 사상 체계도 남기지 못했다. 스파르타의 시대는 황금시대가 아니라 암흑기였다. 민주주의, 역사학, 수사학, 희극과 비극, 그리고 오늘날에도 여전히 우리의 감탄을 불러일으키는 조각과 건축의 걸작을 남긴, 끊임없이 혁신한 아테네와는 우울한 대조를 이룬다. 그리고 물론 필로스philos('사랑')와 소피아sophia('지혜')에서 이름을 딴 근본적 질문의 아름다운 탐구, 즉 철학philosophía도 그러하다.

철학의 탄생

통상적으로 규정되는 황금시대는 펠로폰네소스 전쟁 이후 끝났다. 그러나 불꽃놀이가 끝난 듯하고 아테네가 더 이상 우리를 놀라게 할 힘이 남지 않은 듯 보이던 바로 그때, 이 도시는 아마도 세계에 내놓은 가장 위대한 기여를 했다. 이는 철학, 종교, 과학을 2천 년 넘게 이어질 새로운 궤도에 올려놓게 된다. 그 기원에는 역사상 가장 독창적인 세 명의 사상가, 즉 스승과 제자가 연속으로 이어진 역사 속에서 가장 예외적인 지적 계보가 있었다. 소크라테스, 그의 제자 플라톤, 그리고 그 제자인 아리스토텔레스다.

전통과 위계가 빠르게 무너지고 옛 신들과 신화의 권위가 쇠퇴하던 그리스 세계에서 사람들은 인간, 사회, 우주를 이해할 새로운 출발점을 찾았다. 분명했던 모든 것이 흔적도 없이 사라지고 있는 듯한 시대에 그들은 지식 체계가 들어설 새로운 토대를 세우고 설명을 제시하고자 했다.

키케로는 소크라테스(서기전 470?~399)가 "철학을 하늘에서 끌어내려 도시로 가져오고 가정 안으로 들여보내며 삶과 도덕, 선과 악을 탐구하도록 만든 첫 번째 사람"이라고 생각했다.[42]

이는 역사의 무대에서 소피스트들을 지우는 표현이기는 하지만, 석수의 아들이자 펠로폰네소스 전쟁에서 호플리테스로 복무했던 이 철학자의 업적을 잘 묘사한 말이다. 소크라테스는 옳고 그름이나 선과 악에는 보편적 기준이 있어야 한다고 여겼지만, 자신이 그것을 안다고 주장하지는 않았다. 그가 남보다 더 지혜롭다면 그것은 단지 자신이 무엇을 모르는지 알고 있기 때문이라고 했다. 그러나 그는 이것이 자기 자신을 아는 것에서 출발한다고 확신했다. 이에 따라 그는 도시를 돌아다니며 아테네인들에게 질문을 던져 그들이 스스로에 대해, 그리고 자신들이 말하는 바가 무슨 의미인지를 돌아보게 했다. 이 방법은 학생들로 하여금 자신의 사고를 성찰하고 심화하도록 강제했고, 그는 한 무리의 헌신적인 추종자들을 모았다.

서기전 399년, 소크라테스는 아테네 배심원단으로부터 사형을 선고받았다. 이는 이 도시가 헌신했던 언론의 자유에 대한 완전한 배신이었으며, 소크라테스의 사상에 대한 반발로 해석되어왔다. 그러나 청년들을 타락시켰다는 고발은 또한 훨씬 더 구체적이고 정치적인 목적을 지니고 있었다. 30인 참주가 얼마 전에 축출됐는데, 그 지도자 크리티아스가 소크라테스의 제자였다. 이 철학자는 민주주의적 대중을 불신하는 것으로 유명했기 때문에 사람들은 그가 참주들을 고무했다고 생각했다. 그리고 독재 기간 동안 그가 도시를 떠나지 않았다는 사실 때문에 많은 아테네인이 그를 참주들과 연관지었으나, 실제로는 그가 정권의 일부 명령에 저항했다는 증거도 있다.

소크라테스가 성격이 까다롭고 외모가 추했던 것도 불리하게 작용했을 것이다. 그는 개인위생을 돌보지 않고 누더기 같은 옷을 입고 다녔으며, 별난 질문으로 사람들을 귀찮게 했다. 재판 중 그의 오만한 행동은 더 많은 사람을 화나게 했다. 그는 아마도 280표 대 221표로 유죄 판결을 받았던 것으로 보인다. 유죄가 확정되면 배심원단은 형벌을 표결로 결정했다. 검사는 사형을 요구한 반면, 소크라테스는 먼저 자신이 사는 도시에 은덕을 베푼 자에게 걸맞게 '벌로서' 평생 무료 식사를 제공받아야 한다고 주장했다가 이후 벌금을 내겠다고 제안했다. 격분한 배심원단은 유죄 판결 때보다 더 큰 표 차이로 사형을 확정했다.

이는 대중이 항상 현명한 것은 아니라는 소크라테스의 비판을 입증한 셈이었다. 그는 친구들의 권유에도 불구하고 추방을 거부하고, 독미나리 즙을 마치 포도주인 것처럼 마시고 죽음을 맞았다.

그의 가장 유명한 제자인 플라톤(서기전 427?~348?)은 소크라테스가 던진 질문들에 답하는 작업에 착수했다. 소크라테스와 달리 그는 믿기 어려울 만큼 다양한 주제의 방대한 저술을 남겼다. 그 대부분은 소크라테스를 주인공으로 삼아 플라톤 자신의 관점을 옹호하는 형식의 대화편이다. 영국의 철학자이자 수학자인 앨프리드 노스 화이트헤드Alfred North Whitehead는 유럽 철학 전통 전체를 플라톤에 대한 일련의 각주라고 묘사한 적이 있는데, 이는 그의 저술 곳곳에 산재한 수많은 생각을 가리킨 말이다.

플라톤은 우리가 물질세계에서 경험하는 모든 것은 더 높은 차원의, 영원한 이데아idea('형상')의 세계를 모사하거나 모방한 것들로 이루어져 있다고 생각했다. 어떤 것이 아름답거나 진흙투성이거나 혹은 말馬로 보인다면, 이는 그것들이 오직 이데아의 세계에만 존재하는 완전한 형태의 아름다움, 진흙, 말의 형상을 반영했기 때문이다.

중요한 함의는 자신의 감각만을 사용하는 사람은 현실을 이해할 수 없으며, 이해를 통해 오직 일부의 사람들에게만 가능한 방식의 현실에 대한 더 높은 통찰에 접근할 수 있다는 점이다. 플라톤이 민주주의와 개인의 자유에 적대적이었던 이유가 이것이다. 그의 이상 국가에서는 철학자가 왕이거나 왕이 철학자다. 통치자는 규제, 의무 교육, 종교의 상세한 제도를 통해 국민들의 열정과 이기심을 통제해야 한다. "모든 사람의 삶에서 통제로부터의 자유는 단호하게 제거되어야 한다"라는 것이 플라톤이 자신의 국가를 안전하게 지키는 이상적인 방법이었다.[43]

플라톤은 아테네 도시 성벽 바로 바깥에 학교를 세우고, 신화 속 영웅 아카데모스에게 바쳐진 그곳의 이름을 따서 '아카데미아'라고 명명했다. 이 아카데미아는 먼 곳으로부터도 학생들을 끌어들였고, 그 가운데 특히 중요한 사람은 그리스 북부 스타게이라 출신의 아리스토텔레스(서기전 384~322)였다. 플라톤이 부유하고 영향력 있는 아테네 가문 출신의 귀족이었던 데 비해, 아리스토텔레스는 이민자이자 의사의 아들이었다. 그의 관점은 언제나 보다 실용적이고 상식적이었으며, 플라톤의 이데아론을 "공허한 말들과 시적 비유"에 불과해 정말로 문제의 근원에 도달하지 못한다고 비판했다.[44] 그는 인간 본성을 있는 그대로 바라보고, 폭정이 들어서지 않는다면 가정과 재산 같은 특정한 제도는 사라질 수 없음을 받아들여야 한다고 주장했다.

아리스토텔레스에게 칼이나 뱃사람이 훌륭하다는 것은 그들이 좋은 모습을 지니고 있다는 것이 아니라 칼은 잘 들고 뱃사람은 잘 항해한다는 것이다. 그는 이상적인 국가를 생각해내는 대신 158개의 국가를 연구했고, 완벽한 체제란 존재하지 않으며 혼합이 필요하다는 결론을 내렸다. 동물계를 이해하기 위해 그는 온갖 동물을 대량으로, 그리고 상세하게 조사해, 찰스 다윈은 현대 최고의 동물학자들조차 아리스토텔레스에 비하면 그저 학생 수준에 불과하다고 평했다. 아리스토텔레스는 최초의 위대한 철학자 가운데 한 명이었을 뿐만 아니라, 최초의 위대한 경험과학자 가운데 한 명이기도 했다.

물론 그의 결론 가운데 많은 부분이 틀렸지만, 그는 자신의 오류를 바로잡고 계속해서 지식을 습득하게 되는 사람들을 위해 방법을 제시했다. 즉 "이론보다는 관찰에 더 많은 신뢰를 두어야 하며, 이론이 말하는 바가 관찰된 사실과 일치할 때에만 이론을 신뢰해야 한다."[45]

아리스토텔레스는 단순히 플라톤의 각주를 다는 수준에 그치지 않고 형이상학, 인식론, 윤리학, 심리학, 정치학, 미학에 관한 또 하나의 총체적인 사유 체계를 세웠다. 그것은 경험적 관찰에 기반하고 논리의 법칙에 따라 체계화된 것이었으며, 이 논리의 법칙은 아리스토텔레스가 발견하고 정의한 또 하나의 기념비적 업적이었다. 플라톤이 죽은 뒤, 아리스토텔레스는 아테네에 리케이온이라는 학교를 세웠다.

플라톤과 그의 수제자 사이에는 함께 아카데미아에 있을 때부터 일종의 경쟁심이 있었다. 플라톤은 "아리스토텔레스는 망아지가 어미 말을 차듯 나를 찼다"라고 불평했다고 하며,[46] 아리스토텔레스는《니코마코스 윤리학Ēthika Nikomacheia》에서 "둘 다 소중하지만, 신심은 우리가 벗보다 진리를 더 존중할 것을 요구한다"라고 썼다.[47]

플라톤과 아리스토텔레스 사이의 논쟁은 아테네가 지적 혁신을 미덕으로 여기는 사회가 됐음을 보여준다. 이는 사상사에서 거대한 도약이었다. 다른 문화권에서 오늘날까지 전해오는 문헌이나 아리스토텔레스 이전의 그리스 문헌에서는 전승된 지혜를 비판하고 자신만의 독창적 통찰을 주장하는 저자의 사례가 없다. 그런 통찰이 실제로 있었다고 해도, 보통은 그것이 잊힌 고대의 생각이라고 둘러대며 숨겼다.

시인 새뮤얼 테일러 콜리지Samuel Taylor Coleridge는 "모든 인간은 아리스토텔레스주의자 아니면 플라톤주의자로 태어난다"라고 말했으며, 제3유형의 인간은 상상할 엄두조차 내지 못했다.[48] 이는 전수傳授의 측면을 과장한 것이겠지만, 플라톤과 아리스토텔레스는 그후 정말로 철학, 종교, 과학, 정치에서 서로 다른 사상의 계보를 계속해서 고무했다. 한쪽은 내세적·신비적·영적·유토피아적 자극이었고, 다른 한쪽은 현세적·합리적·경험적·중도적 자극이었다. 예를 들어 기독교만 보더라도, 아우렐리우스 아우구스티누스의 플라톤적 기독교와 토마스 아퀴나스의 아리스토텔레스적 기독교는 매우 다른 모습이었다.

그리스의 다른 철학 학파들은 이 모든 문제를 계속해서 숙고하게 되며, 이는 틀림없이 아리스토텔레스가 호기심을 사유와 학문의 원동력으로 승인한 데에서 영감을 받은 것이었다. 그는 "사람들이 지금 철학 연구를 시작하고 애초에 철학 연구를 시작한 것도 경이로움 때문이며, 그들은 처음에는 분명한 어려움에 놀랐고 이어 조금씩 나아가면서 더 큰 문제들에 관한 어려움을 이야기했다"라고 말했다.[49]

에피쿠로스(서기전 341~270)는 종교적 회의론과 인생의 목표로 쾌락을 수용해 많은 논란을 불러일으켰다. 그는 자신의 아테네 정원에서 여성과 노예들을 초청해 이 문제들을 토론했다. 이 에피쿠로스 철학은 키프로스에서 아테네로 건너와 자신의 스토아 철학을 가르친 키티온의 제논(서기전 334?~262?)에 의해 도전받았다. 인간은 열정에서 벗어나기 위해서뿐만 아니라 삶의 희비에 정서적으로 무관심해지기 위해 지혜와 절제를 배워야 한다. 스토아학파가 노예제 반대론자였다는 주장이 종종 제기되지만, 정신이 어떻게 반응할지 스스로 결정하는 이상 누구도 진정한 의미에서 노예가 될 수 없다고 한 그들의 주장은 오히려 노예제를 사소한 문제로 치부하려는 태도에 가깝다. 그럼에도 불구하고 그들은 활기찬 지적 문화를 유지했으며, 이 문화에서는 호기심을 가지고 옛 이론에 도전하며 새로운 이론을 만들어내는 것이 흔해졌다.

최후의 저항

스승과 제자의 이 거대한 연쇄는 여기서 끝나지 않는다. 플라톤과 아리스토텔레스가 형이상학을 토론하고 있을 때, 새로운 세력이 떠오르고 있었다. 바로 마케도니아였다. 끊임없는 전쟁으로 스스로를 약화한 그리스 도시들은 이제 필리포스 2세의 무시무시한 방진方陣과 혁신적인 6미터 장창長槍 앞에서 하나씩 하나씩 무너졌다. 그의 계획은 온 그리스를 통일한 뒤 아시아를 침공하는 것이었다. 아테네는 곧 마케도니아 동맹에 들어가지 않을 수 없었다.

그토록 야심이 많은 왕은 아들을 위해서도 최고로 해주어야 만족할 수 있었다. 그래서 그는 서기전 343년, 열세 살이던 알렉산드로스(서기전 356~323, 나중에 '대제'로 불리게 된다)의 스승으로 아리스토텔레스를 초청했다. 몇 년 전에 필리포스 왕은 아리스토텔레스의 고향 스타게이라를 공격해 주민들을 노예로 팔아버린 적이 있었다. 이제 아리스토텔레스는 필리포스가 스타게이라를 재건하고 사람들을 다시 정착시키는 것을 조건으로 알렉산드로스의 교육을 맡는 데 동의했다. 그로부터 3년 동안 아리스토텔레스는 미래의 정복자에게 의학, 식물학, 동물학부터 윤리학, 정치학, 시학에 이르기까지 모든 것을 가르쳤고, 틀림없이 그가 가진 비非그리스인들에 대한 인종적 편견도 어느 정도 나누었을 것이다.

알렉산드로스가 스무 살의 나이로 왕위에 오르자 아리스토텔레스는 아테네로 돌아갔다. 그는 분명히 젊은 왕에게 겸손과 절제의 덕목을 심어주는 데에는 실패했다. 알렉산드로스는 이제 그 이전의 다른 누구보다 짧은 기간에 더 많은 지역을 정복했다. 페르시아, 메소포타미아, 이집트, 중앙아시아가 빠르게 잇달아 그의 손에 떨어졌고, 멀리 인도까지 뻗치는 제국을 건설했다. 알렉산드로스는 원정에 많은 식물학자, 동물학자, 측량사 무리를 데리고 갔다. 그들은 표본과 정보를 모아 아리스토텔레스와 다른 학자들이 추가적인 연구를 하게 했다. 알렉산드로스는 지중해와 아시아 전역에 죽음과 파괴를 퍼뜨렸지만, 동시에 그 이후에도 오래도록 지속될 헬레니즘 문화를 확산시켰다.

그의 큰 업적 가운데 하나는 서기전 331년 이집트 해안에 알렉산드리아라는 도시를 건설한 것이었다. 이 도시는 온갖 신앙을 가진 그리스인, 유대인, 아랍인, 아프리카인을 끌어들였다. 알렉산드리아 대도서관은 고대 세계에서 가장 유명한 도서관이었을 뿐 아니라 국제적인 과학 중심지였다. 이러한 도서관과 관용의 분위기 덕분에 헬레니즘 시대의 이집트는 지적 혁신의 중심지라는 아테네의 역할을 이어받았고, 지리학자이자 천문학자인 클라우디오스 프톨레마이오스 같은 위대한 학자의 등장을 가능케 했다.

서기전 322년은 아테네 민주주의와 철학이 동시에 막을 내린 해다. 그 전해에 알렉산드로스가 바빌론에서 갑자기 죽었는데, 불과 서른두 살이었다. 설득력 없는 소문에 따르면 아리스토텔레스는 알렉산드로스가 스스로를 신격화하려는 야망을 가진 것을 혐오해 그를 독살하는 음모에 관여했다고 한다.

이 갑작스러운 권력 공백 속에서 아테네인들은 잃었던 독립을 되찾을 기회를 발견했다. 아테네에서는 반反마케도니아 정서가 극에 달했다. 알렉산드로스의 옛 스승이었던 아리스토텔레스에 대한 분노는 당연한 것이었고, 불경죄 혐의로 그에 대한 재판이 준비되고 있었던 듯하다. 아리스토텔레스는 아테네를 떠나 에우보이아섬에 있는 어머니 쪽 가족의 영지로 도망쳤다. 그는 소크라테스의 죽음을 언급하며 아테네인들이 "철학에 대해 두 번 죄를 짓게" 하지 않겠다고 말했다. 이 위대한 사상가는 그곳에서 서기전 322년 3월에 자연사로 생을 마쳤다.

한편 아테네인들은 마케도니아에 대해 반란을 일으켰으나 해전에서 크게 패했다. 육지에서는 초기에 성과를 거두었지만, 마케도니아가 군대를 재정비하고 증강하자 곧바로 돈과 호플리테스가 부족해진 사실을 변화시킬 수는 없었다. 아테네는 서기전 322년 8월, 테살리아 중부의 크란논에서 패배했다.

마케도니아 장군 안티파트로스는 아테네 측에 주요 반反마케도니아 인사를 넘기고, 전쟁 배상금을 지불하며, 항구 도시 피레우스에 마케도니아 주둔군을 받아들이라고 강요했다. 하지만 그는 한 가지 조건을 더 내걸었다. 아테네에 끊임없는 활력과 반항 정신을 제공한 비밀 무기가 민주정임을 알았기에 그는 이것이 없어져야 한다고 판단했다. 아테네는 일정 수준 이상의 재산을 가진 남성에게만 정치 참여를 허용해야 했는데, 이 기준은 민회 구성원의 3분의 2 이상의 권리를 박탈하는 수준이었던 듯하다. 서기전 322년 9월, 180년이라는 놀라운 역사를 자랑하던 세계 최초의 민주정은 막을 내렸다.

그러나 그 사상은 결코 사라지지 않았다. 이후 2300년이 넘도록 아테네의 기이한 정부 체제는 계속해서 관찰자들을 혼란에 빠뜨렸고, 개혁가와 혁명가들에게 자극을 주었다. "후대는 우리에게 경탄할 것"이라고 페리클레스가 말한 대로였다.[50]

요약

고대 아테네의 성취를 생각해보면 여전히 놀랍기만 하다. 서기전 6세기부터 이 도시는 오늘날까지도 우리에게 영향을 미치고 자극을 주는 창조성의 폭발이 일어난 무대였다. 아테네인들과 그 도시에 이끌려 온 외부인들은 철학과 정치에서부터 연극과 건축에 이르기까지 수많은 분야에서 역사의 수레바퀴를 굴리기 시작했다. 그리고 바로 역사를 기록하는 일도 마찬가지였다.

이것이 가능했던 이유는 해외와 내부에서 밀려오는 혁신과 경이에 대해 매우 이례적일 정도로 열린 태도를 보였기 때문이다. 새로운 생각이 끊임없이 아테네로 흘러들었다. 아테네는 메소포타미아, 이집트, 그리고 다른 지중해 문화권 사이의 교차로에 위치했으며, 배울 수 있고 경쟁할 수 있는 여러 그리스 도시국가 중 하나일 뿐이었다.

"우리 도시는 세계에 열려 있다"라고 페리클레스는 말했다. 아테네는 국제 무역을 통해 개방성을 유지했다. 처음에는 필요에 따른 것이었고, 이후에는 무역이 번영을 가져온다는 사실을 깨닫고 선택한 것이었다. 상인들은 지역 사이를 오가며 대안을 관찰하고 생각을 확산시킴으로써 전통과 정통성에 끊임없이 도전했다. 아테네는 동맹 체제를 구축하고 해로에서 해적들을 소탕해 중요한 해상 강국으로 변신했다.

또한 민주정 내부의 포용과 오래된 부족의 결속 와해도 있었다. 민주정이 여성과 노예에게까지 확장된 것은 아니었지만, 가장 가난한 자유민에게도 실질적인 권력을 행사할 기회를 주었다. 잠재적 지도층의 기반이 넓었기에 필요할 때 테미스토클레스 같은 인재를 찾을 수 있었다. 민회에서는 매번 "발언할 사람 있습니까?"가 첫 번째 질문이었는데, 누구든 발언할 수 있었기 때문이다.

토론은 연극 무대와 도시 광장에서도 벌어졌다. 더 많은 사람과 더 많은 생각이 민회와 연극 무대와 도시 광장에서 벌어진 토론에서 끊임없이 검증됐다. 이는 오늘날의 당파적인 언쟁이나 공격적인 연설처럼 많은 이들에게 불편했지만, 정통주의를 깨뜨리고 더 많은 생각과 지식을 공공 영역에 투입하는 열쇠였다.

이 모든 것이 합쳐져 지적 혁신을 미덕으로 여기고 내부를 들여다보며 스스로를 검증한, 우리가 아는 첫 번째 문화를 만들어냈다. 아리스토텔레스 같은 사상가들은 친구나 스승보다 진리를 우선시해야 한다고 선언했다. 역사적으로 이는 이례적이다. 생계가 빠듯한 상황에서는 실수를 허용할 여지가 별로 없기 때문에 스스로의 생존을 유지할 방법을 찾던 대부분의 역사 속 사회는 기존 방식에 매달리려 했고, 혁신가를 말썽꾼으로 여겼다. 아테네의 개방성, 그리고 그것이 만든 부는 정신적 지평을 확장했다. 새로운 사고방식을 실험하는 것이 갑자기 가능해졌다.

법치와 고도의 경제적 자유는 아테네인들로 하여금 이것을 다른 영역에도 확장할 수 있도록 했다. 그들은 조각, 도자기, 건축, 농업, 금융 등에서 자유롭게 전문화하고 실험했으며, 다른 이들도 뒤처지지 않으려면 혁신할 수밖에 없도록 만들었다. 그 결과 아테네는 엉뚱한 발상, 새로운 사업 방식, 그리고 전통을 벗어난 많은 미술가들로 가득한 도시가 됐다. 이로 인해 아테네는 가장 부유하고 가장 아름다운 도시가 됐고, 온 그리스 세계의 부러움을 샀다.

한 코린토스인 관찰자의 말처럼 "아테네인은 항상 혁신가"였다. 바로 이것이 "기존의 방식대로 하는 데 능숙한" 스파르타인들과 그들을 구분해주었다. 폐쇄적이고 정체된 스파르타는 현대 세계에서 잘못 해석된 전쟁에서의 용감성 이야기 외에 아무런 유산을 남기지 못했다.

아테네인들은 왜 이처럼 이례적인 길을 선택했을까? 한 가지 중요한 이유는 자신감이었다. 개방성과 혁신의 예측할 수 없는 측면은 흔히 위협적으로 느껴지지만, 다른 그리스 도시들과 페르시아제국을 상대로 한 군사적 승리 이후 그들은 이미 개념 증명을 얻었다. 아테네인들은 자유가 자신들에게 능력을 부여한다는 것을 분명히 알았다. 그 능력은 불확실성의 위협을 능가하는 매력을 지닌 것이었다. 그래서 그들은 그 자유를 확장했고, 민주정과 무역을 더욱 강화했다.

안타깝게도 이 자신감의 상실은 개방적이고 탐구적인 사고방식을 약화했다. 긴 펠로폰네소스 전쟁 동안 겪은 고통은 그리스 전역의 인성 악화를 낳았다고 투키디데스는 말했다. 심지어 아테네인들조차 원칙, 장기적 사고, 사안을 여러 측면에서 바라보는 것에 대한 애착을 잃었다. 광적인 부족주의가 갑자기 진짜 남자의 표지가 됐다.

곤경에 처해 희생양을 찾던 아테네 민주주의자들은 심지어 가장 지혜로운 사람으로 꼽히는 소크라테스를 처형하기로 결정했고, 마침내 아리스토텔레스마저 도시에서 쫓아냈다. 지적 혁신을 발명한 도시였던 아테네는 실존적 위협에 맞닥뜨려 갑자기 그것을 사형에 처해야 할 죄악으로 여기게 됐다.

전쟁, 공포, 피해의식으로 인해 생기는 이러한 야만성은 앞으로도 되풀이될 것이라고 투키디데스는 경고했다. 인간은 변하지 않기 때문이다. 실제로 이는 많은 황금시대에서 거듭 나타나는 양상이다. 되풀이되는 것은 역사가 아니라 인간의 본성이다.

2장

로마

대리석 용광로

세계의 모든 역사는 이 도시와 연결되어 있다. 내가 로마에 들어선 그날부터 나의 두 번째 삶, 진정한 재탄생이 시작됐다.　　　　　　　— 요한 볼프강 폰 괴테, 1786[1]

오늘날 서방의 모든 삶과 제도는 로마인과 그들의 세계로 거슬러 올라간다. 좋든 싫든 우리는 모두 로마의 자손이다.　　　　　　　　　　　— 이기 팝, 1995[2]

세계사에서 인류가 가장 행복하고 번영했던 시기를 꼽으라면 주저 없이 도미티아누스 사망(서기 96)부터 콤모두스 즉위(서기 180)까지를 고를 것이다.

　　　　　　　　　　　　　　　　　　　　　　— 에드워드 기번, 1776[3]

로마, 서기 117
북해
대서양
브리타니아
게르마니아
갈리아
히스파니아
이탈리아
로마
카르타고
시라쿠사
0   500마일
0   500킬로미터

N
다 키 아
흑 해
콘스탄티노폴리스
에페소스
안티오키아
시 리 아
아테네
유 다 이 아
예루살렘
중 해
알렉산드리아
이 집 트

'당신은 얼마나 자주 그러시나요?'

틱톡에서 유행한 주장에 따르면, 여성들은 남성이 고대 로마에 대해 얼마나 자주 생각하는지 알고 충격을 받았다고 한다. 원래 이 밈은 스웨덴에서 시작되어 2023년 8월 이후 전 세계에 퍼졌는데, 로마 재연 배우 가이우스 플라비우스Gaius Flavius가 인스타그램에 다음과 같은 글을 올린 것이 계기였다. "여성 여러분, 많은 여성은 남성들이 로마제국에 대해 얼마나 자주 생각하는지 잘 모릅니다. 당신의 남편, 남자 친구, 아버지, 남동생에게 물어보세요. 들으면 놀라실 겁니다!"

"매일요"라고 어떤 사람은 말했다. 또다른 사람은 이렇게 말했다. "하루 세 번요. 생각할 게 너무 많아요." 이에 대해 어떤 이들은 남성이 개인적 관계보다 추상적 개념이나 역사에 더 관심이 있기 때문이라고 설명했고, 다른 이들은 "남성성의 다중 위기" 때문이라고 주장했다.

나는 가이우스 플라비우스에게 연락을 취했고, 놀랍게도 우리는 몇 년 전에 개설했던 일련의 강연에서 알게 된 사이라는 것이 밝혀졌다. 그의 본명은 아르투르 훌루Artur Hulu인데, 그는 자신의 경험에 비추어보건대 남성들은 흔히 각자 개인적인 관심 분야에 따라 로마에 집착한다고 말해주었다. 공학도는 로마의 공학에 관해, 법조인은 로마법에 관해, 의사는 라틴어 의학 용어에 관해, 과학자는 유럽의 로마 온난기(서기전 250~서기 400)가 그 팽창에 어떤 영향을 미쳤는지에 관해, 역사 애호가들은 황제들과 전투에 관해 생각한다는 것이다. 로마는 전 세계에 엄청난 영향을 끼쳤기 때문에 각자 서로 다른 것을 생각하면서도 로마를 생각할 수 있다. 보통 사람이라면 아마도 영화 〈브라이언의 일생Monty Python's Life of Brian〉과 거기에 나오는 허구의 조직 '유대인 인민전선'을 주로 떠올릴 것이다.

"당신은 얼마나 자주 생각하나요?"라고 내가 훌루에게 물었다. 그는 "한번 생각하기 시작했는데, 그뒤로 멈춘 적이 없습니다"라고 대답한 뒤, 물론 로마사를 연구한 여러 뛰어난 학자가 여성이라고 덧붙였다. 그러나 그는 이런 특별한 집착을 가진 남성을 만나는 경우가 더 흔하다고 주장했다. 여론조사도 그의 말을 뒷받침한다. 스웨덴의 여론조사 회사 노부스Novus는 스웨덴 사람들에게 매일 고대 로마를 떠올리는지 물었다. 그 결과 남성의 5퍼센트가 그렇다고 답했지만 여성은 1퍼센트에 불과했다. 남성의 경우 스무 명 중 한 명꼴이다. 그러나 로마제국의 일부였던 적이 없는 나라에서 '매일' 생각한다는 사람이 그 정도였다.[4]

다른 조사에 따르면 미국에서는 매일 로마를 생각하는 사람의 비율이 스웨덴보다 조금 낮지만, 일주일에 한 번은 로마를 떠올린다고 답한 사람이 9퍼센트(남성은 13퍼센트)였다. 또한 미국 성인의 49퍼센트는 로마제국이 세계에 긍정적인 영향을 미쳤다고 답했고, 부정적인 영향을 미쳤다는 의견은 15퍼센트에 불과했다. 이는 현대 미국 정치인들이 꿈에서나 도달할 수 있는 순純 지지율이다.[5]

나는 사람들이 로마에 대해 더 자주 생각해야 할 이유가 충분하다고 본다. 로마가 서방 사람들에게 해준 것을 생각해보면 말이다. 유럽의 문화적 중요성, 법체계, 도시 구획, 건축 양식 같은 것들이 그렇다. '공화국'과 '상원'이라는 단어와 개념도 마찬가지다. 서방에서 쓰는 라틴 문자나 프랑스어, 이탈리아어, 에스파냐어, 포르투갈어, 루마니아어 같은 언어들도 있다. 가톨릭과 정교회라는 두 가지 형태의 기독교 교회도 그렇다. 그리고 책력도 있다. 이 글을 읽는 지금이 1월January인가, 3월March인가? 로마인들은 변화의 신 야누스Ianus와 전쟁의 신 마르스Mārs의 이름을 따서 서양 언어에 남아 있는 이들 달의 이름을 지었다. 7월July이나 8월August은? 율리우스 카이사르Iulius Caesar와 그의 후계자 아우구스투스Augustus의 이름을 땄다.

정말 생각할 것이 많다. 로마의 기술적 성취, 콘크리트와 고가 수로, 오늘날까지 남아 있는 콜로세움과 판테온 같은 건축물. 로마의 효율적인 레기오legiō(군단)와 잔혹한 전쟁(남성성의 다중 위기와 관련이 있다). 그리고 우리가 로마에 대해 생각하는 또다른 이유는 귀중한 문헌 자료 덕분에 그 어떤 고대 사회보다 로마에 대해 더 많은 것을 알고 있기 때문이다.

그러나 로마가 우리의 마음속에서 떠나지 않는 것에 대한 가장 설득력 있는 설명 가운데 하나는 그 몰락이다. 에드워드 기번Edward Gibbon이 이 주제에 관한 그의 기념비적인 18세기 후반 저작의 마지막 권에서 "아마도 인류 역사에서 가장 중요하고도 가장 두려운 장면"이라고 표현했던 바로 그 몰락 말이다.[6] 이 거대한 로마제국은 스코틀랜드에서 사하라까지, 포르투갈에서 아르메니아까지 뻗어 있었고, 지중해를 내해로 바꾸었다. 로마는 전성기에 아마도 전 유럽인의 5분의 4와 인류의 5분의 1을 다스렸으며, 그들에게 우리가 다시 따라잡는 데 천 년이 걸릴 만큼 높은 생활수준을 제공했다. 그 지리적 규모, 내부의 통합, 그리고 그렇게 오랜 기간 유지된 통제력, 이 세 가지 조건을 모두 갖춘 경우는 이후 다시는 나타나지 않았다.

그런데 갑자기 그 모든 것이 무너져 내렸고, 로마는 야만인 침략자들에게 함락되어 폐허와 빈곤·미신의 암흑시대를 뒤에 남겼다. 100만 명의 비교적 풍요로운 주민이 살던 대도시 로마는 아마도 5만 명 정도의 인구로 쇠락했고, 그들은 식량을 찾아 헤매고 폐허에서 물자를 찾아냈다. 역사가들이 아무리 연속성을 찾아내려 해도 이는 단순한 변화가 아니었다. 이것은 적절하게 문명의 종말, 혹은 적어도 문명의 매우 긴 중단이라고 부를 만한 붕괴였다.

로마의 몰락은 서방의 메멘토 모리memento mori(죽음에 대한 경고)다. 즉 우리 역시 죽을 수밖에 없는 존재이며, 우리가 아무리 안전하고 부유하고 강력해도 언젠가 야만인이 우리 문 앞에 나타나 죽이고 약탈할 수 있다는 것을 일깨워준다. 미국의 건국자들은 무너지지 않는 로마 공화국을 재창조하기를 원했고, 그 이후로 미국인들은 자신들이 쇠퇴와 몰락 국면에 살고 있는 것이 아닌지 끊임없이 두려워했다.

종말은 우리를 끝없이 매혹한다. 1984년, 독일 역사가 알렉산더 데만트Alexander Demandt는 로마의 쇠퇴와 몰락을 설명하기 위해 제시된 이유들을 모아 목록으로 만들었다. 그는 총 210가지 이유를 찾아냈는데, 거기에는 야만인 침입, 환경 파괴, 납 중독, 도덕적 타락, 기독교, 이민, 슬픔, 자본주의, 공산주의, 통풍까지 포함되어 있었다. 우리가 로마의 흥성에서 우리의 집착을 감지하듯이, 그 몰락에서도 우리의 집착을 감지한다. 미국 하원의장 마이크 존슨Mike Johnson(공화당)은 최근 제국이 "만연한 동성애적 행동" 때문에 무너졌다고 주장했다.

그러나 로마는 처음 무너진 제국도 아니고 마지막도 아니었다. 제국은 모두 언젠가 무너진다. 로마는 천 년 넘게 지속됐고, 공화국 이전 시기를 빼고 제국으로서만 보아도 거의 500년을 버텼다. 그것도 훨씬 더 오래 지속된 제국의 동반부(동로마제국)를 계산하지 않은 것이다. 여러 면에서 로마 몰락에 대한 우리의 집착을 시작한 기번조차 암시했듯이, 진짜 의문은 왜 로마가 무너졌는가가 아니라 왜 그렇게 오래 지속되었는가이다.

로마가 무너지지 않았을 때

로마의 역사는 서기전 216년 8월 2일, 이탈리아 동남부의 마을 칸나에 근처에서 끝났을 수도 있었다. 아마도 총 8만 명에 달했던 것으로 보이는 로마 군대는 그들의 완강한 적수 카르타고(페니키아의 강력한 해양 식민지였다)의 천재적 지휘관 한니발과 맞섰다. 2년 전 전쟁용 코끼리를 이끌고 알프스를 넘은 것으로 유명한 한니발의 더 작은 병력은 양쪽 측면에서 로마 군단을 동시에 포위·공격하는 데 성공했다. 폴리비오스가 전하는 바에 따르면, 오후 한나절 동안에 로마인은 거의 한 사람도 남지 않고 전멸했다.

이는 인류 역사에서 가장 치명적인 하루 가운데 하나로, 로마 군대의 대부분을 파괴했다. 공포가 도시를 휩쓸었고, 로마는 심지어 신들에게 인간 제물까지 바쳤다. 불과 2년도 되지 않는 사이에 로마는 성인 남성 시민 인구의 약 5분의 1을 잃었다. 제정신이라면 누구라도 한니발의 평화 협상 제안을 받아들였을 것이다. 특히 대략 이 시기의 다른 재앙적인 패배들까지 고려하면 그랬다.

로마인들은 그러지 않았다. 원로원은 아예 '평화'라는 단어의 사용을 금지하고 총동원을 명령했는데, 여기서 '총'은 말로만 그친 것이 아니었다. 로마는 징집 연령을 낮추고 새로운 집단들을 징집해 다시 싸울 준비를 했다. 놀랍게도 거의 패망 직전에 몰렸던 로마는 곧 여러 전선에서 동시에 싸울 수 있는 약 25만 명의 병력을 거느릴 수 있게 됐다(알렉산드로스 대제는 5만 명도 안 되는 병력으로 페르시아를 침공했다). 로마는 매번 패배할 때마다 새로운 군단을 모집했다. 그들은 무려 14년을 더 싸워 마침내 한니발을 격파했다.

로마가 이런 일을 해낼 수 있었던 이유는 광범위한 소키이socii('동료'), 즉 동맹 연결망 덕분이었다. 이들은 요구가 있을 때 병력을 보내야 하는 종속 민족들이었다. 물론 강력한 국가는 통상 다른 지역을 복속시키고 공물 지불과 병력 파견을 강제했다. 하지만 그들은 이를 점령자로서 했고, 무력으로 자원을 뜯어냈다. 이는 관리 비용이 많이 들고 위험했다. 무장한 농노들이 반란을 일으킬 가능성이 높았기 때문이다. 로마는 또다른 방식을 사용했는데, 역사가 브렛 데버로는 이를 '자발적 순응'이라고 불렀다. 물론 '자발적'에는 중요한 조건이 붙는다.[7] 한 도시가 반란을 일으키면 로마군이 그 도시를 파괴했기 때문이다. 그러나 로마는 보다 성공적인 제국 확장 공식을 만들어냈다. 여기에는 우연도 일부 작용했다.

서기전 500년 무렵, 로마 공화국은 이미 이탈리아 중부에서 가장 강력한 도시 중 하나로 자리잡고 있었다. 이 힘은 더 작은 도시들과 후원자-예속자 관계를 구축하는 데 활용될 수 있었다. 서로에게서, 그리고 외부 세력에게서 보호를 받는 대가로 이들은 필요할 때 로마의 힘을 유지하고 확장하는 데 필요한 병력을 제공했고, 이어 전쟁에서 얻은 전리품도 함께 나누었다. 이는 새로운 피정복민들에게 체제 내의 지분을 제공했으며, 값비싼 철과 청동으로 무장한 병력을 더 적극적으로 제공하도록 만들었다.

로마는 볼스키족이나 나중의 갈리아인 같은 공통의 적에 맞서 도시 동맹을 이끌면서 아테네가 해상 제국을 건설하던 때처럼 행동했다. 가능하면 협력하고 압박을 받으면 정복하는 방식이었다. 서기전 264년까지 로마는 이탈리아반도 곳곳의 정치체들과 무려 150개 조약을 체결했다.[8]

역사가 팀 코넬Tim J. Cornell은 로마 모형을 "피해자들을 조직에 끌어들여 앞으로 있을 강도질의 수익을 함께 나누게 함으로써 그들에게 보상하는 범죄 활동"에 비유했다.[9] 이 방식은 도둑들 사이에도 명예가 있었기 때문에 매우 성공적이었다. 로마는 동맹이 위협을 받을 때마다 약속을 지키고 생명과 자원을 희생한다는 것을 반복해서 보여주었다. 로마는 차라리 같은 편이 되는 것이 최선인 골목대장이었다.

다른 제국들의 군대는 보통 한 지역을 정복·점령한 후 세금을 거둬 운영 자금을 댔다. 이는 전쟁에서 계속 승리하는 한 자동으로 돌아가는 좋은 체계였지만, 한 번 패배하면 순식간에 무너질 수 있었다. 군대가 사라지면 그 지역에서 세금을 거둬 새로운 군대를 만들 능력도 함께 사라지는 것이다(그리스인들이 패배 후 흔히 평화를 청한 이유로서 제시하는, 그들이 패배를 인정하는 신사이기 때문이라는 주장보다 이것이 더 가능성이 높다. 그들은 그저 군대의 일부라도 보존하지 못하면 완전히 붕괴할 수 있었다).

카르타고는 용병에 의존했다. 그래서 용병들에게 지불할 돈이 떨어질 때마다 그들이 등을 돌릴 위험에 늘 시달렸다. 로마의 체제는 스스로 무장해 자기네 병력을 제공하는 많은 동맹에 의존한다는 점에서 훨씬 우위에 있었다. 로마는 공화정이었기 때문에, 한 명의 왕이 이끄는 단일한 군대(왕은 누구라도 강력한 지휘관이 되는 것을 두려워했다)가 아니라 여러 군대가 각기 원로원 의원의 지휘 아래 동시에 움직일 수 있었다. 따라서 로마는 군대 하나를 잃으면 곧바로 다른 군대를 보냈다. 격려하는 연설가들이 흔히 그때 가장 유명한 권투 선수가 했다고 잘못 인용하는 말처럼, 중요한 것은 몇 번 쓰러지느냐가 아니라 몇 번 다시 일어나는가이다.

로마가 마침내 이탈리아 밖으로 확장할 때는 약간 달랐는데, 노골적인 정복과 오래된 징세-지출 체계에 더 많이 의존했다. 그렇기는 하지만 이미 좀더 분권화된 제국을 향한 패턴은 형성되어 있었다. 어떤 도시가 항복하고 조공을 바치기로 합의하면 그 도시의 엘리트들은 기존의 재산, 전통, 종교를 그대로 유지한 채 자리를 지킬 수 있었다. 종종 지역 신들이 로마의 신들 세계에 편입됐고, 때로는 로마 신의 한 측면으로 취급됐다. 심사 과정이 매우 엄격했던 것은 아니다. 로마인들은 서기 67년에 갈라티아 남부의 한 도시를 침공했을 때, 그 도시를 보호하고 있던 '어느' 신이든 상관없이 공개적으로 칭송했다.[10]

이 모든 것은 정복을 쉽게 만들었고, 많은 경우에 싸우지 않고 항복하도록 부추겼다. 로마는 또한 세금 징수도 지역 지도자들에게 하청을 줄 수 있었다. 이러한 제도 덕분에 로마의 역사는 서기전 216년 그 처참한 여름날에 끝나지 않았다. 오히려 그날과 그 이후의 일들은 로마를 타의 추종을 불허하는 강대국으로 만든 것이 무엇인지 보여준다고 할 수 있다.

스파르타는 엘리트 계층에 대한 진입을 제한했기 때문에 전투에서 한 번 패할 때마다 조금씩 죽어갔다. 아테네는 스파르타보다 훨씬 개방적인 세력이었지만, '아우토크토나스'(토착민) 신화를 고수했다. 아테네인은 어디선가 온 것이 아니라 땅에서 솟아났다고 믿었고, 이 믿음 때문에 외부인을 받아들이고 새로운 피의 유입으로 이득을 얻는 능력이 제한됐다. 로마의 힘은 그 기원 신화가 완전히 정반대였다는 데 있었다. 모든 로마인은 다른 어딘가에서 왔다.

난민들의 도시

푸블리스 베르길리우스 마로의 서사시 《아이네이스Aeneis》에 따르면, 로마의 이야기는 호메로스의 《일리아스》 속편이다. 트로이가 아킬레우스와 오디세우스 등의 그리스인들에게 함락되자, 트로이의 영웅 아이네이아스와 다른 난민들은 이탈리아로 도망쳤고, 그곳에서 세계를 지배할 새로운 문명을 세울 운명이었다. 서기전 753년에, 아이네이아스와 전쟁의 신 마르스의 후손인 여성이 낳은 쌍둥이 로물루스Romulus와 레무스Remus에 의해 마침내 그 일이 이루어졌다. 이들이 자신의 통치를 위협한다고 여긴 왕은 두 아이를 죽이기 위해 버렸지만, 그들은 사실 정이 많은 암늑대에게 길러졌다. 이는 오늘날 로마의 기념 조각품, 단추, 티셔츠가 유용하게 상기시켜주고 있다.

로물루스는 어느 언덕에 도시를 세울지를 두고 동생과 다투다가 레무스를 죽인 뒤 로마의 첫 번째 왕이 됐고, 카피톨리누스 언덕에 방랑자들의 신 아실라이우스Asylaeus 신전을 세우고 사방에서 난민들을 자신의 아실룸asylum('피난처')으로 초청했다. 웅대한 로마제국은 이렇게 본래 외국인, 추방자, 채무자, 하인, 도망 노예, 해적, 심지어 살인자들(로물루스가 친근감을 느꼈다고 생각할 수도 있다)에 의해 세워졌다.

멜 브룩스Mel Brooks의 서부극 〈불타는 안장Blazing Saddles〉을 본 사람이라면 헤들리 라마Hedley Lamarr가 온갖 "소도둑, 흉악범, 살인자, 현상금 사냥꾼, 무법자, 얼간이, 건달, 폭력배, 천치, 반편이, 멍청이"들을 불러 모으는 장면을 기억할 텐데, 딱 그런 느낌이다. 900년 후, 로마의 풍자 시인 유베날리스는 고귀한 로마인들에게 이렇게 말했다. "당신네 가장 오래된 조상이 누구였든, 그는 양치기였거나 차마 입에 담기 싫은 무언가였다."[11] 그러나 로마인들은 그것을 꼭 부끄러워하지는 않았다. 로마의 고귀한 가문들조차 자신들의 조상이 이민자였음을 이야기했다.

이 집단은 성비가 고르지 않았음이 드러났고, 로마는 우연하게도 총각들의 나라가 됐다. 그래서 로마인들은 이웃 도시에서 사람들을 끌어들이기 위해 경기를 열고 그들의 여성을 납치했다. 사비니 여성 유괴는 자연스럽게 전쟁을 불러왔지만, 신화를 곧이곧대로 믿는다면 이 싸움은 여성들이 나서서 두 민족이 평화롭게 새로운 정치체를 건설하자고 제안하면서 기적처럼 해결됐다.

우리가 먼저 전설을 만들면, 그다음에는 그 전설이 우리를 만든다. 아테네인들은 무無에서 갑자기 나타났으며, 스파르타인들은 어디로도 갈 생각이 없었고 누구도 받아들이지 않았다. 그러나 로마인은 모든 곳에서 왔고 어디에서든 왔으며, 새로운 집단, 민족, 인종을 끊임없이 자기네 체제 안으로 흡수해 능력만 있다면 그들에게 지위 상승의 기회를 주는 방식으로 계속 팽창해나갔다. 서기 2세기 중엽, 그리스의 연설가 아리스티데스는 로마의 성공 공식을 이렇게 요약했다. "당신들의 제국에서는 모든 길이 모두에게 열려 있다. 통치하거나 신뢰받을 가치가 있는 이들 중 외국인으로 남아 있는 사람은 없다." 바다가 강물을 받아들이듯이 "이 도시는 온 세상에서 흘러들어오는 이들을 받아들인다."[12]

일부 집단에서는 로마의 몰락을 이민 탓으로 돌리는 경우가 많다. 확실히 마지막 서로마 황제가 폐위된 서기 476년의 그 운명의 날에는 게르만인들에게 책임이 있었다. 하지만 위대한 철학자의 동생이었던 퀸투스 툴리우스 키케로가 형에게 보낸 편지에서 썼듯이, 로마라는 도시는 여러 민족이 모여 형성된 곳이었다. 이민자들이 로마제국을 무너뜨리는 데 일조했지만, 이민자들이 그 제국을 세우고 역사 속의 다른 대부분의 정치체보다 더 오래 지속되도록 만든 것 또한 사실이다. 모든 제국은 무너지며, 이처럼 오래 살아남는 제국은 거의 없다.

외부인을 끌어들이는 한 가지 방식은 시민권 부여였다. 로마 시민은 법의 보호를 받고, 재산을 소유하며, 상업 활동을 하고, 다른 로마 시민과 혼인을 했다. 대부분의 경우 선거에서 투표하거나 공직에 출마할 수도 있었다. 이렇게 시민권을 점진적으로 확대해나가는 로마의 방식은 그리스인들과 확연히 대비된다. 아리스토텔레스조차 아테네 시민이 될 수 없었음을 기억할 필요가 있다.

외국인은 로마에 특별한 공을 세우면, 그리고 (나중에는) 25년간 아욱실리아auxilia(보조병)로 복무하면 시민권을 받을 수 있었다. 이는 숙련되고 훈련된 병사들이 목숨을 바쳐 복무하게 만드는 영리한 방식이었다. 점차 시민권은 전체 주민으로 확대됐고, 시민권과 출신 민족 사이의 연결고리가 끊어졌다. 많은 도시들이 반란을 일으켰던 동맹 전쟁(서기전 91~88) 동안 로마는 이에 대한 대응으로 충성을 바치는 모든 이탈리아인에게 시민권을 부여했다. 카이사르 치하에서 이는 현재의 북부 이탈리아인 갈리아 키살피나Gallia Cisalpina('알프스 이남 갈리아')로 확장됐고, 베스파시아누스 황제는 히스파니아에 부여했다. 서기 212년, 카라칼라 황제는 제국 전역의 노예가 아닌 모든 사람을 배경이나 출신 민족과 상관없이 로마 시민으로 선언했다. 2세기 말에는 원로원 의원의 절반 이상이 지방 출신이었다. '로마인'이라는 단어는 도시의 구성원을 의미하는 것에서 공통의 국적을 뜻하는 것으로 바뀌었다고 아리스티데스는 지적했다. 오늘날의 '아메리칸'(미국인)과 비슷한 것이었다.

서기 48년, 클라우디우스 황제는 원로원 연설에서, 패배한 갈리아인들에게 정치적 권리를 부여하고 심지어 그들을 원로원에 받아들여야 한다고 주장했다. 그는 이를 위해 로마의 독보적인 개방성을 강조했다.

스파르타와 아테네의 몰락에 다른 무슨 이유가 있습니까? 정복된 이들을 외국인이라 경멸했던 것 외에 말입니다. 그러나 우리의 건국자 로물루스는 지혜로워서, 여러 차례나 어떤 민족과 싸우고 또 바로 그날 그들을 시민으로 받아들였습니다![13]

더 나아가 클라우디우스는 갈리아인들이 이제는 매우 잘 통합되어 더 이상 바지를 입지 않는다고 덧붙였다. 로마인들이 외국인을 포용한 것은 그들이 진보적이었기 때문이 아니다. 이 사회는 다른 민족을 복속시키는 것을 대단한 덕목으로 여겼다. 항복하지 않거나 반란을 일으킨 이들은 말살됐다. 로마는 검투사 경기장에서 타인의 고통을 보며 엄청난 기쁨을 느끼는 사회였다. 그러니 로마인들이 관용을 베푼 것은 개명해서가 아니라, 다른 모든 이들을 이기고 그들의 것을 빼앗기 위해서였다. 그들은 외국인을 포용함으로써 그들로부터 이득을 얻고자 했다.

사실 클라우디우스가 갈리아인들을 받아들여야 한다고 주장한 이유는 "그들이 따로 떨어져 금과 재물을 움켜쥐고 있는 대신, 그것들을 우리에게 가져오게 하자"라는 것이었다. 카라칼라의 개혁은 아마도 악명 높은 낭비벽 때문에 더 큰 조세 기반이 필요해진 결과였을 것이다. 그러나 로마인들은 지역의 인력, 사상, 기술을 자기네 체제 안으로 통합함으로써 더 많은 재능과 더 많은 지식을 활용할 수 있고, 그렇게 해서 더 강력해진다는 것을 알고 있었다. 그리스 역사가 폴리비오스는 로마의 엄청난 힘은 그들이 기꺼이 자기들의 관습을 다른 곳에서 온 더 나은 방식으로 대체했다는 점이라고 지적했다.[14]

이것은 전략적 관용이었다. 개방성은 로마인들에게 하나의 무기였다. 그들의 군단 조직은 에트루리아인에게서 물려받은 것이었고, 그들의 보호용 금속 고리 갑옷은 갈리아인에게서, 길쭉한 방패는(전설에 따르면) 사비니인에게서, 그들의 창은 삼니움인에게서 가져온 것이었다. 글라디우스 히스파니엔시스gladius hispaniensis('히스파니아 검')는 이름 그대로 히스파니아에서 온 것이었다. 로마인들은 거대한 함대를 만들기로 결심하고 카르타고 난파선에서 전체 설계를 가져왔다. 로마는 심지어 한니발의 전투 코끼리를 본 뒤 한동안 코끼리를 전쟁에 활용하는 실험까지 했다. "그들은 적에게서 배웠고, 전술과 장비를 모방했으며, 매번 다른 적과 싸울 수 있도록 적응했다"라고 군사사가 에이드리언 골즈워디Adrian Goldsworthy는 썼다.[15]

물론 모든 문화는 차용을 하지만, 어떤 문화는 전통적 방식에 대해 강한 일체감을 갖고 있어 외래 요소의 도입이나 변화를 받아들이지 못한다(스파르타가 그 사례다). 로마는 모방과 적응을 최고의 전통으로 삼음으로써 점차 더 많은 집단과 방법을 포용했고, 이에 따라 그 과정은 한층 속도가 붙었다. 위에서 언급한 클라우디우스의 연설에서 그는 또한 모든 고귀한 전통도 한때는 새것이었음을 원로원 의원들에게 상기시키고, 성공만 한다면 그것 또한 선례가 되고 새로운 전통이 될 것이니 혁신하는 것이 잘못은 아니라고 말했다.

프랑스의 계몽주의 사상가 몽테스키외는 이렇게 설명했다.

로마인들이 세계의 지배자가 된 가장 큰 이유는 모든 민족을 상대로 차례로 싸우면서 더 나은 방식을 발견하자마자 언제나 자기들의 방식을 버렸기 때문이다.[16]

로마인들은 심지어 더 나은 황제를 발견하면 자기네 황제도 과감히 버렸다. 많은 황제들이 로마에서 멀리 떨어진 곳에서 태어났다. 하드리아누스는 히스파니아 세비야 근처에서 태어났고, 라틴어를 다소 촌스러운 사투리로 말한다고 조롱받았다. 안토니누스 피우스는 갈리아 출신이었고, 마크리누스는 베르베르 가문 출신이었으며, 셉티미우스 세베루스는 카르타고인 혈통으로 오늘날의 리비아에서 태어났다.

포로가 된 로마

유용하거나 아름다운 모든 것을 흡수하는 데 기반을 둔 민족이 그리스 문화에 매료되는 것은 너무도 자연스러웠다. 상인들은 그리스 문자를 전파했고, 로마인은 이를 바탕으로 자기들의 문자를 만들었다. 그리스의 풍습과 종교적 신념 또한 수백 년 동안 퍼져나갔다. 느리지만 꾸준하게, 그리스의 제우스는 로마의 유피테르로, 헤라는 유노로 변신했으며, 포세이돈은 넵투누스로, 아테나는 미네르바로, 아프로디테는 베누스로 변모했다. 아폴론은 심지어 끄트머리만 살짝 떨어져나간 아폴로가 됐다.

로마가 옛 그리스 영토를 장악하자, 이 졸졸 흐르는 시냇물은 범람하는 홍수로 바뀌었다. 서기전 212년 로마 장군 마르쿠스 클라우디우스 마르켈루스가 시라쿠사를 함락하고 그 전리품을 로마로 가져왔을 때, 그는 로마인들에게 그리스의 경이로운 작품을 존중하고 경모하도록 가르쳤다고 주장했다.

이전까지만 해도 로마인들은 이런 우아하고 정교한 것들이 존재한다는 사실조차 몰랐다. 우아하고 섬세한 미술에 대한 취향도 없었다. (…) 마르켈루스는 그리스의 우아하고 매력적이며 자연의 형태를 모방한 작품들로 수도를 장식함으로써 로마의 대중을 매우 기쁘게 했다.[17]

이때가 로마에서 그리스 열풍이 시작된 순간이었다. 그리스와 관련된 모든 것이 갑자기 엄청나게 유행했다. 이후 150년에 걸쳐 재개된 충돌은 그리스 세계로부터 미술품, 책, 사람들을 끊임없이 로마로 들여왔고, 이에 따라 로마인들이 경탄할 만한 새로운 무언가가 언제나 있었다. 로마인들은 그리스 미술품을 전시했고, 곧 도시 최초의 대리석 신전이 지어졌다. 코린토스에서 온 청동 장식품은 크게 인기를 끌었으며, 1세기 중반이 되면 지위가 있는 모든 로마인은 시골 별장에 놓을 그리스 조각상 한 세트를 갈망했다.

많은 그리스인이 노예로 로마에 왔는데, 로마인들에게는 자신들보다 교육 수준이 높은 노예를 부리는 일이 혼란스러운 경험이었을 것이다. 부유한 가정에서는 점점 더 그리스인 의사와 교사를 사거나 고용했고, 이들은 다음 세대에 그리스 문화를 퍼뜨렸다. 그리스 조각가들은 고전기 작품의 복제품을 만들기 위해 고용됐다.

로마 장군 루키우스 코르넬리우스 술라가 서기전 86년에 아테네를 약탈했을 때, 그는 부유한 도서 수집가 테오스의 아펠리콘의 장서를 로마로 가져갔다. 그 안에는 벌레먹고 습기 찬 아리스토텔레스 저작들의 알려진 유일한 잔존 사본이 들어 있었다. 로마에서 철학자 로도스의 안드로니코스가 이 작품들을 편집하고 정리해 최초의 아리스토텔레스 전집을 만들었다. 오늘날까지 전해지는 아리스토텔레스의 저작은 이 판본을 바탕으로 한다. 안드로니코스는 현실의 근본 구조를 다루는 글이 자연학physiká에 관한 글 뒤meta에 와야 한다고 생각해 '형이상학metaphysica'이라는 단어를 만들어냈다.

철학은 서기전 155년에 아테네의 한 철학자 집단이 로마에 와서 많은 대중 앞에 선 이래 크게 유행했다. 특히 새로운 사상에 매혹된 젊은이들 사이에서 그랬다. 교양 있는 로마인들은 플라톤과 아리스토텔레스의 저작을 읽기 시작했고, 스토아학파와 에피쿠로스학파 중 어느 쪽이 옳은지 논쟁했다. 스토아 전통에서 가장 중요한 저작 가운데 하나는 황제 마르쿠스 아우렐리우스가 남긴 것이었다.

아테네는 그 오랜 지적 전통 덕분에 언제나 특별한 장소로 여겨졌으며, 연구를 위해 많은 사람이 찾아가는 곳이었다. 아우구스투스 황제는 이 도시를 수리했고, 아테네를 사랑한 하드리아누스는 더 많은 일을 했다. 하드리아누스는 아테네에 고가 수로와 도서관을 공급했고, 600년 전 참주 페이시스트라토스가 공사를 시작했던 올림피아 제우스 신전을 막대한 비용을 들여 완공했다.

로마 상류층의 교육은 곧 그리스 교육 과정을 기반으로 하게 됐다. 또한 노예였던 교육자 리비우스 안드로니쿠스Livius Andronicus가 그리스 희곡을 라틴어로 번안하고 그리스식 복장을 한 배우들이 그리스식 무대에 등장하면서 로마인들도 연극을 즐기게 됐다. 엘리트들은 로마어와 그리스어를 오가며 자유롭게 구사했다. 카이사르가 마지막으로 했다는 말도 아마 그리스어였을 것이다. "너도냐? 내 아들아Kaì sú, téknon" 〔카이사르 암살자 브루투스의 어머니는 카이사르의 애인이었다〕. 이를 라틴어 "브루투스, 너마저?Et tu, Brute?"로 번역한 것은 윌리엄 셰익스피어였다. 관객이 라틴어를 더 잘 이해했기 때문이다.[18]

호전적인 로마인들은 또한 알렉산드로스를 존경했다. 사실 그를 '마그누스Magnus'(대제)라고 부르기 시작한 것도 로마인들이었다. 많은 사람이 그의 머리 모양을 따라 했고, 수염을 깨끗이 밀었다. 아우구스투스 황제는 심지어 그에 대한 존경을 표시하기 위해 알렉산드리아에 있는 그의 무덤을 방문해 미라가 된 머리에 왕관을 씌웠다(그리고 그 과정에서 실수로 그의 코를 부러뜨렸다).

일부 로마인들은 그리스 문화의 확산이 전통적 도덕을 약화할 것을 우려했다. 그들은 특히 아테네의 디오니소스(포도주와 광기의 신) 축제를 본뜬 비공식적인 바쿠스 축제에서 벌어지는 주취酒醉와 성적 문란에 곱지 않은 시선을 보냈다. 역사가 폴리비오스에 따르면 젊은 남성들 사이의 방탕이 너무 만연해 "그들 가운데 상당수는 남창男娼에게 1탈렌트를, 포티케Photike의 절인 생선 한 항아리에 300드라크마를 기꺼이 지불했다!"[19]

원로원 의원 마르쿠스 포르키우스 카토는 그리스 문화가 로마인을 타락시키고 제국을 잃게 할 것이라고 경고했다. 하지만 그조차 보수적인 주장을 펼치기 위해 그리스 수사학을 공부하고 투키디데스와 데모스테네스의 글을 암기했다는 사실은 로마 문화를 제자리에 머물게 하려는 시도가 이미 불가능했음을 보여준다. 호기심 많은 로마인들과 세련된 그리스 전통의 만남은 이미 새로운 그리스-로마 혼합 문화를 만들어내는 과정에 있었다. 로마의 대표적인 시인 호라티우스가 한 서신에 써서 유명해졌듯이, "포로가 된 그리스가 사나운 승리자를 포로로 잡았다."

레스푸블리카

아테네인들과 마찬가지로 로마인들도 끊임없는 변화와 적응을 촉진하는 일련의 제도들을 갖추고 있었다. 정치적으로는 공화정 체제가 그것이었다. 이를 통해 생각을 교환하고 콘술consul(집정관)과 프라이토르praetor(법무관)를 부단히 교체했다. 경제적으로는 비교적 자유로운 상품 교환과 서로 다른 농민, 기술공, 상인들 사이의 경쟁이 이루어지는 시장경제가 그것이었다.

제국으로 변모하기 이전의 로마 공화국은 자유의 여신 리베르타스를 숭배했는데, 이 여신은 보통 해방된 노예들이 쓰던 부드러운 펠트 모자를 쓴 모습으로 묘사됐다. 공화정 제도의 기원은 서기전 509년 로마의 일곱 번째 왕인 '오만한 자' 타르퀴니우스Lucius Tarquinius Superbus에 맞선 혁명이었다. 타르퀴니우스는 영화 〈스타워즈〉에 나오는 같은 뿌리의 이름을 가진 타킨Tarkin처럼 적을 즉결 처형하고 백성을 자신의 허영심 가득한 거대 사업에 강제로 동원하는 폭군이었다. 로마인들은 그를 쫓아낸 후, 대중이 집정관(민간 정부와 군대를 모두 이끌었다)을 선출하는 새로운 체제를 만들었다. 권력은 이제 분산되고 일시적이었다. 집정관은 두 명이었으며 임기는 단 1년이었다. 이들의 권력은 귀족 원로원과 민회에 의해 견제됐다. 원로원은 재정, 행정, 외교 정책의 상당 부분을 장악했고, 민회는 법률을 통과시켰다.

로마는 어떤 한 지배자가 아니라 국민이 공동으로 소유하는 레스푸블리카res publica('공적인 일')가 됐다. 중요한 의미 가운데 하나는 아테네에서와 마찬가지로 자유민 모두가 입법 기관에서 봉사할 사람들을 선출할 투표권을 가진다는 것이었다. 그러나 아테네와 달리 표는 동등한 가치를 지니지 않았다. 로마인들은 재산에 따른 단위별(전통적으로 계층의 군사적 기여도를 바탕으로 했다)로 투표했으며, 비록 숫자는 적었지만 가장 부유한 계층이 나머지 주민들보다 훨씬 큰 영향력을 행사했다. 이는 민주정이라기보다 금권적 공화정이었다. 게다가 투표권을 행사하려면 로마 시내까지 가야 했기 때문에 여행을 감당할 수 있고 그곳에 갈 시간을 낼 수 있는 부자들에게 유리했다. 그리고 어떻든 실제 권력은 대부분 원로원과 행정관들이 갖고 있었다.

공화정이 성립된 직후 또 하나의 반란이 일어났다. 플레브스plebs(평민)들이 파트리키patricii(귀족) 엘리트의 세습 특권에 도전한 것이다. '신분 갈등Conflictus Ordinum'으로 불린 200년 이상 지속된 이 긴 과정에서 평민은 거의 모든 귀족의 권리를 확보했으며, 거의 모든 주요 관직이 평민에게 개방됐다. 심지어 집정관까지 포함해서였다. 가장 극적인 사건 중 하나는 평민들이 총파업을 벌이겠다고 위협한 것이었다. 평민들은 동등한 권리를 주지 않으면 로마를 떠나겠다고 위협했다. 이들이 실제 노동을 담당했기 때문에 그럴 경우 도시는 멈춰 서게 될 터였다.

평민들은 서기전 450년 무렵 공화국을 위한 새로운 법적 토대를 마련하는 데 성공했는데, 이것이 바로 '12판법Lex Duodecim Tabularum'이다. 새로운 법 제정을 위해 임명된 10인의 위원은 먼저 그리스로 가서 솔론의 아테네 헌법을 포함해 그들의 법률을 연구했다고 한다. 이 법은 영아 살해의 권리나 아버지가 아들을 세 번 팔면 친권을 박탈하는 것 등 이미 통용되던 규칙들을 성문화한 것이 대부분이었다. 그러나 12판법의 혁신은 선량하고 확고부동한 시민들을 위한 규칙은 누구에게나 적용된다고 선언해 법치의 개념을 도입한 데 있었다.

아홉 번째 판은 법 앞의 평등을 가장 분명하게 선언한다. "시민 모두에게 공통되고 개인들이 신분과 무관하게 사용할 권리가 있는 법에 어긋나게, 사적 개인에게 호의를 베풀기 위해 타인에게 불이익을 주는 특권이나 법률은 제정되어서는 안 된다."[20]

오랜 '신분 갈등'이 끝날 무렵, 귀족의 특권은 굽이 높은 고급의 붉은 신발을 신을 수 있는 독점적 권리 정도밖에 남지 않았다.

물론 이런 자유에 대한 헌신이 모든 사람의 자유를 의미하는 것은 아니었다. 로마는 노예제 사회였고, 해외 정복을 통해 매년 수천 명의 새로운 노예가 로마로 유입됐다. 2세기 중반에는 이탈리아 인구의 약 20퍼센트가 다른 누군가의 소유였던 듯하며, 그 소유자는 노예를 마음대로 죽이고 고문하고 강간할 수 있었다. 법정에서 노예의 증언은 먼저 고문을 당한 후에만 인정됐다. 네로 시대에는 노예에게 제복 착용을 강제하자는 제안이 있었지만 거부됐다. 그렇게 하면 노예의 수가 얼마나 많은지 드러나기 때문에 반란의 성공 가능성이 높아진다는 이유였다.

그러나 자유민과 노예 사이의 구분은 다른 많은 노예제 사회만큼 절대적이지 않았다. 광산, 공장, 농지에서 일하던 노예들은 무자비하게 착취당하다 죽어갔지만, 도시의 노예들은 흔히 교육을 받기도 했다. 이는 2천 년 후 미국 남부에서는 금지됐던 일이다. 노예들은 종종 일을 잘 수행하도록 포상을 받았고, 주인에게서 재산을 받을 수도 있었다. 이 개인 재산인 '페쿨리움peculium'은 법적으로 보호받았으며, 심지어 노예 소유주조차 함부로 할 수 없었다(노예가 자기 노예를 소유하는 경우도 있었다). 어떤 노예들은 이 재산을 이용해 스스로 자유를 사기도 했다.

실제로 노예는 종종 해방됐다. 어떤 경우는 돈을 내고, 어떤 경우는 그 주인의 선의로, 또 어떤 경우는 주인이 나이를 먹어 더 이상 노동을 할 수 없는 노예에게 비용을 들이고 싶지 않았기 때문이다. 어떻든 이는 신분 변동을 위한 이례적인 기회가 됐고, 일부 외부 관찰자들은 이것이 로마의 성공에 기여했다고 평가한다. 많은 노예들은 주인의 사업을 운영했으며, 미리 합의해둔 수익 배분으로 자유를 사기도 했다. 초기 제정 시대 5년 동안에 성인 노예의 약 10퍼센트가 해방된 것으로 추산되는데, 이에 비해 1850년대 미국 남부에서는 0.2퍼센트에 불과했다.[21]

그리스 도시들에서와 달리, 해방 노예 또한 시민이 됐다. 일부는 성공한 사업가가 됐고, 어떤 이들은 공직에서 일했다. 서기 193년에는 해방 노예의 아들인 페르티낙스Pertinax가 황제 자리에 오르기까지 했다. 노예 해방은 매우 흔한 일이었으며, 서기 2세기 무렵에는 대부분의 로마인이 조상 가운데 노예가 섞여 있었을 것이라는 추정도 있다.[22]

극심하게 가난한 어머니들이 자식을 거름 더미나 쓰레기 더미에 버리면 다른 이들이 데려가 노예로 키우기도 했다. 이집트에서는 이런 아이들에게 코프로스Kopros('분뇨')라는 비참한 이름을 붙이기도 했다. 그러나 그들 중 일부는 출세해 자유를 얻은 뒤 이 이름을 오히려 자랑스러운 집안 이름으로 후대에 물려주기도 했다.

로마가 아테네나 다른 대부분의 고대 사회보다 더 포용적이었던 면은 또 있었다. 로마 여성은 이등 시민으로 취급되어 참정권도 없었고 공직에 나설 수도 없었지만, 메리 비어드에 따르면 이들은 사실 1870년대 이전의 영국 여성들이 갖지 못했던 권리를 일부 가지고 있었다.[23] 여성은 남편의 절대적인 법적 권위 아래 있지 않았고, 남편의 성을 따르지도 않았다. 계약을 맺거나 법정에 가서 소송을 제기하거나 피소될 수도 있었다. 아버지가 죽으면 성년 여성은 재산을 소유하고 매매하고 상속할 수 있었고, 유언장을 쓸 수도 있었다. 아우구스투스는 세 아이를 낳은 여성에게 후견인을 두어야 하는 의무를 면제해주었다. 여성들은 극장이나 경기장에서 뒷자리에 앉아야 했지만, 아테네에서와는 달리 사람들의 눈에 띄지 말아야 한다는 얘기는 아니었다. 여성들은 종종 남성과 함께 식사했는데, 이는 연예인이나 매춘부가 아닌 여성이 남자와 식사하는 것은 있을 수 없는 일이라고 생각했던 보수적인 그리스인 방문객들을 분노케 했다.

로마적 리베르타스libertas('자유') 이념의 가장 중요한 옹호자는 정치가이자 법률가인 키케로Marcus Tullius Cicero(서기전 106~43)였다. 그는 그리스 문화를 너무나 사랑한 나머지 아테네에 가서 철학을 공부하고, 로도스섬에 가서 웅변술을 배웠다. 그는 자유의 평등이라는 이상을 그리스인들보다 더 멀리 밀고 나갔다. 그는 플라톤과 아리스토텔레스에 반대해, 인간의 이성 능력은 서로 닮은 점이 다른 점보다 더 많다고 주장했다. 그는 노예제를 거부하는 데까지 나아가지는 않았으나, 적어도 '타고난 노예'가 존재한다는 생각은 거부했다. 본성적으로 누구도 다른 누구를 지배할 권리가 없으며, 설사 스스로 노예로 팔린 이들이라도 잘 대우받아야 한다고 주장했다.

이를 바탕으로 키케로는 마이클 홀리Michael Hawley가 '자연법적 공화주의'라 부르는 사상을 발전시켰는데, 이는 자유주의의 전신이다. 키케로는 모든 개인이 스스로를 사랑하고 보존할 자연권을 가지고 있으며, 잘못을 하지 않은 사람에게는 어떤 해도 가할 수 없다고 믿었다. 이는 누구도 타인의 신체적 안전, 개인의 자유, 사유 재산을 빼앗을 수 없다는 얘기였다. 타인을 대하는 방식은 말과 무력인데, 무력은 짐승에게나 어울리는 것이라고 보았다. 키케로는 또 이런 신념에 따라, 무방비인 사람을 학대한 힘센 관리들을 상대로 한 유명한 재판에서 변호인으로 활약했다.

자유는 "올바른 주인을 가짐으로써 이루어지는 것이 아니라 주인이 없어야 한다"라고 그는 썼다.[24] 정부는 이러한 권리를 보호하기 위해 존재하며, 사람의 의지가 아니라 법에 따라 통치해야 한다. 그는 심지어 통치자가 법을 어길 경우 폭군을 죽이는 행위도 허용된다고 주장했다.

키케로는 아테네식 민주주의자가 아니었으며, 가난하고 교육받지 못한 사람들을 신뢰하지 않았다. 민주주의는 폭도의 지배가 될 것이고, 폭도는 법치를 무시하고 재산을 몰수하며 아마도 폭군을 권좌에 올릴 것이라고 보았다. 그는 마찬가지로 군주의 통제 불가능한 열정을 두려워했다. 아리스토텔레스(그의 산문을 키케로는 "흐르는 황금의 강"이라 불렀다)와 마찬가지로 그는 민주정, 귀족정, 군주정이 뒤섞여 민회–원로원–집정관이 서로 견제하고 균형을 이루는 체제를 선호했다.

다른 면에서 키케로의 공화주의는 놀라울 만큼 현대적이다. 그는 정부가 시민에게 덕을 가르쳐야 한다는 플라톤과 아리스토텔레스의 확신을 거부한다. 그는 모든 개인이 스스로 선한 삶을 찾아야 한다고 주장하는데, 그 이유는 선한 삶이 모든 사람에게 동일하지 않으며 통치자가 시민보다 덕과 지혜에서 우월하다는 보장이 없기 때문이다. 따라서 자유의 진정한 표지는 "각자가 원하는 대로 사는 것"이다.[25]

물론 키케로가 로마 공화정을 대표하는 인물은 아니었다. 그 지도자들 중 많은 이는 오로지 명성과 재산을 얻는다는 목표를 위해 아무런 해도 끼치지 않은 전체 주민을 몰살시키는 일에 아무런 가책도 느끼지 않았다. 그러나 키케로가 로마 이데올로기의 일종의 자유주의적 측면을 정교하게 다듬었다는 사실은 또한 그것이 어떤 내용인지를 보여주며, 때로는 그 남용을 바로잡는 역할도 했다. 키케로는 라틴어 웅변의 전형으로서 2천 년 동안 학생과 학자들에게 읽히고 암기됐기 때문에 미래 세대에도 계속해서 지속적인 영향을 미쳤다. 그는 이후의 여러 황금시대에도 종종 찬조 출연을 하게 되지만, 그의 지속적인 영향력이 그가 사랑한 공화정을 구하기에는 충분하지 못했다.

공화정의 종말

공화정은 믿을 수 없을 만큼 성공적이었고 그 경제는 농업 생산을 증대시킨 따뜻한 기후 덕을 보았지만, 그것은 또한 매우 불안정했다. 서기전 146년에 로마는 마침내 카르타고를 격파하고, 같은 해 코린토스에서 아카이아Akhaia 동맹을 무너뜨리며 이로써 그리스 본토 정복을 마무리했다. 이는 승리의 순간이었고 이로부터 로마의 패권이 시작됐지만, 냉전에서 승리한 미국과 상당히 비슷했다. 로마인들은 이제 공동의 적이 사라지자 서로에게 등을 돌리기 시작했다. 내부의 단결은 점점 흔들렸다. 계급 갈등과 파벌 싸움이 고조됐고, 작은 경찰대조차 없는 거대한 도시에서 갈등은 빠르게 폭력으로 비화했다.

대중영합주의자 귀족 티베리우스 그라쿠스는 토지 개혁으로 원로원 의원들의 분노를 산 뒤, 서기전 133년에 원로원파 폭도들에게 살해당했다. 그의 동생 가이우스 그라쿠스의 이력은 10년 뒤 더 끔찍한 유혈 사태로 끝났다. 서기전 88년에는 적대가 완전한 내전으로 번졌고, 이어 승자인 전통주의자 술라가 피비린내 나는 통치를 펼치며 로마 엘리트 상당수를 처형했다.

일반적인 해석은 공화정의 분권화에 의한 정복이 너무나 성공적이어서 스스로에게 좋지 않았다는 것이었다. 도시국가였던 로마는 어느 날 눈을 떠보니 제국을 보유하고 있었다. 아테네는 그리스 기준으로 매우 큰 도시였지만, 주민은 아마도 30만 명을 넘지 못했던 듯하다. 로마인은 동맹자를 포함하면 이탈리아에만도 200만 명가량이었다. 로마는 곧 해외 영토를 거느렸고, 제국의 한쪽 끝에서 다른 쪽 끝까지 이동하는 데만도 1년 가까이 걸리는데 집정관이 1년 임기로 어떻게 제국을 통치할 수 있겠는가? 로마는 제도보다 강력한 개인에게 의존하게 됐고, 그들 개인은 각자의 야망을 품고 있었다. 메리 비어드는 "제국이 황제를 만들어냈지, 황제가 제국을 만든 것이 아니다"라고 말한다.[26]

공화국의 조직은 너무 작았고 노획물은 너무 컸기 때문에 로마의 거대한 야망을 규칙에 붙들어 맬 수 없었다. 정치 이력을 쌓는 데는 많은 비용이 들었기에 원로원 의원들은 기꺼이 뇌물을 받았고, 속주 총독들은 임기 동안 주민들로부터 가차 없이 자원을 짜냈다. 어떤 이들은 권한을 가진 짧은 기간 동안 가급적 많은 것을 뜯어내려고 애쓴 나머지 권한을 넘어서기 시작했다.

모든 원로원 의원은 전투에서 승리해 5천 명의 적을 죽이고 싶어 안달이었다. 그래야 로마에서 매우 선망하는 개선식triumphus을 거행할 특권이 생기기 때문이었다. 그는 영광스러운 공개 행진을 벌이고, 거기서 그날 하루만큼은 신과 같은 대우를 받았다(그래서 노예가 뒤를 따라다니며 그 역시 언젠가 죽는 존재임을 상기시켰다고 한다). 어떤 자들은 영광을 위해서라면 어떤 일도 마다하지 않았다. 국경을 넘어 공격할 군대를 찾아 나서거나, 이웃이 평화 조약을 어기도록 도발하기도 했다. 한 집정관은 자신이 물러나고 다른 누군가가 와서 이어지는 전투에서 승리의 공을 차지할까 두려워 적과 평화 협상을 시작했다가, 자신의 지휘권이 계속 유지된다는 확답을 받자마자 즉시 전쟁을 재개하기도 했다.

여러 지휘관이 각기 경쟁하며 동시에 각자의 군대를 지휘하는 방식은 무용을 유지하는 비결일 수도 있었지만, 시간이 지나자 그것은 내전의 원인이 됐다. 군대가 커지면서 단지 부유한 가문 출신만이 아니라 시민 전체에서 병사를 모집하기 시작했다. 이 새로운 병사들은 전리품과 퇴역 수당, 더욱 바람직하게는 전역 후 자기네 가족을 부양할 수 있는 토지에 더 의존했다. 이러한 보상은 원정의 성공과 자기네 장군의 호의에 달려 있었다. 그 결과 병사들은 공화국보다 자신들의 장군에게 더 충성했다. 장군이 어디로 가든, 심지어 이탈리아의 북쪽 경계였던 루비콘강을 넘어가는 일이 있어도 그를 따를 것처럼 보이는 걱정스러운 조짐이 나타났다.

이 체제를 마침내 파괴한 이는 물론 야심 많고 무자비한 율리우스

카이사르(서기전 100~44)였다. 그러나 그는 점점 더 치열해지는 경쟁 속에서 부와 영광을 차지하기 위해 싸운 수많은 잠재적 독재자 가운데 한 명에 불과했다. 카이사르는 자신의 권력과 부를 지키기 위해 너무나 많은 범죄를 저질렀고, 몇몇 현대의 독재자들처럼 지휘관 자리에 머물기 위해 필사적이었다. 그 자리에 있으면 소추가 되지 않기 때문이다. 그러나 그가 갈리아에서 성공적인(그리고 종종 불법적인) 원정을 마친 뒤, 원로원은 그에게 지휘권을 내려놓으라고 명령했다. 자신의 과거 행위 때문에 궁지에 몰린 카이사르는 원로원의 명령을 거역했고, 대신 자신의 군단 가운데 하나를 이끌고 루비콘강을 건넜다. 그 강은 카이사르에게 허용된 정당한 지휘권의 경계였다.

카이사르는 서기전 49년에 그리 크지도 않은 이 강을 건너면서, 공화정을 파괴하고 로마 세계 전역에 걸친 20년 동안의 상상할 수 없는 유혈 사태를 불러일으키는 사건들을 촉발했다. 그 막바지에 공화국의 정치, 군사, 지식계 지도자 거의 모두가 잔혹하게 살해됐다.

그것은 영토 곳곳에서 벌어진 카이사르 군대와 그나이우스 폼페이우스 마그누스 군대 사이의 4년에 걸친 내전으로 시작됐다. 폼페이우스는 한때 카이사르의 동맹이었고 또다른 잠재적 독재자였으나, 원로원과 힘을 합쳤다. 이제 그들에게 공통의 적이 생겼기 때문이다. 어느 쪽이 이기든 로마의 자유는 끝날 것이라고 키케로는 두려워했다. 결국 카이사르가 승리했고, 스스로를 딕타토르 페르페투오dictator perpetuo('종신 독재관')로 선언했다. 이로써 '비상시 독재관'이라는 임시 직책은 2천 년 동안 오명이 됐다.

그러나 카이사르는 모든 이들의 마음을 얻지 못했다. 그의 숙적은 원로원 의원인 우티카의 카토(서기전 95~46)였는데, 반反그리스 성향을 지녔으며 "카르타고는 파괴되어야 한다"라는 주장으로 유명했던 '켄소르cēnsor'(감찰관) 카토의 증손자다. 증손자 카토는 금욕적인 삶과 함께 공화주의 이상에 대한 헌신으로 유명했다. 그는 권력을 축적하려는 장군들에 끊임없이 반대했다. 어느 시점에는 카이사르가 갈리아를 정복했다고 그를 찬양해서는 안 되며, 오히려 여성과 아이들을 무단 공격한 죄로 카이사르를 적에게 넘겨 재판을 받게 해야 한다고 제안하기까지 했다.

카토는 잇달아 물러서던 끝에, 지금의 튀니지 해안에 있는 도시 우티카의 지휘권을 쥐게 됐다. 그곳에서 그는 마지막 남은 충성파 군대 중 하나가 패배했다는 소식을 들었고, 도시가 곧 함락될 것을 깨달았다. 그는 로마인들을 우티카에서 대피시켰지만, 자신은 남아 친구들과 함께 식사 자리에서 스토아 철학을 토론했다. 그의 앞날이 반드시 암담한 것은 아니었다. 카이사르가 패배한 적들에게 기꺼이 사면을 내렸기 때문이다. 그러나 카토에게 그것은 받아들일 수 없는 굴욕이었다. 카이사르가 자신을 죽이고 살릴 권한을 가진 주인이라는 얘기였기 때문이다. 그는 폭군에게 그런 만족감을 주지 않을 생각이었다. 식사를 마친 후 카토는 자신의 검으로 스스로를 찔렀다. 친구들이 달려오고 의사가 그의 상처를 꿰매어 봉합했지만, 플루타르코스의 지나치게 생생한 묘사에 따르면 마지막 순간까지 스토아 철학자였던 카토는 의사를 밀쳐내고 상처 부위에서 자신의 창자를 끄집어내며 죽었다.

그것은 인간 카토의 종말이었지만, 전설 카토의 탄생이었다. 그의 용감한 저항은 이후 2천 년 동안 폭정에 맞서는 저항에 계속해서 자극을 주었으며, 특히 미국 독립전쟁 시기에 그러했다. 카토의 모범에 깊은 영향을 받은 사람 가운데 하나가 바로 그의 생질 마르쿠스 유니우스 브루투스였고, 브루투스는 그를 기리는 소책자를 쓰기까지 했다. 브루투스는 서기전 44년 3월 15일, 약 스무 명의 다른 원로원 의원들과 함께 카이사르를 칼로 찔러 죽였다. 카이사르의 왕권 야욕을 막고 공화정의 완전한 영광을 회복하기 위해 저질렀던 이 암살은 공화정을 영원히 파괴하는 결과로 이어졌다. 역사는 의도하지 않았던 결과들의 끝없는 연속이다.

음모자들은 카이사르 암살 이후 로마를 어떻게 안정시킬지에 대한 진지한 계획이 없었고, 이는 카이사르의 충성스러운 부하였던 마르쿠스 안토니우스가 그들에 맞서 여론을 돌릴 수 있는 틈을 만들어주었다. 곧 서로 다른 군대들이 서로를 향해 진군했고, 새로운 인물 옥타비아누스가 등장했다. 그는 카이사르의 양자이자 재산 상속자였다. 그는 젊고 경험이 부족했지만, 그의 재산 덕에 전세를 뒤집을 군대를 모을 수 있었다. 처음에 옥타비아누스는 안토니우스와 싸웠지만, 곧 그와 손잡고 카이사르 암살자들을 격파했다.

그들의 잔혹한 통치 아래 모든 적들이 추적당했고, 많은 원로원 의원과 귀족들이 살해당했다. 그들의 재산을 빼앗기 위해서였다. 희생자 중 한 명이 키케로였다. 그는 이 위험한 독재자 마르쿠스 안토니우스에 맞서 모든 세력이 단결해야 한다는 내용의 편지와 연설을 끊임없이 내놓아 그의 분노를 샀다. 옥타비아누스는 분명히 키케로를 죽이는 데 반대하는 주장을 했지만, 새로이 손을 잡은 그들은 반대자들을 살해 명단에 확실하게 포함시키기 위해 서로의 친구, 친척, 동료들 중 일부를 맞바꿔야 했다.

키케로의 잘린 머리와 손은 도시 중앙 포룸에 공개 전시됐다. 이는 그 누구보다 강력하고 감동적으로 말하고 글을 썼던 인물의 종말을 상징했다. 마르쿠스 안토니우스의 아내 풀비아Fulvia가 머리핀을 꺼내 키케로의 혀를 반복해서 찔렀다고 한다. 한때 아테네가 그랬듯이, 로마도 가장 뛰어난 철학자를 처형했다.

예상할 수 있었던 일이지만, 옥타비아누스와 안토니우스는 곧 갈라섰다. 안토니우스는 또다른 전쟁에서 패배한 뒤 아내 클레오파트라와 함께 이집트 알렉산드리아에서 자살했다. 옥타비아누스가 최후의 승자가 됐고, 서기전 27년에 아우구스투스(서기전 63~서기 14)라는 스스로 선택한 이름으로 권력을 잡았다. 그는 '지휘관'을 뜻하는 임페라토르Imperator라는 칭호도 사용했고, 이후 그의 모든 후계자들이 그랬듯이 양부의 이름 '카이사르'를 자신의 이름으로 삼았다. '카이사르Caesar'는 훗날 독일어의 '카이저Kaiser', 여러 슬라브계 언어의 '차르Tsar'로 이어졌다.

옛 로마는 사라졌고 대부분의 옛 로마인들도 죽었다. 가장 무자비한 전쟁 지도자였던 아우구스투스가 절대권력을 거머쥐었다. 하지만 그뒤에는 정치사에서 가장 놀라운 제2막이 이어졌다.

팍스 로마나

이때가 로마 공화국이 로마제국으로 변신한 순간이었다. 정치권력이 한 사람의 손에 들어갔고, 이는 마치 〈스타워즈〉에서 공화국이 파국적 내전을 거쳐 은하 제국으로 재편된 것과 비슷했다. 모든 권력을 손에 넣고 적들을 제거한 아우구스투스는 겨우 서른두 살의 나이여서 제국을 쉽게 타락과 혼돈과 부패의 나락으로 떨어뜨릴 수도 있었다. 물론 그런 요소도 어느 정도 있었지만, 역사학자들이 여전히 논쟁을 벌이고 있는 이유들로 인해 40년 동안 통치한 아우구스투스는 상대적 평화와 경제 발전을 이끌어낸 상당히 유능한 정치가로 드러났다.

어쩌면 아우구스투스는 그 과정에서 결국 몇 가지 합리적인 생각을 찾아낸 것인지도 모른다. 플루타르코스는 아우구스투스가 어느 날 자신의 손자 하나가 처형된 키케로의 책을 읽고 있는 모습을 보았다는 이야기를 전한다. 겁에 질린 소년은 책을 옷 속에 숨기려 했지만, 아우구스투스는 책을 건네받아 한동안 읽어본 뒤 소년에게 돌려주면서 이렇게 말했다. "박식한 사람이구나, 애야. 그는 박식하며 자기 나라를 사랑한 사람이었다."[27]

혹은 어쩌면 그저 로마(그리고 아우구스투스)가 내전으로 지친 나머지 평화를 정착시킬 방법을 찾을 수밖에 없었던 것일 수도 있다. 니콜로 마키아벨리가 묘사한 군주처럼 아우구스투스는 권력을 얻기 위해 사람들을 죽였지만, 이후에는 훨씬 온화한 방식으로 그 권력을 행사했다. 예를 들어 교묘한 선전을 통해서였다. 베르길리우스는 로마의 신화적 과거와 제국이 된 현재를 찬양하는 《아이네이스》를 집필하도록 배정됐다. 페리클레스가 아테네에 새롭고 인상적이며 값비싼 이미지를 부여했던 것처럼, 아우구스투스는 이제 로마를 자랑스러운 새 기념물들로 채웠다. 그는 결국 자신이 벽돌의 도시 로마를 물려받아 대리석의 도시 로마로 물려주었다고 자랑했다. 로마인들은 200년 동안 고대 이후 그때까지 전 세계에서 채굴된 것보다 더 많은 대리석을 채굴해 도시를 찬란한 그리스 도시처럼 보이게 만들었다.[28] 사람은 스스로 원하는 직업에 맞는 옷을 입는 법이다.

아우구스투스는 또한 자신의 공식적인 초상을 제국에 흘러넘치게 했다. 아우구스투스의 조각상은 5만 개에 달했던 듯하며, 이는 그가 떠버리 수에토니우스Gaius Suetonius Tranquillus의 말처럼 충치와 지저분한 머리칼을 가지고 있었다 해도 영원히 젊고 아름다운 모습으로 남게 했다(여러 조각상을 바탕으로 한 현대의 재현은 이 황제가 "대니얼 크레이그Daniel Craig만큼이나 매력적"인 인상을 주었다고 한다).[29]

아우구스투스는 대중 선거를 약화했지만, 옛 원로원 계급과는 화해했다. 옛 공화정 체제가 유지되는 것처럼 꾸미고, 그들에게 행정 직책과 입법 권한을 부여했다. 이는 약간의 세력 균형을 만들어냈지만, 또한 황제에게도 안전했다. 궁극적으로 누가 최종 결정권자인지는 모두가 알고 있었기 때문이다. 이런 상호 이해는 반역죄 재판에서 한 원로원 의원이 티베리우스 황제에게 먼저 투표해달라고 요청한 일화에 잘 나타난다. 그러지 않으면 "제가 자칫 잘못해 반대표를 던질 수 있기 때문"이었다.[30] 또 훨씬 후대에 웅변가로 유명했던 한 원로원 의원은 황제가 공개적으로 자신의 단어 사용을 바로잡았을 때 왜 그냥 있었느냐는 질문을 받았다. 분명히 모든 사람은 "30개 군단을 지휘하는 사람이 가장 박식하다는 걸 인정"해야 하기 때문이라고 그는 대답했다.[31]

아우구스투스의 가장 성공적인 조치 가운데 하나는 무력 사용의 독점이었고, 그의 통치 아래 도시에는 마침내 시내 경찰이 생겼다. 장군들 사이의 경쟁은 아우구스투스 스스로가 전군의 총사령관이 되고 주요 장교들을 직접 임명하기 시작하면서 끝이 났다. 그는 또한 병사들이 특정 지휘관에게 의존하지 않도록 병사의 퇴역 수당을 도입했다. 곧 황실 밖의 장군에게는 더 이상 개선식이 허락되지 않았다. 역설적으로 제국이 공화정에 비해 군사화의 정도가 덜했다.

아우구스투스는 종종 로마와 전쟁을 했던 이탈리아의 비라틴계 도시 볼스키 출신자의 후손이었고, 그는 이제 부유한 비로마인을 엘리트 계층에 더 많이 끌어들였다. 로마는 많은 특권을 잃었지만, 일부 속주들은 짧은 재임 기간에 가능한 한 많은 것을 뜯어내고자 하는 총독들이 없어 좀더 숨통이 트였다. 황제의 지속적인 살핌 속에 있는 이들 속주들에게 로마는 유랑하는 약탈자에서 그 희생자의 장기적 번영에 관심을 가진 정착한 약탈자로 바뀐 셈이었다. 결국 그것이 장기적으로 더 많은 세금을 거둘 수 있는 유일한 방법이었다. 두 번째 황제 티베리우스는 휘하 총독들에게 세금을 거둘 때 가혹하게 굴지 말라고 경고했다. "양의 가죽을 벗기지 않고 털을 깎는 것이 좋은 목자의 의무"라는 것이었다.

아우구스투스는 또한 운이 좋았다. 그가 집권한 때는 '로마 온난기'로 알려진 매우 습한 기후가 찾아왔는데, 이 시기에는 유럽 남부 지역과 서아시아에서 농업 생산량이 증가했고 그 결과 인구도 늘었다. 로마가 이집트, 게르마니아 일부, 발칸반도 일부 지역을 정복하고 히스파니아를 평정한 뒤 제국은 거대해졌다. 제국이 제대로 돌아갈 수 있게 하는 유일한 방법은 이 모든 영토를 로마에서 직접 통제하려 하지 않는 것이었다. 속주들이 충성스럽고 평화로우며 세금을 내기만 한다면 일상적인 행정은 현지 엘리트에게 맡겼다. 황제는 모든 문제의 최종 심판자였고 특정한 관심사나 분쟁과 관련한 편지에 답장을 보내기는 했지만, 사전에 계획하거나 세부 사항에 간섭하려 들지는 않았다. 실제로 로마인들은 속주에서 너무 자주 편지를 보내 해결을 청하면 불평을 했다. 이는 로마에 말馬을 원로원 의원으로 임명(칼리굴라가 그랬을 것이다)하거나 어머니를 살해(아마도 네로가 그랬던 듯하다)한 광인 황제가 있다 하더라도 그것이 반드시 시민들의 삶에 큰 영향을 미치지는 않았음을 의미한다. 전체 로마 관료제는 5천만 명으로 추산되는 인구를 가진 제국을 운영하면서도 고작 몇백 명의 관리와 그들의 노예들로 이루어져 있었을 것이다.

이때가 때로 '팍스 로마나Pax Romana'(로마의 평화)로 알려진 시대의 시작이었다. 이는 장기간의 파괴적 내전이 없는 시대였으며, 복속된 지역들은 무력이 아닌 법을 통해 분쟁을 해결하도록 주문을 받았다. 아우구스투스는 의식적으로 자신을 그 평화의 수호자로 묘사했다. 고대 전통에 따르면, 평화 시기에는 야누스 신전의 문을 닫아야 했다. 그때까지 로마 역사 전 시기에서 이 문이 닫힌 적은 단 두 번뿐이었다. 아우구스투스의 긴 통치 기간 동안 그는 세 차례 이 문을 닫도록 명령했다.

서기전 13년, 원로원은 로마 중심지에 '아라파키스 아우구스타이Ara Pacis Augustae'(아우구스투스 평화 제단) 건립을 발주했다. 전쟁의 종식과 진보·풍요의 도래를 기념하기 위해서였다. 아테네의 평화를 사랑하던 올리브 농부들을 연상시키는 올리브나무 가지가 기념물에 두드러지게 장식됐다. 평화에 대한 자신감은 대단해서, 많은 로마 도시는 방어용 성벽을 두르지 않았다. 유럽의 다른 곳에서는 화약이 성벽을 무용지물로 만들기 이전에 그런 사례가 없었다.

그렇다고 로마가 전쟁을 하지 않았다는 뜻은 아니다. 이러한 상대적 평온은 우월한 화력을 바탕으로 한 것이었다. 로마인들은 종종 폐허를 만들어놓고 그것을 평화라 불렀다[서기 1세기 스코틀랜드 칼레도니아 부족연합 지도자 칼가쿠스Calgacus가 로마군에 맞서 부족민들을 결집시키는 연설에서 한 말이다]. 처음 두 번 야누스 신전의 문이 닫혔을 때 그것은 1년도 지나지 않아 다시 열렸다. 세 번째는 명령이 내려져 문이 닫히기도 전에 이미 전쟁 소식이 도착했다.[32] 커져가는 제국의 국경 지대에서는 끊임없이 전투가 벌어졌지만, 적어도 대부분의 군대는 그 지역에 머물렀다.

곧 가장 팽창하던 시기는 끝났다. 특히 서기 9년 게르만 부족들이 토이토부르거발트 전투에서 세 개 로마 군단을 극적으로 격파한 이후, 라인강이 사실상 제국의 국경이 됐다. 아우구스투스의 양자이자 후계자인 티베리우스는 제국 확장을 끝냈고, 이후 확장은 서기 43년 클라우디우스의 브리타니아 침공 때 잠시 재개됐을 뿐이다.

이 제국은 비교적 안정적이었고, 무역과 이동도 안전했다. 공화정 후기에 지중해는 해적의 위협이 사라졌으며(해적들에게는 보상으로 새로운 토지가 주어졌다), 이제 알프스산맥에서도 여행객을 약탈하던 도적들이 소탕됐다. 많은 사람들이 자신이 사는 곳에서 멀리 떨어진 지역에 토지를 구매했다는 사실은 법과 재산권에 대한 신뢰도가 높았음을 보여준다. 중요한 공화국의 이상도 다시 유행했다. "비천한 출신의 가난한 자들이 이전에 한 번도 본 적 없는 바다 건너 땅으로 가서 타지인들 사이에 있"더라도, "나는 로마 시민이다"라는 한 가지 사실이 그들을 온갖 재난에서 지켜줄 것으로 확신한다고 키케로는 썼다.[33]

세계화 제국

로물루스는 원래 로마를 테베레강 가에 세우기로 결정했다고 하는데, 이 강은 바다로 곧바로 연결되어 필수품을 수입하고 잉여 생산물을 수출할 수 있었다. 평화, 법, 기반시설은 이 초기의 현명한 결정과 어우

러져 세계화의 황금시대를 열었다. 하드리아누스 장성은 예외였다. 황
금시대 동안 로마인들은 거의 성벽을 세우지 않았으며, 하드리아누스
장성조차도 대략 1.5킬로미터 간격으로 출입문이 있었고 이곳을 통해
경제적 교류와 이동이 이루어졌다.

로마제국의 규모의 경제는 훨씬 다양한 상품을 저렴한 가격에 구할
수 있게 했다. 고고학자 앤드루 윌슨Andrew Wilson은 이렇게 썼다. "도자
기, 유리 제품, 벽돌, 주화, 접시, 그리고 못과 같은 값싼 금속 제품들
이 표준화된 형태와 크기로 대량 생산되어 지중해 일대 로마와 북유
럽, 심지어 제국의 국경 너머까지 거래됐으며, 인도와 사하라까지 도
달했다."[34]

윌슨은 로마 조각품이 그리스 조각품에 비해 독창성과 혁신이 부족
해 보이는 것은 상상력의 부족 때문이 아니라 대량 생산을 현명하게
활용했기 때문일 수 있다고 추정한다. 급증하는 수요를 맞추기 위해
필요한 예술가의 부족을 메우는 방법이었다.

더 좋은 돛을 단 더 큰 배와 거대한 항구 시설 덕분에 소아시아에서
양모를, 이베리아에서는 생선 액젓을 운송할 수 있었다. 향신료와 금
속 제품이 주요 수출 산업이 됐고, 갈리아산 포도주도 마찬가지였다.
추산에 따르면 로마 시민들은 매년 약 150만 헥토리터의 포도주를 소
비했다.[35] 올리브기름 거래는 매우 막대했다. 오늘날까지도 로마 중심
부에 수많은 암포라 조각이 작은 산을 이룬 몬테테스타초Monte Testaccio
가 있는데, 이 암포라들은 항구에서 하역되고 올리브기름이 다른 용
기에 옮겨진 뒤 그곳에 버려진 것이다.

상품을 육로로 운송해야 할 경우, 원래 군사 목적을 위해 건설된 촘
촘한 도로망을 이용했으며, 그 건설 비용은 도시의 성문과 다리에서

통행료를 받아 조달했다. 도로는 총 40만 킬로미터에 달했으며, 이 가운데 8만 킬로미터 이상이 석재로 포장되어 있었다. 그리고 많은 도로가 실제로 로마로 연결됐다. 포룸에는 모든 도로가 시작되는 곳으로 간주된 황금 기준점Miliarium Aureum이 있었으며, 모든 거리는 이를 기준으로 측정됐다.

그리스 웅변가 아리스티데스는 세상의 모든 상품을 보려면 두 가지 방법이 있다고 말했다. 전 세계를 돌아다니거나, 아니면 로마라는 도시 한 곳에만 가면 된다는 것이었다.

각 민족이 재배하고 만든 것은 무엇이든 항상 이곳에 풍부하게 있다. 상선들은 모든 지역에서 이 다양한 물건들을 싣고 해마다(심지어 매 분기마다) 이곳에 오므로, 이 도시는 세계 공통의 상업 중심지처럼 보인다.[36]

로마 상인들과 선원들은 홍해의 항구들을 통해 계절풍을 타고 거대한 무역망을 구축했다. 이는 지중해에서 아랍과 에티오피아, 그리고 멀리 인도와 스리랑카까지 이어졌으며, 각 지역에는 영구적인 거주지를 만들었다. 로마인들은 상품과 주화를 보내고 그 대가로 비단과 무명, 향료와 향신료(특히 공급이 부족했던 후추)를 받았다. 부유한 로마 귀족 가문들 사이에서 비단이 유행하면서, 지중해에서 멀리 중국까지 이어지는 약 6천 킬로미터의 교역로인 실크로드가 확고하게 자리잡는 데 일조했다.

화산재로 뒤덮인 폼페이의 크지만 아주 일반적인 주택에서는 인도산 상아 소조각상이 발견됐는데, 이는 아마도 인도 다산多産의 여신을 나타낸 것으로 보인다. 고고학자들은 스칸디나비아와 발트해 지역의 유적지에서 대량의 로마산 물건을 발견했으며, 이는 고대 연결망의 규모를 밝혀내는 데서 시작일 뿐이다.

제국의 중요한 영향 가운데 하나는 그 한 지역에서 얻은 지식, 재능, 혁신이 빠르게 다른 지역으로 확산되어, 언제나 로마 전통의 일부였던 모방과 학습을 자극했다는 점이다. 농부들은 새로운 수확기, 개선된 압착기, 염장 통을 사용했다. 심지어 제국의 멀리 떨어진 낙후 지역의 고고학 유적지에서도 새로운 양식의 도구와 장신구가 발견된다. 광업과 야금술이 발전해 모든 지역에서 금속에 쉽게 접근할 수 있었으며, 그 대부분은 갑옷과 무기에 사용됐다. 로마인들은 그리스로부터 배운 수차水車 기술을 더욱 발전시켜 제분소와 공장을 운영했다. 프랑스 남부의 바르브갈Barbegal 같은 일부 지역에서는 대규모 수차 단지를 건설해 큰 도시 하나를 위한 충분한 밀가루를 생산할 수 있었다.

로마는 하루아침에 세워진 것이 아니지만, 놀라울 정도로 빠르게 건설됐다. 합성석인 콘크리트를 활용한 건축 기술을 터득한 덕분이었다. 로마인들은 여러 곳에서 다양한 실험을 거치며 내구성이 뛰어난 혼합물을 만들기 위해 서로 다른 물질들 사이의 최적 비율을 찾아냈고, 먼 곳에서도 원자재를 조달할 수 있었다. 최고의 석회석, 최고의 화산재, 그리고 연료와 비계용 목재를 다량 확보했다. 이를 통해 로마인들은 주택, 신전, 심해 항구를 빠르게 건설할 수 있었다. 그들은 오늘날에도 남아 있는 고가 수로와, 판테온(여전히 세계에서 가장 큰 비철근 돔 건물이다)에 있는 것과 같은, 지지를 위해 기둥이 덜 필요한 가볍고 둥근 지붕의 건물도 만들었다.

로마는 특히 더 부유하고 더 상업이 발달한 동부 지역에서 도시 중심의 제국이었다. 알렉산드리아, 안티오키아(안타키아), 에페소스 같은 대도시들이 있었다. 도시가 전혀 없던 지역에서도 로마인들은 행정 중심지로서 도시를 세웠다. 도시 의회를 이끈 현지 귀족들은 사비를 들여 신전, 목욕탕, 고가 수로, 원형경기장 등 오늘날 우리가 로마 시대와 연관시키는 인상적인 건설 사업에 자금을 댈 것이 기대됐다. 또한 종교 축제와 경기 등도 주최했다. 도시 경제와 그로 인한 가능성은 먼 곳에서도 이주민을 끌어들였다.

도시 생활은 기회와 성장을 창출했지만, 질병의 병원체 이론이나 현대식 공중위생이 없던 당시에는 질병이 만연했다. 로마에는 복잡한 하수도 시설과 공중 화장실이 있었고, 도시에 매일 수백만 리터의 식수를 공급하는 고가 수로는 놀라운 시공이었다. 그러나 당시의 지식과 기술 수준으로 할 수 있는 일에는 한계가 있었다. 대부분의 주택은 하수도로 연결되지 않았고, 쓰레기는 도시 성 밖으로 가져다 버리도록 되어 있었지만 도시 인구가 100만 명으로 불어나자 이는 비현실적인 일이 됐다. 쓰레기 처리 체계는 건물 밖으로 쓰레기를 버려 행인에게 피해를 주지 말라는 법률을 만드는 데 그쳤다.

로마인들은 세계를 지배했지만, 용변을 본 후에는 여전히 막대기에 꽂은 해면으로 뒤를 닦았고 그 해면은 뒤의 사람이 다시 썼다. 역사가 카일 하퍼Kyle Harper가 지적했듯이, 로마 군단 및 야만인과 치열한 경쟁을 벌인 로마 시대의 가장 치명적인 군대는 아마도 설사였을 것이다.[37]

경제적 전성기

러시아의 역사가 미하일 로스톱체프Mihaíl Rostóvcev의 말에 따르면, 초기 제국 시기는 "거래의 거의 완전한 자유와 개인의 진취성을 위한 놀라운 기회의 시기"였다.[38] 이는 다소 과장일 수 있지만, 여느 군주들과 달리 로마 황제들은 산업을 국유화하지 않았고 사회 전체의 부를 자신의 것과 뒤섞지 않았다. 대신에 그들은 노동과 생산물을 위한 상대적으로 자유로운 시장 체제 속에서 막대한 개인 재산을 축적하는 데 만족했다. 여기서는 가격이 수요와 공급에 따라 자유롭게 변동했다. 제국은 높은 수준의 경제적 자유를 누렸다(노예제라는 통상적이고 분명한 예외는 있었다).

경제사가 피터 테민Peter Temin은 "경제적 관점에서 초기 로마제국의 중요한 특징은 이후에 오는 중세 경제와 비교했을 때 확실히 시장 원리의 역할이 상대적으로 컸다는 점"이라고 썼다.[39] 상품과 자원이 자유롭게 거래됐으며, 테민이 증거를 검토한 결과 공화국 후기와 제국 초기 시기에는 토지와 도시 건물 시장이 있었고 이는 건축 기술을 개선하는 동기를 제공했다. 노예가 아닌 노동자들은 대부분 고용주 사이를 자유롭게 오가며 임금을 협상했다. 한 노동 계약서는 해당 노동자가 19세기 유럽의 많은 노동자보다 일을 그만둘 자유가 더 많았음을 시사한다.[40]

또한 선진적인 금융 시장과 은행이 있어 신용을 제공했다. 이자율은 아마도 연 12퍼센트로 규제됐던 듯하지만, 다른 이자율도 존재했다. 상인과 해운업자는 통상보다 더 높은 이자율로 대출을 받을 수 있었는데, 무사히 돌아와야만 갚을 수 있다는 점을 벌충하기 위한 것이었다. 이는 초기 형태의 보험이라고 볼 수 있다.

초기 제국 시기에는 조세 제도 또한 성장을 장려하는 방식으로 바뀌었다. 이전에는 수입을 흔히 '징세 도급인'에게서 올렸다. 일정 기간 동안 특정 지역의 세금을 징수할 권리를 입찰로 따낸 부유한 로마인들이다. 이들은 자신이 담당한 기간 동안 가능한 한 많은 세금을 거두어들이려는 동기가 있었고, 종종 사람들이 감당할 수 있는 한 최대로 과세했다. 아우구스투스는 이 제도를 폐지하고 재산세 1퍼센트와 성인에게 부과되는 인두세를 도입했다. 이는 속주들의 동기를 변화시켰다. 이전에는 소득 증가분 대부분이 멀리 떨어진 로마에 있는 주머니로 들어가 사라졌지만, 이제 한계세율이 0이 됐다. 추가 생산이나 추가 이익은 모두 그들의 몫이 된 것이다. 이에 따라 그것은 갑자기 무역, 투자, 혁신에 지불됐다.

그렇다고 정부가 일부 시장 개입을 중단한 것은 아니었다. 흔히 백성들의 충성심을 확보하기 위한 것이었다. 로마 정부는 일정한 소득 이하의 시민들에게 곡물을 공급했다. 처음에는 식량 불안정을 해결하기 위한 임시 조치였지만, 역사상 다른 많은 정부의 임시 조치가 그랬듯이 영구화됐다. 정부는 시장에서 대량으로 곡물을 구입하고 수백 척의 상선을 동원해 20만 명으로 추산되는 로마 시민에게 이 배급 곡물을 지급했다. 황제들은 흔히 이 사업의 규모와 비용에 대해 불평했다. 그러나 그것은 계속해서 더욱 확대되어, 곡물을 보조하는 것에서 곡물을 무료로 제공하는 것으로, 다시 빵을 무료로 제공하는 것으로 점점 나아갔다(그리고 시민을 즐겁게 해주기 위해 무료 서커스 공연까지 제공했다). 결국 복지 의존 인구의 증가와 이를 충당하기 위한 높은 세금은 경제 생산력을 손상시키게 된다. 로마인들은 세계를 정복할 수 있었지만, 복지 개혁은 할 수 없었다.

그럼에도 불구하고 무역과 경쟁은 경제적 전문화, 기술 혁신, 그리고 장기간의 실질적인 경제 성장으로 이어졌다. 이전 대부분의 사회에서는 인구가 증가하면 자원 한계에 부딪히고 생활수준 하락에 직면하며 종종 기근이 발생했다. 로마에서는 그 반대의 일이 일어났다. 생산성이 대폭 향상되어 심지어 비숙련 노동자까지도 임금이 상승했고, 적어도 서기 2세기 말까지는 생활수준이 향상됐다.

고고학적 증거는 인구 증가만으로 설명할 수 없는 상당히 강력한 경제 확장을 보여준다. 건축 활동에서 육류 소비까지 모든 분야에서 그렇다. 서기전 500년 무렵 이후 로마의 난파선 수가 증가했고, 이어 공화국 말기와 초기 제국 시기에는 전례 없는 수준으로 증가했다. 이는 장거리 해상 무역이 그 이전 어느 때보다 활발했음을 보여주며, 향후 1500년 동안에도 이 수준에 훨씬 못 미쳤다. 그린란드 얼음 시료의 대기 오염 기록은 금속 채굴량이 이 시기에 최고조에 달했음을 보여주며, 화폐 공급(그리고 환경 문제)도 급증했음을 나타낸다.[41]

경제사학자 피터 테민은 초기 로마제국의 1인당 GDP(국내총생산)를 영국, 프랑스, 독일에서 거의 1500년 동안 넘어서지 못했다고 추정한다. 이는 놀라운 도시화율에 반영됐다. 초기 로마제국은 아마도 10퍼센트가 도시화되어 있었던 듯하고, 이탈리아반도는 30퍼센트였다.[42] 이는 놀라운 수치다. 1700년의 도시화율은 이탈리아·에스파냐가 20퍼센트, 잉글랜드·프랑스·독일은 10퍼센트였다.

로마는 이전 어느 시기에 이루었던 것보다 높은 전체 생활수준을 창출했으며, 이후 1500년 동안 이를 능가하지 못했다. 경제사학자 조엘 모키어는 "서기 100년의 로마는 서기 1800년 유럽 주요 국가들의 수도보다 도로 포장, 하수 처리, 상수도, 화재 방지 시설이 더 뛰어났다"라고 지적한다.[43]

<h1 style="text-align:center">오랜 쇠퇴</h1>

우리는 에드워드 기번이 "아마도 인류 역사에서 가장 중요하고도 가장 두려운 장면"이라고 묘사한 것을 다시 생각해보지 않을 수 없게 된다. 어떻게 이 모든 것이 끝나버릴 수 있었을까? 한동안은 그것이 끝나지 않았다고 말하는 것이 유행이었다. 5세기에 로마를 반복해서 약탈한 야만인들의 기묘한 특징은 그들이 로마를 파괴하고 싶어하지 않았다는 것이다. 야만인들은 그 일부가 되고 싶어했다. 그들은 옥좌를 부수고 싶어하지 않았다. 그것을 차지하고 싶어했다. 서기 395년에는 제국의 서부와 동부의 행정 구역이 분리되어 별개의 정치체가 됐다. 이에 따라 서부에서는 제국이 멸망했지만 동부에서는 존속했다.

옛 역사책에서 서로 다른 시기를 부상과 쇠락으로 분명하게 구분하는 것에 대한 반작용으로, 현대 역사가들은 제국이 여러 차례 침략당하고 분열되고 재통합됐으며, 기독교를 받아들인 침략자인 게르만 부족들이 많은 로마의 전통과 의식을 유지했다고 본다. 이는 어느 날 역사의 한 장이 넘어간 것이 아니라 점진적인 과정이었다. 거기에는 일말의 진실이 있지만, 충분하지는 않다.

로마제국은 실제로 붕괴했다. 꼭 서기 410년 서고트족이 로마를 약탈했을 때나 476년 마지막 서로마 황제가 게르만 병사들에 의해 폐위됐을 때일 필요는 없다. 그러나 더 긴 기간에 걸쳐 완전한 붕괴의 고고학적 증거는 넘쳐난다. 농민, 왕, 성인 등 어느 곳을 주목하더라도 말이다.[44]

문해율이 급락했다. 전체 산업과 상업 연결망이 붕괴했다. 갑자기 유통되는 주화가 크게 줄어든 듯했다. 고급스러운 물질문화가 거의 사라졌고, 항아리 같은 제품의 품질, 수량, 다양성이 떨어졌다. 극소수의 예외가 있지만 석조·벽돌 건물은 목조 건물로 대체됐다. 콘크리트를 혼합해 그것으로 건축하는 기술이 사라졌다. 지붕 기와가 사라지기 시작했다. 적어도 로마 엘리트 계층은 대리석과 모자이크 바닥 위를 걸을 수 있었지만, 곧 모든 사람이 달구질한 흙바닥을 밟게 됐다. 교회마저 작아져, 한 저명한 학자는 심지어 신조차도 비좁았을 것이라고 빈정거렸다.

6세기 중반이 되자 곡물 무역은 붕괴하고, 고가 수로는 끊겼다. 농업은 더 이상 충분한 식량을 생산할 수 없었고, 육류 소비는 크게 줄었으며, 심지어 소의 덩치까지 작아졌다. 로마는 거의 소멸 상태에 이르렀다. 도시에서는 주민의 최소 90퍼센트가 사라졌다. 주요 항구는 사용할 수 없게 됐고, 도로는 위험해졌다. 시간이 지나면서 성姓을 가진 것은 귀족뿐이었는데, "대부분의 사람이 태어난 마을을 떠나는 일이 없으니 더이상 성이 필요하지 않기" 때문이었다.[45] 사람들은 안전한 자기네 마을에 처박혀 살며 이웃과 혼인했다. 일부에서는 심지어 마을 몇 개 건너 사람들과도 의사소통이 불가능한 지역 방언이 생기기도 했다. 세계화 시대가 급격하고도 갑작스러운 역전을 맞이했다.

수정주의 역사가들의 용감한 노력에도 불구하고, 서기 400년에서 1000년 사이의 시대가 칠흑같이 어두웠다는 사실에는 의문의 여지가 없다. 로마가 하루아침에 사라지지는 않았지만 말이다. 이용할 수 있는 고고학적 증거를 분석해보면, 또다른 형태의 연속성을 발견할 수 있다. 즉 쇠퇴의 연속성이다. 앞서 언급된 난파선, 금속 채굴, 건축, 육류 소비 등의 지표들은 공화정 후기와 제정 초기에 최고조에 달했지만, 곧 떨어지기 시작해 결국 5세기에 붕괴했다. 일부 영역에서는 부분적인 회복이 있었지만, 전체적인 양상은 명확하다. 로마는 에드워드 기번이 한때 지적했던 바와 같이 멸망하기 훨씬 전부터 쇠퇴하기 시작했다. 서양과 동양에서 1만 5천 년에 걸쳐 일어난 사회 발전을 측정하려 한 이언 모리스Ian Morris의 대담한 시도에 따르면, 로마제국의 몰락은 역사상 가장 큰 사회적 퇴보였다. 하지만 그의 지표는 또한 이 퇴보가 2세기 말에 이미 시작됐음을 보여준다.[46]

그렇다면 쇠퇴는 어디서 시작됐을까? 아마도 그렇게 거대한 영토에서 그렇게 복잡한 제도를 장기간에 걸쳐 유지하는 것 자체가 원래 어려웠던 탓일 수 있다. 전쟁의 혁신은 더 이상 쉬운 목표가 없어 둔화됐고, 동시에 주변 국가들은 로마의 흡수 기술, 생각, 기술적 능력을 차용했고 이에 따라 로마에 점점 더 위협적인 존재가 됐다. 기후 최적기 또한 끝나가면서 농업에 더욱 어려운 도전이 닥쳤다.

수백 년 동안 제국은 또한 어려운 추세를 촉발하는 사건들에도 시달렸다. 그중 가장 파괴적인 것은 도시들에 인구가 밀집해 있었고 동시에 알려진 세계의 다른 지역의 질병 온상과 연결되어 있었다는 사실과 관련이 있다. 서기 165년, 제국에는 안토니누스 전염병이 덮쳤는데, 이는 대유행병이라는 명칭이 어울리는 최초의 질병 사건이었다. 아마도 천연두였던 듯하고, 전쟁에 나갔던 병사들이 돌아올 때 고국으로 가져왔다. 이 전염병으로 인구의 약 10퍼센트가 죽었으며, 감염이 심한 지역에서는 그 비율이 두 배 수준에 달했다. 이 보수적인 계산으로도 700만~800만 명이 사망해 안토니누스 전염병은 당시까지 역사상 최악의 사망 사건이었다.[47]

이후 심각한 경제 혼란, 물가 급등, 기근이 이어졌다. 군대는 전염병으로 파괴됐고, 황제 마르쿠스 아우렐리우스는 노예와 검투사까지 모집해 야만인 침략자들을 막아야 했다고 한다. 그는 북쪽에서 엄청나게 길고 소모적인 전쟁을 치르며 생애 마지막 시기를 보냈다. 서기 180년 그의 사망은 흔히 팍스 로마나의 종말로 간주된다. 영화 〈글래디에이터〉로 유명한 그의 아들 콤모두스는 처음으로 태어나면서부터 황제가 될 사람으로 길러진 후계자였으나, 생물학적 계승 원리의 좋은 사례는 아니었다. 그는 정말로 직접 검투사 경기장에 내려가 싸웠고, 그것도 결코 명예로운 방식은 아니었다. 그의 기괴하고 갈수록 포악해진 통치는 서기 192년 그가 욕조에서 살해당하며 갑자기 끝났다. 이후 여러 인물이 황제 자리를 놓고 다투면서 로마에 내전이 재발했으며, 서기 193년은 '다섯 황제의 해'로 기억된다.

그러나 그 혼란스러운 해의 다섯 번째 황제인 리비아 출신의 셉티미우스 세베루스는 제국의 안정을 회복하는 데 성공했고, 한 차례의 짧은 예외를 제외하면 그의 왕가는 235년까지 통치하게 된다. 그는 자신에게 권력을 준 군대에 더 의존하고 그들에게 더 많은 돈과 권한을 부여하며 통제권을 되찾았다. 물가가 잡히고 경제가 되살아났으며, 인구도 다시 증가하기 시작했다. 세베루스는 속주 출신을 상층 계급에 통합하는 마르쿠스의 정책을 이어받았으며, 이러한 인재 유입은 제국에 새로운 활력을 불어넣었다. 그의 아들 카라칼라는 한 걸음 더 나아가 제국 내 모든 자유민에게 시민권을 부여했다. 이는 법적 이정표였으며, 광범위한 영향을 미쳤다. 역사가 카일 하퍼는 "조금 지나서는 시리아 사막 변두리 여성들이 재산 소유권을 주장하는 사례를 볼 수 있다"라고 썼다. 로마법을 근거로 한 것이었다.[48]

로마는 첫 번째 심각한 위기에서 대부분의 제도를 유지하며 살아남았지만, 군대의 권력 확대는 다가올 더욱 좋지 않은 일들의 전조였다.

다음 대유행병에서는 그만큼 운이 좋지 않았다. 서기 249년, 키프리아누스 전염병이 제국 전역으로 퍼지기 시작했다. 이는 유행성 독감이나 바이러스성 출혈열이었던 듯하며, 전체 사망자 수에 대한 신뢰할 만한 평가는 없지만 한창때에는 로마 시내에서 하루에 5천 명이 사망했다고 한다.

이 유행병은 단순히 인간의 몸만을 파괴하지 않았다. 계승 위기와 국경의 충돌이 겹친 시기에 제국 전체, 그 경제, 그리고 그 상대적 관용을 거의 무너뜨렸다. 이것이 바로 '3세기 위기'였다. 다시 활력을 찾은 페르시아제국이 동쪽에서 공격해왔고, 게르만 부족들이 북쪽에서 침입했다. 몇몇 속주는 독립을 선언했다. 260년에는 한 침략군이 거의 로마에 도달할 뻔했다. 많은 지역과 도시가 황폐해졌다. 235년에서 284년 사이에 로마 원로원은 26명의 황제를 인정했는데, 그들 대부분은 적군, 친위대, 혹은 자신의 군대에게 살해당했다. 찬탈자들은 보통 황제 자리를 차지한 뒤 병사들에게 하사금을 지급했는데, 이는 의도치 않게 다른 병사들에게 자신들의 지휘관을 내세워 반란을 일으키도록 자극했다.

충분한 세금을 거둘 수 없게 된 로마인들은 화폐 가치를 떨어뜨리기 시작했다. 은화에 가치가 낮은 금속이 점점 더 많이 섞였고, 곧 은화에는 은이 거의 남지 않았다. 이어진 100년 동안 물가가 급등했고, 이에 따라 은행과 신용 시장이 붕괴하고 모든 형태의 교역이 감소했다. 오스트리아의 경제학자 루트비히 폰 미제스Ludwig von Mises는 로마의 화폐 가치 하락과 물가 통제의 결합이 침략자보다 더 파괴적인 적이었다고 생각했다. 그것이 "중요한 식량 생산과 유통을 완전히 마비시키고 사회의 경제 조직을 붕괴시켰기" 때문이다.[49] 분업 체제가 무너지고, 많은 버려진 도시의 주민들은 굶주림을 피하기 위해 스스로 식량을 재배하기 시작했다. 대규모 토지는 자급자족 체제로 전환됐다. 이들은 더 이상 광범위하고 통합된 시장에서 생산자이자 소비자로 기능하지 않고, 지주로 변신해 임차농tenant과 분익농分益農, sharecropper으로부터 지대를 받았다.

새로운 황제들은 변경 군대 출신으로 등극했으며, 거의 로마를 직접 본 적이 없었다. 3세기 말까지 일부 황제들은 일련의 군사적 승리로 혼란을 끝낼 수 있었다. 디오클레티아누스와 콘스탄티누스라는 두 명의 군사 독재자가 284년부터 337년까지 거의 전 기간 동안 통치했다. 그들은 제국의 조각들을 다시 모았지만, 그 형태는 이전 세대가 거의 알아볼 수 없을 만큼 달라졌다. 남아 있던 공화국의 전통은 공공연한 군사 독재에 의해 완전히 쓸려나갔다. 고위 지휘관 자리에 있던 원로원 의원들은 직업군인으로 대체됐고, 콘스탄티누스는 원로원을 복원했지만 자신의 측근들로 채워 균형 장치로서의 기능을 끝냈다. 로마는 더 이상 군대를 가진 제국이 아니라, 제국을 가진 군대가 됐다.

황제는 더욱 위엄을 갖춘 인물이 됐고, 보다 정교한 의례를 채택했다. 황제는 관을 쓰고 먼 궁궐에서 통치하기 시작했다. 디오클레티아누스는 크로아티아의 스플리트에서, 콘스탄티누스는 동방 그리스에 있는 그의 새 수도 콘스탄티노폴리스에서 통치했다. 이전 황제들은 원로원 의원을 자처하며 누구나 만나주었지만, 새로운 황제들은 신처럼 행세하며 모두가 자기 앞에서 엎드리도록 했다. 이는 몇 년 후에 동로마에서 일어날 일들에 가까운 것이었다.

이 새로운 황제들은 적극적인 개입주의자였다. 속주는 직접적인 통치가 가능한 더 작은 단위로 재편되어 독립성을 잃었다. 제국 초기에 몇백 명에 불과했던 국가 관료 수는 3만 5천 명 정도로 급증했으며, 도시의 퇴보도 분명히 나타났다.[50] 이제 도시 성벽이 건설됐고, 로마 조차 성벽으로 둘러싸였는데 이는 새로운 불안감을 반영한 것이었다. 지역 엘리트들이 제국 관료들에게 권력과 자원을 빼앗기면서 그들은 도시 환경에 대한 투자를 줄였다. 브리튼섬에서는 360년대에 도시가 쇠퇴하기 시작했는데, 앵글로색슨족이 침략하기 거의 100년 전이었다.

새로운 통치자들의 야망은 사회적 관계를 확립하고 모든 계층을 자기네 직업에 묶는 것이었다. 이는 시장 지향의 고대 세계에서 봉건제의 중세로 가는 첫 단계였다. 임차농과 소작인은 자신이 경작하던 땅을 떠나는 것이 금지됐고, 이에 따라 지주는 이제 황제가 자기네 병사들에게 지급하는 데 필요한 더 많은 세금을 낼 수 있었다. 누군가가 세금을 내지 않으면 도시 전체가 집단적으로 처벌을 받을 수 있었다. 마찬가지로 병사와 퇴역 군인의 아들은 아버지의 직업을 따라야 했고, 이는 세습적인 신분이 됐다. 징집을 피하려고 손가락을 자르면 화형에 처해졌다.

마지막 날들

이 두려움에 휩싸인 시대에, 로마를 여러 면에서 규정해왔던 오래된 관용은 무너지기 시작했고 미신이 판을 쳤다. 새로운 통치자들은 종교적 통일을 원했고, 기독교로 알려진 괴이한 소규모 종파에게 대유행병의 책임을 돌렸다. 아마도 그들이 신들에게 제물을 바치지 않았기 때문에 신들의 분노를 샀을 것이라고 여겨졌다. 서기 249년에는 황제가 처음으로 사람들에게 희생제에 참여하도록 강요했다. 기독교도들은 곧 조직적으로 박해를 받았으며, 그중 가장 심한 박해는 디오클레티아누스 통치 기간에 이루어졌다. 기독교 성서를 당국에 넘긴 사람들은 동료 기독교도들 사이에서 트라디토르traditor('넘겨준 자'라는 뜻으로, '배신자'를 뜻하는 영어의 traitor가 여기에서 나왔다)로 불렸다. 그러나 이러한 박해는 오히려 기독교의 확산을 촉진했던 듯하다. 그러다가 콘스탄티누스 황제가 313년에 기독교로 개종했다. 곧 토착 종교 신자들이 거꾸로 박해를 받았다(그리고 '올바른' 방식으로 믿지 않는 기독교도들도 모두 박해를 당했다).

새로운 개입주의의 가장 악명 높은 상징은 301년 디오클레티아누스의 물가 칙령이었다. 이 칙령은 물가 급등의 책임을 탐욕스러운 상인들의 탓으로 돌리고, 신발에서 동물 사자에 이르기까지 천 개가 넘는 상품의 가격을 고정시켰다. 그러나 이러한 가격 통제는 참혹한 실패로 끝났고, 사형에 처하겠다는 위협에도 불구하고 품귀 현상과 암시장의 번성으로 이어졌을 뿐이다. 디오클레티아누스가 계속해서 화폐 가치를 떨어뜨렸기 때문에 물가 급등은 수그러들지 않았다.

그러나 그 이후 상황이 계속 나빠지기만 한 것은 아니었다. 콘스탄티누스는 다시 금의 시장 가격 유통을 허용함으로써 화폐를 금본위제로 복귀시켰다. 화폐 제도가 안정되자 시장이 되살아났다. 은행이 다시 활발히 운영됐으며, 지중해 무역이 다시 한번 번창했다. 이로써 부분적인 경제 및 문화 회복이 시작됐고, 많은 로마인에게 제국이 구원받았다는 느낌을 주었다. 그러나 회복 수준은 이전보다 낮았으며, 도시들은 약해지고 실패가 허용될 여지도 훨씬 줄어들었다.

이러한 배경은 로마가 결국 '정말로' 몰락하는 데서 중요한 역할을 했다. 보다 중앙집권화한 체제는 제국 관료제에 의존하게 됐고, 변화하는 상황에 지역적으로 적응할 능력을 상실했다. 따라서 제국 서부에서 로마 국가가 결국 붕괴하자 각 속주는 외적과 혼란에 대응할 행정력과 자원을 갖지 못했다. 불행하게도 브렛 데버로가 지적하듯이 5세기의 분열 왕국 통치자들이 모방하려 한 것은 바로 그 중앙집권적 체제였고, 결국 "국가 역량의 급격한 쇠퇴로 이어졌다."51

이 마지막 장은 375년 무렵 "말을 탄 무장 기후 난민들"과 함께 시작됐다.52 스텝 지대의 유목민인 훈족이 4세기 말에 파멸적인 가뭄을 피해 유럽을 침략했다. 그들은 압도적인 기병으로 대륙의 상당 부분을 빠르게 정복했다. 훈족은 게르만 부족들을 전통적인 거주지에서 밀어냈고, 이 밀려난 부족들은 파도처럼 로마 영토로 들어왔다. 때로는 난민이나 동맹이었고(로마를 도와 훈족을 물리쳤다), 때로는 약탈자나 정복자였다. 결국 로마인들은 같은 인간을 소유하려던 죄에 대한 대가를 치러야 했다. 야만인들이 성문 앞에 집결했을 때, 로마의 노예들도 봉기해 그들과 합류했다.

첫 번째로 무너진 것은 사상의 제국이었다. 쇠퇴와 침입으로 인한 압박 속에서 로마인의 사고는 세속적이고 실용적인 철학을 버렸다. 이 전환에서 가장 중요한 인물은 신학자 히포의 아우구스티누스(354~430)였다. 그는 플라톤과 신플라톤주의자 플로티노스에게서 자극을 받아 우리의 모든 생각을 심판하는 전능한 신의 개념을 발전시켰다.

아우구스티누스는 원죄peccatum originale 개념을 발전시킨 교부로, 아담과 하와의 죄가 성관계를 통해 모든 새로운 세대에 전달되기 때문에 인류 전체가 정죄定罪된다고 보았다. 전통적인 이교도의 관점과는 전혀 다르게, 아우구스티누스는 개인이 형편없이 약하며 그 감각은 흐려졌다고 생각했다. 영혼을 구하기 위해 그는 종교적 박해를 옹호했다. "모두가 영원한 지옥의 불에 내던져지지" 않으려면 "소수에게 잠깐 동안 불의 시련"을 가하는 것이 더 나았다.[53] 비록 이단자를 처형하는 것을 용인하지는 않았지만, 그는 종교적 강제를 지지했다.

410년 로마 약탈 이후 아우구스티누스는 《이교도와 대결하는 신의 도성De civitate Dei contra paganos》(일명 《신국론》)을 써서, 제국이 바로 기독교를 받아들였기 때문에 몰락했다는 주장을 반박했다. 아우구스티누스에 따르면, 진정한 쇠퇴의 원인은 로마의 오래된 도덕적 타락이었다(그렇다면 왜 신은 천 년이나 지난 뒤에야 벌을 내렸는가 하는 의문이 제기된다). 그러나 그는 또한 그것이 본질적으로 중요하지 않다고 주장했다. 지상의 도시에는 언제나 쇠퇴와 재난이 있으며, 선택받은 자들의 승리는 오히려 신의 도시, 즉 사후에 천국에서 이루어진다는 것이다. 따라서 이 세상에 대한 아리스토텔레스식의 호기심은 그저 '눈의 탐욕'이라는 병에 불과하며, 육체의 탐욕만큼이나 나쁜 것이다. 지상에서 과학과 기술이 발전할 가능성은 지식인이 입에 올리지 못하게 됐고, 유럽에서 다시 지배적인 주제로 부상하는 데는 800년이 지나야 했다.

100년 동안 끊임없이 압박을 받은 끝에, 로마의 군사적 방비는 완전히 쇠락했다. 476년 9월 4일, 아이에 불과했던 서로마제국의 마지막 황제 로물루스 아우구스투스는 게르만 장군 오도아케르에 의해 폐위됐고, 오도아케르는 스스로 이탈리아의 왕임을 선언했다. 천 년간의 정복과 성장과 영광 끝에 로마는 몰락했다. 그러나 공정하게 말하면, 로마 세계의 상당 부분은 그보다 훨씬 이전에 이미 사라졌다. 어니스트 헤밍웨이가 파산에 대해 말했던 것처럼, 로마제국의 몰락은 두 단계로 이루어졌다. 처음에는 점진적이었고, 다음에는 갑작스러웠다.

세상의 영광은 덧없는 것

오도아케르는 스스로를 야만인 찬탈자로 생각하지 않았으며, 자신을 콘스탄티노폴리스에 있는 진정한 황제의 신하로 내세웠다. 동로마제국에서는 아직 제국이 몰락했다고 생각하는 사람은 아무도 없었다. 콘스탄티누스 황제는 풍요로운 동부 속주에 이 도시를 건설했다. 방어가 용이하고 중요한 교역로에 자리잡은 그 위치 때문이었다. 이후 1453년 오스만튀르크인이 침공하기까지 천 년 동안, 이곳의 황제들은 스스로를 로마제국의 진정한 후계자로 생각했다. 하지만 이 제국은 고전기 로마와는 거의 닮지 않았다.

6세기에 동로마는 제국의 서반부를 되찾고자 애썼고, 해군력을 통해 북아프리카와 이탈리아의 상당 부분을 재정복하는 데 성공했다. 그러나 이 파괴적 전쟁의 결과로서 가장 오래 지속된 것은 로마로 들어오는 고가 수로가 파괴된 것이었고, 도시는 근대에 이르기 전까지 더 이상 많은 인구를 유지할 수 없었다.

동로마는 곧 이탈리아 대부분의 지역에서 쫓겨났고 페르시아의 사산 제국과 길고도 파괴적인 전쟁에 얽히게 됐으며, 동시에 심각한 전염병을 겪었다. 두 제국은 스스로를 소진시키며 싸웠고, 여기서 생긴 공백을 최대한 이용한 것이 새로 등장한 경쟁자인 이슬람교도 아랍인이었다. 선지자 무함마드는 아랍인들을 자신의 새로운 신앙 아래 통합했고, 632년에 그가 사망하자 후계자들은 이제 약화된 두 초강대국의 영토로 이동해 들어갔다. 그 속도는 놀라웠다. 불과 몇십 년 만에 그들은 메소포타미아와 페르시아를 정복하고, 동로마로부터 시리아, 이집트, 북아프리카를 탈취했다.

동로마의 수도 콘스탄티노폴리스는 여러 차례의 포위전을 견뎌냈지만, 이 도시와 그 배후 지역은 옛 동로마제국에서 전 기간 동안 유일하게 온전히 남아 있는 지역이었다. 콘스탄티노폴리스의 인구는 감소하고 있었으며, 740년 지진으로 이 도시의 성벽이 파괴되자 그들은 이를 재건할 여력이 없었다. 760년의 한 안내서는 이 도시가 서서히 회복을 시작하기 전에 "버려지고 폐허가 된" 상태였다고 기록했다. 제국은 서방과 동방 모두에서 몰락했다.

남은 부분들조차도 고대 로마와의 연결고리를 상실했다. 제국이 사라진 뒤, 서유럽은 그리스어를 잊어버렸다. 필사자가 문서에서 그리스어 단어를 발견하면, 그는 "그리스어여서 읽을 수 없음Graecum est–non legitur"이라고 적기 시작했다. 결국 이것은 무엇이든 이해할 수 없는 것을 가리키는 영어 표현인 "나에게는 전부 그리스어다It's all Greek to me"라는 관용구로 발전했다. 따라서 역설적으로, 그리스인들은 자기네 귀에 '바르… 바르…'처럼 이해할 수 없게 들리는 말을 하던 사람들을 '바르바로스bárbaros'(야만인)라고 조롱했지만, 곧 자신들의 언어가 이해할 수 없는 말의 상징이 되어버렸다.

이와 동시에 동로마 그리스인들은 고대 문헌들을 잊기 위해 무진 애를 썼다. 그것들이 반목과 분열만 일으킨다고 생각했기 때문이다. 이들은 쉽게 썩는 파피루스에 쓰인 것이었기 때문에 동로마인들은 그저 다시 필사하지 않는 것만으로도 문헌들을 사라지게 할 수 있었지만, 확실한 것을 원하는 사람들은 종종 이를 불태우기도 했다. 이교도 철학 교육은 금지됐고, 아테네의 플라톤 아카데미아는 900년 만에 문을 닫았다. 532년, 아카데미아의 마지막 철학자 일곱 명은 그곳을 떠나 페르시아 왕에게로 피신했다.

이탈리아 북부 브레시아의 주교 필라스트리우스Philastrius는 신의 개입이 아니라 자연적 원인을 통해 사건을 설명하는 탈레스 이후의 전통 전체를 비난하며 이렇게 말했다. "지진이 신의 명령에 의해 일어난 것이 아니라 자연의 본질 자체 때문이라고 생각하는 것은 일종의 이단이다." 콘스탄티노폴리스의 대주교 요안네스 크리소스토모스Ioannes Chrysostomos는 이렇게 명령했다. "신의 말씀을 받아들이도록 깨끗이 비워진 마음을 갖기 위해 우리의 추론을 억제하고 마음에서 세속적 학문을 제거하라."[54]

이교도와 유대인은 이제 강제로 세례를 받았다. 정교회가 아닌 다른 기독교 종파, 예를 들어 네스토리우스파는 도망쳤다. 페르시아와의 평화 조약 가운데 한 조항은 그곳으로 도망친 동로마의 반체제 사제와 주교들을 추적하는 데 페르시아 관리들이 협조한다는 것이었다. 한 주교 집단은 황제가 삼위일체에 대한 의견을 묻자 현명하게 질문을 피하며 자신들은 "인간의 이해를 넘어서는 어려운 질문은 피한"다고 말했다. "영리한 신학자는 곧 이단이 된"다는 것이다.[55] 로마인들이 세계를 정복한 이유가 세계로부터 배웠기 때문이라고 믿었던 몽테스키외는 이러한 불관용이 몰락의 시작이라고 보았다.

옛 로마인들이 제국 내 모든 종교를 허용함으로써 제국을 강화했듯이, 이후에는 지배적이지 않은 교파들을 하나씩 제거함으로써 제국은 결국 아무것도 아닌 존재가 됐다.[56]

사상사학자 피터 왓슨은 사상과 혁신에 관한 자신의 연구에서, 6세기 중엽부터 9세기 중엽까지 300년 동안 고전에 관한 기록이 없고 교육에 대한 기록도 거의 없다고 지적한다. 이 시기에는 어떤 종류든 필사본이 매우 적고, 전에 있던 것은 대부분 사라졌다. 어떤 것들은 단 한 부만이 남아, 거기서 이후의 모든 사본들이 만들어졌다. 왓슨은 이를 '책의 임사체험臨死體驗'이라고 부른다.[57] 이것이 우리가 이 시기를 암흑시대〔동로마의 암흑시대는 대략 630년 무렵부터 760년대까지를 가리킨다〕라고 부르는 이유다.

콘스탄티노폴리스에는 여전히 원로원이 존재했지만 기능보다는 의례를 위한 건물에 가까웠고, 화재 후 더 작은 규모로 재건됐다. 8세기의 한 주석가는 이름의 유래를 설명하려 애쓰면서, 이것이 '세나투스Senatus'라는 사람이 세운 것임에 틀림없다고 추측했다.[58] 〔'원로원'은 라틴어로 Senatus이며, 그것은 인명이 아니라 '노인'을 뜻하는 라틴어 senex에서 왔다.〕 지리적 장벽과 기독교의 부상으로 초래된 과거와의 단절은 매우 철저해서, 옛 황제들의 기념비와 그들의 전투는 결국 기억에서도 사라지게 됐다. 동로마인들은 이를 고대 주술사들의 세상 종말에 대한 예언으로 보게 됐다.[59]

요약

로마는 일곱 개 언덕의 도시로, 알려진 세계 대부분을 정복했다. 아테네인과 마찬가지로 로마인들은 사상에 대한 개방성과 해외로부터 들어오는 영향을 바탕으로 자기네 권력을 구축했다. 전통적인 방식의 광범위한 해외 무역을 통해서라기보다는 비길 데 없는 흡수 체계를 통해서였다. 로마는 다른 지역에서 들여온 인력, 사상, 기술을 자기네의 군사, 경제, 제도에 끊임없이 통합함으로써 누구보다 많은 재능과 역량을 확보할 수 있었다. 로마인들은 다른 곳에서 더 나은 무언가가 발견되면 즉시 자신들의 전통과 방식을 버리는 것으로 유명했으며, 특히 그리스로부터 많은 영향을 받았다.

로마는 전략적 관용에 엄청나게 유리한 건국신화를 개발했다. 로마는 모든 곳에서 온 사람들로 이루어진 이민자의 도시였으며, '로마인'이라는 단어는 민족적 정체성을 나타내는 것에서 정치적 정체성을 나타내는 것으로 바뀌었다. 로마는 외국인과 외부자를 끊임없이 통합했으며, 이들은 부유한 상인, 강력한 원로원 의원, 심지어 황제가 될 수도 있었다. 이는 시민권과 특히 엘리트층 접근이 제한적이었던 그리스 도시들과 대조된다. 그 결과 중 하나로서 로마는 인구가 지속적으로 증가했으며, 더 많은 병력을 배치하고 패배할 때마다 새로운 군대를 모집할 수 있었다.

이러한 상황은 공화정이 제정으로 바뀐 후에도 계속 유지됐다. 내전 승리 후 아우구스투스의 행동은 아테네가 페르시아에 승리를 거둔 이후와 유사한 점이 많았다. 그는 선전과 대규모 건축 사업의 도움을 통해 자신감 있고 외향적인 로마 정체성을 형성했다. 그는 상대적인 평화의 시대를 확립했으며, 상인과 이주민을 위해 해로와 육로를 안전하게 만들었다. 법치와 비교적 자유로운 시장경제를 바탕으로 한 것이었다. 팍스 로마나 덕분에 제국 어디서라도 나타난 발견, 발명, 상품이 빠르게 다른 모든 지역으로 전달될 수 있었다. 이는 경쟁과 창의성을 극대화했다.

로마는 아테네보다 덜 민주적이었고, 공화정이 몰락한 이후에는 전혀 민주적이지 않았다. 그러나 다른 면에서는 실제로 더 포용적이었다.

여성은 그리스 여성보다 상당히 많은 권리를 가졌고, 노예는 놀라운 비율로 해방됐다. 법체계와 경제적 자유를 기반으로, 로마에서는 다른 어느 곳에서보다 더 많은 사람이 생각, 상품, 서비스를 교환할 수 있었다. 이탈리아반도의 도시화율은 1700년의 서유럽보다 높았다. 수백만 명이 대리석으로 이루어진 용광로 같은 도시에서 서로 어울리고 뒤섞여 살아갔다.

이 모든 요소 덕분에 로마는 다른 제국보다 더 오래 지속될 수 있었다. 그러나 영원할 수는 없었다. 3세기에 로마는 아테네가 겪었던 것과 유사한 일련의 타격을 받았다. 제국은 여러 전선에 과도하게 벌려져 있었고, 대규모 전염병이 경제와 사람들을 먹여 살릴 능력을 흔들었으며, 전쟁은 더욱 파괴적으로 변했다. 로마는 이전에 재앙을 견뎌냈지만, 이번에는 그들의 성공을 가능하게 했던 개방성과 지속적 혁신의 문화를 포기하는 방식으로 위기에 대응했다. 황제들은 점점 더 권위주의적으로 변해 지방에 대한 통제를 강화했으며, 그들이 변화하는 상황에 적응할 수 있게 도와준 제도들을 폐기함으로써 충격에 더 취약해졌다.

이러한 두려운 분위기 속에서 그들은 또한 단결심을 고취하기 위한 새로운 정통성을 추구했다. 이교도 황제들은 기독교도를 박해하기 시작했고, 이어 기독교도 황제들은 이교도를 박해했다. 지식 엘리트들은 세속적이고 실용적인 그리스 철학을 인간의 원죄와 절망적인 나약함에 대한 신비주의적 이론으로 대체했다. 모든 새로운 집단에게 배우고 그들을 통합함으로써 세계를 정복했던 도시는 그들을 하나씩 하나씩 잘라내기 시작했고, 결국 거의 아무것도 남지 않았다. 로마 자체조차도 거의 사라질 지경에 이르렀다.

그러나 놀라운 반전이 있었다. 8세기에 로마제국의 마지막 잔존물인 콘스탄티노폴리스를 공격한 이슬람 군대는 과거와의 놀라운 연결고리를 가지고 있었다. 그들은 동로마가 그리스와 로마의 유산에 합당하지 않으며, 고대인의 개방성과 합리성을 계승한 진정한 후계자는 다름 아닌 자신들, 그리고 자신들이 맞서 싸운 아바스 칼리파국이라고 주장했다.

3장

아바스 칼리파국

세계의 교차로에서

사오백 년 동안 이슬람은 가장 빛나는 문명이었다.   —페르낭 브로델[1]

로마인들의 몰락 이후, 칼리파들의 제국은 세계가 학문의 발전에 필요한 정도의 평온을 누렸던 최초의 국가였던 듯하다. (…) 광대한 제국에 펼쳐진 그들의 온화하고 공정하며 신앙심 깊은 통치는 인간의 호기심을 되살렸다.

    —애덤 스미스[2]

바그다드에서 일어난 그리스어-아랍어 번역 운동은 인류 역사의 흐름에서 어떤 기준으로 보더라도 진정한 획기적 단계를 이룬다. 나는 이것이 페리클레스 시대의 아테네, 이탈리아 르네상스, 16~17세기의 과학혁명과 동등한 중요성을 지니며, 그들과 같은 서사에 속한다고 주장하고 싶다.   —디미트리 구타스[3]

아바스 칼리파국, 9세기
대서양
안달루시아
모로코
유로마제
지중해
알렉산드리아
카이로(알푸
이집트
0　　750마일
0　　750킬로미터

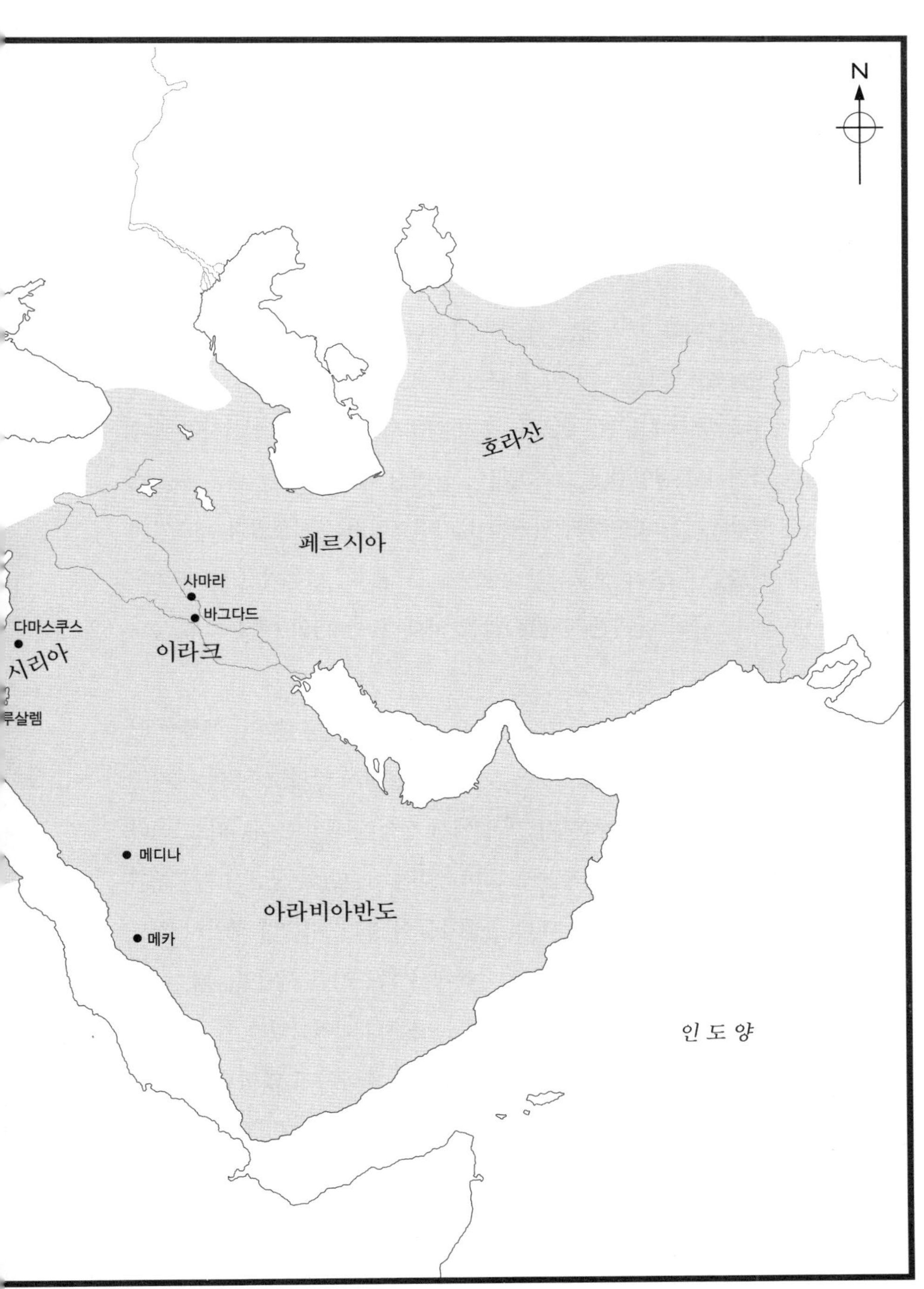

N
호라산
페르시아
사마라
바그다드
다마스쿠스
시리아
이라크
쿠살렘
메디나
아라비아반도
메카
인 도 양

2014년, ISIS(이라크시리아이슬람국)는 이라크에서 검은 깃발을 높이 들고 비신자 및 같은 이슬람교도들을 상대로 잔혹한 테러 활동을 시작한다고 선언했다. 깃발에는 이슬람 샤하다Shahāda(신앙 고백)인 '알라 외에는 신이 없다'라는 아랍어 문구가 흰색으로 새겨져 있었지만, 포토샵 이전에 만들어졌다는 인상을 주기 위해 조잡한 글씨체를 사용했다. 이는 강력하고 번영했던 칼리파국이 알려진 세계의 상당 부분을 지배하던 영광스러운 이슬람의 과거를 불러일으키려는 시도였다. ISIS만이 검은 깃발을 특별히 선호하는 지하드jihād('분투') 활동가들은 아니다. 아프가니스탄의 탈레반('학생들')과 알카에다('기지')의 여러 지부 등도 그런 축에 속한다.

무함마드가 전장에서 신호용 색으로 검은색을 사용했다는 기록이 있지만, 초기 칼리파국에서는 검은 깃발을 사용하지 않았고 《쿠란》에서도 권장하지 않으며 검은색은 이슬람교에서 신성한 색깔도 아니다. 그러나 세계가 이를 찬탄과 시샘의 눈으로 바라보던 이슬람의 황금시대가 존재했다는 점에서는 원리주의 테러 활동가들이 옳다. 이슬람 국가의 최고 통치자인 칼리파들이 검은 깃발 아래에서 다스리던 시기였는데, 이는 8세기 후반 이후의 집권 왕조인 아바스 가문의 상징이었다.

하지만 테러 활동가들은 그 시대를 별로 좋아하지 않았을 것이다. 그 시기는 이슬람 세계가 과학, 무역, 이동성에 가장 개방적이었고, 다양한 민족, 전통, 종교에 가장 관용적인 시대였기 때문이다. 이 시기에는 이슬람교도 통치자들이 반대자와 이교도를 고문하거나 죽이지 않고, 오히려 그들에게서 배움을 얻고 그들과 사상, 통찰, 물품을 교류하던 시대였다. 이 시대는 아랍 문화가 다른 문화의 성취를 바탕으로 창조적인 과학과 철학의 시대를 연 시기였다. 그것이 이어져 중세 기독교와 르네상스에 자극을 주게 된다.

가톨릭교도이자 자유주의를 연구한 유명한 역사가 존 달버그-액턴 John Dalberg-Acton 남작은 이렇게 썼다.

서유럽은 가장 능력 있는 자도 자기 이름을 쓸 수 없는 지배자들의 손아귀에 있었다. 이성적 사고와 정확한 관찰 능력은 500년 동안 사라졌고, 사회에 가장 필요한 학문인 의학과 기하학마저 쇠퇴했다. 그뒤 서방의 교사들은 아랍 스승들의 발아래에서 다시 배움을 시작했다.[4]

우리의 지적 유산에서 아랍 세계에 진 빚은 자모 A로 시작되는 것들만 조금 훑어봐도 알 수 있다. 아라비아 숫자arabic numerals, 대수학algebra, 연산algorithm, 산수arithmetic, 평균average 같은 것들이다. 그리고 아베로에스Averroës와 아비센나Avicenna도 있다. 이 두 사상가는 중세 기독교 세계에 큰 영향을 미쳐 이런 라틴어식 이름[둘 다 아랍어 이름이 와전된 형태로, 본래의 아랍어 이름은 각기 이븐루슈드Ibn Rushd와 이븐시나Ibn Sīnā다]을 얻었다. 단테 알리기에리는 《신곡La Divina Commedia》을 쓰면서 이들을 지옥Inferno의 이단자들 사이에 두지 않고 아리스토텔레스, 소크라테스, 키케로 같은 덕 있는 이교도들과 함께 중간 지대인 변옥邊獄, Limbo에 배치했다. 특히 아베로에스는 유럽 철학의 부활에 지대한 역할을 했기에 라파엘로는 그의 대작 〈아테네 학당〉 벽화에서 아베로에스를 지적 거장(아리스토텔레스와 플라톤이 한가운데 자리를 차지했다) 가운데 한 명으로 포함시켰다.

사실 아랍인들은 동로마인을 단순한 이교도일 뿐만 아니라 그리스·로마의 유산을 훼손한 자들이라고 비난했다. 9세기 초 아바스 왕조의 칼리파 알마문al-Ma'mūn은 고대 그리스인의 진정한 계승자는 이슬람교도들이라고 주장했는데, 이슬람교도들은 고대 철학을 받아들이고 이를 더욱 발전시킨 반면에 콘스탄티노폴리스에서는 책이 불태워지고 있었기 때문이다. 동로마인들이 그리스어를 쓰긴 했지만, 그리스에 대해 '생각'하지는 않았다.

역사가 알마스우디al-Mas'ūdī는 고대 그리스와 초기 로마제국의 이교도들이 이성의 정신을 받아들이고 과학과 철학을 발전시켰으나 "기독교라는 종교가 동로마 세계에 나타나자 그들은 철학의 흔적을 지워버리고 그 자취를 없애고 그 길을 파괴했으며, 고대 그리스인들이 시작한 것을 바꾸고 훼손했다"라고 썼다.[5] 9세기 철학자 알킨디al-Kindī는 심지어 아테네인을 포함하는 많은 그리스인의 조상이라는 신화 속 인물 이온과 아랍인의 조상 카흐탄이 형제였다는 계보를 꾸며내기까지 했다. 이러한 창의적인 역사 재구성을 통해, 그리스 과학을 받아들이는 것은 단지 그것을 원래 주인에게 돌려주는 한 방법에 불과하다고 주장한 것이다.

칼리파 알마문 자신은 한 꿈에 의해 자극받았다고 하는데, 그 꿈은 그의 그리스어 문헌 번역 사업을 설명하는 데 사용됐다. 이 이야기는 여러 가지 형태로 전해지지만, 모든 이야기에서 공통되는 것은 칼리파가 갑자기 강렬한 카리스마를 지닌 한 남자와 만났다는 것이다. "그대는 누구인가?"라고 칼리파가 묻자, 발그레한 흰색 피부에 넓은 이마,

대머리, 짙은 파란 눈을 가진 그 남자가 대답한다. "나는 아리스토텔레스요." 가장 오래된 판본에서는 알마문이 그에게 무엇이 선善이고 의義인지를 묻고, 아리스토텔레스는 그것이 전통이나 정통성에 의해 결정되는 것이 아니라 개인의 지성에 달려 있다고 답한다. 후대의 이야기에서는 아리스토텔레스가 칼리파의 사업을 더 분명하게 지지하며, 새로운 사상을 찾으라고 권유한다. "지식에는 경계가 없고 지혜에는 인종이나 국적이 없으며, 사상을 차단하는 것은 곧 신의 왕국을 차단하는 것"이기 때문이다.[6]

이 이야기는 부분적으로 자화자찬의 선전이지만, 일정 부분 실제에 바탕을 둔 것이기도 했다. 칼리파국은 고대 문헌을 아랍어로 번역하는 데 막대한 자원을 쏟아부었고, 그 위에 자신들의 사상과 관찰을 더했다. 이슬람 지역에서는 과학이 번성했고, 철학적 논쟁이 활발하고 대담하게 이루어졌다.

때로는 이러한 해석이 심지어 동로마 사람들에게도 지지를 받았다. 동로마 수도사 미카엘 프셀로스Michaël Psellos는 11세기의 위대한 지식인이자 황제의 고문이었는데, 동로마가 자기네 과거와의 연결을 잃어버렸다는 사실 때문에 종종 절망했다(그 자신도 자신의 역사 저술에서 공화정의 수호자 키케로와 그 파괴자인 카이사르를 혼동하는 바람에 이를 무심코 입증한 적이 있다).

프셀로스는 아랍인들이 고대인들을 받아들이던 바로 그때, 동로마인들은 그들을 잊어버리는 역할 역전이 벌어졌다고 말했다. "야만인들이 고대 그리스의 영적 유산을 물려받았다. 그 정당한 상속자는 그 후손들이었어야 했는데 말이다. 역할이 뒤바뀌어, 이제 그리스인들이 야만인이 되고 야만인들이 그리스인이 됐다."

이슬람 세력의 부상

추운 소국 아이슬란드가 2차 세계대전 이후 유럽이 약해진 틈을 타서 영국, 프랑스, 독일을 단숨에 정복해 거대한 제국을 세웠다고 상상해 보자. 이것이 바로 아랍 정복이 얼마나 예상 밖이고 충격적이었는지를 설명하기 위해 스코틀랜드 역사학자 윌리엄 달림플William Dalrymple이 사용하는 비유다.[7]

이슬람력은 이슬람교의 창시자인 선지자 무함마드(570?~632)가 메카에서의 박해를 피해 오늘날 사우디아라비아 서부에 있는 메디나로 이주한 622년부터 시작된다. 불과 30년 뒤, 이슬람교도 아랍인들은 지쳐 있는 세계의 두 초강대국 동로마제국과 페르시아 사산 왕조를 굴복시켰다. 페르시아와 레반트(동로마제국에서 가장 부유하고 가장 중요한 지역이었다)는 이슬람 세력에게 흡수됐고, 이 세력은 알제리에서 아프가니스탄까지 뻗친 거대한 제국이 된다. 아랍인들은 마치 갑자기 어디선가 등장해 역사상 가장 거대하고 가장 부유하며 가장 지적 활력이 넘치는 제국 중 하나를 건설한 듯 보였다.

우리 이야기의 '아이슬란드'는 서로 독립적인 아랍 부족들, 유목하는 '사막민砂漠民', 그리고 아랍 서부 오아시스 도시의 정착 농민들로 이루어져 있었다. 그들은 이동성이 높기로 유명했고, 명예나 전리품을 위한 전투에 익숙했다. 역사가 이븐할둔Ibn Khaldūn은 같은 아랍인들에 대해 "아랍인의 모든 관습적 활동은 여행과 이동으로 이어진다"라고 썼다.[8] 그러나 그들은 또한 홍해를 따라 이어지는 번영한 무역로 위에 상업 도시들을 세우기도 했다. 이 무역로는 본래 예멘에서 지중해 세계로 막대한 양의 향료를 운송하는 낙타 행렬이 만든 길이었다. 지중해 세계에서는 의식용, 또는 번듯한 위생 시설이 없는 비좁은 도시의 악취를 감추기 위해 향료가 필요했다.

그들의 군사적 확장이 빠르게 이루어진 이유 중 하나는 아랍 지휘관들이 로마의 책략을 본떠 항복하는 이들의 생명 및 재산과 종교적 관습을 용인해주었기 때문이다. 지주, 농민, 상인들은 자기 생업을 계속하도록 허용됐고, 몰수는 통상 국유지에 한정됐다.[9] 이러한 제안은 기독교 공동체들에게 매력적이었다. 그들은 그리스도 안의 신성과 인성의 비율에 관한 이단적 해석 때문에 동로마제국으로부터 박해를 받았다. 한 성직자는 침략자들이 기독교도에게 해를 끼치지 않을 뿐 아니라 "오히려 우리의 종교를 칭찬하고, 사제와 수도원과 우리 주님의 성인聖人들에 대한 존중을 표시"한다고 열광적으로 썼다.[10]

이슬람 통치 아래에서 기독교도와 유대인(또한 사비아교도, 그리고 일부 해석에 따르면 조로아스터교도들 역시)은 '성서의 사람들Ahl al-Kitāb'로서, 특별 인두세 지즈야jizya를 내고 몇 가지 법적 제한을 받아들이는 한 자신들의 종교를 규정하고 실천하며 스스로의 규칙에 따라 자기네 공동체를 다스릴 자유가 있었다. 이 세금은 그들의 군 복무 면제에 대한 보상으로 여겨졌다.

동양학을 연구하는 역사학자로서 이슬람 사회에 대한 가장 중요한 지적 비평가 중 한 명으로 꼽히는 버나드 루이스Bernard Lewis는 예전의 이슬람 세력이 보장한 자유가 현대 서방 민주주의와 비교하면 손색이 있지만, "그 이전의 어떤 사회, 동시대의 어떤 사회, 그리고 대부분의 후대 사회들보다 훨씬 더 많은 자유를 제공"했다고 인정한다.[11] 때로는 다신교도들에게도 관용을 베풀었는데, 다신교는 법 조문상 금지되어 있었다. 다만 무신론자들만이 한계 밖에 있었지만, 이 역시 대부분 그들의 불신앙이 공개적으로 드러나 말썽을 일으킬 때에만 문제시됐다.

아랍 침략자들에게 맞서 싸우지 않았을 뿐 아니라 적극적으로 협력한 지역의 사례도 많았다. 유대인 주민들은 종종 그들의 정복을 도왔고, 655년의 중요한 '돛대 전투'에도 참여했다. 아랍인들이 동로마로부터 지중해 서부의 지배권을 빼앗은 이 해전에서 그들의 해군은 대부분 경험 많은 기독교도 선원들로 구성되어 있었다. 680년대에 메소포타미아의 한 수도사는 정복자들 가운데 "적지 않은 수의 기독교도"가 있었는데, "그중 일부는 이단자들이었고 일부는 우리 쪽 출신이었다"라고 기록했다.[12]

아랍인들은 불과 몇십 년 만에 로마, 시리아-팔레스타인, 이집트, 바빌로니아, 페르시아 등 세계에서 가장 오래되고 가장 인상적인 여러 사회를 물려받게 됐고, 중앙아시아까지 뻗치고 인도와도 접하게 됐다. 그들의 새 제국에는 매우 다양한 민족과 종교 집단이 살았다. 이슬람교도, 조로아스터교도, 유대교도, 기독교도가 있었고, 그들은 아랍어, 페르시아어, 아람어, 그리스어를 사용했다. 중요한 것으로, 동방과 서방 사이의 오랜 경계였던 유프라테스강이 이제 무역과 여행을 위해 열렸다(새로이 격렬하게 다투는 제국들 사이의 경계는 지중해에 있어 알렉산드리아 같은 오래된 도시들은 황폐화했다). 이에 따라 지적·경제적 혁신이 폭발적으로 일어났다. 농업은 빠르게 혜택을 보았는데, 지주들이 인도와 아프리카에서 새로운 작물을 들여오고 수준 높은 관개시설을 포함한 새로운 방법들을 도입했기 때문이다. 지주와 농민들은 이익을 얻었고, 사람들의 식단도 개선됐다.

정복자인 아랍인들은 이러한 다양한 집단에게 자신들의 정통성을 강요하려 애쓰는 대신, 그들의 전통에서 배우고 그 성취 위에 새로운 것을 쌓아갔다. 그들은 시리아에서는 동로마 주화를, 이라크에서는 페르시아 주화를 본뜬 화폐를 주조했다. 예루살렘의 팔각형 바위의 돔과 그 모자이크는 동로마 교회들에서 자극을 받았다. 바그다드는 전형적인 페르시아 성채에서 영감을 받은 듯했다. 서유럽에서 거의 사라져가던 로마식 목욕탕은 새 생활방식의 중심이 됐다. 원래 불교 가문이었던 현재의 아프가니스탄 지역 출신의 바르마크Barmak 가문은 중요한 예술 후원자이자 영향력 있는 와지르wazīr(재상)들을 배출하는 집안이 됐다. 곧 페르시아, 인도, 그리스 문헌의 번역은 놀라운 '이슬람 개명'에 기여하게 된다. 그러나 그것은 불과 유황 속에서 단련된 것이었다.

아바스 혁명

632년에 무함마드가 사망한 뒤 들어섰던 라시둔 칼리파국을 이어받은 우마이야 왕조는 통제권을 다마스쿠스로 집중시키려 했다. 자치적으로 살아왔던 여러 집단은 소수의 아랍인들이 권력과 자원을 독점하려 한다고 생각했다. 이런 끓어오르는 불만은 이슬람교라는 새로운 종교를 받아들인 모든 집단과 민족에게 평등을 보장하는 보편적 신념으로서의 이슬람교에 관해 이야기하는 반란 운동에 이용됐다.

무함마드의 언행은 출생, 혈통, 인종에 따른 특권을 명백히 반대하며, 오직 공적과 신앙심만으로 지위와 신분을 결정해야 했다. 물론 이는 세속 통치자들과 귀족들이 지킬 때보다는 어길 때 추앙받았지만, 억압받는 집단의 구호로 삼아 종교적 규범과 정치적 불만을 결합하는데 도움이 될 수 있었다.

이 집단들은 순수한 신앙의 회복을 상징할 수 있는 또다른 가문에 기대를 걸었다. 그들이 무함마드의 숙부 아바스al-'Abbās(566?~653?)의 후손이었기 때문이다. 그들의 대리인들은 페르시아의 호라산(현재 이란, 투르크메니스탄, 아프가니스탄으로 나뉘어 있다) 지역에서 특히 성공을 거두었다. 이곳에서는 칼리파의 통치가 너무 멀리 있으면서(다마스쿠스는 서쪽으로 말을 타고 20일 거리에 있었다) 동시에 지나치게 간섭적이라고 느껴졌다. 아랍 정착민과 개종한 현지인들은 가혹하게 세금을 거두는 고압적이고 부패한 우마이야 총독들을 못마땅하게 여겼다.

747년 여름 스스로를 아부무슬림Abu Muslim('이슬람교도의 아버지')으로 부른 수수께끼의 지휘관이 처음으로 아바스 왕조의 검은 깃발을 들어올린 곳이 바로 이 지역이었다. 그는 페르시아 사람이었던 듯하고, 노예 출신이었을 것이다. 이구동성으로 말하는 바에 따르면 그는 재능 있고 잔혹한 장군이었다. 오랜 변경에서의 전투로 단련된 그의 현지인 병사들은 우마이야 세력을 몰아낸 뒤 곧바로 공세로 나아갔다.

눈부신 일련의 승리들을 거둔 뒤, 아부무슬림의 군대는 750년 2월 이라크 북부의 대자브강 변에서 훨씬 더 큰 우마이야 군대를 맞아 결전을 치렀다. 아바스군은 무릎을 꿇고 창끝을 적을 향해 겨눴다. 지나치게 자신만만했던 우마이야 기병대가 그들을 향해 돌격해왔지만, 방패 벽은 무너지지 않았고 공격자들이 궤멸했다. 이는 우마이야 진영을 공포에 빠뜨렸고, 군대는 붕괴했다. 퇴각하던 병사들은 추격대에게 베이거나 아니면 강물에 빠져 죽었다. 마지막 우마이야 칼리파는 멀리 이집트까지 도망쳤지만 결국 붙잡혀 살해됐다. 이라크의 또다른 도시 쿠파에서는 반란군이 정변을 획책했다. 새 칼리파는 앗사파흐as-Saffāḥ(721?~754)라는 이름을 취하고 은신처에서 모습을 드러냈으며, 토착민과 군사들은 그에게 충성을 맹세했다. 아바스 칼리파국은 이렇게 시작됐다.

아바스 가문은 이 전쟁에서 직접 싸우지 않았고, 혈통 외에는 그다지 명망도 없었다. 아마도 이것이, 그들이 자기네 권력을 굳히는 과정에서 무자비했던 일을 어느 정도 설명해주는지도 모른다. 그들의 첫 통치자가 선택한 이름은 이에 대한 그리 어렵지 않은 암시다. 앗사파흐는 '도살자'라는 뜻이다.

전해지는 말에 따르면, 아바스 측은 모든 우마이야 가문 사람들을 체포하지 못하자 화해의 가능성을 내세워 80명 넘는 일가를 연회에 초대했다고 한다. 그러나 앗사파흐의 신호와 함께 그의 부하들이 방에 들이닥쳐 손님들을 몽둥이로 때려 죽였다. 이어서 신음하는 희생자들 위에 양탄자를 깔아놓고 식사를 계속했다고 한다.

이 이야기는 적어도 모든 세부에서 사실일 가능성은 낮지만, 칼리파는 아마도 이런 '권력 놀이' 같은 이야기가 자신에 대해 떠도는 것을 꺼리지 않았을 것이다. 공포는 강력한 동기 부여 수단이었다. 확실한 사실은 적어도 한 명의 우마이야 왕자가 살아남았다는 것이다. 열아홉 살의 압둣라흐만'Abd al-Raḥmān이었다. 그는 정권의 암살자들을 따돌리고 북아프리카를 거쳐 알안달루스(이슬람 치하의 이베리아)로 도피했으며, 그곳에서 300년간 존속하는 독립 국가를 세웠다.

처형된 것은 적과 반란자들만이 아니었다. 동맹자라도 충성심이 의심되면 그들은 빠르고 피비린내 나는 종말을 맞았다. 두 번째 칼리파 알만수르al-Manṣūr(재위 754~775)는 21년 동안 통치했는데, 혁명의 영웅이었던 아부무슬림조차 살해하기로 결정했다. 그는 아부무슬림이 호라산에서 지나치게 강력하고 인기 있는 것이 두려워 그의 목을 베고,

그 휘하 지휘관들에게 돈을 주어 들썩이지 않도록 했다. 만수르의 잔혹함은 너무나 악명 높아서, 저스틴 마로지Justin Marozzi는 그에 대해 "사실 칼리파는 이루 셀 수도 없이 처형을 해서, 때때로 역사가들은 그가 어떻게 다른 국정 업무를 처리할 시간을 냈는지 의아할 지경이었다"라고 썼다.[13]

그러나 만수르는 시간을 냈다. 로마의 아우구스투스처럼, 그는 잔혹한 처형자였을 뿐만 아니라 인상적인 정치가이기도 했다. 그는 칼리파국의 수도를 메소포타미아에 새로 건설된 도시로 옮겼는데, 아바스 왕조의 권력 중심지에 더 가까운 곳이었다. 그는 그 도시를 마디나트앗살람Madīnat as-Salām('평화의 도시')이라 불렀다. 자기 스스로의 팍스 이슬라미카Pax Islamica('이슬람의 평화')를 만들려는 의도였다. 이 도시는 원래의 정착지 이름인 바그다드로 더 널리 알려지게 된다. 도시 중심부는 원형 구조였는데, 이는 만수르가 존경하던 에우클레이데스의 기하학적 가르침을 기리는 '완전한 원'을 모방하려는 시도였을 수 있다. 이 도시는 화려한 궁궐, 웅장한 이슬람 사원, 활기찬 시장뿐만 아니라 서점, 학교, 병원 등이 있는 세계 최대의 도시가 된다. 시장에는 사람들이 북적였고, 강에는 거룻배가 가득했다. 일부 추정에 따르면 당시 이 아바스 수도의 인구는 100만 명에 달했다고 한다.

그곳은 세계의 경이였지만, 오늘날에는 아무것도 남아 있지 않다. 아테네나 로마와 달리 바그다드에는 큰 채석장이 없었기 때문에 건축에는 주로 햇볕에 말린 흙벽돌을 사용했고, 이 때문에 이 도시는 시간, 자연, 화재, 침략에 따른 마모에 취약했다.

바그다드는 지리학자 야쿠비al-Ya'qūbī가 '세계의 교차로'라고 묘사한 것처럼 매우 국제적인 도시였다. 제국 전역에서 이주민들이 모여들었는데, 처음에는 도시를 건설하기 위해, 그다음에는 그 위치와 번창하는 경제의 혜택을 누리기 위해서였다. 이곳에는 아랍인과 페르시아인뿐 아니라 아르메니아인, 튀르크인, 쿠르드인, 인도인도 있었다. 이슬람교도는 유대교도, 기독교도, 조로아스터교도와 함께 섞여 살았다. 한때 로마가 그랬던 것처럼 바그다드는 인도, 아프리카, 동유럽, 이베리아반도에서 사오거나 납치된 많은 노예들로 인해 더욱 국제화됐고, 이들 중 상당수는 나중에 주인에 의해 해방되어 사회에 통합됐다. 이미 서아시아 지역에는 가장 좋은 환경을 찾아 이동하는 국제 학자 집단이 활동하고 있었는데, 바그다드는 강력한 자석처럼 그들을 끌어들였다.

그러므로 내가 이것을 '아랍 세계' 또는 '이슬람 세계'로만 부르는 것은 단순화한 것이다. 이 시기의 역사 속에서 '아랍 사상가'는 페르시아어나 시리아어를 사용했을 것이며, '이슬람 과학'은 유대인이나 기독교 학자가 수행했을 수도 있다. 아랍어는 행정과 과학의 언어였고 이슬람법은 관계를 지배했지만, 이 문화가 그렇게 역동적이었던 것은 그러한 혼합 덕분이었다. 아랍 및 헬레니즘 연구자인 디미트리 구타스Dimitri Gutas는 "고전 이슬람 문명이라 불리는 것은 다양한 배경, 신념, 관습, 가치가 제공한 서로 다른 요소들이 발효된 결과"라고 말한다.[14] 피터 프랭코판Peter Frankopan은 그것이 "일종의 세계적 유토피아"였다고 주장한다.[15]

이곳은 《천일야화》의 세계였다. 신비와 경이로움이 가득하고, 모험과 위험이 어느 모퉁이에서든 기다릴 수 있는 곳이었다. 이 책은 서아시아의 민간 설화 모음이며, 많은 이야기가 바그다드를 배경으로 한다. 때때로 이야기는 만수르의 손자인 칼리파 하룬 앗라시드(재위 786~809)가 등장하는데, 그가 친구이자 조언자인 자파르 알바르마키

Jafar al-Barmaki와 함께 밤에 거리를 배회하는 장면도 있다. 이 조언자는 과학과 번역의 중요한 후원자였던 영향력 있는 바르마크 가문 출신이었다.

이 이야기들에서 흥미로운 부분은 주인공이 부를 얻기 위해 대담한 모험을 떠나는 상인인 경우가 많다는 것이다. 서방의 소설에서는 주인공이 흔히 명예, 정의 또는 공주와 반쪽 왕국을 위해 싸우지만, 경제적 이익을 위해 싸우는 경우는 드물다. 그러나 니마 사난다지Nima Sanandaji가 말했듯이 "많은 이란, 아랍, 쿠르드 민담에는 열심히 일하고 교역하고 투자함으로써 스스로를 부유하게 만들고 사회에 기여하는 인물들이 등장한다."[16] 독립된 이야기였다가 나중에 《천일야화》에 추가된 《선원 신드바드》가 그 한 예다. 이 이야기는 난파, 괴물, 식인종을 이겨내고 사업을 해서 가문의 재산을 되찾는 한 바그다드 상인의 일곱 차례의 마법 같은 항해 이야기를 들려준다.

이것은 여러 문명의 교차점에서 흔히 볼 수 있는 이야기다. 티그리스강 가에 있고 유프라테스강과도 가까운 바그다드는 내륙에 고립된 다마스쿠스보다 훨씬 많은 이점이 있는 도시였다. 칼리파는 교역이 원활히 이루어지고 물가가 낮게 유지되도록 이곳에 도시를 건설했다고 말했다. 곡물은 북쪽에서, 대추야자와 쌀은 남쪽에서, 사치품은 먼 동방에서 들어올 수 있었다. "이것이 티그리스강이며, 우리와 중국 사이에는 아무런 장애물이 없다. 바다에 있는 것은 모두 이 강을 따라 우리에게 올 수 있는 것이다."[17]

새로운 제국은 광대한 자유무역 지대였으며, 모든 이가 이해할 수 있는 신념과 규칙 체계에 의해 지배됐다. 로마에서와 똑같이, 시민은 어디를 가든 동일한 대우와 권리를 기대할 수 있었다. 자유무역의 원칙은 대외무역에도 확대 적용되어, 양쪽에 동일한 세금이 부과됐다. 이 시기의 이슬람 주화는 중부 유럽, 잉글랜드, 스칸디나비아, 심지어 아이슬란드에서도 발견됐다. 그러나 가장 중요한 대상은 세계의 더 부유한 지역인 중앙아시아, 인도, 중국이었다. 이례적으로 아시아로 향하는 세 주요 경로인 홍해, 페르시아만, 실크로드가 이제 모두 한 제국의 통제 아래 놓이게 됐고, 이는 팍스 이슬라미카 아래에서 통합된 물류 체계를 가능하게 했다. 북아프리카의 기독교도인 콥트인들에게서 받아들인 삼각형의 라틴 돛은 물길을 연결하는 데 도움을 주었고, 선박이 바람을 거슬러 갈지자로 항해할 수 있게 했다.

이것은 인류가 그때까지 이룩한 것 중 가장 세계 시장에 가까운 것이었다. 윌리엄 번스타인William Bernstein은 세계 무역사에 관한 자신의 책에서 이렇게 썼다.

선지자의 죽음으로부터 몇백 년 안에, 그의 추종자들은 알려진 세계 거의 전부를 거대한 상업권으로 연결해놓았다. 여기서는 아프리카의 금, 상아, 타조 깃털이 스칸디나비아의 모피, 발트해의 호박, 중국의 비단, 인도의 후추, 페르시아의 금속 공예품과 교환될 수 있었다.[18]

한 중국인 방문자는 자신의 눈을 믿을 수 없었다. "땅에서 나는 모든 것이 그곳에 있다. 수레는 셀 수 없이 많은 물품을 시장으로 나르며, 시장에서는 모든 것을 구할 수 있고 값이 싸다."[19] 이는 팍스 로마나 시절의 무역을 닮았지만, 이슬람 공동시장은 훨씬 더 컸고 민간 자본과 개인 모험가가 로마에서보다 훨씬 더 큰 역할을 했다는 점에서 차이가 있었다.

재상보다 더 센 상인들

아테네 및 로마에서와 마찬가지로, 이 모든 무역의 기반은 사람들이 스스로 경제적 결정을 내릴 수 있는 높은 수준의 경제적 자유가 있는 본국의 시장을 기반으로 한 체제였다. 토지는 대부분 개인 소유였고, 개인은 이를 팔거나 담보로 잡히거나 유언으로 남기거나 경작하거나 임대할 권리를 가졌다. 《이슬람 경제학 백과사전The Encyclopaedia of Islamic Economics》은 이 체제를 다음과 같이 요약한다. "아바스 시대의 경제 체제는 일반적으로, 대체로 사유재산, 개인 주도, 자유시장 교환을 기반으로 한 시장 및 이윤 지향의 경제였다."[20]

가격은 수요와 공급의 변동에 따라 자유롭게 움직였고, 이는 무역과 투자가 가장 필요한 곳으로 향하도록 도움을 주었다. 이것은 중요한 부분이었고, 이는 무함마드가 식량 가격이 급등했을 때 가격 통제를 요구하는 목소리를 거부했다는 일화에 기반한 것이기도 했다. 가격 규제는 전통적이고 흔히 쓰는 정책이었지만, 무함마드는 이를 거부하며 "알라는 가격을 정하시는 분이다"라고 말했다.[21]

아테네와 로마도 시장 기반 경제였지만, 그들은 대체로 상업을 여전히 필요악으로 여겼고 이는 노예, 해방노예, 외국인에게 맡기는 것이 최선이라고 생각했다. 교환의 가치를 잘 이해했던 사상가들조차 상업을 천한 일로 여겼다. 아리스토텔레스는 이윤을 위한 무역을 속된 일로 생각했고, 키케로는 신사가 자신의 노동을 파는 것을 창피한 일이라고 보았다. 그리고 예수는 부자가 하늘나라에 들어가는 것은 낙타가 바늘구멍을 통과하는 것보다 어렵다고 말했다.

이슬람 문화는 달랐다. 세계종교 가운데 이슬람교만이 상인이 창시한 종교였다. 한 하디스ḥadith(선지자 무함마드의 언행록)에서 무함마드는 "정직하고 신뢰할 수 있는 상인은 선지자들, 진실한 자들, 순교자들과 함께한다"라고 말했다. 《쿠란》은 시장의 어휘로 가득 차 있으며, "상호 동의에 의한 거래"를 장려한다. 이슬람 종교법은 상인과 그들의 이익을 보호하는 데 많은 노력을 기울였다.

광범위한 무역과 경제적 번영은 매우 부유하고 존경받는 상인 계급을 탄생시켰다. 역사가 셸로모 D. 고이타인Shelomo Dov Goitein은 이 시대에 관해 쓴 역사서에서 이 지역에 '부르주아 혁명'이 있었다고까지 말한다(그리고 그와 함께, 자기네가 사회적으로 상승할 자격이 있다는 것을 보여주고자 하는 독자들을 위한 올바른 식사 예절을 다룬 책들도 등장했다). 그는 어느 10세기 작가의 "상인은 재상보다 더 강력하다"라는 말을 인용한다. 왜냐하면 환어음이 세수稅收 배당 문서보다 더 기쁜 마음으로 받아들여졌기 때문이다.[22]

번영은 엘리트에게만 국한되지 않았다. 의류세 기록에 따르면 많은 사람이 비단옷과 무명옷을 입었다. 892년에 바그다드에는 100개 이상의 서점이 있었으며, 이는 특권층만 책을 사는 사회였다면 불가능했을 것이다.[23] 이 부는 칼리파의 국고도 채웠으며, 칼리파들은 그 재산 상당 부분을 군대, 궁궐, 하렘(아내와 노예 신분의 첩 등 집안 여성들에게 주어진 고립된 가내 공간)에 사용했다. 하지만 칼리파들은 과학과 도서관에도 아낌없이 지출했다.

경제적 자유에 대한 중요한 예외는 물론 노예제였다. 이슬람에서는 같은 이슬람 신자를 노예로 삼는 것이 불법이었기 때문에 노예는 대개 정복, 납치, 구매 등을 통해 먼 지역에서 데려왔다. 종종 기독교도들은 서로를 노예로 만들어 번성하던 아랍 지역에 팔았고(기독교 교회가 이슬람교도의 금지 규정을 모방하기 전까지), 다른 노예들은 사하라 이남에서 노예무역을 통해 들어왔다. 약 천만 명의 노예가 이슬람 세계로 끌려 온 것으로 추산되며, 어쩌면 그보다 더 많았을지도 모른다.

그러나 많은 고대 국가나 근대 식민 체제와 달리, 노예는 일정한 법적 권리를 부여받았고 주인은 일정한 의무를 지녔다. 노예는 상품처럼 사고팔 수 있었고 성적으로 착취하거나 죽일 수도 있었지만, 가축이나 물건처럼 보지는 않았다. 놀랍게도 노예 사이의 혼인(주인이 허락할 경우에 가능했다)은 다른 혼인과 같은 방식으로 법적인 보호를 받았다. 주인이 노예를 인도적으로 대우하지 않을 경우, 판사가 노예를 다른 사람에게 팔도록 명령하거나 심지어 해방시킬 수도 있었다. 노예를 풀어주는 행위는 칭찬할 만한 행동으로 여겨졌다.

이러한 상세한 규정 덕분에 노예들은 고전 고대나 19세기 남·북아메리카에서보다 대체로 더 나은 대우를 받았지만, 동시에 노예제가 공식적으로 인정된 것이어서 다른 대부분의 지역들보다 폐지하기 더 어려웠다. 사우디아라비아에서 합법적 노예제는 1962년에야 폐지됐고, 모리타니에서는 1981년까지 유지됐다.

여성의 지위에도 유사한 점이 있다. "이슬람교도 여성은 현대 서방에서도 비교적 최근까지 찾아볼 수 없었던 재산권을 가졌다"라고 버나드 루이스는 썼다.[24] 여성은 사업을 시작하고 계약을 체결할 수 있었으며, 혼인 전 재산이나 노동·사업을 통해 벌어들인 수입을 남편에게 넘길 필요가 없었다. 또한 상속권도 있었지만 남성과 동등하지는 않았다. 그리고 여성에게 면사포를 착용하라는 《쿠란》의 규정은 없다.

그러나 여성에 대한 남성의 종속이 있다면(다른 곳보다는 덜 급진적이라 하더라도), 그리고 그것이 신학적으로 인정된 것이라면 이를 변화시키기는 훨씬 더 어렵다. 그래서 처음에는 가장 진보적이었던 같은 재산권과 상속권이 결국 다른 지역의 변화와 비교했을 때 가장 반동적으로 나타날 수 있다. 칼리파국이 계속 발전하지 못한 이유 중 하나는 그 법적 제도가 쉽게 적응하지 못했기 때문이다.

경제학자 티무르 쿠란Timur Kuran은 자신의 책《장기적인 분기The Long Divergence》에서 비슷한 이야기를 경제 영역에서도 할 수 있다고 지적한다. 이슬람 세계는 고도의 경제 제도와 계약법을 갖추고 있었다. 그러나 이러한 제도들은 필요가 변화했을 때, 예컨대 경제 관계의 변화를 받아들여야 하는 때에 변화하지 못했고, 그 결과 시민사회와 영리 기업의 혁신을 가로막았다. 예를 들어 경제적 제휴는 상속인을 보호하기 위해 제휴 당사자가 사망하면 자동으로 종료됐는데, 이는 서방에서 나타나게 되는 것과 같은 좀더 복잡한 형태의 기업이 발전하는 것을 저해했다.[25]

그러나 이러한 고정된 제도들이 결국 정체를 불러올 것이라는 점은 예측할 수 없었다. 당시만 해도 이슬람교도는 세계의 주인이었다.

지혜의 전당

아바스 왕조의 시장은 경제적 부 외에 지적 부도 생산했다. 칼리파국의 번영, 그들이 계승한 다양한 전통, 그리고 그들이 직면한 도전들이 어우러져 아랍어로 번역할 수 있는 새로운 문헌과 사상에 대한 활발한 탐색이 시작됐다. 이는 엄청난 역사적 파급 효과를 낳았다. 11세기 안달루스의 한 역사가가 쓴 바에 따르면, "사람들의 야망은 무관심에서 되살아났고, 그들의 정신은 잠에서 깨어났다."[26]

이 번역 운동은 때로 순전히 옛 전통을 보존하려는 노력으로 묘사되고, 아랍인들은 과거의 전통을 수동적으로 전달하는 역할만 한 존재로 그려졌다. 그러나 증거는 번역이 실용적 목적으로 시작됐으며, 지식인들이 단지 경탄만 한 것이 아니라 자기네가 번역한 사상과 씨름하며 이를 발전시키고 비판하기도 했음을 보여준다. 그들은 종종 더 정확한 판본을 구할 수 있게 되면 같은 책을 두 번 세 번 번역하기도 했다. 그들은 처음에는 책을 번역했고, 그다음에는 그 생각들을 사용해 책을 저술했으며, 종종 그 생각에서 어디가 틀렸는지를 설명하는 책도 썼다.

하나의 출발점은 새로운 통치 가문의 정통성을 확보할 필요였다. 페르시아의 통치자들은 자신들의 통치 권한을 별들에서 읽어낼 수 있다고 주장했으며, 아바스 왕조가 이러한 주장들을 계승하면서 그들은 점성술에 관한 지식을 추구했다(이것은 여러 문화권에서 오랫동안 나타났던 집착이었다. 1340년대 파리대학의 학자들은 흑사병을 화성, 토성, 목성의 불길한 합습 때문이라고 설명했다). 그 유익한 결과 중 하나는 천문학과 수학이라는 관련 분야에 대한 관심이었다. 별의 움직임을 이해하고 식蝕을 예측할 수 있는 인도 학자들이 바그다드의 칼리파 만수르의 궁정에 초청됐다. 만수르는 그들이 가져온 산스크리트어 과학 문헌들을 번역하라고 명령했고, 이는 아랍 세계의 천문학과 산술 연구에 불씨를 지폈다.

새로운 관료층 또한 제국과 이슬람법을 제대로 관리하려면 많은 주제를 숙달해야 했다. 서기관들은 시간 측정법, 건설과 관개를 위한 공학, 회계와 측량을 위한 수학을 이해해야 했다. 대수학은 복잡한 상속법을 해결하기 위한 중요한 도구가 됐다. 물론 어느 문명에서나 비슷한 필요는 존재했지만, 유목민의 전통을 지닌 새로운 제국에는 그러한 주제들에 관한 선행 지식이나 암묵지가 거의 없었다. 따라서 공식적인 절차와 수많은 책의 사용을 통해 배워야 했다. "우리는 모든 말을 갖고 있지만, 그들은 모든 생각을 갖고 있다"라고 한 번역가는 페르시아인들을 두고 말했다.[27]

결국 번역 운동은 저절로 계속됐다. 초기의 의뢰와 자금은 아바스 왕가, 측근 신하들, 관료들로부터 나왔지만, 시간이 지나면서 민족과 종교를 불문하고 경제적·정치적으로 중요한 모든 집단이 이 일에 참여하게 됐다. 장군, 상인, 지주뿐만 아니라 이슬람교도, 기독교도, 유대교도, 조로아스터교도, 다신교도까지 모두가 지원했다. 곧 번역가와 학자들 스스로 번역을 의뢰하기도 했는데, 번역 과정에서 다른 문헌의 도움을 받아 해결해야 할 문제들에 부닥쳤기 때문이다. 다른 문화의 측량법이나 우주론적 모형이 서로 맞지 않을 때 어떻게 해야 할까? 새로운 생각들을 적용하고 논쟁하려는 시도에서 지식의 본질에 관한 이론적 질문이 생겨났고, 이는 더 많은 철학 문헌의 번역을 통해서만 해결될 수 있었다.

이러한 과정을 통해 아랍 세계는 그리스 철학, 특히 아리스토텔레스 철학에 매료됐다. 그의 논리학은 지식을 체계화하고 합리적으로 논증하는 데 유용했다. 아리스토텔레스 철학은 이 시기 학자들이 우화와 허구를 경험적 사실과 구분하는 규칙을 정립하고, 일상적 경험에서부터 천체의 가장 복잡한 움직임에 이르기까지 모든 것을 분석하는 데 도움을 주었다.

200년이 지나자, 허구와 역사서를 제외한 거의 모든 그리스어 세속 문헌이 아랍어로 번역됐다. 동로마의 영향력에서 벗어난 이단 기독교도들이 초기의 중요한 매개 역할을 했다. 그들은 시리아어 번역본으로 된 많은 그리스어 문헌에 접근할 수 있었다. 처음에는 책들이 시리아어에서 아랍어로 번역됐고, 이후 그리스어 원본을 구하게 되자 다시 그리스어에서 직접 번역했다. 칼리파인 동생 아민al-Amīn과의 내전을 거쳐 권력을 잡았고 아리스토텔레스를 만나는 꿈에서 영감을 얻었다는 일곱 번째 아바스 칼리파 알마문은 이 그리스어-아랍어 번역 사업을 자신의 긴 통치 기간(813~833)의 핵심 기둥으로 삼았다.

이 모든 것은 동방에서 온 혁명적 발명에 의해 촉진됐다. 아바스 군대는 751년 중앙아시아 탈라스강 변에서 중국 당나라 군대를 격파했고, 전승에 따르면 그들은 중국인 전쟁 포로들로부터 아마와 삼 섬유로 만든 새로운 필사 재료의 제조법을 배웠다고 한다. 바로 종이였다. 종이는 전통적으로 사용되던 파피루스보다 더 저렴하고 내구성이 높았으며, 유럽에서 양피지라고 부르던 동물 가죽보다 훨씬 우수했다. 곧 공공 및 사설 도서관은 종이 책들로 가득 찼다. 1234년 바그다드에 한 이슬람 학교가 설립되면서 칼리파의 개인 장서에서 8만 권의 책을 기증받았다고 한다.[28] 이러한 배경 덕분에, 저술가 알자히즈al-Jāḥiẓ가 자신의 서재에서 높게 쌓인 책 더미가 무너지는 바람에 거기에 깔려 죽었다는 이야기가 사람들에게 설득력 있게 들릴 수 있었다.

지적인 분위기가 활발했음을 부정할 수 없는 증거는 출판된 책들이 모두 고상한 주제를 다룬 품위 있는 대작들만은 아니었다는 점에서 드러난다. 많은 책이 해학, 풍자, 순수한 오락을 위해 쓰였고, 어떤 책들은 이단적이거나 추문을 다루었다. 한 작가의 책 제목에는 '거울에게 뽐낸 빗', '빵과 올리브의 전쟁', '간통과 그 즐거움', '소년 노예들에 관한 이야기', '자위' 같은 것들이 있었다. 어떤 작가는 말이 침묵보다 우월하다는 논문을 썼고, 그 반대의 주장을 하는 또다른 논문도 있었다. 한 시인은 통념을 거부하고 시기와 악의와 고독을 찬미하는 것으로 유명했다. 그는 장미를 배설하는 노새의 항문에 비유한 것으로도 유명했다.[29]

과학과 철학은 세계를 이해하고 개선하기 위한 필수 도구가 됐을 뿐 아니라, 신분을 드러내는 지표이자 유망한 직업이었다. 한때 산적이었던 자의 부유한 아들들은 전속 번역가에게 현재 가치로 4만 달러가 넘는 돈을 지불했다고 한다. 이런 식의 수요는 기관에 소속되지 않은 독립적인 개인 번역가 계층을 만들어냈고, 그들은 문헌들을 찾아 세계를 헤매기 시작했다. 전승에 따르면, 칼리파는 동로마와의 전투 이후 평화 조건으로 여러 그리스어 필사본을 요구했는데, 그중 하나가 천문학자 프톨레마이오스의 중요한 저작 《수학론Mathematikē Sýntaxis》〔그것이 아랍어 역본 《지대至大한 것al-majisṭi》을 거쳐 라틴어 역본 《알마게스툼 Almagestum》이 됐다〕이었다고 한다.[30]

이 이야기는 다소 과장됐을 가능성이 있지만, 이 시대의 집착을 잘 보여준다. 책은 전쟁 후 가장 중요한 보물 중 하나였다. 한 번역가는 자신이 그리스계 로마인 의사 클라우디오스 갈레노스의 저작 가운데 하나를 찾아 나선 일에 대해 이렇게 썼다. "나는 그것을 찾아 메소포타미아 북부, 시리아 전역, 팔레스타인, 이집트를 돌아다니다가 결국 알렉산드리아에 도착했다. 내가 찾은 것은 다마스쿠스에서 발견한 그 절반 정도가 전부였는데, 뒤죽박죽이었고 불완전했다."[31]

이 사업을 추동한 것은 지식에는 국경이 없다는 생각이었다. 이는 혁명적인 것이었다. '기독교 과학', '이슬람 과학', '페르시아 과학' 같은 것은 존재하지 않았다. 오직 과학 자체만이 있을 뿐이며, 관찰 가능한 사실을 탐구하고 그 사이의 인과관계를 밝히기 위한 합리적 방법론이 있을 뿐이었다. 그렇다면 그 사실을 관찰한 사람이 어디 출신인지,

그 인과관계를 기록한 사람이 어떤 신앙을 가졌는지는 중요하지 않았다. 프레더릭 스타Frederick Starr는 자신이 '중앙아시아의 황금시대'라 부른 것에 대해 쓰면서 이렇게 말했다. "이 지역의 가장 뛰어난 사상가들은 자기네가 낯설고 불편한 것에도 놀라울 만큼 열려 있으며 그것들을 다룰 태세가 되어 있음을 보여주었다."[32]

아랍의 사상가 알킨디(801?~873?)는 이 시대정신을 구현한 인물이었다. 그는 당시의 위대한 지성인 가운데 하나로, 250권이 넘는 책을 썼다. 그중 기하학에 관한 책이 30권 이상, 의학과 철학에 관한 책이 각기 20권 이상이었다. 자주 인용되는 한 구절에서 알킨디는 자신의 방법론을 다음과 같이 설명했다. "우리는 진리를 인정하는 일에 대해, 그리고 그것이 어디에서 왔건 그것을 배우는 일에 대해 부끄러워해서는 안 되며, 그것이 비록 우리와 먼 인종이나 다른 민족에게서 온 것이라 할지라도 마찬가지다."[33]

이런 정신은 지적인 혁신가에게만 국한되지 않았다. 알킨디보다 전통주의적이었던 그의 동시대인 이븐쿠테이바Ibn Qutayba는 이렇게 말했다. "그분께 이르는 길은 많고 선善의 문은 넓다. (…) 지식은 신자의 잃어버린 낙타와 같아서, 어디에서 얻든 그에게 유익하다. 설령 다신교도에게서 들은 진리일지라도, 또는 증오를 품은 자에게서 얻은 충고일지라도 그것을 깎아내려서는 안 된다."[34]

굳이 말할 필요도 없지만, 이는 물론 오늘날 호전적인 이슬람주의자들이 말하는 것과 정반대다. 그들은 질문 없는 복종을 요구하고, '이교도'에게서 온 것으로 보이는 모든 지식을 거부한다. 고전 이슬람 문명은 그들을 야만적인 무식꾼으로 보았을 것이다.

10세기 지리학자 알마크디시al-Maqdisi는 이 지식 탐구를 매우 진지하게 받아들인 여러 인물 중 한 명이었다. 그는 이렇게 말했다.

> 내가 샅샅이 뒤지지 않은 왕실 도서관은 없었고, 어느 종파의 문학 작품이든 내가 검토하지 않은 것이 없으며, 어떤 사람의 견해라도 내가 직접 익히지 않은 것이 없다. 나는 모든 금욕주의 집단과 어울렸고, 모든 지역의 설교자들의 집회에도 빠짐없이 참석했다. 이와 같은 방식으로 나는 내가 이 학문에서 추구한 건전한 지식에 도달할 수 있었다.[35]

이 정신이 가장 두드러지게 나타난 장소 중 하나가 바로 칼리파의 궁궐에서 열리던 토론회였다. 학자들이 초청되어 과학, 철학, 종교에 관한 견해를 자유롭게 발표하고 논쟁했다. 경쟁자들끼리 토론을 벌였다는 기록도 있는데, 그중 한 명은 시리아 출신의 기독교 주교였다. 특히 논쟁적인 부분에 대해 주교가 당연하게도 머뭇거리자 칼리파 알마문이 이렇게 격려했다. "너의 반론을 말하라. 두려움 없이 답하라. 누구도 그 무엇을 가지고도 너를 위협하지 않을 것이며, 너는 그 누구에 관해서도 개인적으로 마음 졸일 필요가 없다. 오늘은 진리가 드러나는 날이다."[36]

종종 이 번역 및 연구 사업은 베이툴히크마('지혜의 전당')라는 시설에서 이루어진 것으로 이해된다. 이곳은 서로 다른 지역과 종교로부터 학자들을 끌어들였다. 이것은 멋진 이름이지만, 아마도 현대 학자들(무엇보다도 그런 기관에서 종신 재직권을 얻고 싶어할 사람들이다)이 조금 과장한 듯하다. 지혜의 전당은 이전 페르시아제국 도서관들의 이름이었고, 우리가 가진 제한된 자료는 아바스 왕조가 그 모형을 계승했음을 보여준다. 그것은 일종의 국가 기록보관소로, 아마도 천문학 및 수학과 관련된 곳이었을 가능성이 있다. 그러나 이곳은 번역을 위한 기관이나 학교나 학술 회의장도 아니었으며, 가장 중요한 학자들이 소속된 곳도 아니었다. 번역은 제국 전역의 가정에서 이루어졌고, 도서관도 곳곳에 많았으며, 학자들은 다양한 장소에서 만나 토론했다. 앞에서 보았듯이, 아바스 궁정도 그중 하나였다.

어떤 의미에서 이 한 기관에 지나치게 집중하면 이 시대의 광범위한 성취를 부각시키지 못한다. 8세기에서 11세기 중반 사이, 이슬람 학자 혹은 그 가족의 거의 4분의 3이 무역이나 제조업(또는 둘 다)에 종사한 것으로 보인다.[37] 진정한 '지혜의 전당'은 국가 기관이 아니라 널리 퍼져 있던 지적 문화였다. 그래서 물리학자 자밀 알할릴리Jameel Sadik Al-Khalili가 제안했듯이, 우리는 차라리 바그다드를 '지혜의 도시'라고 부르는 편이 더 나을지도 모른다.[38]

과학혁명

이 비옥한 토양에서 많은 새로운 전통, 과학적 도약, 그리고 획기적인 철학이 솟아나왔다. 철학자이자 의사이자 시인이었던 이븐시나(라틴어로 아비센나, 980?~1037)는 종종 근세 의학의 아버지로 불린다. 그는 질병과 장애가 신이나 악령의 작용이라는 생각을 거부하고, 그 원인이 자연에 있다고 주장했다. 그는 또한 예방의학과 환경이 건강에 미치는 영향에 관한 선구적인 견해도 제시했다. 그의 다섯 권짜리 의학백과사전은 결국 라틴어로 번역되어 수백 년 동안 의학 지침서로 사용됐다. 이 저술과 그 이후에 이루어진 연구들을 바탕으로 1240년대에는 이븐

안나피스Ibn al-Nafis가 최초로 혈액의 폐순환肺循環에 대해 기술했다.

9세기 수학자 알콰리즈미al-Khwārizmī는 일차 방정식과 이차 방정식의 해를 구하고 넓이와 부피를 계산하는 일련의 규칙을 개발했다. 그의 책 제목 《대수학Al-Jabr》('완성')은 '대수학algebra'이라는 용어를 낳았고, 그의 이름이 라틴어로 변형된 알고리트미Algoritmi는 '알고리듬'의 어원이 됐다. 또한 그는 편리하게도 영(0)을 포함한 십진법의 인도 숫자 체계를 도입했는데, 이는 훗날 유럽인들이 '아라비아 숫자'라는 이름으로 받아들였다. 결정적으로 인도-아라비아 숫자 체계는 자릿값을 가지는데, 한 숫자의 값은 그 위치에 따라 다르다. 이에 따라 덧셈, 뺄셈, 곱셈, 나눗셈의 모든 산술 계산이 로마 숫자보다 더 쉽다. 아비센나는 어린 시절 채소 상인과 함께 공부하면서 그에게서 이를 배웠다고 주장했다. 상인이 장사할 때 사용하던 것이었다.

가장 중요한 고등 발명 가운데 하나는 실험 방법이었다. 광학의 아버지 이븐알하이삼Ibn al-Haytham(965~1040)은 우리가 눈에서 광선을 쏘기 때문에 볼 수 있다는 옛 이론을 거부했다. 그는 암실, 거울, 관찰용 관 등을 갖춘 실험실을 만들어 반복 실험을 수행했고, 사실은 그 반대라는 것을 증명했다. 물체가 반사한 빛이 눈으로 들어오는 것이다. 그는 맞았지만, 그의 방법론이 더욱 중요했다. 확인할 수 있고 반복할 수 있는 절차에 따른 실험으로 가설을 검증하는 것이었다. 훨씬 뒤의 과학혁명 시기에 하이삼의 통찰은 갈릴레오 갈릴레이, 요하네스 케플러, 아이작 뉴턴 같은 과학자들이 자주 인용하게 된다.

기술적 발전도 있었다. 807년, 칼리파 라시드는 선물과 함께 사절단을 프랑크 왕 카롤루스(샤를마뉴)에게 보내 안달루스에 맞선 그들의 동맹을 확인했다. 카롤루스 역시 책 수집가였지만 그에게는 이용할 수 있는 책이 많지 않았다. 그 자신은 문맹이었다. 아바스 왕조는 황동으로 만든 정교한 기계식 물시계로 기술적 우월성을 과시했다. 카롤루스 궁정의 경탄 어린 반응은, 충분히 발달한 모든 기술은 마법과 구별할 수 없다는 공상과학 소설가 아서 C. 클라크의 명언을 증명했다.

독일 전자음악단 크라프트베르크Kraftwerk를 좋아하는 나는 특히 12세기의 발명가 알자자리Ismā'īl al-Jazarī의 음악 기기에 흥미를 가졌는데, 그중에서도 자동기계인 네 명의 연주자가 있는 배가 관심을 끌었다. 이 연주자들은 사실상 프로그래밍 가능한 드럼머신으로, 장치가 움직이면서 서로 다른 박자를 연주했던 듯하다.

천문학과 지리학은 언제나 집착한 중요 분야였다. 칼리파들은 그저 프톨레마이오스의 문헌을 번역하는 데서 그치지 않고, 그가 맞는지를 확인하기 위해 실험을 명령하고 관측소를 건설했다. 그들은 누구보다 하늘을 잘 이해했고, 당시까지 가장 정확한 지도를 만들었다. 9세기 초 한 칼리파가 의뢰한 지도는 인도양을 내해로 본 프톨레마이오스의 인식을 뛰어넘었고, 대륙들을 둘러싼 대양들을 보여주어 아프리카를 일주할 가능성을 암시했다.

11세기 초, 박학다식한 알비루니al-Bīrūnī는 지구의 둘레를 놀라울 정도로 정확하게 측정했고, 그 결과 유럽과 아시아 사이 어딘가에 대륙이 존재할 것이라고 추정했다. 그는 그곳에 사람이 살고 있을 것이라고 가정했다. 페르시아의 천문학자 오마르 하이얌Omar Khayyám은 학자 팀과 함께 1년의 길이를 매우 정확한 365.2421986일로 계산해냈고, 이후 유럽에서 500년 뒤에 도입된 그레고리우스력보다 더 정밀한 태양력을 고안했다.

철학에서는 아리스토텔레스가 최고로 군림했고, 논쟁은 대부분 그를 어떻게 해석하고 보완해야 하는가에 관한 것이었다. 가장 급진적인 신학은 무타질라파 신학으로, 인간의 자유의지와 이성의 힘을 강조한 학파였다. 무타질라 학자들은 합리성이 세계와 자연법칙뿐 아니라 심지어 도덕, 종교, 신을 이해하는 도구라고 여겼다. 이성과 《쿠란》이 충돌할 경우, 《쿠란》은 재해석되거나 비유적으로 이해되어야 했다. 무타질라파는 《쿠란》이 다른 신학자들의 주장처럼 영원한 것이 아니라 만들어진 것이라고 믿었기 때문에 이런 해석이 가능하다고 주장했다.

이러한 인간 이성에 대한 신뢰는 일부 무타질라 학자들로 하여금 왕과 독재자를 비판하기까지 하게 만들었다. 그들은 정치권력이 신으로부터 부여된 것임을 부정했고, 권력의 분산과 때로는 민주화를 요구했다. '무타질라 무정부주의자'라고 불린 소수 학자들은 심지어 이슬람 사회와 이슬람법이 어떤 정부도 없이 기능할 수 있다고 생각했다. 퍼트리샤 크론Patricia Crone은 그들의 주장을 이렇게 요약한다. "만약 이맘imām이 법에 따라 통치하기를 그만두고 왕처럼 군다면 이슬람교도들은 그를 공격해 축출할 법적 의무가 있다." "그리고 이맘들이 자꾸 왕이 되어버렸기 때문에, 가장 좋은 해결책은 애초에 이맘을 세우지 않는 것이었다."[39]

이처럼 권위주의를 반대하는 태도 때문에 무타질라파는 종교재판과 거리가 멀어 보이지만, 한 차례 그런 일이 벌어진 것은 어떤 훌륭한 사상도 오용될 수 있다는 사실을 보여주었다. 827년, 칼리파 알마문은 그들의 특정 교리를 국가의 정통 교리로 채택했다. 《쿠란》은 창조된 것이라는 교리다. 833년 그가 죽기 몇 달 전, 알마문은 일종의 종교재판인 미흐나miḥna('재판', '시련')를 만들어 반대파 율법학자들을 처벌할 수 있도록 함으로써 그가 이전에 했던 언론의 자유에 대한 발언이 거짓이었음을 보여주었다.

미흐나의 가장 악명 높은 사례는 전통주의 학자 아흐마드 이븐한발 Aḥmad ibn Ḥanbal의 투옥과 고문이었다. 이븐한발은 《쿠란》이 창조되지 않은 것이라는 자신의 믿음을 이야기했다가 채찍질을 당해 의식을 잃었다. 이로써 이븐한발은 순교자가 됐고, 그의 인기는 폭발했다. 무타질라파는 그들과 연관된 이 잔혹한 정책으로 인해 영원히 타격을 입었다. 그러나 직접적인 책임이 없었을 가능성이 높았다.

부분적으로 이러한 반발과 함께 정부가 종교를 통제한다는 생각이 이제 확인된 탓에, 무타질라 학자들 자신이 곧 채찍을 맞는 대상이 됐다. 열 번째 아바스 칼리파 알무타와킬al-Mutawakkil ‘alā Allāh(재위 847~861)은 폭음과 낭비벽으로 악명이 높았으나, 자신을 정통성의 수호자로 내세우고자 했다. 그는 840년대에 합리주의 진영의 불관용을 반대로 뒤집었다. 그는 탐구와 토론에 대해 참지 못하고 복종과 전통을 강조했다. 심지어 합리주의적이라고 여겨질 수 있는 문헌의 번역가들까지 감옥에 넣었다. 그는 또한 기독교도, 유대교도, 그리고 자신과 다른 이슬람 해석에 대해서도 점점 더 불관용을 드러냈다. 이는 앞으로 닥칠 더 큰 일의 전조였다.

이슬람교도 자유주의자 무스타파 아키올Mustafa Akyol은 이렇게 썼다. "미흐나는 분명 잘못이고 어리석었으며 파국적이었다. 그러나 그것은 단지 16년 동안만 지속됐다. 그 직후 상황은 뒤집혔다. 그것도 잠깐이 아니라 영원히 그랬다."[40] 만약 아랍인들이 과학과 철학뿐 아니라 그리스 비극도 번역하는 수고를 했다면, 그들은 회피하고자 했던 길에서 오히려 자기 운명을 맞닥뜨리는, 자주 반복되는 개념을 알아보았을 것이다.

아바스 왕조의 황혼

알마문의 종교재판(미흐나)과 무타와킬의 역逆탄압은 개명한 전제군주에게 의존하는 개방성과 창의성의 문화가 취약하다는 것을 드러냈다. 한 사람의 마음이 바뀌면 모든 것이 바뀔 수 있었다. 아테네와 달리 권력이 민중에게 있지도 않았고, 로마와 달리 지배자를 견제할 명목상의 원로원조차 존재하지 않았다. 그렇다고 칼리파가 법 위에 군림했다는 뜻은 아니다. 이슬람 사회에서는 어떤 통치자도 샤리아sharī'ah(이슬람법) 위에 있을 수 없었다. 자신의 뜻이 관철되지 않아도 합당한 법적 근거 없이 누군가를 처벌해서는 안 된다고 생각한 칼리파들에 관한 이야기도 전해진다. 이슬람법은 통치자에게도 적용됐다. 다만 그 사실을 칼리파에게 상기시키는 일은 위험을 감수해야 했다.

이렇게 권력이 집중되면 누구에게든 어떤 일이라도 일어날 수 있었다. 《천일야화》에서나 현실 생활의 대부분에서나 칼리파 하룬 앗라시드와 그의 참모 자파르는 따뜻하고 건설적인 우정의 상징이었다. 그런데 어느 날 라시드는 갑자기 자파르를 살해하고 시신을 토막 낸 뒤, 그 조각들을 바그다드의 다리들 위에 늘어놓았다. 그가 자파르의 불충을 의심했을 수도 있고, 혹은 여동생과의 불륜을 의심했을 수도 있다. 그것은 아무도 모른다. 소크라테스나 키케로와 달리, 자파르는 자신에게 제기된 혐의가 무엇인지 들을 기회조차 없었다.

이 권력을 누가 쥘 것인가를 둘러싼 투쟁은 제국에 더 큰 상처를 남겼다. 861년, 편협한 칼리파 무타와킬은 자신이 고용한 튀르크인 근위병들에게 살해당했고, 이어 '사마라의 무정부 시대'로 알려진 10년간의 혼란이 뒤따랐다. 이전의 칼리파 알무타심al-Mu'taṣim bi'llāh(재위

833~842)은 836년 중앙 이라크의 사마라로 수도를 옮겼다. 그는 새로운 튀르크계 노예병 군대를 수용할 공간을 찾아야 했는데, 그들이 바그다드에서 인기가 없었고 긴장을 증폭시켰기 때문이다. 그러나 칼리파를 보호하기 위해 고용된 이 호위대는 곧 주인을 지배하게 됐다. 어떻든 이 '맘루크'(노예)들이 무적이라면 그들이 왜 노예 신분에 머물러야 한단 말인가? 여러 면에서 이 무정부 시대는 로마의 '3세기 위기'를 떠올리게 한다. 상이한 군대 파벌이 내세운 꼭두각시 칼리파 네 명이 잇따라 권좌에 올랐다가 곧 축출됐다. 흔히 처음 그들을 추대한 바로 그 병사들에 의해서였다.

중앙 권력의 약화는 제국 곳곳에서 반란을 부채질했다. 상황은 기후 변화로 더욱 악화됐다. 9세기에는 기후가 더 따뜻하고 건조한 방향으로 변해 도시와 농업에 위협을 가했고, 토양은 염분 축적으로 황폐해졌다. 때때로 식량 폭동이 일어났다. 끊임없는 전쟁과 영토 및 경지의 상실은 조세 수입을 감소시키는 반면, 군사 비용을 늘렸다. 곧 분리 독립 세력들이 칼리파국을 조각조각 떼어내기 시작했다. 869년에는 이라크에서 대규모 노예 반란이 일어났다. 아프리카 동남부에서 노예로 잡혀와 농장에서 혹독한 노동을 하던 반투Bantu계 노예들이었다. 아바스 왕조가 통제력을 회복하는 데에는 14년의 시간과 수만 명의 희생이 필요했다.

이집트 총독이 된 한 튀르크계 맘루크는 혼란을 틈타 이집트와 시리아를 제국에서 떼어냈다. 10세기 초에는 파티마 왕조가 북아프리카를 장악하고 결국 이집트로 진격해 들어갔다. 그리고 제국의 심장부마저 위협을 받았다. 930년대에는 페르시아계 부야 왕조가 이란 대부분을 정복하고 이라크로 눈을 돌렸다. 945년에 그들은 바그다드를 침공했다.

부야 왕조는 사실상 아바스 칼리파를 지지하며 그들을 자리에 그대로 두었다. 그러나 이는 이제 명목상의 궁정일 뿐이었고, 그 공식 영토를 더 이상 실질적으로 통제하지 못했다. 제국은 붕괴했지만, 지적 분위기는 그렇지 않았다. 오히려 한동안은 서로 영향력과 권력을 경쟁하는 매우 다양한 후원자들 덕분에 학자와 철학자들이 더 큰 도움을 받기도 했다. 심지어 동로마에서도 학문 활동이 부흥했고, 아랍인들이 새 생명을 불어넣은 그리스어 세속 문서들이 이제 그곳에서 다시 필사됐다.

부야 왕조가 학문을 중요시했다는 사실은 문인 겸 대와지르 사히브 이븐압바드Ṣāḥib ibn ʿAbbād에 관한 멋진 일화에서 잘 드러난다. 그는 여행할 때마다 10만~20만 권의 책을 400마리의 낙타에 싣고 다녔는데, 낙타들은 책 제목의 자모 순에 따라 행렬을 지었다고 한다. 유감스럽게도 이는 사실이 아니지만, 어느 정도는 사실에 기초한 것이다. 한번은 또다른 페르시아 왕조가 이븐압바드에게 자국에 와서 일해달라고 요청했는데, 그는 자신의 개인 장서 때문에 갈 수 없다고 답했다. 그것을 옮기려면 400마리의 낙타가 필요할 것이기 때문이었다.

불행하게도 이 문화의 경제적 기반은 봉건 체제로의 전환으로 인해 서서히 약화되고 있었다. 국가 수입이 감소하고 임금 지출이 감당할 수 없게 되자, 아바스 왕조의 통치자들은 대신에 일에 대한 대가로 이크타iqtāʿ를 주기 시작했다. 특정 토지에서 세금을 징수하거나 수익을 직접 취할 수 있는 권리다.

이로써 이전까지 민간인의 사유재산이었던 토지가 군직을 가진 사람들의 지배 아래 놓이게 됐다. 그러나 군인은 그 땅의 소유자가 아니었기 때문에 주로 단기적인 수익에만 관심을 두었다. 토지나 농민에게 문제가 생기더라도 그는 국가에 이를 벌충할 또다른 원천을 요구하면 되기 때문이다. 이러한 경제의 군사화는 농업, 기업가 정신, 전체 상인 계층을 상당히 약화했다. 그러나 단기적으로는 통치자에게 비용이 적게 들고 군대에게는 이익이 됐기 때문에 이후 왕조들도 이를 확대하고 모방했다.

이는 지적 문화에 대한 의도치 않은 타격이었다. 상인들은 중요한 후원자이자 고객이었기 때문이다. 그러나 이것은 시작에 불과했다. 다음에는 훨씬 더 광범위하고 직접적인 의도된 공격이 이어졌다. 직접적 계기는 이슬람 내부의 경쟁이었다. 파티마 왕조와 부야 왕조는 시아파였으며, 그들은 무함마드가 사위인 알리를 후계자로 지명했다고 믿었다. 시리아와 이라크 북부를 장악한 함단 왕조와 아라비아반도 동부에 자리잡은 카르마트파 역시 시아파였다.

반면에 바그다드의 칼리파들은 순나파로, 무함마드가 후계자를 지정하지 않았다고 믿었다. 아바스 왕조는 자기네 주변 사방에서 시아파 세력들이 성장함에 따라 취약성을 느꼈지만, 동시에 이러한 종교적 경쟁이 권력과 영토를 둘러싼 거대한 게임에서 이용될 수 있다는 사실도 잘 알고 있었다. 이 충돌은 각 진영 내부의 분열로 인해 더 복잡해졌다. 첫 번째의 객관적인 종교사를 쓰고자 했던 앗샤흐라스타니 Muhammad al-Shahrastānī는 무려 73개의 이슬람 분파를 열거했다. 이러한 놀라운 다양성을 억압하려는 잔혹한 시도는 아랍의 개명에 파괴적인 결과를 초래했다.

칼리파들은 신학적 논쟁을 종식시키고 모든 순나파를 단일한 정통 신앙 아래 통합하려는 시도를 통해 반격에 들어갔고, 그동안 늘 그들과 연관되던 개방 정책을 뒤집었다. 이런 움직임의 일환으로 1017년에는 '카디르al-Qādir 신조'가 반포됐는데, 이는 무타질라 학자들과 다른 반체제파에게 고문과 추방, 그리고 최종적으로는 사형을 내리겠다고 위협하며 자신의 사상을 철회하라고 명령하는 것이었다. 중요한 전환점은 칼리파국이 자기네의 대의에 대한 강력한 동맹을 얻으면서 찾아왔다.

반反개명

11세기 초, 새로운 튀르크계 순나파 왕조가 중앙아시아에서 빠르게 진격하며 이란을 장악하고 아나톨리아까지 진출했다. 바로 셀주크 제국이었고, 아바스 왕조는 곧 이들과의 동맹 가능성을 인식했다. 셀주크를 받아들임으로써 그들은 시아파 부야 왕조를 축출하고 바그다드를 순나파 전통으로 되돌릴 수 있었다. 칼리파 알카임al-Qā'im bi-amri 'llāh은 셀주크 공주와 혼인했고, 그의 요청으로 1055년에 셀주크 군대는 바그다드를 침공했다.

셀주크 국가의 실권자이자 유능한 와지르인 니잠 알물크Niẓām al-Mulk(1017~1092)는 철저한 위계질서와 신분 변동의 반대를 주장한 사람이었는데, 대군에게 보수를 주며 유지하기 위해 경제의 봉건화를 체계화했다. 그러나 심화되는 종교 분쟁과 경쟁 속에서 셀주크는 민심 장악에 자신이 없었고, 니잠은 이에 대응해 이슬람 세계의 지적 개방성을 종식시키기 위한 정교한 계획을 세웠다.

1065년, 그는 장차 사회의 엘리트가 될 이들에게 가장 보수적인 형태의 이슬람교를 가르치는 마드라사madrasah('학교')를 설립하기 시작했다. 그의 이름을 따서 '니자미야al-Niẓāmiyya'로 불린 이 학교들은 보통 통치자나 관료, 혹은 그 가족의 기부로 설립됐으나 국립 학교처럼 운영됐다. 다른 학교와는 달리, 이곳은 지식 탐구의 장소가 아니라 교리를 규정하고 전파하는 곳이었다. 그 목적은 시아파, 순나파 중 이단, 세속 철학자들에 맞서 학생들을 무장시키는 것이었다. 여기서는 교리의 순수성과 암기식 학습이 탐구와 연구를 밀어냈다. 독자적인 위계를 가진 교회 조직이 생기지는 않았지만, 정통성의 강제가 이루어졌다고 보는 것이 합리적이다.

이는 정치학자 아흐메트 쿠루Ahmet Kuru가 통치자들과 정통 이슬람 학자들 사이의 최초의 '국가-울라마ulamā'('학자') 동맹'이라고 부른 것을 성립시킨 결정적인 순간이었다. 이 동맹은 지식인과 상인을 주변으로 밀어냈다.[41] 어떤 이는 이러한 동맹을 이슬람의 본질적 요소로 보지만, 실제로 그것이 형성된 것은 선지자가 사망한 지 400년이 넘은 11세기였다.

그때까지 이슬람 학자들은 정부나 어떤 종교 기관에 의해 임명되지 않았다. 그들 중 많은 사람, 심지어 전통주의자들조차 통치자로부터 돈을 받으면 안 된다고 분명하게 경고했다. 그러면 그들에게 예속될 것이기 때문이었다. 초기 이슬람 법학의 한 중요한 인물은 "정직한 상인의 직업, 혹은 어떤 직업이라도 관직에 있는 것보다 하느님을 더 기쁘게 한다"라고 선언했다.[42] 대부분의 이슬람 학자 또는 그 가족은 직물, 식품, 서적, 가죽, 보석, 향료 등의 물건을 생산하거나 판매해 생계를 유지했다. 다른 이들은 교사, 번역가, 은행가로 일했다. 새로운 니자미야 마드라사가 이를 일변시켰다. 이제 학자들은 통치자에게 고용되고 급여를 받으며 그들의 통제 아래 놓였고, 공식 노선에 따라야 했다. 종교가 이슬람 국가를 장악했다고 흔히 말하지만, 국가가 종교를 장악하고 통제하며 감독했다는 것도 똑같이 맞는 말이다.

1091년, 바그다드의 저명한 마드라사의 지휘권이 서른세 살의 신학자이자 작가인 알가잘리al-Ghazālī(1058?~1111)라는 인물에게 넘어갔다. 그는 뛰어난 지적 수준에도 불구하고 결과적으로 이슬람 문화에서 철학의 명성을 약화시키게 되는 사람이었다. 그의 재임 시기 바그다드 분교는 약 3천 명의 학생을 가르치고 있어 당시 세계에서 가장 큰 교육 기관이었으며, 몇몇 다른 도시의 니자미야 정도만이 이에 필적했다.

《철학자들의 모순Tahāfut al-falāsifa》 등 여러 저작에서 가잘리는 논리학과 같은 철학의 일부 측면은 높이 평가했지만, 이슬람교도 철학자들이 그리스인들의 형이상학적 관점을 수용함으로써 '이교도'가 됐다고 규탄했다. 그는 또한 인과관계를 부정했으며, 불이 면화를 태우지 않는다는 유명한 주장을 했다. 우리가 불을 보고 그다음에 불붙은 면화를 보지만, 실제 점화 행위는 어디서도 보지 못한다는 것이다. 왜냐하면 그것은 신의 행위이기 때문이다. 그러나 우리는 기적을 통해 신이 무엇이든 할 수 있음을 알고 있으므로, 만약 어느 날 신이 다르게 생각한다면 면화는 타지 않으리라는 것이다.

이 영원한 기적 이론은 개명을 위한 사업을 약화했다. 이는 과학자가 발견해 기술로 활용할 수 있는 자연법칙이 존재하지 않는다는 뜻이 되기 때문이다. 대신에 존재하는 것은 오직 신의 습성뿐이며, 이는 종교 문헌을 연구하고 전통을 준수함으로써 이해될 수 있다. 가잘리는 복합적 사상가였고, 종교에 종속되는 한도 내에서 과학의 역할이 있다고 보았다. 그러나 그의 사상은 신앙이 철학과 과학을 밀어내는 데 이용됐다.

가잘리의 가르침이 널리 유행한 데에는 몇 가지 이유가 있다. 그는 합리주의 진영을 공격하기 위해 교묘한 방식으로 합리성을 사용했고, 인신공격도 서슴지 않았다. 예컨대 아비센나의 음주 습관을 철학자들의 종교적 신념을 깎아내리는 데 이용했다. 가잘리는 종교를 검토하는 데조차 이성을 사용했던 사상가들에게 충격을 받은 보수파를 끌어당겼다. 그의 철학자 공격은 또한 철학자와 과학자의 어려운 저작을 공부하느라 지친 많은 젊은이도 끌어당겼다. 이제 그들은 종교만 공부하면서도 얄팍한 이교도 철학자들에 대해 우월감을 느낄 수 있었기 때문이다.

무엇보다도 통치자들은 가잘리의 메시지가 믿을 수 없을 정도로 유용하다는 것을 알았다. 가잘리는 "국가와 종교는 쌍둥이다. 종교가 기초이고 국가는 그 수호자다. 기초가 없는 것은 반드시 무너지고, 수호자가 없는 것은 잃게 된다"라고 썼다. 이 국가주의적 관점은 종종 무함마드의 말로 잘못 전해지지만, 사실 가잘리는 이를 비이슬람교도였던 사산 제국의 창건자에 관한 이야기에서 슬쩍 가져왔다.[43]

앞서 보았듯 무타질라 학자들은 종종 정치권력에 회의적이었고, 아비센나는 시민이 폭군을 처단할 권리가 있다고까지 썼다. 반면에 가잘리는 전제군주의 통치에 정당성을 부여했다. 그가 이제 종합한 법학 및 신학 전통에는 통치자가 부정하고 사악하며 무력으로 권력을 탈취했더라도 복종해야 한다는 명확한 문구들이 있었다.

자연 현상을 신의 개입이 아닌 자연적 원인으로 설명한 탈레스의 세속화 작업을 가잘리가 뒤집은 것은 초기 기독교도들이 로마에서 전개했던 주장과 유사했다. 또한 그 이전의 아우구스티누스가 그랬던 것처럼, 가잘리는 철학자와 과학자들의 방법이 정말로 세상을 설명할 수 있다면 왜 서로 그토록 자주 의견이 엇갈리느냐고 물었다. 이는 그의 문밖에서 사람들이 신앙에 대한 해석을 둘러싸고 서로를 죽이고 있던 현실을 고려하면 자멸적 주장처럼 보였을 것이다. 국내의 위협과 기독교의 십자군이라는 외적 압박 속에서, 카이로의 파티마 왕조는 순나파와 기독교도에게 점점 더 관용을 잃어갔다. 셀주크 쪽에서는 자국 내에 있는 시아파 이슬람교의 이스마일 분파를 탄압했고, 그것이 이들 일부의 테러 활동을 촉발했다. 여기에는 저명한 순나파 및 셀주크 인사에 대한 자살 공격이 포함됐다. 그들이 죽음을 각오한 임무를 수행할 용기를 얻기 위해 환각제인 하시시ḥashīsh를 복용했다는 주장이 있었는데, 암살을 일삼는 이스마일파의 한 분파 이름인 하샤신Ḥashāshīn이 여기에서 나왔다('암살자'를 의미하는 영어 assassin의 뿌리도 여기에 있다).

그러나 가잘리에게 이 종교적 내전은 칼을 들이대며 하나의 믿음과 하나의 해석을 강제해야 할 이유였다. 역시 아우구스티누스와 마찬가지로 그는 사람들을 자신들로부터 구하기 위해 위험한 생각과 책을 금지해야 한다고 선언했다. 이들은 둘 다 어른을 아이에 비유하면서 종교적 강제를 정당화했다. 아우구스티누스는 죄인들을 막아야 한다고 썼는데, 이는 "소년이 손뼉을 쳐서 뱀을 자극하는 것을 막기 위해 머리카락을 잡아끄는" 것과 같다고 했다. 가잘리는 그것이 "소년이 강가에서 떨어지지 않도록 막는" 것과 같다고 생각했다.[44]

그러나 가잘리는 한발 더 나아가, 사실상 일부 사람들은 강에 밀어넣어야 한다고 주장했다. 그는 순나파 이슬람교의 올바른 해석에서 벗어난 사람들(철학자들뿐만 아니라 시아파의 이스마일 분파 전체 공동체도 포함해서)은 배교자이며 사형으로 처벌해야 한다고 썼다. 그들의 교리 위

반은 너무나 중대해서 다른 사람들이 "그의 피를 흘리고 재산을 취할 수 있다"라고 했다.[45]

이는 단순한 이론적 논의에 그치지 않았다. 놀랍게도 가잘리에게는 '말썽꾼' 명단이 있었다. 당국은 자기네가 이미 시행하고 있던 정책에 대해 종교적 정당성을 확보하게 되자 기뻐했다. 바그다드 마드라사에서 나온 폭도들은 거리에서 폭동을 일으키고 반대파를 물리적으로 공격하며 여성들을 집 안으로 몰아넣으면서, 틀림없이 자기네가 공식적인 승인을 받은 것처럼 생각했을 것이다. 많은 나머지 조로아스터교도들은 포기하고 인도 서북부 해안으로 도망쳤고, 그곳에서 그들은 파르시인으로 알려지게 됐다.[46]

니자미야는 엄청난 영향력을 가지게 됐으며, 이집트와 시리아 등 이슬람 세계 전역에서 이를 모방했다. 여러 형태의 울라마-국가 동맹 또한 이후의 여러 이슬람 정치체에서 만들어졌다. 오스만제국, 사파비제국, 무굴제국 같은 곳들이었다. 경제의 군사화가 학자들에게 자금 확보를 어렵게 만들고 독립적 사고가 사형으로 처벌될 수 있는 상황에서, 비판 능력을 접어두면 급여를 받을 수 있는 기회가 동시에 생겼다. 대부분의 사람들에게 이는 간단한 선택이었다. 이때가 바로 '지혜의 전당'이 '정통성의 막사'로 대체된 순간이다.

빈약한 유물

과학자들은 여전히 여러 지역에서 활동을 이어갔고, 수백 년 뒤에도 훌륭한 성과가 기록되고 있었다. 심지어 셀주크를 포함한 많은 통치자들이 일부 철학자와 과학자를 지원했지만, 이들의 연구는 점점 안전한 분야로 기울어졌다. 천문학과 의학은 통치자들이 언제나 자신의 운명을 이해하고 건강을 유지하고 싶어했기 때문에 여전히 인기 있는 분야였다. 그러나 다른 과학에 대한 지원은 그 대신 흔히 예술에 대한 보조금으로 바뀌었다. 이는 후속 이슬람 제국들이 세련됨과 화려한 건축을 뽐내게 했지만, 그것들은 역동적인 탐구 정신과 낯선 문화에 대한 관심을 갖지는 못했다. 결국 로마제국 몰락 이후 일어났던 일과 마찬가지로, 많은 중요한 원고가 방치되고 잊히며 물리적으로 부서졌다.

자신의 세상이 종말로 다가가고 있음을 느낀 위대한 페르시아 박학자 알비루니는 이렇게 한탄했다. "우리 시대에는 새로운 과학이나 어떤 새로운 종류의 연구가 탄생하는 것은 전혀 불가능하다. 우리가 가진 과학은 지나간 더 나은 시기의 빈약한 유물에 불과하다."[47]

정량적 분석에 따르면, 과학적인 문제에 대해 출판된 책의 수는 감소하기 시작했고, 특정 지역에서 이 현상이 발생한 시점은 국립 마드라사가 설립된 시기와 상관관계가 있다. 황금시대 동안 바그다드와 동부 이슬람 세계에서 출판된 책의 12퍼센트가 과학적인 문제였다. 1100년 이후에는 3퍼센트로 급락했다.[48]

로마에서 아우구스티누스가 경험한 것과의 마지막 유사점은 제국이 막 가잘리의 정통 신앙으로 돌아섰을 때 그의 추종자들이 자기네 제국이 허물어지는 것을 보아야 했다는 것이다. 마찬가지로 경제의 봉건화와 억압으로 인해 생겨난 내부 분열에 야만족의 침략이 더해졌다. 셀주크 제국은 11세기 말부터 분열되기 시작했다. 이와 동시에 첫 유럽 십자군이 서아시아를 침공했고, 기독교의 이베리아 '레콩키스타 Reconquista'(재정복)는 첫 승리를 알렸다. 1085년에 중요한 도시 톨레도가 기독교도에게 함락됐다. 1099년 7월, 십자군은 예루살렘 성벽을 돌파한 뒤 며칠 동안 집집마다 돌아다니며 민간인 이슬람교도와 유대인 주민을 학살했다.

도시가 재건되고 인구는 회복될 수 있지만, 이러한 충돌의 지속적인 영향은 그것이 이슬람 사회의 개방성을 더욱 감소시켰다는 점이다. 이전에는 외부에서 생각과 자극을 받아들였던 문화가 이제는 그 방향에서 오고 있는 약탈하는 군대를 보게 됐다. 흥미롭게도 당시 아랍인들은 십자군이 그랬던 것만큼 이를 종교적 갈등으로 보지 않았다. 그런 측면은 훨씬 후대의 민족주의자와 이슬람주의자들이 강조했다. 좀더 흔한 해석은 이것이 그저 또다른 신앙을 가진 또 하나의 사악한 침략군이었으며, 그들과 싸우고 버티고 때로는 이슬람교도 경쟁자에 맞서 그들과 동맹을 맺어야 했다는 것이다. 그러나 아흐메트 쿠루가 썼듯이, 이 침략은 "많은 이슬람교도가 군사 국가와 울라마로부터 안전을 찾도록 만들었다. 전자는 침략자에 맞서 보호자가 될 수 있었고, 후자는 침략과 학살로 인해 우울한 상황에서 의미를 제공할 수 있었다."[49]

그러나 이 문명은 이어지는 세대들에게 지적 타임캡슐을 남기게 된다. 여기서 다시 피의 연회에서 살아남은 열아홉 살의 우마이아 왕자 압둣라흐만이 등장한다. 역사가 기꺼이 우리에게 제공하는 역설적인 반전 중 하나로, 그는 원래 아바스 혁명의 정신을 보존해 후세에 남겼다고 할 수 있을 것이다. 아바스 암살자들에게서 탈출해 알안달루스, 즉 이베리아반도에 독립적인 이슬람 정권을 세운 그는 철학과 과학을 위한 별도의 생명선을 만들었다.

이 이베리아 지역에는 관용과 박해, 평화와 재난의 시기가 번갈아 나타났으며, 결국 여러 작은 왕국들로 분열되어 북아프리카 군대와 나중에는 기독교도 군대에 의해 차례로 점령당했다. 그러나 알안달루스는 아랍 세계 전체와 광범위한 문화적 분위기를 공유했고, 일부 통치자들은 아바스 왕조만이 지식을 사랑하는 것이 아님을 보여주기 위해 열심히 노력했다. 때로는 놀라운 사상도 품을 수 있었다.

가장 뛰어난 안달루시아 지성인은 이븐루시드로, 서방에서는 라틴어 이름 아베로에스(1126~1198)로 더 잘 알려졌다. 1169년 무렵의 어느 시기에 칼리파는 그에게 아리스토텔레스를 설명하는 임무를 맡겼고, 그 결과로 30년에 걸쳐 이룩한 놀라운 연구물이 나왔다. 아베로에스는 아리스토텔레스의 거의 모든 저작에 대한 주석을 썼다. 초보자를 위한 간략한 요약인 자미al-Jāmi', 그것을 설명한 중간 길이의 탈히스Talkhīṣ, 독창적 사상으로 이를 발전시킨 장편의 타르시프tafsir(또는 샤르흐Sharḥ)로 아리스토텔레스 사상을 이슬람과 양립 가능하게 만들었다. 그는 또한 최소 67권의 또다른 책을 저술하며 자연, 의학, 법, 신학을 설명하기 위해 합리적 철학을 활용했다.

아베로에스는 또한 가잘리의 《철학자들의 모순》을 철저히 반박해 《모순의 모순Tahāhut al-Tahāhut》이라는 장난스러운 제목의 책을 썼다. 그는 자연법칙의 지배를 받는 현실 세계에 대한 가잘리의 부정이 지식 부정을 함축하고 있다고 설명했다. 이는 신을 멋대로 행동하는 전제군주로 만들며, 사실도 없고 가치도 없는 급진적 형태의 상대주의라는 것이다.

어떤 면에서 아베로에스는 혁명적이었다. 그의 적인 가잘리와 그의 영웅 아리스토텔레스는 모두 남성이 우월하고 여성은 복종하기 위해 존재한다는 믿음을 공유했다. 아베로에스는 지적 능력에는 성별 차이가 없으며, 여성도 남성과 동등하게 자신의 자유의지에 따른 혼인과 이혼의 권리를 가져야 한다고 주장했다. 여성의 능력이 부족해 보일 수 있지만, 이는 단지 그들이 재능을 발전시키는 것을 막았기 때문이었다. 자유가 주어진다면 여성도 철학자, 군인, 판사, 심지어 통치자가 될 수 있다. 여성 차별은 부당하며 국가를 빈곤하게 만든다고 그는 주장했다.[50]

아베로에스의 업적은 놀라운 것이었고, 그것이 이어져 유럽의 정신을 자극하고 르네상스의 이상에 영감을 주었다. 유럽에서 그는 '주석가註釋家'라 불리게 되고, 아리스토텔레스는 '철학자'가 됐다. 이 때문에 아베로에스의 저작은 히브리어와 라틴어 번역본으로 보존됐지만, 아랍어 원본은 모두 남아 있지 않다. 그는 자신의 문명을 구하기에는 너무 늦었다. 공포와 억압이 이미 합리적 철학과 과학에 대한 수요를 파괴했기 때문이다. 칼리파의 후계자는 아마도 기독교도 침략자들에 맞서 보수적인 성직자들을 결집시키기 위해 아베로에스를 배척했던 듯하다. 생애가 끝날 무렵, 아베로에스는 이단으로 정죄되어 작은 마을로 추방당했다. 그는 몇 년 후 복권됐지만, 그때쯤 그의 철학 서적은 이미 불태워졌다.

곧 더 큰 참화를 일으키는 군대가 동쪽에서 나타나게 된다. 12세기 말, 한 몽골 소년은 아버지를 잃고 부족에게 버려져 산속으로 들어갔지만, 영리하고 용감한 어머니와 자신의 카리스마, 외교술, 잔혹함이 멋지게 어우러져 살아남았다. 그는 적들을 물리치고 몽골 부족을 통합했다. 그는 자신이 선택한 칭기스 칸(재위 1206~1227)이라는 이름으로 역사상 가장 성공적이면서도 파괴적인 군사 원정 가운데 하나를 시작했다.

몽골인들은 등자에 서서 말을 달리며 화살을 쏠 수 있었고, 중앙아시아를 신속히 정복하며 저항하는 오래되고 부유한 도시들을 완전히 파괴했다. 오아시스 공동체와 도시 중심지들은 제방, 운하, 지하 수로를 건설해 사막에 꽃을 피웠는데, 침략자들은 이러한 관개시설을 파괴하고 농지를 목초지로 바꾸었다. 농업 생산은 붕괴했다.

1258년 1월, 칭기스 칸의 손자 훌라구가 이끄는 몽골군이 바그다드 성벽을 돌파했다. 여러 세대에 걸친 업적들(궁궐, 이슬람 사원, 아마도 36개의 도서관)이 단 며칠 만에 파괴됐고, 몽골군은 약탈한 금, 은, 직물의 무게에 허덕였다고 한다. 훌라구의 어머니와 총애하는 아내가 네스토리우스파 기독교도였기 때문에 그는 기독교도들이 교회에 숨는 것을 허용했지만, 도시 내에 남아 있던 다른 모든 사람들은 무자비하게 살해당했다. 일부 자료에 따르면, 불과 며칠 만에 80만 명이 목숨을 잃었다. 티그리스강의 물은 그곳에 던져진 수많은 책들의 잉크 때문에 검게, 그리고 학살당한 수많은 사람들 때문에 붉게 물들었다고 한다.

몽골인은 왕족의 피를 흘리는 것이 상서롭지 않다고 여겼기 때문에, 마지막 아바스 칼리파는 양탄자에 말아 말들이 짓밟아 죽이게 했다고 한다. 훌라구는 파괴된 도시에서 나는 악취를 피하기 위해 진영을 바람이 불어오는 쪽으로 옮겨야 했다고 한다. '세계의 교차로'는 잿더미와 폐허로 전락했다.

그러나 앞서 보았듯이 이미 내부의 힘들이 이 놀라운 문명을 안으로부터 붕괴시키기 위해 할 수 있는 모든 일을 했다. 이것이 가장 지속적인 영향을 미쳤다. 결국 이슬람교도들은 십자군을 물리쳤고, 곧 몽골 침략자들을 이슬람교로 개종시키며 강력한 제국을 재건했다. 그러나 그들은 자기네의 개방성과 호기심을 되찾지는 못했다. 몽골 침입 이전에 글을 쓴 가잘리의 제자 가운데 한 사람은 "철학을 다루는 자들"

에 대한 처벌과 추방이 매우 효과적이어서 "그들의 불길이 꺼지고 철학과 철학자들의 모든 흔적이 말살될 것"이라며 호기롭게 주장한 바 있다.[51]

위대한 사상가들은 이미 숙청당했고, 그들의 책은 불태워졌다. 결국 파괴된 수준 높은 관개시설을 재건할 수 있는 과학자도, 재력도, 조직적 역량도 남아 있지 않았다. 반동이 승리했고, 불모지가 확산됐다. 셸리가 표현했듯이, 쇠락한 폐허 위로 "외롭고 평평한 사막이 멀리까지 펼쳐졌다."

요약

아바스 칼리파국은 일부 신앙이 필연적으로 편협하고 미신적이라는 생각에 대한 흥미로운 교정 사례가 된다. 오늘날 많은 이슬람 국가들이 억압적이고 개발이 뒤처진 반면, 아바스 칼리파국은 유럽이 아직 암흑기에 있었던 시기에 세계에서 가장 부유하고 가장 진보한 나라였다. 결과를 결정하는 것은 종교 자체가 아니라, 그것이 어떻게 해석되고 무엇에 중점을 두느냐다. 8세기 바그다드에서 이슬람은 평화, 개방, 진보의 길로 해석됐다.

이제 이것은 익숙한 황금시대 시나리오다. 주요 전쟁에서 승리한 뒤 자신감을 가진 아바스 왕조는 국제 교류와 지적 개방에 전념하기로 결정했다. 아테네에 델로스 동맹이 있고 로마에 팍스 로마나가 있었던 것처럼, 아바스 왕조는 마디나트앗살람('평화의 도시')을 건설하고 팍스 이슬라미카를 확립했다. 북아프리카에서 아프가니스탄까지 뻗쳐 있는 광대한 제국에서 시민들에게 자유와 보호를 제공하는 법체계와 경제적 자유가 있었다. 그들은 로마보다 훨씬 큰 통합된 경제 지역을 만들었으며, 아테네와 로마가 그랬듯이 단순히 자유 기업과 자유 무역을 실행한 것에 그치지 않고 기업가 정신과 무역을 고귀하게 여기는 문화 역시 수용했다. 여성들은 재산과 사업 활동에 대한 권리를 가졌는데, 이는 서방 여성들이 현대에 들어서서야 이룩한 것이었다. 그 결과 활기차고 도시화된 문명과 폭넓은 경제 발전이 이루어졌다.

아테네가 오래된 문명 근처에 위치해 혜택을 누렸던 것처럼, 아바스 왕조도 그랬다. 그리고 그들은 새 수도를 의식적으로 그곳 '세계의 교차로'에 세웠다. 이곳은 종교, 언어, 사상이 섞여 상호작용하는 일종의 국제적 유토피아였다. 이 정권이 자기네 새 제국을 관리할 새로운 역량이 필요해지자, 아바스 왕조는 자기네가 정복한 고대 문화들이 그곳에 남긴 철학, 과학, 경제학의 보물창고에서 그것을 찾아낼 수 있었다.

따라서 아바스 왕조는 서로 다른 민족과 종교의 사람들이 참여하도록 적극적으로 장려하는 관용 정책을 발전시켰으며, 모든 문화의 문헌을 번역하고 발전시켰다. 서로 다른 전통과 사상들의 결합과 충돌은 예전의 황금시대들에 그랬던 것처럼 예술, 과학, 기술의 꽃을 피우게 했다. 과학적 성취는 놀라웠으며, 이후 많은 문화, 특히 유럽 문화에 자극을 주었다.

하지만 다른 황금시대들에서 그랬던 것처럼, 아랍인들은 자신의 권력이 약화된다고 느끼자 자기네의 개방성에 대해 의문을 품기 시작했다. 아테네와 로마는 전염병으로 파괴됐지만, 바그다드는 정치적 불안과 반란, 그리고 더 건조해진 기후로 인해 어려움을 겪었다. 분리주의자들은 제국의 일부 지역을 떼어냈고, 세수 부족은 로마에서 보았던 것과 유사한 과정을 촉발했다. 통치자들은 점차 사유재산을 약화하고 보다 봉건적인 체제를 도입하기 시작했다. 군직을 가진 사람들은 독립 농민을 몰아내기 시작했다. 상인과 민간 자본의 역할도 약화됐다.

아바스 왕조 통치자들은 특히 이러한 분리주의가 종교적 분열과 결합됐을 때 가장 파괴적으로 반응했다. 그들은 이슬람교에 대한 다른 해석을 억압해야 한다고 생각했고, 또한 하나의 진정한 해석을 위한 싸움이 지지자를 동원하는 데 활용될 수 있다는 것을 깨달았다. 셀주크 튀르크와의 동맹 속에서 아바스 제국은 종교와 논쟁을 통제했으며, 관용과 과학 전통을 훼손했다. 종교적 억압은 오히려 더 많은 갈등을 야기할 뿐이었고, 이에 따라 그들이 안정에 기여할 것이라고 생각한 억압이 더욱 필요해졌다. 과학과 철학의 전통은 급속히 쇠퇴했다.

자유시장과 지적 개방성이 사라지면서 사회는 빈곤해지고 실패를 감당할 여유도 줄어들었다. 새로운 침략자들의 물결이 제방과 관개수로를 파괴했을 때, 아랍인들은 마치 로마 말기 사람들에게 고가 수로가 끊겼을 때와 같은 상황에 처했다. 그들은 이전 세대가 아주 쉽게 구축했던 것처럼 보이는 놀라운 기술을 재건할 능력이 없었고, 이제 종료된 시대를 황금시대로 기억하기 시작했다.

결국 상황은 매우 심각해져 많은 사람은 이슬람 사회를 형편없이 전제적이고 미신적이라고 여기기 시작했다. 아바스 왕조가 한때 기독교도에 대해 그렇게 생각했었다. 그러나 실패는 운명이 아니라 선택이다.

아바스 왕조가 자기네 제국에 대한 권력을 잃어가기 시작할 무렵, 중국의 새로운 왕조는 이를 증명하면서 그 이전 어떤 왕조보다 더 부유하고 문화적으로 더 발전했으며 기술적으로 더 뛰어난 나라를 만들고 있었다. 한 이야기에 따르면, 무함마드는 한때 신도들에게 이렇게 권했다고 한다. "중국과 같이 먼 곳에 가게 되더라도 지식을 탐구하라." 그래서 이슬람 세계가 황금시대를 잃어가고 유럽이 자기네에게 한때 황금시대가 있었음을 잊기 시작했을 때, 우리가 다음으로 가야 할 곳은 바로 그곳이다.

4장

송나라

근대의 문턱에서

우리가 글도 제대로 읽지 못하던 시절에, 중국인들은 (…) 오늘날 우리가 자랑하는 본질적으로 유용한 모든 것을 이미 알고 있었다. — 볼테르, 1764[1]

중국은 오랫동안 세계에서 가장 부유한 나라들 가운데 하나였다. 즉 세계에서 가장 비옥하고, 가장 잘 경작되며, 가장 근면하고, 가장 인구가 많은 나라였다.

— 애덤 스미스, 1776[2]

경제, 정부, 사회 구조, 지적 생활 및 과학적 탐구라는 핵심 영역에서 송나라 시대의 중국은 18세기 유럽만큼이나 현대에 가까웠다. — 스티븐 데이비스[3]

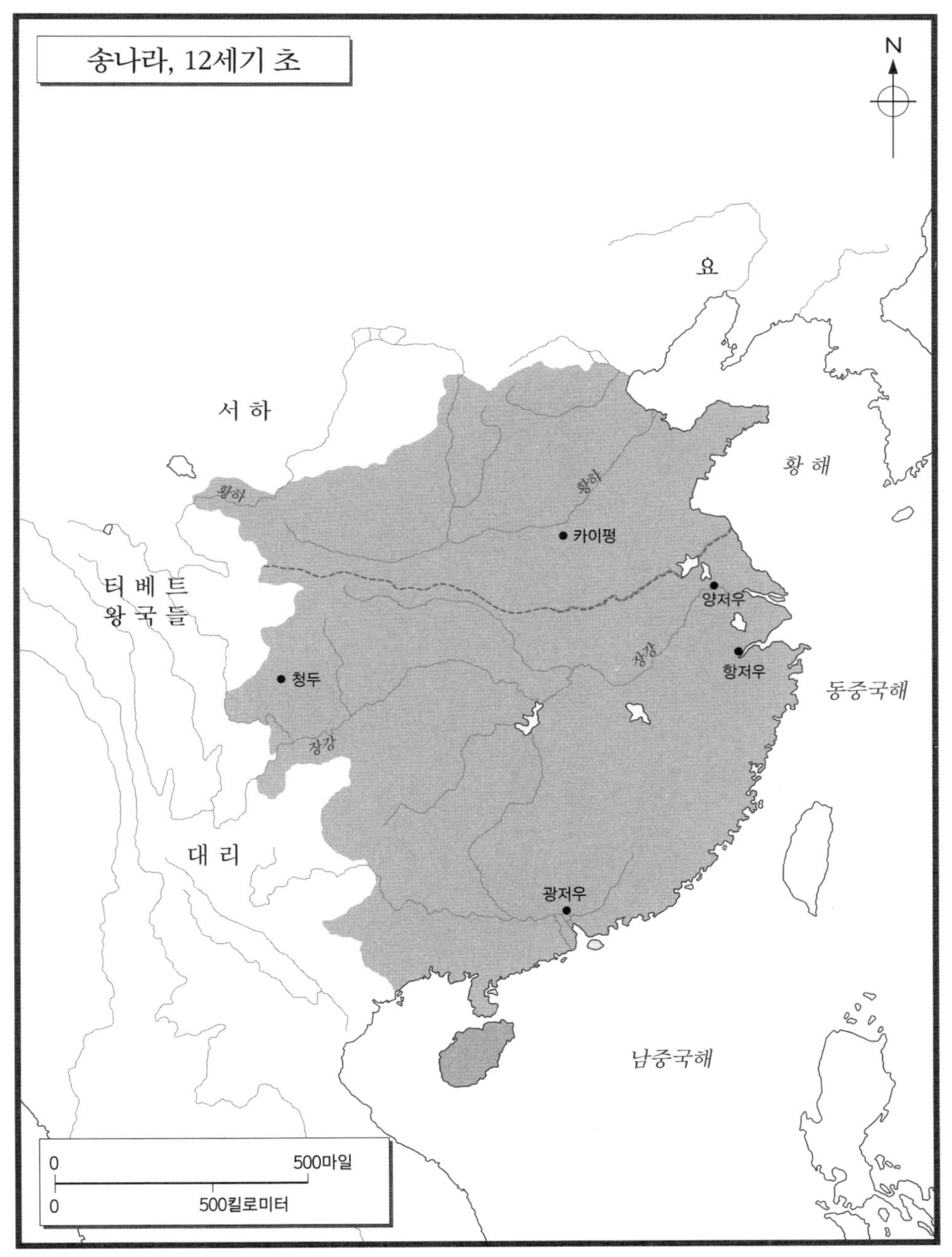

송나라, 12세기 초
N
요
서 하
황 해
황하
카이펑
터 베 트
왕 국 들
양저우
상강
청두
항저우
동중국해
장강
대 리
광저우
남중국해
0
500마일
0
500킬로미터

중국이 1970년대 말 경제를 개방한 이후 보여준 급성장을 우리는 어떻게 이해해야 할까? 논평가들은 우리가 그리 놀랄 필요는 없다고 주장했다. 이것이 예외적 현상이 아니라, 오히려 그전까지의 정체 상태가 예외였다고 그들은 말했다. 중국은 잠깐의 휴지기 이후 탁월한 문화와 기술을 지닌 세계 유수의 경제권이라는 전통적 위치로 돌아가는 중이라는 것이다. 하지만 이 모든 논평가들이 과거 중국의 우월성을 이야기할 때 우리는 그것이 어느 시대를 가리키는지, 그리고 그 우월성을 가능하게 했던 요인이 무엇인지에 대해서는 거의 듣기 어려웠다.

그 단서를 보여주는 독특한 두루마리 그림이 있다. 12세기 초 중국 도시의 활기차고 역동적인 모습을 보여주는 〈청명상하도淸明上河圖〉다. 흔히 중국의 〈모나리자〉라고도 불리지만, 프랑스의 자수품 바이외Bayeux 벽걸이 융단과 영국의 숨은그림찾기 책 《월리를 찾아라》를 합쳐 놓은 것이라는 팟캐스트 〈우리는 왜 송 왕조를 사랑하는가〉의 밥 존스Bob Jones의 말이 더 정확하다. 길이 5.25미터(폭은 25.5센티미터)에 이르는 이 상세한 두루마리는 도시 중심부와 농촌 지역, 그리고 그 사이를 흐르는 강을 묘사하고 있다. 여기에는 30채의 건물, 28척의 배, 814명의 인물, 60마리의 동물이 등장한다. 관개된 논밭, 농가, 염소를 돌보는 이들도 보인다.

그림 속 시장은 현기증이 날 정도로 자유롭다. 사람들은 술, 곡물, 조리 도구, 약재, 가구, 직물, 악기 등을 실어 나르고 사고판다. 의사,

이발사, 승려, 제분업자, 금속공, 목수 등이 있다. 다층 구조의 식당, 노점, 심지어는 음식 배달부까지 있다. 배우, 곡예사, 하인, 학자, 승려, 점쟁이도 보인다. 최신 기술, 이국적 상품, 외국 상인, 지역 상인들이 있다. 말 그대로 모든 것이 어디에나 동시에 존재한다.

이 선진적이고 세계화된 경제가 필요로 하는 모든 운송 수단이 그림에 잘 나타나 있다. 낙타 상단商團이 있고, 물건들이 배, 마차, 손수레, 지게, 당나귀에 실려 이동한다. 가장 유명한 것으로 그림 중앙에 다리가 하나 있고 거기에는 행상인들이 가득하다. 배 한 척이 거센 물살에 밀려 다리나 근처의 다른 배와 충돌하기 직전인 듯한 모습이다.

거지들도 보이지만, 이들은 역사적 기준으로 보면 대부분 잘사는 사람들이다. 사실 당시까지 인류 역사상 가장 잘사는 사람들이다. 쌀과 은 가격을 기준으로 추정한 소득은 송나라 때인 1080년이 1400년에 비해 두 배 높았으며, 이후 적어도 800년 동안 그 수준을 능가한 적이 없었다.[4]

1620년, 잉글랜드 철학자 프랜시스 베이컨은 고대에는 알려지지 않았지만 "세계 전반의 모습과 전개 방식을 완전히 바꾸어놓은" 세 가지 위대한 발명이 있다고 말했다. 바로 화약, 나침반, 인쇄술이다. 베이컨에 따르면 "이 세 가지 기계적 발견보다 더 인간사에 큰 힘과 영향력을 행사한 듯한 제국, 종파, 영웅은 없다."[5] 1861년 카를 마르크스 또한 "이것들은 부르주아 사회의 도래를 예고하는 세 가지 주요 발명"이라고 주장했다.[6] 이 발명들이 기사 계급을 무너뜨리고, 세계 시장을 열고, 과학의 부흥을 가능케 했다는 것이다.

그러나 베이컨이 '최근'의 것이고 기원이 '불분명'하다고 한 이 세 가지 발명은 이미 천 년 전에 〈청명상하도〉에 나오는 그 강가에 살던 중국인들이 사용하고 있었다. 중국인들은 책을 인쇄했고, 자침을 이용해 항해했으며, 전투 때 화약을 사용했다.

피터 왓슨은 역사 속의 사상과 혁신에 관한 자신의 연구에서 그 시기의 중국이 "세계에서 지적으로 가장 수준이 높고 기술적으로 가장 앞선 나라"였다고 썼으며, "중국의 우월성은 아마도 송 왕조 시기(960~1279)에 가장 두드러졌을 것"이라고 덧붙였다.[7]

중국 기술사 연구에 일생을 바친 조지프 니덤Joseph Needham은 방대한 저술의 첫 권에서 이렇게 말한다. "중국 문헌에서 과학사나 기술사의 어떤 특정 부분을 추적해 들어가다 보면 언제나 송나라가 핵심적인 지점으로 나타난다."[8] 이는 수리공학, 조선술, 교량 건설, 건축, 화학, 화약, 의학, 수학, 식물학, 원예 등 거의 모든 분야에 해당한다. 송나라 사람들이 스스로 발명하지 않은 것이라도 종종 그것을 가장 먼저 기록하고 가르친 것은 그들이었다. 문자 해득률이 높은 문화 덕분이었다. 이 사회는 근대 과학을 시작하고 공업혁명을 촉발시킬 뻔했던 곳이었다.

그러나 9세기 중엽 중국에 도착한 아랍 상인들이 본 모습은 이와 매우 달랐다. 당시 중국은 국제적 분위기가 풍부한 당 왕조 시대였지만, 경제적 어려움과 반란으로 인해 위기에 직면해 있었다. 과거에는 따뜻하게 환영받던 외국인들이 이제는 희생양이 됐다. 836년, 중국인은 '유색인'(비중국인)과의 접촉을 금지하는 법령이 발표됐다. 수백 년 동안 빠르게 확산됐던 불교는 840년대에 금지됐다. 4600개가 넘는 사찰과 암자가 파괴되거나 다른 용도로 전환됐고, 그 과정에서 정부는 귀금속으로 만든 불상을 녹이고 승려와 그 노비들에게도 세금을 부과해 세입을 늘렸다.

갈수록 무거워지는 세금 부담과 강제 노역은 농촌에 절망을 가져왔다. 농민들은 굶주려 자식을 노비로 팔고, 생존을 위해 산적이 되기도 했다. 한 산적 두목은 다양한 무리를 규합하는 데 성공했고, 879년 5월에는 광저우의 무역 중심지를 점령했다. 그곳에서 아랍인, 페르시아인, 인도인 상인 가족 수만 명이 학살당했다.

곧 중국은 여러 군벌과 유목민 약탈자들이 무엇이든 각자 취할 수 있는 것을 취하면서 쪼개졌다. 이 길고 혼란스러운 불안과 전쟁의 시기는 오대십국五代十國 시대로 알려졌다. 그 시대의 종말은 959년에 한 단명 왕조의 황제가 죽고 여섯 살짜리 아들이 그 뒤를 이으면서 시작됐다.

진교의 변란

960년 초, 진교陳橋 역참 근처의 군영에는 밤이 내려앉았지만, 침략자가 나타났다는 소문이 들리자 소년 황제가 파견한 장교들은 잠을 이루지 못하고 불안에 싸여 있었다. 하늘에 이상한 징조가 보였다는 소문이 돌고, 반란의 기운이 감돌고 있었다. 그들의 지휘관 조광윤趙匡胤은 분명히 거나한 술판을 벌인 뒤 잠들어 있었다. 그러나 그는 검을 뽑아 든 부하 몇이 자신의 천막으로 들어오자 급히 깨어났다. 그가 본 광경은 그를 깜짝 놀라게 했다. 병사들은 황포黃袍를 들고 있었다. 황색은 전통적으로 황제의 색이었다. 밖으로 나가자 그는 모여 있는 병사들의 열렬한 요구에 직면했다. 어린 황제의 명령을 따를 수 없으니, 군사 영웅인 그가 황위를 찬탈해야 한다는 것이었다.

어떤 이는 태어나면서 황제가 되고, 어떤 이는 스스로 제국을 이루며, 또 어떤 이는 억지로 떠안게 된다는 이야기가 있다. 분명히 충성스러운 조광윤은 병사들의 말에 격분했지만, 그 분노는(혹은 충성심은) 그들의 요구를 거부할 만큼 크지는 않았다. 사료에서는 병사들이 자발적으로 봉기했고 조광윤은 마지못해 수락했다고 말하지만, 모든 정황은 치밀하게 준비된 정변임을 가리킨다. 조광윤이 수도 카이펑을 향해 진군하기 시작하면서 소문이 돌았던 그 침략자는 흔적도 없이 사라졌는데, 이는 군대를 소집하기 위한 계략이었음을 시사한다. 병사들이 자기네 통치자에게 등을 돌린 바로 그 시점에, 적절한 황포가 군영에 준비되어 있었다는 것 역시 너무나 공교로운 일이었다. 조광윤은 병사들이 자신에게 직접 충성을 맹세한다는 조건으로 즉위를 받아들였으며, 병사들은 폐위된 황제에게 해를 입히지 않고 카이펑을 약탈하지도 않았다.

이것은 이 혼란한 시대의 기존 침략자들과의 분명한 단절이었으며, 도시의 재산을 보호하고 주민 다수의 충성심을 확보할 수 있는 영리한 조치였다. 전투 한 번 없이 조정 관리들은 새 주군에게 굴복했다. 새 왕조가 탄생했고, 조광윤이 쑹저우의 군을 지휘했기 때문에 새 왕조는 그 이름을 따서 '송'이라 불렸다. 조광윤 자신은 역사에서 그의 사후에 정해진 묘호인 송 태조太祖(재위 960~976)로 알려지게 된다. 송나라의 건국자라는 의미다. 새 왕조는 곧 오행의 화火와 이에 상응하는 붉은색을 그 상징으로 삼았다. 송나라 황제들은 초상화에서 붉은색 옷을 입은 모습으로 자주 나타난다.

무력으로 권력을 장악한 태조는 군대의 힘에 대해 중요한 사실을 이해하고 있었다. 그는 지난 80년 동안 중국을 황폐화한 군웅할거를 반드시 끝내겠다고 결심했다. 그래서 그는 문文을 무武보다 우위에 두는 우문右文 원칙을 강화하는 계획을 추진했다. 이는 고대 철학자 공자(서기전 551?~479?)의 사상에 기반한 윤리 학파인 유가儒家에서 중요한 이상이었고, 송 왕조는 이를 전적으로 수용했다. 이는 송 제국만의 독특한 성격을 만들어냈다.

적들이 사라진 뒤 태조에게 남은 주요한 위협은 그의 친구들이었다. 그 자신과 공모한 자들이 군대를 지휘하고 있었고, 이미 그들은 황제를 폐위하고 자신들 가운데 한 명을 옹립할 의지가 있음을 보여준 바 있었다. 그들이 연합해 자신에게 맞선다면 그에게는 그들을 저지할 힘이 충분하지 않았다. 그래서 961년 8월 20일에 그는 이들을 모두 술자리에 초대했다고 한다. 독자들은 무언가를 떠올리겠지만, 그런 일은 아니었다. 태조는 잠재적 경쟁자들을 때려죽이고 양탄자에 말아버린 뒤 연회를 계속하지 않았다. 오히려 (일부 기록에 따르면 눈물을 머금고) 그는 중국의 미래와 내전의 참상에 대한 두려움을 이야기했다. 그는 출세를 바라는 부하들이 음모를 꾸밀 수 있으며, 그들이 가진 지위가 이런 음모자들에게 이용될 수 있다고 경고했다. 그의 말에 감동한 장수들은 어떻게 하면 그의 근심을 덜어줄 수 있겠느냐고 물었다.

정말로 좋은 질문이었다! 황제에게는 물론 계획이 있었다. 그는 장수들에게, 지휘권을 내놓고 편안한 저택으로 물러나 지방관으로 일하면 오래 살고 풍요로운 삶을 누릴 수 있을 것이라고 말했다. 그렇게 한다면 황실과 혼인을 해서 새 왕조의 일원이 될 수도 있다고 했다. 분명히 놀라고 술에 취한 손님들은 모두 권력이나 전쟁에 관심이 없다고 강하게 강조했다. 혹시라도 거절했다가는 장막 뒤에 숨어 있던 자객이 튀어나올까 두려워했을까? 기록은 말해주지 않는다. 하지만 다음날 그들은 모두 자리를 내놓겠다고 청했다.

이는 천재적인 한 수였다. 술 한 잔을 마시면서 태조는 잠재적 위협을 제거하는 동시에 유력한 새 가족 구성원들을 지방의 통치자로 배치해 자신의 영토에 대한 지배력을 확장했다. 이로써 중국의 제도에서 주목할 만한 비군사화가 시작됐다. 태조는 많은 노장을 은퇴시키고, 군대의 다른 부문 출신의 새 장수들을 임명해 기존의 권력 관계를 해체했다. 어느 한 사령관이 특정 지역에서 지나치게 강력해지면 즉시 수도로 소환했다. 동시에 학문에 대한 자신의 헌신을 보이기 위해 태조는 장수들에게 독서를 더 많이 하라고 권했다. 11세기의 한 송대 역사가도 감탄하며 이렇게 기록했다. "태조 황제는 사람들의 마음에 부합했으며, 군사들은 칼날을 피로 물들이지 않았고, 시장은 처형의 장으로 변하지 않았다."[9]

이것은 분명히 과장이었다. 많은 칼날이 피로 물들었다. 이후 16년 동안 태조는 중국 중부와 남부에 형성된 독립 왕국들을 제압하기 위해 싸웠다. 이 지역은 이전 전쟁에서 대부분 전투가 비껴가 생산이 중국의 다른 지역만큼 파괴되지 않았고, 난민의 유입으로 인구가 늘었다. 이러한 부는 그들이 외부 간섭에 반대하게 만들었지만, 동시에 이 지역을 징세자가 꿈에 그리는 곳으로 변모시켜 송 황제를 유혹했다. 이 수십 년 동안 송나라 군대는 역사가 피터 로지Peter Lorge가 말했듯이 "역사상 중요한 군사 기계 가운데 하나"였다.[10]

태조의 독특한 전쟁 방식은 정복을 용이하게 했으며, 로마인과 아랍인의 전략적 관용을 떠올리게 한다. 그는 항복한 자들의 생명과 재산을 그대로 두었을 뿐 아니라, 폐위된 지배자들에게 수도에서 편안한(물론 엄격히 감독받는) 생활을 보장했다. 군사 원정을 위한 준비 가운데 하나는 곧 폐위될 적 지배자를 위한 거대한 저택을 짓는 것이었다. 어떤 전쟁은 제대로 시작되기도 전에 협상을 통한 항복으로 끝나기도 했다.

태조의 병사들은 매우 이례적인 행동 규범을 따르도록 명령받았다. "농촌을 약탈하지 말 것, 민간인을 학대하지 말 것, 가능한 한 인명 손실을 피할 것" 등이었다.[11] 그러나 965년 후촉後蜀을 침공한 뒤 병사들이 이 규율을 무시하도록 방치됐는데, 이를 허용한 장수들은 참수되었지만 부하들을 제지한 하급 지휘관 조빈曹彬은 빠르게 승진해 곧 송군 전체를 지휘하게 됐다. 태조가 이런 조치를 취한 것은 결벽증적 연민 때문이 아니라 전략적 절제에서였다. 한 불량한 장수가 특히 잔혹했다는 사실이 밝혀지자 태조는 그의 일족 전체를 처형했다.

돈으로 산 평화

새 왕조는 이전 왕조들의 자의적 통치와는 달리, 더 많은 규범에 기반한 정부를 세우는 작업에 착수했다. 태조는 정책을 수립하고 국가를 운영하는 역할을 함께 맡는 재상들의 회의체인 중서문하中書門下를 설치했으며, 그중 수석인 동평장사同平章事는 점차 총리 역할을 수행하게 됐다. 세습적 군 절도사 대신 전문적인 문관 관료제가 구축됐다. 초기에는 인맥을 통해 새로운 관리를 선발했지만, 제국이 커지면서 더 많은 관리가 필요해졌고 태조의 동생인 2대 황제 태종太宗(재위 976~997)은 선왕과 얽힌 인연이 없는 새로운 인재를 필요로 했다. 그래서 그는 기존의 유교 경전, 역사, 법률, 수학에 대한 전국 과거시험 제도를 대대적으로 확대했다.

이는 일정 정도의 능력주의를 확립했다. 과거시험이 관직 진출의 통로가 되면서, 미천한 배경 출신이라도 적어도 명목상으로는 신분 상승의 기회를 가질 수 있었다. 이 점의 중요성은 아무리 강조해도 지나치지 않다. 사설 학원에서 이에 맞는 공부를 하기 위한 비용은 매우 비쌌고, 수도에서 치르는 상급 시험에 진출할 수 있는 합격률은 1~10퍼센트에 불과했다. 13세기 초에는 과거시험에 합격한 관리가 행정 대상 인구 7만 5천 명당 겨우 한 명뿐이었다.[12]

11세기에 한 학자가 과거에 급제한 뒤 마차를 타고 고향으로 돌아왔을 때의 기록은 이 교육 제도가 얼마나 이례적이었는지를 (그리고 왜 현대 학자들이 이 제도를 아바스 왕조의 '지혜의 전당'보다 더 부러워하는지를) 보여준다.

사람들이 길 양쪽에 모여 지켜보며 탄복했다. 평범한 남자들과 어리석은 여자들이 흥분해 앞으로 달려와, 마차와 말이 일으킨 먼지 속에 엎드리며 자신을 낮추었다.[13]

수백 년이 흐른 뒤, 과거제도가 중국이 정체한 원인이라는 시각도 등장했다. 경전을 암기하는 데 지나치게 의존했기 때문이다. 그러나 과거제도는 강력한 학자 관료 계층을 형성하고 중국을 식자識字 문명으로 만드는 데 기여했다. 이는 권력과 명예가 출생이 아니라 교육과 시험에서 나온다는 의미였고, 덕분에 엘리트 계층은 계속해서 유능한 외부 인재로 새로 채워졌다. 제도는 신분 변동을 보장하기 위해 큰 노력을 기울였다. 응시자의 이름은 가려져 시험관이 가문의 배경을 알 수 없게 했고, 두 명의 시험관이 각각 답안을 평가해야 했다.

여몽정呂蒙正의 이야기는 사실과 허구가 섞여 있기는 하지만 여러 세대에 걸쳐 자극의 원천이 됐다. 그는 부모를 여읜 가난한 학생이었으며, 장사꾼들이 남긴 참외를 주워 먹으며 생활했다고 한다. 하지만 그는 열심히 공부해 마침내 과거에서 최고 성적인 장원狀元으로 합격했다. 이후 태종 황제 아래에서 동평장사가 됐다. 어느 이야기에서는 여몽정이 옛날에 과일을 주워 먹던 자리에 돌아와 다른 이들을 격려하기 위한 정자를 세웠다고 한다.

태조의 파격적인 정책 개혁 가운데 하나는 자신과 의견이 다른 신하를 죽이지 않는 것이었다. 황제에게 아첨하는 자들이 여전히 총애를 받았지만, 반대 의견을 제시하는 신하들을 유지함으로써 고분고분한 사람들의 자동 승진을 막고 '쟁신諍臣'들이 불편한 소식이나 반대 견해를 황제에게 전달해 지식의 폭을 넓혀줄 수 있었다. 전쟁과 평화, 사유와 공유 등 다양한 문제를 두고 조정에서 열띤 논쟁이 벌어진 사례가 많다. 일반적으로 황제는 처벌이 필요할 때 처형보다는 강등이나 유배를 선호했다.

이렇게 이야기하는 것이 법치에 기반한 세련된 정부 형태였던 것처럼 들린다면, 그것이 완전히 틀린 얘기는 아닐 것이다. 적어도 이전이나 동시대 다른 문화와 비교해서 말이다. 황제가 총애하는 신하가 잘못을 저질렀을 때 좀더 관대하게 대하려 했지만 참모들이 동일하게 법을 적용해야 한다는 점을 상기시켰던 사례들이 있다. 그러나 여전히 정점에는 백성의 뜻이 아니라 천명에 의해 통치권을 부여받은 한 사람이 있었으며, 그가 마음만 먹으면 칼을 통해 자신의 뜻을 신민들에게 강요할 수 있었다.

일부 통치자들은 확실히 제멋대로였다. 태종 황제가 친형인 태조를 죽이고 권력을 차지했다는 소문이 끊이지 않았고, 그가 즉위한 뒤 태조의 두 아들과 자신의 이복동생을 살해했을 가능성도 적지 않다.

송나라의 지정학적 상황의 또다른 측면은 비군사화 과정이라는 인상을 강화했다. 왕조는 위험한 경쟁 세력과의 전쟁을 피하기 위해 많은 비용을 지불했다. 중국 북쪽의 여러 스텝 왕국들은 송이 패배시킬 수 없을 정도로 너무 강력하다는 사실이 드러났고, 이웃을 습격해 약탈하려는 그들의 욕망은 언제나 위협을 제기했다. 1005년, 요나라의 침입을 끝내기 위해 태종의 아들인 제3대 송 황제 진종眞宗(재위 997~1022)은 매년 비단과 은을 제공해 침입군을 매수하고 평화를 유지했다. 그러나 전쟁이 끝나 국경이 무역을 위해 개방되자 그 돈의 상당 부분은 다시 제국으로 돌아왔다.

이러한 방식으로 평화를 얻었기 때문에 송나라는 이전 당나라 시절의 중국을 완전히 재통일하지는 못했다. 송나라의 영토는 300만 제곱 킬로미터에 약간 못 미쳐 오늘날의 중국보다 훨씬 작았지만, 서유럽 전체보다는 상당히 컸다. 이러한 평화 추구는 동시대의 일부 사람들과 후대의 많은 역사가들에게 약점으로 비쳤다. 그들은 힘을 공격적이고 팽창적인 것으로 보는 경향이 있기 때문이다. 송나라는 결국 북방의 침략으로 잔혹하고 피비린내 나는 최후를 맞은 것이 사실이지만, 이는 319년 동안 18명의 황제가 통치한 이후의 일이었다. 그렇게 오래 버틴 왕조는 드물었다. 당, 명, 청 어느 왕조도 그 정도로 오래 지속되지는 못했다. 송 황제들은 평균 18년씩 통치했는데, 다른 중국 왕조의 황제 평균 재위 기간은 8년에 불과했다.[14]

다른 모든 문명과 마찬가지로 중국에도 노예 주민이 있었으며, 이들은 흔히 전쟁 포로이거나 빚을 갚지 못해 자유를 잃은 사람들이었다.

송나라가 다른 중국 왕조들보다 노예에 덜 의존했다고 흔히 주장하는데, 이는 아마도 평화 정책으로 인해 전쟁 포로가 줄어든 것이 가장 큰 이유일 것이다.

송 왕조가 평화로운 공존을 기반으로 했다는 사실은 경제와 문화가 꽃필 수 있는 공간을 제공했다. 과거에는 양쪽 방향으로 서로 다른 군대가 자주 넘나들던 국경이 이제 100년 이상 평화롭게 유지됐다. 그러나 이것이 가지 않은 유망한 길이라는 대안이 있었음을 의미하지는 않았다. 송나라가 이 정책을 쓰기로 한 것은 북부 침공에 거듭 실패한 후였다. 때때로 평화파가 조정에서 실각하고 송이 북벌을 감행했을 때(1081년 서하 공격이나 1206년 금나라 공격이 그런 경우였다) 그들은 곧 후회하게 됐다.

군사 전략가 손자孫子가 서기전 5세기에 설명했듯이, 가장 큰 능력은 백 번의 싸움에서 이기는 것이 아니라 싸우지 않고 적을 굴복시키는 것이다.

왜 중국인이 그렇게 많아졌는가

송나라를 진정으로 독특하게 만든 것은 군대의 자원병 제도였다. 이 나라는 봉건제(귀족이 토지와 농민을 지급받는 대신 군 복무를 제공하는 제도)를 갖고 있지 않았고, 다른 왕조에 비해 징병제에도 크게 의존하지 않았다. 본래의 설명은 내전 시기의 혼란과 이주의 물결 속에서 병력을 모집하기 위한 유일한 방법은 그들을 후하게 대우하는 것이었으리라는 얘기였다. 그러나 이는 중국의 미래 발전에 막대한 영향을 미치게 된다.

직접 복무에 의존하지 않는다면 사람들과 그들이 사는 곳을 통제할 필요가 없다. 반면 자원병에게 돈을 주고 복무하게 하려면 많은 돈이 필요하다. 당나라 초기에는 혼인한 부부에게 일정한 토지가 배정됐고, 그들은 그곳에 머물며 세금을 내고 노동력을 제공해야 했다. 정부가 새로운 지역을 개척하기를 원할 때에만 이들의 이주가 허용됐다.

송나라는 이러한 통제가 필요 없었으며, 국내 이주 제한을 완화할 수 있었다. 그러나 송나라는 여기서 더 나아갔다. 그들은 이동과 상업을 적극 장려했다. 국가는 이제 교역과 도시 소비에서 나오는 세금에 의존했기 때문이다. 놀랍게도 송 정부는 많은 농민에게 그 토지에 대한 사유재산권을 부여했다. 여기에는 상속, 매매, 임대할 권리까지 포함됐다. 과거와 이후의 다른 통치자들이 농민을 강제로 새 지역에 이주시킨 것과 달리, 송나라는 농민들에게 긍정적인 이주 유인책을 제공했다. 미경작지를 개간한 가족에게는 그 토지에 대한 영구적 권리가 부여된 것이다.

송나라 이전에는 중국의 소작농들이 토지에 예속되어 있었고, 지주가 자기네 땅을 팔 때 소작농도 계약에 포함됐다. 1027년, 이러한 관행을 막기 위한 칙령은 이렇게 선포했다. "'이후'로는 소작농이 이동할 때 더 이상 주인의 허가를 받을 필요가 없다."[15] 그러나 이 법 조항은 자주 무시되었다. 일부 지역에서는 대토지 소유층이 지방 행정을 장악했고, 도망친 소작농들은 강제로 되돌려 보내졌다. 조정은 소작농이 "자유롭게 행동하도록 허용하라"라는 지시를 반복해야 했다.

농노도 있었고 토지에 묶인 소작농도 있었지만, 대지주의 강한 압력에도 불구하고 이것이 봉건 제도로 발전하지는 않았다. 지주의 재판권은 법적으로 인정되지 않았고, 영지는 특권을 지닌 무사 계급이 운영하지도 않았다. 토지는 매매됐고, 수확물의 일정 몫을 요구하던 관행도 점차 금전 거래로 대체됐다.

인구 증가에도 불구하고 토지를 직접 소유하고 경작하는 농민의 비율은 증가해 약 60~70퍼센트에 달했다(다만 평균 보유 면적은 크지 않았다). 상업화가 더 진행된 지역에서는 농촌 인구 중 토지를 소유하지 않은 비율이 10~20퍼센트에 불과했는데, 이는 당시의 유럽인들에게는 믿기 어려운 수준이었을 것이다. 여러 수치를 분석하고 지역별 상황을 비교한 중국의 경제학자 류광린劉光臨은 "가장 가난한 계층의 상대적 감소는 시장경제의 발전과 연관되어 있었다"라고 결론지었다.[16]

재산권과 시장에서 판매할 기회는 농민들이 전통적인 방식 대신 더 생산적인 방법을 도입하도록 자극했다. 그들은 계단식 논인 제전梯田의 경작을 확대하고, 비료로 거름, 하천의 진흙, 석회를 더 많이 사용했다. 또한 물을 퍼올려 관개망으로 흘려보낼 수 있도록 제방, 수문, 수차를 도입하는 등 복잡한 형태의 수리 기술이 개발됐다.

이 시기에는 또한 더 수확량이 많거나 더 빨리 익는 새로운 작물도 도입됐다. 해마다 두 차례 수확이 가능한, 현재의 베트남 중부 지역에서 들여온 새로운 벼 품종 점성도占城稻 같은 것들이었다. 농민들은 가뭄에 강한 품종, 염분 토지를 개간하기 위한 적미赤米, 음식의 향을 더하는 향미香米, 술 빚기에 특히 적합한 벼 등 여러 품종을 실험하기 시작했다. 이제 시장 가격으로 필요한 쌀과 곡물을 안전하게 구입할 수 있었기 때문에 많은 농민이 차, 사탕수수, 뽕나무, 쪽풀 등 판매용 환금작물로 특화하기 시작했다.

교역과 개선된 운송으로 한 지역의 잉여 생산물이 다른 지역의 결핍을 메울 수 있게 됐다. 비옥한 지역인 "쑤저우와 후저우에서 풍년이 들면 온 나라가 넉넉해진다"라는 속담이 있지만, 곧이어 "새로운 경작법이 개발되고 갈대 늪지와 숲을 매년 개간하며 둑을 쌓은 논이 계속 확대"된 덕분에 "설령 풍년이 들지 않더라도 수년간 먹고 살 만큼은 확보"된다는 말이 덧붙게 됐다.[17]

우리는 흔히 중국 하면 쌀과 차를 떠올리지만, 중국인들은 전통적으로 밀과 기장을 주식으로 삼았고 술을 마셨다. 차는 송대 농민들이 야생 차나무를 재배 가능한 작물로 전환하기 전까지는 왕족과 귀족의 음료였다. 중국에서 쌀과 차가 가정의 기본 식품이 된 것은 자연이나 전통 때문이 아니라 상업과 생산성 덕분이었다. 11세기 말, 의심 많은 관료 사마광司馬光은 "도시 사람이든 농촌 사람이든, 들에 있든 멀리 떨어져 있든, 아침부터 밤까지 이익만을 추구한다"라고 적었다.[18]

정부는 새로운 농법과 작물에 관한 책을 출판함으로써 농업 발전을 지원했다. 덜 발달한 지역에서는 토지를 더욱 생산적으로 이용하는 방법을 보여주는 그림을 관청 벽에 걸어두었다. 경작지 면적도 늘었지만 더 중요한 것은 새로운 혁신들이 전국적으로 확산되면서 중국인들이 자기네가 이용하는 토지에서 훨씬 더 많은 생산량을 얻었다는 점이다. 송대에는 농업 생산량이 두 배 이상 증가해 인구 폭발을 감당할 수 있었다. 인도는 예외일 수 있지만, 중국은 이제 세계에서 가장 농업이 발달한 나라였다. 많은 지역에서는 20세기에 이르기까지 송대의 농업 수확량을 능가하지 못했다. 송나라 역사의 주요 연구자인 역사가 마크 엘빈Mark Elvin은 "이렇게 해서 중국의 거대한 현재 인구의 기반이 마련됐다"라고 적었다.[19]

농업의 발전은 증가하는 인구를 먹이기 위해 필요한 노동력의 비중을 줄였다. 일부 농민은 생계를 잃었고, 많은 이들이 토지를 팔고 도시로 이주했다. 이는 중국 사회의 또다른 급진적 변화, 즉 중국을 세계에서 가장 도시화된 국가로 만드는 도시 혁명의 기반을 놓았다.

담장 허물기

수도 카이펑은 내륙 수운의 중심지였기 때문에, 송나라는 활발한 하천 교역을 기반으로 한 경제를 구축하는 것이 자연스러웠다. 중국에는 황하와 장강처럼 인상적인 강들이 있지만, 이 강들은 대부분 서쪽에서 동쪽으로 흐른다. 송나라는 운하를 대대적으로 확장해 이러한 강들을 하나의 운송망으로 연결했고, 이를 통해 북부의 대규모 인구와 남부의 더 많은 인구를 이어주었다. 수문을 양쪽 끝에 설치해 내부 수위를 조절할 수 있는 갑문閘門의 발명으로 운송은 더욱 원활해졌다.

더 많이 싣고 더 빠르게 움직이며 더 조종이 쉽도록 선박의 건조와 설계가 발전하면서 수상 운송이 크게 개선됐다. 새로운 사업 조직과 소유 구조가 등장했고, 상업 부기와 계약서를 통해 더 많은 배가 운송에 나섰다. 그 창의성은 놀라웠다. 정부가 관용官用 목적으로 일부 상선과 어선을 징발하기 시작했을 때, 선주들은 공동으로 자금을 모아 배를 마련하고 그 일부를 관청에 제공하는 방식으로 파산 위험에 대비한 보험 체제를 만들었다.

이 모든 발전은 운송 비용을 낮추고 성장하는 도시들을 먹여 살릴 수 있게 했다. 수천 척의 거룻배가 끊임없이 식량과 기타 상품을 실어 나르고, 폐기물과 쓰레기를 제거했다. 운송 중개상들은 즉시 화물을 사들여 창고에 저장하고 빠르게 배들을 돌려보냈다. 길이가 최고 90미터에 이르는 여객선은 수백 명을 태울 수 있었고, 2층 구조로 승객을 수용했다.

미국의 역사학자 윌리엄 H. 맥닐William Hardy McNeill은 "애덤 스미스가 훗날 묘사한 모든 규모의 경제와 전문화의 이점이 이때부터 모습을 드러내기 시작했다"라고 썼다.[20]

하천 연결망은 내륙 도시와 지방을 해안 지역과 통합했고, 그것은 중국이 국제 무역에 뛰어드는 데 아주 작은 한 걸음에 불과했다. 중국 선박은 페르시아, 아랍, 동남아시아의 설계를 빌려왔고, 1090년 이후에는 남쪽을 가리키는 자침을 이용한 자기 나침반을 사용해 어둠 속이나 흐린 밤에도 안전하게 항해할 수 있었다.

난파된 외국인을 보호하는 법이 제정되면서 더 많은 배가 중국 해안에 기항하도록 자극했다. 1146년의 한 포고는 이런 성공을 이렇게 설명한다. "해상 무역의 이익은 국가 재정에 크게 기여한다. 먼 나라 사람들이 와서 물자와 부를 풍부하게 순환시키도록 장려하는 옛 제도를 계속 유지해야 한다."[21]

이처럼 대규모 교역이 가능했던 것은 유럽보다 최소 600년 앞서 지폐가 발명됐기 때문이다. 지폐는 처음에는 민간 상인들에 의해 만들어졌다. 그들은 가운데 구멍이 난 동전 꾸러미를 가지고 다녔지만, 장거리 이동에서는 무겁고 위험했기 때문에 약속어음과 환어음을 종이로 작성해 사용하기 시작했다. 정부는 곧 이 제도의 이점을 인식하고 이를 무력으로 뒷받침했다. 정부가 발행한 지폐에는 위조 시 참수형에 처한다는 문구가 적혀 있었다.

이 시기에 약 50개의 주요 도시 중심지가 등장했다. 수도 카이펑의 인구는 980년대 89만 명에서 12세기에는 130만 명으로 증가했다. 당시 파리의 인구가 약 5만 명, 런던은 2만 명도 되지 않았다. 전통주의자들은 도시가 계속 확장되자 더 이상 완전한 정방형을 이루지 못하고 '웅크린 소'처럼 보인다고 불평해 와우성臥牛城이라는 별명이 붙었다.[22] 하지만 그 소는 매우 생산적이었다. 세수는 당나라 때에 비해 아마도 다섯 배에서 일곱 배에 이르렀다. 11세기 말에 세수의 약 3분의 2는 농업 이외의 부문에 대한 세금에서 나왔고, 특히 물품세 형태로 거둔 것이었다.[23]

고종高宗 황제는 이렇게 말했다. "해상 무역에서 얻는 이익은 실로 매우 크다. 제대로 관리하기만 하면 수백만 민縄(꿰미)에도 이를 수 있다. 이것이 백성에게서 세금을 거두는 것보다 낫지 않은가?"[24]

성장하는 도시들은 토지를 잃고 유입된 대규모 이주민들로 가득 찼고, 이들은 서비스업이나 종이·비단·직물·목탄의 제조업에 종사했다. 동부의 도시들은 급속히 성벽 밖으로 쏟아져 나가 주변 농촌 지역으로 퍼졌다. 인구가 밀집한 도시는 관념, 상품, 서비스, 그리고 독감 바이러스가 전례 없는 규모로 교환되는 장을 마련했다.

많은 도시 노동자는 못, 냄비, 바늘 등 금속 제품을 만들었는데, 이는 중국인들이 유럽보다 수백 년 앞서 완전히 액체 상태로 철을 주조하는 기술을 숙달했기 때문이다. 용광로에는 열원이 필요했는데, 북중국은 당나라 시기에 이미 삼림이 많이 사라졌으므로 이들 산업은 대체 연료가 될 만한 것, 즉 화석연료를 찾아야 했다. 이들은 대규모 석탄 매장지를 발견했으며, 석탄을 연료로 사용해 선철을 생산하는 법을 익혔다. 석탄은 대규모로 채굴되어 고품질의 철과 심지어 강철을 만드는 용광로에 공급됐다. 이는 농민에게는 더 나은 농기구를, 상인에게는 주화를, 선박에는 못을, 병사들에게는 갑옷을, 그리고 제염업에는 솥과 통을 제공했다.

중국 국가는 어떻게 이 정도 규모의 도시화를 가능하게 만들 수 있었을까? 그것은 계획하지 않았기 때문에 가능했다. 도시들은 그 주민들에 의해 자발적으로 규제가 풀렸다. 이전까지 도시는 관리 구역이었으며 도시 생활은 철저히 통제됐다. 당나라의 웅장한 수도 장안은 이상적 도시의 전형이었다. 황제들은 방대한 정원과 유희 공간을 가졌지만, 일반 백성들은 위험할 수 있는 것으로 간주되는 집회를 열 우려가 있다는 이유로 공공 광장에 접근할 수 없었다.

도시는 높이 3미터의 항토장夯土牆으로 구획된 방坊들로 나누어져 있었고, 담장은 엄중하게 경비됐다. 거주 지역은 계층에 따라 분리되어 있어 평민과 상인이 귀족 및 관료와 섞여 지내는 일은 없었다. 해가 지면 북이 800번 울리고 성문이 닫혔다. 기마병이 거리를 순찰하다가 밤에 돌아다니는 사람을 발견하면 모두 체포했다. 아침에 다시 북소리가 들리면 문이 열렸다. 정오가 되면 합법적인 단 두 개의 시장인 동시東市와 서시西市가 문을 열었다가 해가 질 무렵에 다시 닫혔다.

엄격한 통제에도 불구하고 도시 주민들을 억누르기는 어려웠다. 주민들은 종종 담에 구멍을 내거나 불법적인 문을 만들어 비공식적으로 거래하거나 종교 사원에서 밤새 이어지는 음악 공연에 참여했다. 어떤 이들은 무단으로 가게와 노점을 세우기도 했다. 카이펑이 수도가 되자 이러한 예외는 일상이 됐다. 새로운 혈통의 송 황제들은 도시 재건을 위해 민간의 자율성과 시장의 거래를 장려했고, 시장과 이동에 대한 규제를 완화하기 시작했다. 그 결과 중국 도시에는 급진적인 변화가 일어났다.

사람들은 서로를 갈라놓던 담을 헐어버리고 자유롭게 이동하며 섞여 살기 시작했다. 사람들은 특정 구역에 배정되지 않고, 어디든 자기네가 구할 수 있는 곳에 정착해 집을 지을 수 있었다. 상업 활동은 공식적으로 지정된 장소에서만 이루어져야 한다는 오래된 규정이 폐기됐고, 시장이 주거 지역 안에 형성되기 시작했다. 많은 사람이 집의 도로 쪽 면을 가게로 개조했다. 개장과 폐장 시간에 관한 엄격한 규정도 무시됐고, 태조는 통행금지 시작 시간을 오전 1시로 늦추었다. 다음 세기에는 통행금지가 완전히 폐지됐다.

사상 최초로 시장과 유흥 활동이 밤새 계속될 수 있었고, 〈청명상하도〉 속 강가에서 보이는 것과 같은 24시간 활기찬 송나라 도시가 형성됐다. 곳곳에 목욕탕, 식당, 찻집, 극장, 사원, 유곽이 생겨났다. 또한 작업장, 노점, 시장, 상점도 생겨나 모든 기본 생필품과 다양한 외국 사치품이 판매됐다.

1088년의 한 문서는 다양한 해외 물품을 가져오는 국제 상인들을 이렇게 묘사한다. "이 물건들은 모두 예외 없이 금지되어 있지만, 이익을 얻으려는 소인배들의 열의가 너무나 강해 이러한 물건들이 다소 들어오는 것을 막기란 전혀 불가능하다. 그들은 산을 넘고 바다를 건너며, 온갖 교묘한 수단을 짜낸다."[25]

디터 쿤Dieter Kuhn은 이 시대의 역사를 서술하면서 이렇게 썼다. "송나라 사회는 동시대의 다른 사회들과 구별될 정도의 초기 자유방임적 자유주의를 누렸다."[26] 그러나 흥미롭게도 이는 위로부터의 정교한 계획에 기반한 것이 아니었다. 그것은 바닥의 시민들로부터 왔다. 그리고 정부는 흔히 통제를 유지하기 위해 격렬하게 싸웠다. 오랫동안, 그리고 대부분의 지방에서 정부는 술, 차, 그리고 가장 말이 많은 소금에 대한 독점을 유지해 많은 수익을 올렸다. 이 정부 정책은 영향력 있는 관리인 소식蘇軾의 유명한 시에서 공격받았고, 그는 훗날 이 때문에 유배됐다.

아랍 문화에서와 달리, 상인과 시장은 높은 평가를 받지 못했다. 고대 그리스인들과 마찬가지로, 공자는 '군자의 마음은 의로움으로 가득 차 있는 반면 소인의 마음은 이익으로 가득 차 있다'라고 주장했다. "어리석은 백성 대부분은 상업 활동과 재물을 최우선시한다"라고 한 작가는 투덜거렸다. 그의 동시대인 중 한 명은 최고의 삶은 당연히 유학자의 삶이라고 동의하면서도, 그것이 불가능하다면 상인이나 장인이 되는 것도 무당, 불교 승려, 도교 도사가 되는 것보다 더 수치스럽지는 않으며 적어도 거지나 도둑이 되는 것보다는 낫다고 말했다.[27]

송나라 사회가 이토록 철저하게 상업화된 이유는 단순하다. 통제가 조금 느슨해지자마자 중국인들은 곧장 그렇게 행동했고, 자유시장은 경제 활동과 부를 엄청나게 증가시켰기 때문이다. 이는 물론 황제와 학자 관료들에게도 이익이 됐다. 977년에 태종 황제는 관리들이 상업 활동에서 대리인을 고용하는 것을 금지했지만, 그 관행은 너무나 매력적이어서 거의 효과가 없었다. 시인 이청조李淸照는 "큰 배는 오로지 이익을 위해서만 항해하네"라고 노래했다.[28]

만물

송나라는 상대적으로 포용적인 사회였으며, 더 많은 지역에서 온 더 많은 사람이 자유롭게 과거시험에 도전하고, 생각을 시험하고, 사업을 일구고, 교역을 할 수 있었다. 그러나 이들은 주로 남성이었다. 청명절의 모습을 그린 5.2미터 길이의 유명한 두루마리 그림을 보면 여성은 고작 스무 명 정도 등장한다. 지위 높은 여성들은 남성과 동행하지 않고는 바깥에 모습을 드러내지 않았다. 이는 아마 여성을 시부모를 위해 아이만 낳는 존재로 축소시키고자 했던 유학 도덕가들의 이상이었겠지만, 역동적인 송 시대는 여성에게 다른 기회도 제공했다. 유럽 문화와 달리 여성은 재산과 상속에 대한 권리를 가졌으며, 이는 남편의 재산과 별도로 취급됐다. 이혼하거나 과부가 되더라도 자기 땅과 재산을 유지할 수 있었고, 재혼할 때 가져갈 수도 있었다. 도시에서는 여성들이 종종 상업 활동에 뛰어들어 가게, 식당, 여관 등을 운영했다.

반면에 법적으로는 아버지, 할아버지, 남편 등 남성이 가정의 지배자였으며, 여성의 자리는 대개 집안에 있는 것으로 여겨졌다. 부분적으로 여성의 자유에 대한 반작용으로 끔찍한 관습인 전족纏足이 부유한 가문에서 시작되어 전국으로 퍼져나갔다. 아주 어린 여자아이들의 발은 점점 더 조이는 붕대로 묶여(종종 뼈가 부러졌다) 작고 아름답게(당시의 관념으로) 유지됐다. 이 때문에 걷는 것은 고통스럽거나 거의 불가능했고, 이렇게 장애를 입은 여성은 누군가의 도움 없이는 움직이기 어려워 대부분 집 안에 머물렀다. 그러나 이것은 또한 그 여성이 노동할 필요가 없음을 보여주어 가문의 지위를 높였다. 이 관습은 1912년이 되어서야 금지됐다.

지적 문화 측면에서 송 제국은 훨씬 더 진보적이었다. 아바스 왕조의 칼리파들과 마찬가지로, 송나라 황제들은 자신들의 이념과 세계관을 홍보하는 문헌을 제작하도록 명했다. 태종과 그 후계자들은 유교 경전을 인쇄하고 역사서 편찬을 시작했다. 984년에는 일군의 학자들이 군사, 왕조, 오랑캐에서부터 해부학, 동식물에 이르기까지 모든 것을 다루는 5363개 항목의 방대한 백과사전 《태평어람太平御覽》을 완성했다. 전해지기로는 황제가 그 원고를 읽고 편집 의견을 내는 데 꼬박 1년이 걸렸다고 한다.

송나라는 책을 대량 생산하던 문예 사회였다. 9세기 이래로 중국인들은 글자와 그림을 나무판에 새긴 뒤 먹을 칠하고 종이에 찍어냈다. 과학과 기술에 관한 오래된 저작들을 인쇄하는 일은 그 성과를 익히고 이를 능가하려는 관심을 촉발했다.

1040년대에 최초의 활자가 발명됐다. 발명자는 대장장이이자 연금술사였던 필승畢昇이었다고 한다. 당시에는 어떤 발명이든 실제 발명자와 상관없이 황제 조정의 공으로 돌리는 관행이 있었으므로, 발명자가 평민으로 전해진다는 사실은 진지하게 받아들일 필요가 있다. 이전에는 한 판에 한쪽 전체가 새겨진 목판을 사용했지만, 그는 철판에 풀로 고정하는 방식의 교니膠泥 활자를 사용했다. 재가열하면 활자를 떼어내 다음 쪽을 위해 다시 새 배열로 고정할 수 있었다. 교니 활자는 깨지기 쉬웠지만, 이런 사용 방식은 이후의 실험을 자극해 13세기 후반에는 목활자가 개발됐다.

이런 혁신의 분위기 속에서도 학자들은 인쇄술이 문화의 종말을 가져올 것이라며 한탄했다. 책과 학문의 수준이 떨어질 것이라는 걱정도 있었다. 신유학新儒學의 대철학자인 주희朱熹(1130~1200)는 값싼 인쇄본의 등장으로 사람들이 부주의하게 읽고, 문헌을 암송하지 않게 될 것이라고 걱정했다.[29] 역설적으로 주희의 사상 체계는 이 새로운 기술의 가장 큰 수혜자가 됐다. 제국 전역의 과거시험 응시생들이 갑자기 유가의 고전을 쉽게 구할 수 있게 됐기 때문이다.

'신유학'이라는 말은 송대에 일어난 중국 철학의 부흥을 서방에서 지칭한 것이다. 신유학은 인간관계와 덕의 함양에 관한 공자의 세속적 사유를 바탕으로 하되, 다른 두 중요한 학파인 도가와 불가의 요소를 더한(그들에게 반발하기도 하면서) 것이다. 도시화와 상업이 전통과 혁신, 신앙과 이성, 사회적 책임과 개인주의 사이의 관계에 대한 새로운 질문들을 불러오기 시작하면서 신유학이 부상했다. 이 시기 유학은 중국 역사상의 다른 시기보다 훨씬 개방적이고 개인주의적인 방식으로 해석됐다. 사람들은 단지 국가의 순종적인 신하가 되기 위해서만이 아니라 스스로를 갈고닦고 세계를 이해하기 위해 교육을 받아야 한다고 여겨졌다.

주희의 사상은 가장 큰 영향력을 갖게 됐다. 그는 불교에 대한 반발로 인간사의 세계에서 초자연적 요소의 역할을 경시하고 좀더 세속적인 형이상학을 발전시켰다. 그는 우주를 선하고 질서 있는 것으로 묘사했고, 인간이 선해질 잠재력을 갖고 있으나 교육과 자기수양이 필요하다고 보았다. 그는 인간을 더러운 물이 담긴 그릇 속의 진주에 비유했다. 진주는 빛을 잃은 듯 보이지만, 그릇 밖으로 꺼내면 갑자기 빛난다는 것이다. 이는 인간이 스스로와 자연세계를 탐구할 실천적 합리성의 중요한 역할을 남겨두었다. 현실은 영원한 존재이며 그 속에서 패턴을 발견할 수 있다. 따라서 그것을 탐구하려는 과학자와 예술가의 역할이 존재한다.

또다른 중요한 신유학자인 정호程顥는 보편적 원리가 플라톤적 의미의 독립된 존재를 갖는 것이 아니라, 우리의 감각으로 경험할 수 있는 모든 것 안에 존재한다고 주장했다. 따라서 "만물 속에 깃든 원리의 놀라운 신비"를 탐구할 가치가 있다고 보았다.[30] 이러한 사유 방식은 송나라 사회의 실용적인 상인들과 과학자들이 이루어낸 놀라운 성취를 반영한 것이었으며, 동시에 그들에게 이념적 정당성을 부여했다.

신유학은 국가 이념이 됐지만, 정통 사상은 아니었다. 유교의 이상을 따르는 황제도 동시에 도교나 불교의 신자가 될 수 있었다. 당나라 말기와 달리 다른 사상도 표출되고 확산될 수 있었다. 흥미롭게도 송 왕조가 침략자에게 맞서 국가의 존망을 걸고 싸우던 말기에 이르러서야 신유학은 국가적 정통 이념에 가까워졌다. 황금시대의 문화적 분위기 속에서 예술가들은 초월 세계에서 벗어나 매우 세련된 재현예술을 발전시켰는데, 동식물과 풍경과 거리의 생활을 상세하고 섬세하게 묘사했다. 때로는 예술적 접근이 거의 과학적일 정도였다. 시인들은 이전보다 덜 품위 있게 여겨졌던 지렁이나 이蝨 같은 주제에 대해서도 시를 썼다.

학자들은 그들 주변의 세계를 체계적으로 연구했다. 화학과 약물학 같은 분야에서는 기존의 이론 체계를 새로운 경험적 발견에 맞추어 발전시키려는 정교한 시도가 있었다. 일부 학자들은 직접 실험을 했고, 새로운 사실과 관계를 활용해 새로운 기술을 개발했다.

이 시기의 과학자들은 수력으로 움직이는 시계탑, 천천히 회전하는 인공 하늘(종종 세계 최초의 천상의天象儀로 불린다), 중국의 지형을 입체적으로 나타낸 정밀한 돋을새김 지도를 만들었으며, 최초의 체계적인 법의학 논문을 썼다. 조명성趙明誠, 이청조 부부 학자는 2천 점의 고대 금석문을 기록한 《금석록金石錄》을 편찬했다. 사마광이 저술한 방대한 중국 역사서가 선구적이었던 이유는 354권의 분량 때문이 아니라, 그중 30권이 사료가 서로 다를 때 어떻게 결론을 내릴 것인지에 대한 방법론을 다루었기 때문이다.

12세기 초 송나라는 그 이전 어느 시대와도 달랐다. 중국의 인구는 서기 제1천년기 동안 약 5천만 명 수준에서 안정적으로 유지됐다. 송나라는 중국의 이전 왕조들보다 영토는 작았지만, 1003년 약 3천만 명이던 인구가 1120년에는 무려 1억 1천만 명까지 폭발적으로 증가했다. 이는 아마도 당시 유럽 전체 인구의 두 배에 달했으며, 전 세계 인구의 거의 3분의 1에 해당하는 규모였다.

그러나 경제는 그보다 더 빠르게 성장했다. 집약 농업과 전문화된 제조업이 생산성을 전례 없는 수준으로 끌어올렸다. 한 세수 분석에 따르면, 11세기 말 철 생산량은 여섯 배로 증가해 1700년 유럽 전체가 생산한 수준에 거의 근접했다.[31] 스티븐 데이비스Stephen Davies는 이에 대해 "근대적 양식의 집약적 성장"이라고 결론지었다.[32] 단순히 더 많은 자원을 투입하는 조방적 성장이 아니라 같은 노동 시간과 투입으로 더 많은 산출이 나오는 그런 성장이다.

송대 문화는 그야말로 막을 수 없는 듯 보였다. 다만 북방의 기마 전사들이 예외인 듯했다. 12세기 초, 중국 동북부 만주의 여진족이 요 왕조의 지배에 대항해 봉기했다. 요나라는 송나라와 공존해왔고, 송나라가 그들에게 꾸준히 돈을 바치면서 평화가 유지되고 있었다. 요나라를 대신해 새로 들어선 여진족의 금나라는 거기서 멈추지 않고 계속 남하했다. 1127년 1월에는 송나라의 수도 카이펑을 점령해 약탈했다. 그들은 황제 흠종欽宗을 사로잡아 평민으로 강등시켰다.

황제의 동생이 아니었다면 이것이 송의 종말이 됐을지도 모른다. 후에 고종(재위 1127~1162)으로 알려진 이 동생은 도망쳐 스스로 새 황제로 즉위했다. 그는 끊임없이 도망 다니며 생포를 피했고, 1129년 2월 양저우가 함락되자 장강 가의 나루까지 말을 달려 마지막 순간에 배에 오를 수 있었다. 금나라 기병들은 송 왕조를 끝낼 기회를 불과 몇 분 차이로 놓쳤다.

고종은 대운하의 남쪽 종점인 동해안의 항저우로 도주했고, 결국 이곳이 새로운 수도가 됐다. 금나라 군대는 곧 그를 추격해 항저우를 점거했다. 송 조정의 마지막 피난처는 너른 바다였고, 이들은 배를 타고 달아났다. 금나라 병사들은 그들이 돌아오기를 기다렸지만 소용없었고, 여름이 되고 더위와 장마가 찾아오자 그들은 북쪽으로 철수해야 했다.

후퇴 후 평화 조약 협상을 선택한 그들의 결정은 많은 사람들에게 치욕으로 여겨졌다. 계속 전쟁을 이어가고자 했다는 이유로 독살된 불운한 장군 악비岳飛는 지금도 일부 중국 민족주의자들에게 순국 영웅으로 기억되며, 중국 공산당의 선전에도 자주 이용된다. 2023년에는 그의 죽음이 중국의 대작 영화 〈만강홍滿江紅〉의 주요 줄거리가 됐다. 그러나 이 일련의 사건들은 또한 송 왕조를 구해 152년 더 존속할 수 있게 했다. 영토는 더 작았지만 말이다. 이 시기는 오늘날 남송南宋으로 알려졌으며, 그 이전에 그들이 통치했던 전체 영토는 후대에 '북송北宋'이라 불리게 됐다.

몇몇 측면에서 혁신과 개인주의를 향한 이전의 추세는 카이펑처럼 오래된 전통이 없는 이 새로운 지역에서 더욱 급진적으로 전개됐다. 1187년 시인 육유陸游는 갈수록 시장과 대중이 주도하는 도시에서 일부 학자 관료들이 느꼈던 비애를 이렇게 표현했다.

고관대작의 이름은 물어본 적조차 없지.

재상의 권력을 누가 잡았는지 어찌 알겠나.

(…)

내 운명 돌아보니 종잇장처럼 얇구나.

이제야 알겠네, 장사꾼이 세상에서 가장 행복하다는 것을.[33]

완전히 새로운 수도를 세워야 했던 상황에서 민간의 자율성과 투자가 더욱 중요해졌고, 항저우는 단기간에 세계에서 가장 크고 부유하며 활기 넘치는 도시로 변모했다. 불과 수십 년 만에 인구가 두 배 이상으로 늘어나는 도시에서 사람들은 가능한 한 빨리, 가능한 한 높게 건물을 지으려고 앞다투었다. 이전에 20만 명에 불과하던 항저우의 인구는 1270년에는 100만 명이 넘었던 것으로 보인다. 아랍인 여행자들은 3~5층 규모의 주택들이 빽빽하게 들어서고 그 사이에는 좁은 골목만이 있었다고 자기네가 본 모습을 전한다.

도시는 빠르게 상점과 노점으로 가득 찼고, 곧 23개의 오락 지구가 형성됐다. 가수, 무용수, 시인, 이야기꾼, 꼭두각시 놀이꾼, 희극 배우, 곡예사, 마술사, 권투 선수들이 모여드는 곳이었다. 작가 오자목吳自牧은 이곳을 "세계의 중심"이라 불렀다. 그곳은 모든 것에 대한 수요가 있고, 그 모든 수요가 충족되는 곳이었다. "동쪽의 채소, 서쪽의 물, 남쪽의 땔나무, 북쪽의 쌀"이라는 말은 당시 현지에서 유행하던 자유무역 관련 속담이었다.[34]

송나라는 또한 이 무역과 국경을 보호하기 위해 처음으로 상설 해군을 창설했다. 이제 바다와 강이 북방으로부터의 침입을 막던 고대의 장성과 같은 역할을 하게 된 것이다. 조지프 니덤은 "그 시대는 지속적인 혁신의 시대였다"라고 말하며, 발로 밟아 움직이는 방식의 외륜선인 장륜선獎輪船을 그 예로 들었다.[35] 송은 오래전부터 화약을 창의적이고 치명적인 방식으로 사용했다. 12세기 초에 그들은 최초의 총을 만들어냈다. 화약을 나무나 대나무로 만든 관, 나중에는 금속으로 만든 관 안에서 폭발시켰다. 송나라 해군은 선박에 탑재한 투석기를 이용해 화약 폭탄을 쏘았다. 그들은 이러한 기술을 사용해 1161년 장강의 채석采石 전투에서 다섯 배나 큰 금나라의 함대를 격파할 수 있었다.

남송은 북쪽의 풍부한 석탄 자원을 잃었다. 남쪽에는 그만큼의 매장량이 없었지만, 영리한 사업가들은 그곳에 풍부한 값이 싸고 품질이 낮은 석탄을 활용하는 방법을 찾아냈다. 곧 철 생산이 다시 정상 궤도에 올랐고, 철 생산 과정에서 나오는 불순물에서 구리를 추출하는 방법도 발견했다.

도시들은 계속 확장됐고 그 인구도 계속 증가했다. 푸젠의 팅저우는 11세기 중반에 성벽을 쌓았지만, 얼마 지나지 않아 성벽 안에는 세 개의 방坊만 있고 스물세 개는 성 밖에 있었다. 도시들은 성벽을 뚫고 나갔고, 시장들은 규제를 뚫고 나갔으며, 창의적인 문화는 그 틈새를 따라 뻗어 나갔다. 디터 쿤은 "경제 분야에서 볼 수 있는 자유방임적 태도는 집짓기 취향이나 패션에서부터 위생과 오락, 자선 활동에 이르기까지 사적인 생활의 모든 부분에 스며들어 있었다"라고 썼다.[36] 사람들이 종교, 음악, 미술, 도자기, 음식을 실험하면서 놀랍도록 다양한 생각과 양식이 퍼져나가기 시작했다.

지식인들은 사람들이 괴상한 양식의 건물을 짓고, 대나무 자리 대신 의자에 앉는 멋 부리는 유행을 따라가는 것에 대해 불평했다. 한 지식인은 특히 "이상한 터번을 두르고 유별난 옷을 입고 다니는" 젊은이들 때문에 특히 마음이 상했다. "보는 사람들마다 다들 정말로 질색할 정도다. 이전 시대의 순수한 소박함은 더 이상 존재하지 않는다."[37]

건축 규정, 복식 규정, 그리고 전통들은 이를 따라가기 어려웠다. 개인 소비에 관한 사치금지법은 분명히 하층민으로부터 고의적인 무시를 당했다. "요즘에는 기술공과 장사치 가족들도 흰 비단옷을 끌고 다니며, 옥과 진주로 자신을 치장한다. 머리부터 발끝까지 살펴보면 열에 아홉은 법을 어기고 있다."[38]

송나라의 사대부들은 으레 회화, 서예, 장기, 비파를 익히는 것으로 알려졌지만, 사람들이 부유해지고 실험적일수록 즐길 수 있는 여가 활동에는 제한이 없었다. 도시인들이 새로운 관심사를 발견하고 비슷한 관심을 가진 이들과 함께 특수한 분야의 동호회를 조직하면서 각종 모임이 번성했다. 퍼트리샤 에브리Patricia Ebrey는 1235년 문서에서 항저우의 모임들을 확인했다. 서호西湖 지역의 시詩 모임, 차茶 모임, 신체 단련 모임, 종교 모임, 비술祕術 모임, 소녀 합창단, 식물·과일 동호회, 이국적 음식 동호회, 말馬 동호회, 골동품 수집자 모임, 아악雅樂 모임, 다양한 운동 모임 등이었다.[39]

우리는 '격론 협회'나 '그림자 연극 친구들을 위한 채색가죽 협회' 같은 우스운 이름들에 속아서는 안 된다. 이것은 시민사회의 폭발을 보여주었으며, 여기서는 자발적인 관심 기반의 결사체가 혈연과 계층에 기반한 조직과 경쟁하기 시작했다.

도시 중국 문화에서는 "개인의 자기발견과 자기계발의 중요성에 대한 새로운 강조"가 나타났다. 시민들이 갑자기 무엇을 생각할지, 어떻게 생각할지를 스스로 결정할 수 있게 된 것처럼 보였고, 그 결과 사회적 의무와 자아에 대한 헌신 사이에 흥미로운 긴장이 생겨났다. 일부 사람들 사이에서는 "개인의 성격을 예술 작품처럼 빚어내고자 하는 욕망"도 나타났다.[40] 이 묘사는 기묘할 정도로 이탈리아 르네상스에 대한 대중적 서술과 닮아 있으며, 만약 이런 새로운 문화적 경향이 방해받지 않고 계속됐다면 어떤 발전이 가능했을지 상상하게 만든다.

경제와 기술의 여러 발전 역시 마찬가지였다. 수천 척의 중국 상선이 조종력을 높이는 미타尾舵를 달고 대양을 누비며 나침반, 밧줄 감개, 닻, 하수下표 용골 같은 중국 발명품을 사용하고 있었다. 선체는 독립된 방수防水 격실로 분할되어 있었는데, 유럽 선박에서는 600년이 더 지나야 나타나는 방식이다. 깜짝 놀란 방문객들은 네 개의 갑판과 네 개의 돛대를 갖추고 열두 장의 돛을 단 배를 묘사했다.

1178년에 쓰인 《영외대답嶺外代答》은 그 엄청난 장관을 이렇게 전한다. "남해와 그 남쪽 바다를 항해하는 배들은 거대한 집과도 같다. 돛이 펼쳐지면 하늘의 거대한 구름과 같다. 그 키는 길이가 몇 길丈이나 된다. 배 한 척이 수백 명을 태우고, 곡물을 1년 치나 싣고 다닌다."[41] 원하기만 했다면 그들은 전 세계를 항해할 수 있었을 것이다.

또 하나 흥미로운 발전은 직물 부족을 해결하기 위해 처음 발명된 것으로 보이는 새로운 방직 기계들이었다. 물레, 명주실 잣개, 발판식 베틀 덕분에 유행하는 직물 제품을 대량 생산할 수 있게 됐다. 명주실을 잣는 초대형 기계는 12세기에 발명됐고, 이는 나중에 삼줄 제조에도 이용됐다. 인력, 동물, 혹은 수력이 32개의 물레를 구동해 24시간에 거의 60킬로그램의 실을 생산할 수 있었다. 이는 특히 흐르는 물 근처 지역에서 널리 사용됐을 듯하다.

왕정王禎의 시는 이 기술에 대한 경탄을 담고 있다.

크고 작은 바퀴들이 하나의 끈으로 이어져

한 바퀴가 돌면 다른 모든 바퀴도 함께 돈다.

거친 실이 여러 굴대를 따라 나란히 회전하고

실은 긴 틀에 올라 저절로 감긴다.

번역 과정에서 시의 정취 일부는 잃었을지 모르지만, 이것이 자동화와 진보에 경이로움을 느끼던 문화의 표현임은 분명하다.

수레 방적기는 하루 100근〔약 70킬로그램〕에 달하는 실을 잣는데

더구나 수력에 의지하면 신들린 듯 빠르다네.[42]

이 장치와 18세기 초 유럽의 아마 실 되감기 기계 사이의 유사성은 "너무도 놀라운 것이어서, 결국 그것이 중국에서 유래했다고 (…) 거의 의심하지 않을 수 없다"라고 마크 엘빈은 적었다. 이 발상은 리처드 아크라이트Richard Arkwright의 수력 방적기와도 상당히 유사한데, 아크라이트 방적기는 영국 공업혁명의 중요한 발판으로 평가되어왔다. 단지 섬유를 곧게 펴주는 굴대만 없었을 뿐이다.

엘빈은 "만약 이 장치가 보여주는 발전 방향이 조금만 더 이어졌다면 중세 중국은 직물 생산에서 서방보다 400여 년 앞서 진정한 공업혁명을 이루었을 것"이라고 보았다.[43]

이것은 놀라운 생각이다. 직물 자동화의 추가 발전을 가로막은 것은 과학적 지식의 부족이 아니었다. 추가적인 손질과 시행착오만으로도 이런 기계를 더 효율적이게 만드는 약간의 변화는 이룰 수 있었을 것이다. 오히려 장애물은 "발명과 혁신을 가능하게 하는 경제적·지적 동

력의 약화에 있었을 것"이다.[44]

그리고 그 장애물은 심지어 역사가들이 추측할 수밖에 없는 아주 미묘한 것도 아니었다. 그것은 바로 파국을 몰고 온 기병들이었다. 계속해서 몰려온 수천, 수만의 병사들이었다.

몽골 군단

1200년, 중국 송나라는 세계에서 가장 부유하고 통합되어 있으며 화폐경제가 발달한 나라였다. 그 상선대는 세계를 탐험할 잠재력을 가졌고, 공업 발전은 서유럽이 400년 동안 따라올 수 없는 수준이었으며, 시민사회는 매우 활동적이었고, 새로운 과학적·철학적 개명이 시작되고 있었다. 외계인이 지구를 찾아왔다면 분명히 주목할 곳은 바로 여기라고 결론지었을 것이다.

그러나 중국의 즐거운 호기심과 눈부신 발전의 흐름은 더 이상 이어질 수 없었다. 바로 즉각적인 생존에 집중해야 했기 때문이다. 그들의 전례 없는 부는 다시 한번 유목민 습격자들의 눈길을 끌었는데, 이번에는 그들 가운데 가장 끈질기고 파괴적인 몽골인이었다.

1227년, 칭기스 칸은 자기네 병사들에게 금나라를 공격하라는 명령을 내렸고, 처음에 송나라는 그들에게서 북중국을 빼앗아간 오랜 적에 맞설 동맹을 발견했다고 생각했다. 그러나 금나라가 1234년에 패배하자마자 몽골인들은 중국에서 가장 부유한 지역으로 관심을 돌려 송나라 영토인 쓰촨 지역을 침공하기 시작했다. 송 제국의 지형, 자원, 기술로 보아 이는 몽골의 모든 정복 가운데서 가장 어려운 정복이 될 터였다. 30년이 지나도 전선은 거의 변함이 없었다. 전쟁은 거의 반세기 동안 이어졌다. 네 명의 몽골 칸이 자기네 군대가 항저우에 들어가는 것을 보지 못하고 죽었다.

그러나 몽골인들은 끈질기게 밀고 나아갔고, 사방에서 공격할 수 있도록 주변 왕국들을 모두 정복했다. 다른 황금시대들이 실존의 위협에 맞닥뜨렸을 때 그랬듯이, 중국은 이제 지적 개방의 전통을 버리고 공식 국가 정통성을 창조했다. 1241년, 이종理宗 황제는 가장 중요한 신유학 사상가들을 추증했다. 다섯 명의 위대한 성인은 공자의 사당에서 자리를 확보했고, 교사와 학생들이 참석한 가운데 그들의 명복을 기리는 의식과 제사가 열렸다.

몽골인들이 그렇게 강력한 상대가 된 이유는 그들이 정복한 지역의 기술을 흡수했기 때문이다. 로마인들이 매우 성공적으로 했던 것과 마찬가지였다. 그들은 정복한 유라시아 전역의 인력, 자원, 혁신을 활용했으며, 수십 년 동안 송나라와의 무역과 침투, 더 나아가 탈영병과 전쟁 포로를 통해 열심히 송나라의 기술을 습득했다.

이 과정을 통해 몽골인들은 화약 무기와 철 생산의 비밀을 얻었다. 무시무시한 몽골 기병들은 이제 갑옷을 입었고, 그들의 화살촉은 더 이상 뿔이나 뼈로 만든 것이 아니라 철로 만들어졌다. 강은 여전히 장벽 역할을 했고, 송나라 해군은 월등히 우위에 있었다. 도르래나 발판으로 움직이는 송나라의 외륜선은 빠르고 몽골인들이 사용하는 뗏목이나 부풀린 동물 가죽 배보다 훨씬 우수하고 조종이 쉬웠다. 그러나 몽골에 투항한 한 송나라 지휘관이 몽골인들도 중국식 모형을 따라 해군을 만들 수 있다는 제안을 하면서 상황이 변했다.

그럼에도 불구하고 1268년까지 몽골군의 공격은 중국의 가장 강력한 요새인 쌍둥이 도시 샹양과 판청을 뚫고 들어가지 못하고 있었다. 성벽을 뚫을 수 없자, 칭기스 칸의 손자인 쿠빌라이 칸은 막 아바스 왕조를 멸망시킨 이라크의 모술로부터 두 명의 이슬람교도 공성 장비 전문가를 불러들였다. 두 사람은 동양 어느 곳에서도 볼 수 없었던 정확도와 사거리를 가진 강력한 평형추 투석기를 만들었다. 중국 역사서에 '회회포回回砲'라고 기록된 이 무기가 1273년에 처음 사용됐을 때, 그 소리는 하늘과 땅을 흔들었다고 한다. 건물, 성벽, 망루가 무거운 돌에 의해 산산조각 났다. 수년간의 저항 끝에 쌍둥이 도시는 며칠 만에 함락됐고, 남쪽으로 가는 길이 열렸다.

저항하는 도시에서는 주민들이 학살당했다. 1276년 초 몽골군이 항저우에 접근하자, 두려움에 떨던 중국인들은 대거 투항했다. 2월, 태황태후는 다섯 살짜리 황제와 함께 몽골 진영으로 가서 항복했다. 누가 보더라도 그들은 잘 대우받았다. 황제의 형제들은 탈출했으며, 일부 송나라 충신들은 마지막 후방 방어전을 이어갔다. 결국 침략자들은 광둥 야먼에서 일곱 살짜리 황제 조병趙昺과 그의 군대를 추격했다. 거기서 한 중국인과 한 탕구트인이 지휘한 몽골 함대는 1279년 3월 19일에 송나라 해군의 마지막 잔여 세력을 궤멸시켰다.

송나라 충신들은 수백 년 동안 궁지에 몰렸을 때 목숨을 바치기보다는 퇴각과 협상을 선택했다는 이유로 조롱을 받아왔다. 그러나 모든 희망이 사라진 지금, 마지막 저항의 행위로 많은 관리, 가족, 후궁들이 바다에 몸을 던져 자결했다. 이 길고도 긍지 높은 송 왕조의 마지막 황제 조병의 좌승상 육수부陸秀夫는 아이 황제를 안고 바다로 뛰어들어 패배보다 죽음을 택했다.

몽골군에 포로로 잡힌 인물 중에는 전 우승상 문천상文天祥도 있었다. 그의 지위와 능력을 안 쿠빌라이 칸은 그에게 몽골 정부에서 일할 기회를 제공했지만, 문천상은 거절했다. 그는 자신이 송나라에 충성을 다했으며, 절대로 정복자를 위해 일할 수 없다고 선언했다. 4년 동안의 감금과 고문, 유혹에도 불구하고 문천상은 새 지배자를 위해 일하지 않겠다는 자신의 거부를 고수했다. 1283년 1월, 문천상은 이제는 다두大都(베이징)로 불리는 몽골의 새 수도의 붐비는 시장으로 끌려가 처형됐다. 기록에 따르면 그가 마지막으로 한 말은 "나는 내 임무를 다했다"였다.[45]

위대한 송나라 작가 이청조는 자신의 가장 유명한 시 가운데 하나에서 동포들에게 이렇게 권했다.

살아서는 사람 가운데 영웅이 되고
죽어서도 귀신 가운데 영웅이 되어야 한다.

명나라의 반혁명

몽골군은 도시와 농지를 황폐화했고, 인구는 급격히 줄었다. 그러나 쿠빌라이 칸은 재물, 문화, 기술이 풍부한 중국을 파괴할 생각이 없었다. 그는 중국을 지배하기를 원했다. 그는 많은 기존 정책을 유지했고, 몽골 지배하의 중국은 빠르게 한화漢化했다. 실크로드를 통해 이제 다시 연결된, 그들이 정복한 유라시아 전역의 무역 및 사상과 결합해, 새로운 몽골 왕조는 부유하고 선진적인 문명을 유지할 수 있었다.

하지만 쿠빌라이 칸이 비군사화한 통치와 자유시장에서 오는 번영을 즐겼다고 해도, 사람들을 지휘하고 원하는 것을 취하는 습관에 익숙한 군인 출신 지도자가 장기적으로 이러한 제도를 유지하리라고 기대할 수는 없었다. 제도는 의도치 않게 종종 훼손됐다. 관직은 점점 더 몽골인에게 주어지고 세습화되었으며, 자영 농민은 둔전에 의해 밀려났다. 정부는 점차 인두세와 강제 노역에 더 의존하기 시작했고, 해외 무역도 점점 제한됐다.

14세기 초, 주요 도시의 성장세는 멈추거나 때로는 하락세로 돌아서며 경제 전망이 더욱 나빠졌다. 역설적으로 많은 전통주의적 유학자들이 밀어붙였지만 실패했던 성 차별 정책은 이제 침략자 유목민에 의해 실현됐다. 그들은 도시 문명이 여성에게 부여한 권리를 경시하며 여성의 독립과 재산에 대한 권리를 점차 해체하기 시작했다.

끊임없이 확장되던 지적 지평은 이제 보다 명확하게 규정된 제한 속에 갇혔다. 사상가와 예술가는 세상을 탐구하기보다 내면으로 향했다. 미술사학자 맥스 로어Max Loehr는 1300년 무렵 중국에서 예술의 의미가 상당히 변했다고 평가했다. 송 왕조는 엄청난 재현미술의 시대로, "보이는 세계를 객관적이고 매우 차별화된 이미지"로 표현한 것의 결정판이었다. 로어가 "거의 과학적 성격"을 띤 것으로 묘사했을 정도다. 그러나 송나라 이후 객관적 세계는 버려지고, "자연이나 외부 현실의 이미지를 더 이상 고려하지 않는 표현주의적, 혹은 이지적 형태의 예술"로 대체됐다.[46]

이것은 여전히 관리된 쇠퇴에 불과했다. 실제 붕괴는 이후에 찾아왔다. 1340년대, 운신의 폭이 좁은 문명에서 전염병과 자연재해가 잇달아 발생해 기근이 생기고 반란이 촉발됐다. 이 상황을 이용한 집단이 홍건적紅巾賊이었다. 그들은 몽골 야만인을 몰아내고, 자신들이 전통

중국 문화라고 생각하는 것을 회복하고자 했다. 1368년, 홍건적의 한 장수가 명나라를 건국했으며, 이는 광범위한 반근대 혁명을 시작하고 중국이 오랫동안 누리던 국제적 우위의 종말을 알리는 사건이 됐다.

명나라 통치자들은 20년 동안의 혼란 이후 안정을 원했고, 몽골 통치 이후 중국의 고립을 원했다. 그들은 또한 몽골의 침략을 송나라의 개방성 탓이라고 했는데, 송나라만큼 몽골 군대를 오래 막아낸 사회가 거의 없다는 점에서 이는 역설적이다. 그들의 첫 번째 행동은 표준을 세웠다. 명나라 군대가 몽골 궁궐에서 정교한 수차 시계, 공을 뿜어내는 용 분수, 용머리 모양의 기계 배, 향연香煙을 내뿜는 용, 자동 기계 호랑이 등 경이로운 기계 장치들을 발견했을 때, 초대 황제는 병사들에게 망치와 도끼로 그것들을 부수라고 명령했다.[47]

명나라는 관계와 위계가 정적인 안정된 사회를 원했기 때문에 송나라가 했던 모든 것을 반대로 했다. 경제학자 류광린에 따르면, 명나라는 시장 기제를 강압적인 상명하달식 통제로 대체한 공업화 이전 시기의 '명령경제'를 구축했다. "사람들은 신분에 따라 역役을 제공해야 했고, 그 의무는 이전 세대가 사망하면 후계 세대로 이전됐다."[48] 수백만 명의 중국인이 새 명나라 도시를 건설하고, 대운하를 수리하며, 도시로 곡물을 운송하는 데 동원됐다.

자유로운 이동은 중단됐다. 농민과 기술공은 등록된 장소에 묶였으며, 정부 허가 없이는 더 이상 나라 안을 이동할 수 없었다. 그들의 통치 첫 100년 동안, 인구의 6분의 1 이상인 1100만 명에 이르는 사람이 황폐해진 북부와 서남부 지역으로 강제 이주했다.

1400년 무렵, 일반 백성은 금이나 은을 사용할 수 없었고, 황제가 군대 유지 자금을 지폐 발행으로 충당하면서 지폐 가치가 폭락하고 물가가 엄청나게 급등했다. 그러나 정부는 강제 노동으로 공공사업을 수행하고 세금을 현물로 징수했기 때문에 화폐경제가 필요하다고 생각하지 않았다. 시장에서는 사람들이 밀수한 은이 없으면 직물, 곡물, 쌀, 보패寶貝를 화폐로 사용했다. 그러나 어떻든 상업경제 자체가 거의 남지 않았다. 1077년에서 1381년 사이 도시 시장과 장거리 무역 규모는 90퍼센트 이상 감소했다.[49]

명 황제들은 해외 무역이 통제하기 어려운 원심성의 연안 세력을 만들 것을 두려워했기 때문에 국제 무역을 단계적으로 금지했다. 그럼에도 불구하고 연안의 "무식한 사람들"이 "외국 오랑캐와 소통"(포고령에 나오는 표현이다)을 계속하자, 그들은 1394년에 외국산 향료와 상품 사용을 금지해 밀수 유인을 줄였다.[50] 외국과 무역을 하면 사형에 처했고, 결국 연안 무역조차 금지해 "바다에는 판자 한 장도 없다"는 말이 생겼다.

모든 국제 무역은 거대한 공식 조공 사절단을 통해 독점적으로 이루어졌다. 명나라는 전 왕조인 송나라의 뛰어난 선박 기술을 활용해 1405년에서 1433년 사이 일곱 차례 거대한 함대를 파견했다. 인도양 주변에 조공국 체계를 만들기 위해서였다. 일부 추정에 따르면, 기함은 길이가 135미터에 달했다(이에 비해 크리스토퍼 콜럼버스의 1492년 선박 산타마리아호는 길이가 약 20미터였다).

그러나 정부 주도의 탐험조차 이런 고립주의적 분위기 속에서는 지나친 일이었다. 1433년 황제는 원정 중단을 명령했고, 3년 후에는 원양용 선박 건조를 금지했다. 그렇게 세계 최고의 해상 강국은 대양을 떠났고, 멀리 떨어진 세계의 유럽인들은 바다를 발견하고 있었다. 세계 역사상 최대의 함대는 방치되어 썩어갔고, 중국인들은 곧 큰 선박을 건조하는 기술을 잃었다.

송나라 중국이 다양하고 실험적이었던 반면, 명나라 사회는 상상 속의 그 옛날 호시절에서 펼쳐지는 역할극 실연처럼 변했다. 황제는 모든 복장과 머리 모양을 500년 전 당나라 기준으로 되돌리도록 명령했다. 1392년, 남성은 머리카락을 한 가닥만 남기고 미는 것이 금지됐는데, 이는 몽골인의 머리 모양과 연관되어 있었기 때문이다. 이를 위반한 것이 적발되면 이발사와 고객 모두 거세당하고, 위반자의 가족은 유배됐다. 상하 신분 사이의 구분을 범해 가죽 신발을 신은 상인과 평민은 공개적으로 참수됐다.[51]

미술학자 맥스 로어는 이 시기 미술에 새로운 영향이 나타났다고 말한다. 송나라 이후의 미술가들은 객관적 재현 추구를 포기했지만, 그들은 적어도 주관적 표현은 탐구했다. 명나라 시대에는 미술이 미술 그 자체를 탐구했다. 미술가들은 과거의 양식을 재현하고, 혁신보다는 암시와 논평에 몰두했다. 송나라 미술가들이 세상의 재현을 시도했다면, 명나라 시기의 뛰어난 화가들은 이전의 재현을 재현하고자 했다. 사실상 그들은 미술 자체보다는 미술사에 더 몰두했다.[52]

몇 세대 후 영향력 있는 학자 왕수인王守仁(1472~1529)은 심지어 신유학(성리학)의 자연 세계와 그 패턴에 대한 강조를 뒤집었다. 그가 보기에 실재하는 것은 오직 마음뿐이었고, 선에 대한 지식은 교육이 아니라 직관에서 나왔다. 현실은 마음과 따로 떨어져 존재하는 것이 아니었고, 따라서 경험적 연구는 송나라 시대에 가졌던 중요한 위치를 잃었다. 어떠한 감각적 경험도 이러한 복잡한 형이상학에 도전할 수 없었기에 정말로 혼란스럽거나 문제가 되는 것은 없었으며, 따라서 당시 유럽 과학자들을 고민에 잠기게 하고 그들로 하여금 더 나은 기구를 연

구하고 개발하도록 만든 모든 경험적 이상 현상들은 마음놓고 무시할
수 있었다.

왕수인의 과학과 철학 훼손은 기독교에서 아우구스티누스가, 이슬
람교에서 가잘리가 한 역할과 유사한 영향을 미쳤다. 그의 심학心學은
만물 탐구를 밀어냈다. 마크 엘빈은 "이 철학이 중국 과학에 미친 영
향은 재앙적이었다"라고 주장한다.[53]

전체 전통주의적 반혁명은 중국에게 대재앙이었으며, 놀라운 발전
의 시대를 음울하게 끝내버렸다. 결국 명나라 조정은 책력조차 제대로
조정할 수 없게 됐는데, 이는 이제 세습직이 된 흠천감 관료들이 그 방
법을 알지 못했기 때문이다.

류광린에 따르면, 중국의 1인당 실질 소득은 1080년에서 1400년 사
이에 절반으로 감소한 것으로 추정된다.[54] 동시에 소득 대비 세금 비율
은 거의 두 배로 늘어났고, 농민들은 강제 노역에 나가야 했다. 류광린
은 두 상인 형제에 관한 기록에서, 1401년에 여섯 명의 농민이 정부가
세금으로 요구한 곡물을 납부하기 위해 지정된 국가 창고(흔히 수도에
있었다)에 갈 돈을 마련하고자 토지를 매각하지 않을 수 없었다는 증
거를 발견했다.[55]

16세기 중반, 새로운 지방지 편찬자는 한때 부유했던 해안 도시가
어떻게 변했는지를 한탄했다.

시대가 변하고 인간의 환경도 달라져, 그것이 과거의 모습과는 완전히
달라졌다. 해상 무역이 금지된 이후 관군이 경비하는 성벽이 세워지고,
수익의 근원은 끊기며, 과거 (번영의) 모든 흔적이 사라졌다. 사람들은
일상에서 특별한 것을 보지 못하며, 외국 물품에 감탄하지도 않는다.

그들의 생업은 농사, 어로, 벌목뿐이며, 여성들은 집안의 허드렛일 외에
는 아무것도 하지 않는다.[56]

1859년, 존 스튜어트 밀은 이제는 절망적으로 가난해진 이 나라의
사례를 경고로 사용했다. 중국은 많은 재능과 풍부한 역사를 가졌음
에도 불구하고 정체 상태에 빠졌고, 밀은 이 운명이 어느 나라에라도
닥칠 수 있다고 생각했다. 그가 확인한 문제는 중국이 유럽의 집산주
의자들과 공유한 노력("모든 국민을 똑같이 만들고, 모든 사람이 동일한 격언
과 규칙에 따라 자기네 생각과 행동을 지배하게 만드는 것")을 성공적으로 달
성했다는 점이며, "이것이 바로 그 결과"라는 것이었다.[57]

요약

어떤 고전 문명도 송나라 중국만큼 공업혁명을 촉발하고 근대적 세계
를 만들어낼 가능성에 가까이 다가서지 못했다. 기술, 생산, 도시화에
서 그들이 이룬 성취를 유럽이 따라잡기까지는 500년이 걸렸다.

이전의 황금시대와 마찬가지로, 송나라의 번영도 큰 군사적 승리에
서 시작됐다. 이는 황제가 평화를 확보하고 무역을 활성화할 수 있게
했다. 태조는 정부에서 군사적 요소를 제거하고 법치와 재산권 체계를
확립했다. 이는 비교적 능력을 중시하는 문관 제도와 어우러져 새로운
배경을 가진 사람들이 중국 사회에 자신의 생각과 재능으로 기여할
수 있게 했다. 그 결과 가운데 하나로 경제뿐 아니라 미술, 음악, 종교,
패션에서도 다양한 실험과 경쟁이 나타났다. 중국은 매우 혁신적인 사

회가 됐다.

중국에서 이 흥미로운 변화의 연쇄를 촉발한 것은 각자가 직접 군대에 복무하지 않고 세금으로 비용을 충당하는 직업 군대를 조직하기로 한 결정이었던 것으로 보인다. 왕조는 이동 제한을 폐지하고 상업, 화폐화, 이동을 장려해 세수 확보를 꾀했다. 자유로워진 농민들은 새로운 농작물과 기술을 받아들여 생산성을 높였고, 이는 단기간에 두 배 이상 증가한 인구를 먹여 살렸다.

이는 다시 대규모 도시화로 이어졌다. 런던의 인구가 2만 명도 채 되지 않던 시기에 중국에는 이미 100만 명 규모의 도시들이 있었다. 중국인들은 도시 생활을 정적이게 만들었던 담장과 규제를 허물기 시작했다. 인구가 밀집한 도시는 상업과 지적 활동의 역동적인 중심지가 됐고, 그곳에서는 방법과 유행이 끊임없이 발전하고 변화했다. 이전 황금시대들에서 그랬듯이 경제 발전은 학문과 철학이 융성한 문화로 이어졌고, 그런 문화에 의해 더욱 자극을 받았다. 이곳에서 사상가들은 전통과 인간관계를 재검토하며 더 나은 길에 대한 토론을 시작했다.

이 모든 것은 남송의 수도 항저우에 '세계의 중심'이라는 명성을 안겨주었다. 이는 바그다드가 '세계의 교차로'로 불리던 것과 유사하다. "장사꾼이 고관보다 더 행복하다"라고 한 시는 결론지었는데, 이는 상인이 재상보다 더 강력하다고 생각했던 아바스 왕조 시대의 관찰자를 떠올리게 한다. 제철, 방직기, 해상 교통의 혁명은 발견, 공업, 번영의 시대를 예고하는 듯했다.

그러나 실험과 혁신을 추동하는 지적인 힘이 갑작스럽게 약해졌다. 이는 송나라가 자기네의 생존을 위해 몽골 침략자와 싸워야 했던 시기에 시작됐다. 사회는 아테네, 로마, 바그다드에 일어났던 것과 유사한 방식으로 지적 정통성 쪽에 주목함으로써 이러한 위협에 대응했다. 새로운 반동적 사고방식은 미술과 철학에서의 혁신을 질식시켰다. 송나라 중국은 '만물' 대신에 단 하나의 허용되는 정답만을 내놓았다.

1368년 이후 명 왕조는 혁신, 무역, 이동성을 의도적으로 거부하는 이념으로 황금시대에 치명적 타격을 가했다. 왕조는 시장과 이동성을 중앙 통제와 세습적 관계로 대체하는 명령경제를 수립했다. 이는 후기 로마 황제나 아바스 칼리파들이 자기네 경제를 약화한 방식과 유사하다. 국제 무역은 금지됐다.

새로운 중국 통치자는 불확실성과 예측 불가능성 이후 안정을 약속했지만, 실제로는 500년 동안의 정체를 가져왔다. 그 결과 세계에서 가장 발전된 문명을 가진 이 나라는 빈약하고 약한 나라로 전락했으며, 19세기에 이전에는 보잘것없었던 유럽 열강에게 공격과 굴욕을 당했다. 중국은 20세기 말에야 세계무대에 복귀한다. 덩샤오핑이 묘하게도 송나라 시대의 것과도 비슷하게 들리는 구호 아래 다시 한번 경제를 개방하면서였다. 그 구호는 '개혁과 개방'이었다.

5장

르네상스 이탈리아

법, 문학, 리베르타스의 부활

그 이전 어느 시대보다도 더 그 시대에 속하는 두 가지가, 두 가지 작은 것이 있다. 바로 세계의 발견과 인간의 발견이다.

—쥘 미슐레, '르네상스'라는 단어를 처음 사용한 역사가, 1855[1]

사람들이 감히 더 나은 것들이 시작되는 것을 보았다고 자랑할 수 있었던 것은 겨우 우리 시대에 들어서였다. (…) 이제 정말로, 사려 깊은 모든 사람은 신께 감사해야 한다. 신께서 그들을 희망과 약속으로 가득 찬 이 새로운 시대에 태어나도록 허락하셨기 때문이다. 이 시대는 이미 지난 천 년 동안 세계가 보지 못한 수많은 천재들을 가지고 있다. — 마테오 팔미에리, 1436[2]

1505년에 피렌체의 시뇨리아 광장에서 빈둥거리던 사람이라면 며칠 사이에 레오나르도 다빈치, 라파엘로, 미켈란젤로, 보티첼리를 마주칠 수도 있었다는 사실만 생각해보라. 이런 창조적 재능의 만개는 앞으로 어떤 도시에서도 다시는 반복되지 않을 것이다. — 바츨라프 스밀[3]

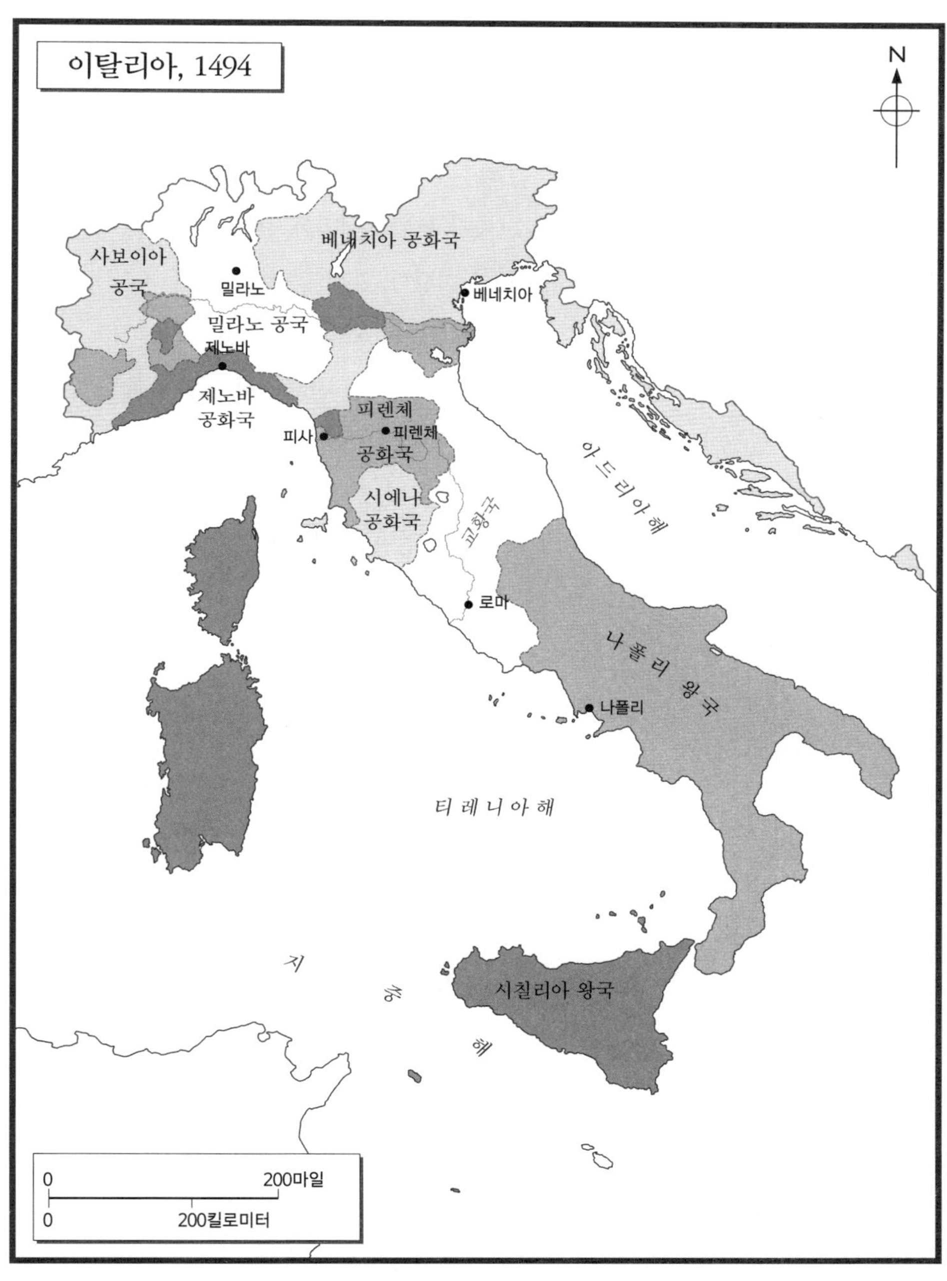

이탈리아, 1494
N
사보이아 공국
밀라노
베내치아 공화국
베네치아
밀라노 공국
제노바
제노바 공화국
피사
피렌체
피렌체 공화국
시에나 공화국
교황국
아드리아해
로마
나폴리 왕국
나폴리
티레니아 해
지중해
시칠리아 왕국
0
200마일
0
200킬로미터

현대 유럽의 기원 이야기에서 14세기부터 16세기까지의 이탈리아 르네상스Renaissance는 특권적 위치를 차지한다. 흔히 이것은 유럽을 다른 지역과 구분 짓는(따라서 어떤 이들에 따르면 유럽을 우월하게 만드는) 유대-기독교적 유산과 그리스-로마 문화 사이의 자연스러운 연속성을 보여주는 증거 자체로 여겨진다. 분명히 이 시대와 그 미학은 민족주의적 우파에게 특별한 매력을 지닌다. 2021년 이탈리아, 헝가리, 폴란드의 국민주의적 대중영합주의 정당들의 협업은 유럽을 다시 위대하고 다시 기독교적으로 만들 새로운 '유럽 르네상스'를 약속했다.

따라서 이탈리아 르네상스가 사실 기존의 기독교 엘리트에 대한 반발 속에서 등장했으며, 그 자극의 상당 부분이 기독교 교회가 말살하려 했던 중국인, 아랍인, 그리고 이교적 그리스-로마 문화에서 왔다는 사실은 역설적이다. 이탈리아 북부 도시들의 상인은 여행 중 이 문화들을 접했으며, 유럽이 이러한 영향에 그렇게 개방적이었던 한 가지 이유는 뚜렷한 열등감이었다. 가난하고 배우지 못한 유럽인들은 더 발전된 문명들의 사상과 방법에서 얻을 것이 많다는 점을 깨달았다. 에스파냐의 사제 우고 데 산타야Hugo de Santalla는 이렇게 썼다. "우리는 특히 아랍인들을 모방해야 한다. 그들은 말하자면 우리의 스승이자 개척자이기 때문이다."[4]

중대한 영향을 미친 것 가운데 하나는 동아시아의 놀라운 부와 기술에 대한 이야기들이었다. 1274년, 젊은 베네치아 상인이자 탐험가였던 마르코 폴로는 아버지 및 숙부와 함께 오랜 여정을 거쳐 중국에 도착했다. 쿠빌라이 칸은 그를 무척 아껴 동남아시아 일대에 파견하는 외교 사절로 삼았다. 마르코 폴로는 아시아에서 17년을 보낸 뒤에 유럽으로 돌아왔다. 당시 베네치아는 제노바와 전쟁 중이었고, 마르코 폴로는 포로로 잡혔다. 그는 동료 수감자에게 자신의 이야기를 들려주기 시작했고, 그 수감자가 이를 기록해 인쇄술 이전 시대의 몇 안 되는 국제적 베스트셀러 중 하나로 만들었다. 유럽 전역의 독자들은 방대한 교통망, 종이로 만든 돈, 캐내어 장작 대신 태우는 '검은 돌'이 있는 마법 같은 제국에 대한 그의 묘사에 매료됐다. 중국은 송 왕조가 멸망한 뒤 몰락기에 있었음에도 불구하고 너무나도 발전하고 번영을 누리는 것처럼 보였기에 많은 이들은 마르코 폴로가 완전히 꾸며냈다고 생각할 정도였다. 기도로 산을 옮긴 기독교도의 이야기나, 자신이 이탈리아에서 떠나기 전에 실제로 일어났던 전투에 참가했다고 말한 것 등 그가 실제로 꾸며낸 부분도 있었지만, 나머지도 다 그렇다고 생각한 것이다.

자신의 고향 베네치아보다 분명히 열다섯 배는 더 큰 옛 송나라 수도 항저우를 방문하고 흥분한 마르코 폴로는 그곳이 "세상에서 볼 수 있는 가장 큰 도시이며, 마치 스스로가 낙원에 있다고 상상할 수 있을 만큼의 수많은 즐거움이 있는 곳"이라고 묘사했다. 장강에는 "수많은 배, 그리고 기독교 세계의 모든 강과 바다 위에 있는 것을 합친 것보다 더 많은 부와 상품"이 있었다! 시장들은 "모든 편의가 잘 갖추어져 있어 실로 경이롭다"라고 했다.

마르코 폴로와 다른 모험가들이 들려준 이야기들, 그리고 유럽으로 들어온 절묘한 비단, 향신료, 도자기는 유럽인의 항해, 무역, 약탈에 대한 욕구를 자극했지만, 무엇보다도 모방하고자 하는 욕구를 키웠다. 여러 개의 돛을 단 거대한 배가 건조되어 오랜 기간 바다에 머무를 수 있다는 발견은 혁신을 촉발했다. 중세 유럽은 갑자기 노를 젓는 대신 선미타가 있는 배를 만들기 시작했다. 노를 가지고는 난바다의 폭풍 속에서 배를 조종할 수 없었다. 유럽인들은 또한 곧 역풍을 극복하기 위해 배에 돛을 세 개 달기 시작했고, 이는 기본적으로 발견 여행에 나서는 데 필요한 형태의 배를 건조하는 것이었다.

실제 중국과 그 생산 방식에 대해 극히 제한된 지식만 갖고 있던 유럽인들에게, 이러한 이야기들은 무엇보다도 더 부유하고 더 흥미로운 다른 무엇이 가능하며 시도해볼 가치가 있다는 점을 보여주었다. 한 현대 학자는 이렇게 주장한다. "중국은 한때 물질적 자극을 제공했으면서도 동시에 여전히 손에 잡히지 않는 장소로서, 집요한 탐구심을 불러일으켰다. 현대적 의미에서의 호기심이다."[5]

아랍의 스승들

아랍의 사상이 기독교 신앙 안으로 스며들기 시작하면서 더욱 자극적인 수입품이 그 세계에서 들어왔다. 피사 같은 이탈리아의 무역항들은 11세기와 12세기의 십자군 전쟁 동안 노획한 방대한 장서를 소유하게 됐다. 그리고 시칠리아(원래 그리스계 동로마 영토였다가 아랍의 지배를 거쳐 11세기 말 노르만인의 정복 이후 가톨릭 세계에 편입됐다)는 아랍 세계의 학자와 책들이 유럽인과 만나는 다문화 중심지로 발전했다. 시칠리아에서 통치하던 신성로마제국 황제 프리드리히 2세의 궁정 고문으로 일하던 스코틀랜드 학자 마이클 스콧Michael Scot은 위대한 이슬람교도 철학자 아베로에스의 저작을 라틴어로 번역했고, 이 번역본들은 이탈리아의 여러 대학으로 퍼져나갔다. 그러나 이러한 영향은 에스파냐에서 밀려오던 방대한 물결에 비하면 작은 개울에 지나지 않았다.

기독교도 군대가 십자군 시기 안달루시아의 도시들을 점령하기 시작했을 때, 그들은 그 부유함과 정돈된 도시 경관, 장엄한 건축물에 경탄했다. 그러나 무엇보다도 그들은 사설 및 공공 도서관에서 그동안 풍문으로 들었지만 실제로 존재하는지는 확신할 수 없었던 많은 책들을 발견했다. 에우클레이데스, 갈레노스, 아르키메데스, 아베로에스, 아리스토텔레스의 거의 신화적인 저작들이었다.

이 지혜의 원천을 찾아낸 흥분은 '이교도'를 이해해 그들을 개종시키려는 관심과 결합됐다. 그래서 12세기 중반, 통찰력 있는 톨레도의 라이문도Raimundo de Toledo 대주교는 아바스 왕조가 벌였던 번역 운동의 유럽판을 시작했다. 다언어·다종교 팀이 아랍어, 히브리어, 그리스어 서적을 라틴어로 번역하기 시작했고, 13세기에 카스티야의 알폰소 10세가 이 운동을 후원하기 시작하면서 결국 중세 에스파냐어로 번역되기까지 했다.

이 발견들이 기독교 사회 전체에 보낸 충격파는 영국 철학자 몰리의 대니얼Daniel of Morley의 기록에 잘 나타나 있다. 그는 파리에서 만난 신학자들이 스스로 매우 중요한 인물인 것처럼 굴었지만 "그들은 아무것도 모르기 때문에 대리석 조각상에 불과"했다고 묘사한다. 그러나 "그 시절 톨레도에서는 아랍인의 이론이 대유행이라는 말을 듣고, (…) 가능한 한 빨리 그곳으로 달려가 세상에서 가장 지혜로운 철학자들의 말을 들을 수 있었다."

이교도와 이슬람교도에게서 배운다고? 당연하다고 대니얼은 주장했다. 왜 지식과 과학이 비非기독교도의 전유물이어야 하는가? "그렇다면 이교도 철학자들로부터 그들의 지혜와 설득력을 빌려오고, 신의 도움과 명령에 따라 그것들을 약탈해오자. 불신자들에게서 빼앗아 그 약탈품으로 우리의 믿음을 더욱 풍부하게 만들자."[6]

가장 탐내던 약탈품 가운데 아베로에스의 저술이 있었다. 그는 이슬람교와 그리스 철학을 조화시키는 데 크게 기여한 안달루시아인이었다. 아리스토텔레스에 대한 그의 광범위한 논의를 통해 이 고대 철학자는 이해하기 쉽고 매력적인 인물로 거듭났다. 사실 아리스토텔레스 저작의 상당 부분은 아베로에스 저작 속 발췌문을 통해 처음으로 접할 수 있게 됐다. 아리스토텔레스 사상의 폭과 깊이는 엄청난 것이었다. 식물과 동물에서부터 별의 움직임에 이르는 자연 세계를 분석하고 이해하는 아리스토텔레스의 체계는 1500년이나 지난 것임에도 불구하고 당시 유럽의 어떤 지식보다도 훨씬 앞서 있어 거부할 수 없을 만큼 매혹적인(또는 두려운) 것임이 드러났다.

이 급진적 사상은 큰 화제가 됐고 젊은 학자들에게 인기를 끌었다. 인간의 이성과 경험적 탐구가 지식을 얻는 길이라는 생각, 우리가 이 세상에서 고통받는 존재로 태어난 것이 아니라 세속적 행복을 추구하도록 태어났다는 생각은 중세 사람들의 마음에 불을 붙였다. 새로 생긴 파리대학 예술학부에서 브라반트의 시제와 다키아의 보에티우스 같은 '아베로에스주의자'들은 합리적 방법을 사용해 심지어 종교 교리에까지도 질문을 던지기 시작했다.

그러나 교리가 반격했다. 가톨릭교회가 이 철학과 처음 마주했을 때 보인 본능적 반응은 칼리파국의 마지막과 비슷했다. 그들은 이것이 위협적임을 느끼고 이를 쳐부수려 애썼다. 교회의 한 권력자는 호기심 많고 탐구적인 사람들을 "하느님의 비밀의 내장을 *끄집어낸다*"[7]라며 비난했으며, 아베로에스주의자들과 아리스토텔레스주의자들은 교회 지도자들로부터 박해를 받았다. 이단으로 규탄당해 수도원으로 추방된 피에르 아벨라르Pierre Abélard는 후회하며 이렇게 썼다. "만약 바울과 충돌해야 한다면 철학자가 되고 싶지 않으며, 그리스도에게서 떨어져야 한다면 아리스토텔레스가 되고 싶지 않다."[8]

이후 아베로에스를 500번이나 인용한 시칠리아 출신 도미니크회 사제 토마스 아퀴나스(1225?~1274)의 유산을 둘러싼 오랜 논쟁 끝에 교회는 마침내 그리스도와 절연하지 않고도 아리스토텔레스주의자가 될 수 있음을 인정하게 된다. 토마스에게 일생의 과업은 아리스토텔레스 철학을 기독교와 조화시키는 것이었고, 이는 아베로에스가 이슬람교를 위해 했던 것과 같은 작업이었다. 토마스 아퀴나스는 중세의 문에 르네상스의 발을 들여놓게 했고, 그 틈새로 호기심이 흘러들어갈 여지를 남겨두었다.

목자 없는 대륙

해외에서 들어온 새로운 사상, 기술, 사업 모형이 기존 질서를 뒤흔들 수 있는 위협이 됐을 때, 유럽의 경제적·지적 엘리트들은 다른 문명권의 많은 엘리트가 그랬던 것처럼 그것을 없애고 싶어했다. 그러나 그들이 그런 일에 그다지 능숙하지 못했던 것이 유럽에는 축복이었다.

중국과 동로마에는 황제가 있었고 이슬람 세계에는 국가-울라마(학

자) 동맹이 있었지만, 유럽에는 그런 지배 권력이 없었다고 교황 피우스 2세는 1455년에 탄식했다. "기독교 세계에는 모든 이가 복종할 머리가 없다. 교황도, 황제도 받아야 할 것을 받지 못한다. 존경과 복종이 없기 때문이다. (…) 모든 도시가 독자적인 왕을 가지고 있으며, 왕실 수만큼의 군주가 있다." 그는 이런 의문을 입 밖에 냈다. "누가 이토록 잡다한 가축 떼의 목자가 될 수 있을까? 누가 이렇게 다양한 언어를 쓰는 사람들을 지휘할 수 있을까? 누가 이들의 다양한 관습을 규율할 수 있을까?"9

결국 그 누구도 아니었고, 바로 그 점이 모든 차이를 만들어냈다. 14세기 유럽에는 아마도 대략 천 개에 달하는 서로 다른 정치체가 있었을 것이다. 공국, 공작령, 자치도시, 교회령 등이었으며, 산맥, 울창한 숲, 강, 호수, 습지로 갈라져 있었지만 라틴어와 기독교 신앙으로 통합되어 있었다. 이는 어떤 면에서는 고대 그리스 세계와 비슷했고, 그결과 또한 비슷했다. 명목상 많은 유럽의 군주와 귀족들은 신성로마제국의 지배를 받았다. 그러나 볼테르의 촌평처럼 그 제국은 신성하지도 않고, 로마도 아니고, 제국도 아니었다. 그들은 서기 800년 '로마 황제'로 즉위한 카롤루스 대제의 정복에 대한 권리를 주장해, 고대 로마로부터 권력을 계승했다는 허구를 만들어냈다. 그러나 신성로마 황제는 주로 독일의 선제후選帝侯들이 선출했으며, 자치적인 왕, 공작, 백작들의 조각 모음만을 다스렸다. 실제 수도나 행정 체계도 없어 황제는 여러 지역을 돌며 궁정을 열고 공동의 목적을 위해 지역 군대들을 결집하고자 했다. 어떤 정치체들은 한자Hansa 동맹을 결성한 북독일 및 발트해의 상업 도시들처럼 독자적인 별도 연합체를 발전시키기도 했다.

그리고 물론 예수의 지상 대리인Vicarius Christi이자 교회의 수장인 교황 자신도 있었지만, 그가 지휘하는 부분이 얼마나 됐겠는가? 처음에 그는 지역 교회와 그 주교들조차 지휘하지 못했고, 이들은 각 지역의 왕과 영주의 권한 아래 있었다. 게다가 교황은 역시 기독교 세계의 영적 지도자를 자처한 황제와 끊임없는 경쟁 상태였다.

이 경쟁은 11세기 말에 교황이 주교 임명권을 요구하면서 벌어진 '서임권 투쟁Investiturstreit'으로 알려진 대립 속에서 아예 전쟁으로 비화했다. 그러나 그런 단순한 진술로는 1075년의 이 교황권에 관한 혁명이 지닌 역사적 중요성을 제대로 설명하기 어렵다. 이는 다름 아닌 모든 기독교도에 대한 권위에 관한 것이었다. 황제가 교황을 임명하고 폐위할 권한을 가지는가, 아니면 교황이 황제를 임명하고 폐위할 권한을 가지는가의 문제였다.

교황은 지속적인 황제의 간섭에 지친 데다 성직자들이 헌납, 세금, 사업을 통해 확보한 재산(서유럽 토지의 3분의 1에서 4분의 1에 달했다)을 보호하기 위해 '교회의 자유Libertas ecclesiae'를 위한 운동을 시작했다. 1075년 교황 그레고리우스 7세(재위 1073~1085)는 급진적 계획을 실행할 준비가 되어 있었다. 교황은 갑자기 교회 전체에 대한 교황의 최고권과 왕 및 황제를 포함한 세속 문제에 대한 교회의 최고권을 선언해 풍파를 일으켰다. 이는 교회가 더 이상 썩어가는 세상에서 '최후의 심판'을 위해 사람들을 준비시키는 단순한 영적 권력이 아니라, 관료 조직과 세속 지배자들에 대한 권위를 가진 독립된 세속 권력이 될 준비가 됐다는 얘기였다.

황제 하인리히 4세(재위 1056~1105)가 교황을 '가짜 수도사'라 부르고 그의 권력 장악을 거부하며 그의 폐위를 선언하자, 교황은 전례 없는 조치를 취해 황제를 파문하고 모든 기독교도를 황제에 대한 충성

서약에서 해방시켰다. 반기를 든 독일의 군주들은 이러한 종교적 정당성을 근거로 하인리히 4세에 맞서 일어섰고, 황제는 교황과의 관계를 회복하고 나서야 충분한 세력을 모을 수 있었다. 유명한 이야기로, 그는 이탈리아 북부 카노사로 향했다. 교황이 강력한 그곳의 변경백邊境伯인 카노사의 마틸데Matilde di Canossa가 소유한 성에 머물고 있었기 때문이다. 전승에 따르면, 황제는 회개를 표하기 위해 사흘 동안 성문 밖의 눈 속에서 맨발로, 털옷을 입고 기다렸다고 한다.

그러나 이것은 끝이 아니라 긴 내전의 시작이었다. 교황과 황제는 번갈아 서로를 축출했고, '대립對立 왕'과 '대립 교황'이 잇따라 세워졌다. 그러다가 1122년에 양측이 가장 급진적인 주장들을 포기하고 서로의 권위를 인정하는 타협이 이루어졌다. 이 끊임없는 힘겨루기의 중요한 결과는 많은 신민이 두 권력 모두로부터 어느 정도의 독립성을 확보할 수 있었다는 점이다. 군주들과 도시들은 두 권위를 서로 견제시켰고, 교황과 황제는 그들의 충성을 얻기 위해 무언가를 대가로 내놓아야 했다. 마스트리흐트에서는 두 개의 계단이 있는 시청을 세웠다. 하나는 리에주 주교를 위한 것이었고, 다른 하나는 브라반트 공작을 위한 것이었다. 그래서 "한 분의 주님, 주님이시여! 두 분의 주님, 좋습니다!"[10]라는 표현이 만들어졌다.

1877년에 글을 쓴 달버그-액턴 남작은 서유럽인이 상대적 자유를 누리게 된 것은 이러한 성聖과 속俗의 분열 덕분이라고 평가했다.

우리가 누리는 시민적 자유가 생겨난 것은 바로 그 400년에 걸친 갈등 덕분이다. 만약 교회가 자기네가 임명해 세운 왕들을 계속 떠받쳤거나 혹은 그 투쟁이 어느 한쪽의 완전한 승리로 신속히 끝났더라면, 유럽 전체는 동로마 또는 러시아식 전제정치 아래 가라앉았을 것이다. 왜냐하면 양측의 싸움 목표는 모두 절대권력이었기 때문이다. 그러나 자유는 그들이 추구한 목적은 아니었으나, 세속 권력과 영적 권력이 각국의 지원을 끌어들이기 위해 사용한 수단이었다.[11]

법의 혁명

유럽의 미래에 엄청난 중요성을 지녔던 것은 교황청과 제국이 서로의 주장을 규정하고 방어하기 위해 법을 기록하기 시작했다는 것이다. 이 법은 또한 이들로부터 독립을 확보하려는 자들에 의해 사용됐다. 교황청과 제국은 패권을 놓고 싸움을 벌이면서, 자기네의 주장을 강화할 수 있는 문서와 법령을 찾아 기록들을 뒤졌다. 그리고 1070년 이후 어느 시점에, 이탈리아 북부에서 상상할 수 있는 가장 거대한 법적 사고의 저수지가 재발견됐다.

530년대에 동로마 황제 유스티니아누스는 로마 법사상法思想의 대규모 집성을 명령했다. 《학설총람Pandectae》은 민법, 형법, 헌법 등 다양한 법적 문제에 관한 로마 법학자들의 글에서 발췌한 내용으로 이루어진 50권의 저작이었다. 수백 년에 걸친 복잡한 법률 분석을 집대성한 것, 특히 생명권과 사유재산권 같은 개인의 권리를 인정한 점은 법에 대한 관심을 폭발적으로 증가시켰다. 그것이 폭넓고 수준이 높아 곧 법의 이상형으로 여겨졌고, 문제는 다만 이를 어떻게 해석하고 적용할 것인가였다.

대학들은 적어도 부분적으로는 로마법을 연구하고 그 법체계에 논리를 적용하기 위해 설립됐다. 흔히 유럽 최초의 대학으로 여겨지는 볼로냐대학은 1088년 학생들이 모여 자신들을 가르칠 법학 교사를 고용하기 시작하면서 출범했다. 외국에서 온 학생들은 자신의 권리를 지키기 위해 '나티오natio'(태생)로 스스로를 조직화했고, 이 나티오들을 합쳐 '우니베르시타스universitas'라고 불렀다. 바로 로마법에서 단체를 나타내는 말이었다. 학생들은 스스로 자치를 했고, 교사들과 독자적인 계약을 맺었으며, 심지어 교사가 수업을 제대로 하지 않거나 시간을 엄수하지 않으면 벌금을 부과했다. 나중에 가서야 교사들이 도시 당국에 의해 고용되고 주교의 관리를 받게 됐지만, 그 경우에도 대학이 이전의 교육 형태와 구별된 점은 다양한 의견을 자유롭게 표현하고 발전시킬 수 있는 그들의 상대적 자유에 있었다.

해럴드 버먼Harold Berman은 유스티니아누스 법전의 재발견에 관한 선구적 연구인 《법과 혁명Law and Revolution》에서 또다른 중세 법 전문가 F. W. 메이틀런드Fredric William Maitland의 말을 인용한다. "메이틀런드는 12세기를 '법의 세기'라 불렀다. 그러나 그것은 표현이 약했다. 12세기는 '가장 결정적인' 법의 세기, 서양 법 전통이 형성된 세기였다."[12]

그전까지 서방 당국이 규칙과 절차를 강제하고 범죄를 처벌한 것은 분명했으나, 다른 사회 규율 체계와 구분되는 법체계는 존재하지 않았다. 서로 충돌하는 관습을 조정하는 체계화된 법전 개념도 없었고, 법에 관한 교과서와 법을 분석하고 해석하는 학자도 없었으며, 판사, 변호사, 조언자로 활동하는 훈련된 법률가도 없었다. 교회는 주요 주교들과 공의회의 교령 기록을 가지고 있었지만, 그것들은 통상 단순히 연대순으로 배열되어 내적 일관성이나 위계가 없었다.

이제 불과 몇십 년 사이에 메이틀런드가 표현한 대로 이것이 "놀라울 만큼 갑작스럽게" 변했다. 교황의 야심이 가하는 압력 속에서 《학설총람》을 지침 삼아 서유럽 전역의 정치체들이 자신들에게 전해 내려온 방대한 법률 자료를 정리하기 위해 독립적인 법체계를 발전시켰고, 직업적인 판사와 실무 변호사들이 등장했다. 이 모든 새로운 법체계들은 서로 중첩됐다. 갑자기 교회에 관한 법, 왕실에 관한 법, 영지에 관한 법, 도시에 관한 법이 생겨났다. 흥미롭게도 상법은 상인들 스스로가 발전시켰는데, 그들은 외국 방문객과 상인들의 권리를 보호하기 위해 초국가적 규칙 체계와 상사商事 법정을 만들기 시작했다. 이렇게 복수의 법이 존재하면서 사람들은 여러 다른 법체계 아래에서 살게 됐고, 억울하다고 생각하면 때로 다른 관할권에 호소할 수도 있었다. 이는 규범과 질서가 종종 위에서 가해지기보다는 아래로부터 떠오를 수 있다는 또다른 사례다.

이 법적 혁명은 몇 가지 급진적 함의를 지니고 있었다. 귀족들은 왕에게 특권을 달라고 주장했고, 시민들은 도시 헌장에 따라 자신들이 누릴 권리를 요구했다. 농노들은 도시로 도망쳐 1년에서 하루만 더 지나면 도시법에 따라 자유를 주장할 수 있었다. 외국 상인들은 상법에 따라 자의적인 세금 부과나 괴롭힘으로부터의 보호를 요구했다. 본래는 권력을 지키기 위해 작성된 많은 법이 갑자기 그 권력을 통제하는 데 사용됐다. 해럴드 버먼은 이러한 예기치 못한 결과의 거대함을 강조하며 이렇게 말했다. "이러한 여러 투쟁에서 법은 압도적인 물질적 사실과 조건에 맞서 소환됐고, 말하자면 법을 낳은 바로 그 사회 구조를 향해 되돌려졌다."[13]

사례는 많다. 《학설총람》에서 학자들은 "모든 사람에게 관련된 일은 모든 사람에 의해 고려되고 승인되어야 한다"라는 로마의 격언을 발견했다. 이는 본래 유언 처리를 다루기 위한 로마의 방식이었으나, 지금 어떤 학자들은 이를 넓은 의미의 초기 민주주의 원리, 즉 피치자의 동의를 요구하는 원리로 해석했다. 이는 훗날 "대의 없는 과세는 없다"와 같은 구호로 이어졌다. 유럽의 학자들은 자기네가 단지 로마법을 재진술하고 있다고 생각했을지 모르지만, 실제로는 그리스식 논리를 사용해 로마의 법적 관행을 분석하고 체계화함으로써 과거에는 존재하지 않았던 새로운 급진적 헌정 원리를 만들어낸 것이었다.

이는 반대의 생각을 선호해 자신의 교본에(로마법 모음이 아니라) "군주의 마음에 드는 것이 곧 법의 힘을 가진다"라고 적어놓았던 유스티니아누스에게는 오싹한 일이었을 것이다. 이후 수백 년 동안 유럽의 정치적 투쟁은 이 두 원리 사이의 충돌을 중심으로 전개됐다.

1140년 무렵에 볼로냐의 수도사 요하네스 그라티아누스Johannes Gratianus가 저술한《모순되는 교회법의 조화Concordia canonum discordantium》라는 영향력 있는 교회법 체계화 시도에서는 법의 파괴적 측면이 명확하게 진술된다. 그는 신법神法, lex divina이 계시에 드러난 신의 뜻이지만, 역시 신의 뜻을 반영한 자연법lex naturalis도 있으며 이는 인간의 이성과 양심을 통해서도 발견될 수 있다고 주장했다. 이에 따라 그라티아누스는 "군주들은 그들의 법에 의해 구속되며 그 법에 따라 살아야 한다"라고 결론지었다. 놀랍게도 그는 또한 이 원리가 교회에도 적용된다고 주장했다. "교회법이든 세속법이든 법이 자연법에 어긋난 것으로 입증된다면 완전히 배제되어야 한다."14

이러한 원리를 바탕으로 볼로냐의 아초네Azzone da Bologna나 파도바의 마르실리오Marsilio da Padova 같은 법사상가들은 정치적 권위가 (심지어 황제의 권리조차도) 국민에게서 나오기 때문에 통치자는 법에 의해 통제되어야 하며 그 권력은 국민에 의해 철회될 수 있다고 주장했다. 솔즈버리의 존John of Salisbury처럼 한층 더 나아간 이들도 있었다. 그는 "폭군을 죽이는 것은 합법일 뿐 아니라 옳고 정의로운 일이다. 칼을 드는 자는 그 칼에 죽어 마땅하기 때문이다"라고 주장했다.[15]

잉글랜드의 존 왕이 자기네 신민들의 권리를 존중하겠다고 서약한 1215년의 〈자유 대헌장Magna Carta Libertatum〉은 자의적 통치의 한계를 명시한 가장 유명한 문서이지만, 결코 유일한 것은 아니었다. 1140년 시칠리아의 아리아노Ariano 법령, 1222년 헝가리의 어러니불러Aranybulla(황금칙서), 1231년 프리드리히 2세가 제정한 멜피Melfi 헌법 등도 통치자들이 마지못해 자신이 법에 구속됨을 인정한 문서들이다.

고대 로마법에 관한 그 오래된 책이 완전히 부스러지기 전에 발견된 것은 정말 행운이었다.

이탈리아 도시국가들

따라서 르네상스가 있기 전에 부활이 있었다. 중세의 끔찍한 비참함에 대한 우리의 뿌리 깊은 인식은 1994년 영화 〈펄프 픽션Pulp Fiction〉의 한 대사에 잘 드러나 있다. "중세 방식으로 아주 가혹하게 다뤄주마." 사상사 연구자로서 보면, 이는 로마제국 붕괴 이후 500년 동안의 현실을 꽤 정확하게 반영한 표현이다. 그러나 서기 1000년 이후의 중세 전성기는 그와는 완전히 다른 시대의 시작이었다.

초기 중세는 농업 중심의 마을과 장원들로 이루어진 세계였고, 수천 명 이상이 사는 도시도 거의 없었다. 그러나 서기 1000년 이후 무역 확대와 온난한 기후로 인구가 증가했고, 서유럽 전역의 크고 작은 성장하는 도시에 사람들이 정착하기 시작했다. 이들 도시의 많은 곳에서 법과 세속 학문이 등장했다. 농업 잉여는 전문화를 가능하게 했고, 풍물시장을 포함하는 시장이 중요한 제도가 됐으며, 상인들은 국경을 넘나들기 시작했다. 이러한 요소들의 결합을 가장 성공적으로 활용한 것은 점점 부유해진 이탈리아 북부의 무역 도시들이었다. 그들은 볼테르의 표현을 빌리면, "로마제국의 쇠퇴 이후 유럽을 뒤덮었던 야만의 녹을 털어낸" 최초의 지역이었다.[16]

이탈리아반도는 구릉지대에 긴 해안선을 갖고 있었고 북유럽과 서아시아 사이에 위치해 있었기에 항해와 교역에 안성맞춤이었다. 11~12세기에 베네치아, 피사, 제노바, 피렌체, 시에나 같은 도시들은 동로마 및 아랍 국가들과의 경제적 교류를 통해 번영과 자신감을 얻었다. 그들이 가져온 부는 내륙으로 스며들었고, 새로운 도시와 교외가 빠르게 성장했다. 새로운 중산층이 등장했고, 이들은 흔히 자체적으로 집정관을 선출하기 시작했다.

베네치아는 야만족의 침입을 피해 도망친 로마제국 난민들이 건설한 도시였고, 동로마 권력이 쇠퇴하자 독립을 선언했다. 베네치아인들은 아드리아해의 험난한 조류에 숙달한 뒤 자기들의 늪지대 석호를 상업 중심지로 바꾸었다. 베네치아가 시리아 및 이집트와 경제 관계를 맺고 있는 데 대해 교황이 이의를 제기하자, 그들은 "우리는 우선 베네치아인이고, 그다음에야 비로소 기독교도입니다"라고 답했다.[17]

십자군은 동지중해에 새로운 항구 도시들을 세웠고, 이탈리아 상인들은 이곳에 물자를 공급하는 데 가장 유리한 위치에 있었다. 한 이슬람교도는 기독교도와 이슬람교도 사이에는 "불화의 불길이 타오르"지만 상인들은 "방해받지 않고 오고 간다"라고 말했다.[18] 일부 유럽인들은 "무역은 지옥의 문턱에까지라도 자유롭고 방해받지 않아야 한다"라고 말하기 시작했다.[19]

곧 다른 도시들도 베네치아처럼 자치의 길을 따라갔다. 1115년, 유명한 카노사 성(참회하는 황제가 눈 속에서 맨발로 밤을 새웠던 곳이다)의 소유주였던 마틸데가 죽었다. 롬바르디아-에밀리아-로마냐-토스카나에 걸친 마틸데의 광대한 영토의 미래가 불확실해지자, 이 독립적인 성향의 도시들이 이를 이용했다. 1140년대에 이탈리아 북부를 여행하던 황제의 조카는 이렇게 불평했다. "사실상 이 땅 전체가 도시들 사이에 나뉘어 있다. 그들은 자유를 매우 열망해 군주가 아니라 (선출된) 집정관들의 통치를 받고 있다."[20]

'바르바로사Barbarossa'(붉은 수염) 프리드리히 1세 황제는 거듭 이 혐오스러운 것을 무력으로 종식시키려 했지만 번번이 격퇴되었다. 이탈리아 도시들은 교황을 상징적 지도자로 삼아서 롬바르디아 동맹을 결성했다. 다섯 번째 침공 끝에, 그들은 1176년 레냐노 전투에서 제국군을 격파했다. 황제의 제후들은 이 모든 일에 염증을 느끼고 그를 압박해 평화 조약에 서명하게 했다. 이탈리아 도시들이 신성로마제국에 형식적으로 충성을 맹세하는 대신, 자체적으로 의회를 선출하고 자기네의 법을 제정할 수 있는 사실상의 권리를 인정하는 내용이었다.

이것이 "사고의 빠른 용광로이자 작업장"(셰익스피어의 표현)이었던 중세 도시의 황금시대의 시작이었다. 중국의 도시들은 별도의 시민문화와 독립을 발전시킨 적이 없었다. 중국의 농촌은 이미 매우 상업화되어 도시가 전체 경제에 밀접하게 통합되어 있었고, 통일된 제국 구조는 대담한 도시들이 독자적으로 행동하는 것을 허용하지 않았다.

보다 분열된 서유럽의 도시들은 달랐다. 봉건제와 농노제의 바다 속에서 피난처가 되고 독립한 섬이었다. 이탈리아 도시들도 대체로 소규모였던 서로 간의 전쟁을 피한 것은 아니었지만, 많은 정치적 분쟁이 법적 문제로 변형됐다. 언제나 무력을 사용하는 대신, 그들은 흔히 유스티니아누스의 법전을 참고해 분쟁을 해결했다.

적어도 상류층과 동업조합들이 스스로를 통치하던, 성장하던 도시들에서는 대학, 신자회, 공동 경제 단체 같은 공동체 조직이 엄청나게 성장했다. 1265년에 도시국가를 모범으로 본 논문인 아리스토텔레스의 《정치학Politiká》이 라틴어로 번역된 것도 이러한 새로운 도시적 이상에 나쁘지 않았다. 위험한 국제 무역을 자금 지원하기 위해 은행들이 생겨났으며, 때로는 '신용' 기능도 있었다('은행'을 뜻하는 영어 bank는 그들이 사업을 하기 위해 앉던 '긴 의자'를 뜻하는 banki에서 왔으며, '신용'을 뜻하는 credit는 라틴어로 '믿다'라는 뜻의 credo에서 유래했다).

상업은 복식 부기, 주식회사, 보험, 환어음, 그리고 체계화된 외환 시장과 같은 새로운 금융 도구들로 인해 촉진됐다. 이탈리아어나 라틴어에서 온 영어 단어 중 많은 수가 사업과 관련된 것은 우연이 아니다. 은행bank, 파산bankrupt, 캐럿carat(무게 단위), 직업career, 기업연합cartel, 현금cash, 신용credit, 상업mercantile, 경영management, 정량net 같은 것들이다.

이 가운데 상당 부분이 아랍 상인들의 영향을 받은 것이었다. 페르낭 브로델은 자신이 쓴 유럽 상업사에서 이렇게 결론지었다. "서방 자본주의에서 외부에서 수입된 모든 것은 의심할 여지 없이 이슬람 세계로부터 온 것이다."[21] 아랍 상인들은 또한 복잡한 계산을 하기 어려운 로마 숫자를 버리도록 이탈리아아인들을 자극했다. 레오나르도 피보나치Leonardo Fibonacci는 알제리에 주재하던 피사 출신 세관 관리의 아들이었다. 그는 지중해 일대를 돌아다니며 그곳 상인들에게서 인도-아라비아 숫자의 장점을 배웠다. 피보나치는 이것이 복식 부기, 환전, 이자 계산을 얼마나 단순하게 만드는지에 관해 글을 써서 이 숫자 체계를 대중화했다. 이탈리아 도시들에서 상업은 모험적 약탈 행위에서 계산과 장기적 계획에 기반한 조직적 사업으로 급속히 변모하고 있었다.

유럽은 갑자기 외부에서 유입된 새로운 사상, 팽창하는 도시, 더 부유해진 중산층, 법적 요소, 금융 체계가 교차하는 지점에 서게 됐다. 유럽은 이 모든 것의 혜택을 누렸고, 무엇보다 귀중한 '부재不在'의 혜택도 있었다. 나는 언젠가 유명한 자유주의 이론가 톰 G. 파머Tom Gordon Palmer가 강연 중에 세계사를 한 문장으로 요약한 것을 들은 적이 있다. 인간 사회와 제도에 대한 그의 해박한 지식에서 끌어낸 문장이자 반쯤은 농담이었는데, 그는 이렇게 말했다. "역사가 우리에게 주는 교훈은 몽골에게 침략당하지 말라는 것이다."

아바스 칼리파국과 중국 송나라는 모두 몽골에 의해 초토화됐고, 유라시아 대륙의 나머지 대부분도 마찬가지였다. 1240년대 초, 유럽의 차례가 왔다. 1241년 12월, 동유럽 키이우 포위는 도시 함락으로 끝났고, 한층 작은 도시 모스크바는 불타 무너졌다. 이로써 러시아에 대한 250년 동안의 몽골 지배가 시작됐고, 몽골 군대는 자유롭게 서쪽으로 진격했다. 몽골군은 곧바로 폴란드와 헝가리를 격파했고, 그곳은 황량한 불모지로 변했다고 한다. 그들은 이어 독일 영토로 진군했고, 얼마 지나지 않아 일부 병력이 이탈리아 동북부와 빈 외곽까지 도달했다. 윈스턴 처칠은 그의 많은 역사서 중 하나에서 "유럽 전체가 끔찍한 위협에 굴복할 것처럼 보였다"라고 썼다.[22] 그런데 1242년 9월, 몽골군은 갑자기 방향을 틀어 귀국 길에 올랐다.

그것은 기적이었다. 많은 유럽인은 신이 자신들의 기도를 들어주었다고 생각했다. 전통적 설명은 몽골인들에게 그들의 통치자이자 칭기스 칸의 아들인 오고타이 칸이 죽었다는 소식이 전해졌고, 그들은 이제 후계자를 선출하기 위해 몽골에서 모여야 했다는 것이다. 진흙투성이 지형이나 강력한 저항 등 몽골군의 갑작스러운 퇴각에 대한 다른 설명도 제시됐다. 어쩌면 그저 유럽이 아시아의 거대 문명들에 비해 아직 너무 가난해서 몽골인들이 전리품에 실망했기 때문이었을 수도 있다.

그러나 진짜 이유는 중요하지 않다. 중요한 것은 서유럽이 유라시아 대륙의 나머지 대부분과 달리 몽골 정복을 피했다는 점이다. 덕분에 이탈리아 북부 도시에서 동방으로 이어지는 새로운 교역로는 끊어지지 않았고, 최근 따뜻해진 기후 속에서 생산성이 높아진 농경지는 파괴되지 않았으며, 성장하기 시작한 도시들은 파괴되지 않았다. 그리고 바로 그 도시들에서 마법이 일어났다.

르네상스의 인본주의자들

14세기에 인본주의자들의 시대가 시작됐다. 새롭게 힘을 갖게 된 도시들과 점점 세속화되는 교회는 세속적인 업무를 관리하고 새로 발견된 법체계를 둘러싼 논쟁을 벌일 수 있는 학자들이 필요했다. 이는 문해력 상승과 신분 변동을 촉진했다. 이탈리아 도시 거주자의 약 절반이 글을 읽을 수 있었던 것으로 추정된다. 또한 권력이 분산되고 새로이 부富가 형성되면서 학자들을 후원할 잠재적 후원자층이 확대됐고, 학자들은 연구 자금을 얻기 위해 도시들 사이를, 그리고 세속 권력과 교황청 관료 조직 사이를 자주 이동했다.

흔히 보잘것없는 가문 출신에다 대부분 법학 공부로 이력을 시작한 이러한 사상가들은 이교異敎 철학에 의해 급격히 변모하고 있는 세계에 살았다. 아리스토텔레스적 사상은 여러 차례 금지됐지만 수많은 독립된 도시, 대학, 이동하는 학자들 사이에서 늘 새 보금자리를 찾았다. 1323년, 기독교적 아리스토텔레스주의의 논쟁 주역이었던 토마스 아퀴나스가 교황으로부터 성인 자격을 부여받았고, 그 이후 기독교 세계는 점차 이 세상을 고통 속에서 죽고 내세를 준비하는 눈물의 계곡이 아니라 이성, 논리, 감각 증거로 이해할 수 있는 아름다운 곳으로 보기 시작했다. 유럽의 야만인들은 말하자면 그리스인이 된다.

르네상스의 '인본주의자'는 신학과 형이상학보다는 인간의 활동에 관심을 가진 학자들이었다. 그들은 죽은 뒤의 삶보다 이번 생의 가능성과 그 활동 및 즐거움에 관심을 가졌다. 그렇다고 해서 이들이 초기 단계의 무신론자였다는 뜻은 아니다. 대부분은 신심이 깊었으며, 단지 신의 일보다 인간의 일에 더 흥미가 있었을 뿐이다. 그리고 그들이 신을 말한다 해도 그것은 흔히 아폴론이기 십상이었다. 그들 가운데 일부는 교회에 고용되어 있었으나, 그들은 교회를 비판하고 심지어 조롱하기를 두려워하지 않았다.

이탈리아의 인본주의자들에게는 또한 남들보다 더 많이 가진 것이 있었다. 그들은 잃어버린 황금시대를 분명하게 상기시키는 너무도 많은 폐허들에 둘러싸여 있었다. 이탈리아인들은 매일 자신들이 재현할 수도 없는 재료로 만들어지고 그들이 이해할 수도 없는 방식으로 지어진 건축물들의 잔해를 지나다녔다. 한때 강력했던 로마에서 유일하게 가능한 산업은 오래된 폐허들에서 자재들을 정리하는 일인 듯했다.

어떤 사람들에게 이 폐허는 인간의 타락 이후 세계가 지속적인 쇠퇴 상태라는 아우구스티누스적 믿음을 강화해주었다. 그러나 또 어떤 이들은 그 대신 잃어버린 어떤 특별한 것을 복원하고 회복하려는 집착에 사로잡혔다. 토스카나의 시인 프란체스코 페트라르카Francesco Petrarca(1304~1374)는 로마를 버리고 프랑스 아비뇽으로 옮겨간(보호를 받고 혼란스러운 로마에서 탈출하기 위한 것이었다) 역대 교황들이 그곳에서 형편없는 포도주나 마시며 지낸다고 조롱했다. 그는 교황들이 로마로 돌아와 도시의 재탄생에 대한 신호를 주기를 원했다.

페트라르카는 인본주의자들의 영웅이었다. 한 동시대 작가의 말에 따르면, 그는 "아폴론을 그의 고대 신전에 되돌려놓았고, 촌스럽게 더럽혀진 무사Moũsa들을 그들의 본연의 아름다움으로 되돌려놓았다."[23] 페트라르카는 자신의 저술뿐 아니라 자신이 재발견한 고대 문헌을 통해 이러한 일을 해냈다. 그는 고대에 대한 집착으로 유럽 전역의 수도원과 도서관을 돌아다니며 잊힌 문헌들을 찾아냈다. 세상이 "과거의 순수한 빛 속을" 걸을 수 있도록 한 것이다.[24]

상업적 도서 시장은 로마의 몰락 이후 붕괴했지만, 수도사들은 독서를 해야 했기에 남아 있는 소수의 책들을 보존하고 필사했다. 이 책들 상당수는 카롤루스 대제 시대에 보존된 것들이었다. 유럽은 파피루스를 구할 수 없었고 종이를 아직 알지 못했기 때문에, 이 책들은 동물 가죽인 양피지에 쓰였다. 좋은 양피지는 비쌌고 그중에서도 최고급품(사산死産한 송아지 가죽으로 만든)은 귀한 사치품이었기 때문에, 귀중한 문헌들이 때로 다시 필사되지 못하고 역사 기록에서 사라지기도 했다. 어떤 경우에는 솔과 걸레로 문질러 지우고 그 위에 종교 문헌을 다시 베꼈다.

수백 쪽을 손으로 베끼는 일은 또한 시간이 아주 많이 들었다. 한 지친 필사자는 어떤 책 끝에 이런 안도의 외침을 적었다. "여기서 도미니크 수도회 토마스 아퀴나스 수도사의 저작 제2부가 끝난다. 필사자에게 믿기 어려울 정도로 길고 장황하고 지루했다. 하느님, 감사하고 감사하고 또 감사합니다!"[25]

이러한 모든 이유로, 영영 사라지기 전에 고대 문헌들을 찾아내는 것은 시간과의 싸움이었고, 페트라르카가 그 수색을 이끌었다. 1345년 6월, 그는 베로나 대성당에서 르네상스 사람들을 불타오르게 할 그의 가장 큰 발견을 이뤄냈다. 도서관의 수많은 책들 사이에서 그는 갑자기 로마의 정치가이자 철학자인 키케로가 남긴 수백 통의 서한을 담은, 알려진 유일한 서간집을 발견한 것이다. 키케로는 페트라르카가 "어느 민족을 막론하고 지금껏 한 줄이라도 글을 쓴 모든 이보다 더 많이, 혹은 최소한 똑같이" 존경한다고 말한 작가였다.[26]

페트라르카는 이 놀라운 발견에 대해 신에게 감사했고, 필사자들이 그 글을 이해할 수 없다고 하자 직접 그 서한들을 베껴 쓰기까지 했다. 페트라르카는 이 두툼한 책을 무척이나 아꼈고, 자신의 서재 문설주에 기대어 두었다. 안타깝게도 책이 여러 번 떨어져 그의 발목 위를 때리는 바람에 부상을 당했고 그것은 결국 고질이 됐다. 그러나 이 편지들이 지적 분위기와 고대 학문 부흥의 열망에 미친 영향을 생각하면 그 대가는 충분히 가치가 있었다.

키케로의 편지를 통해 인본주의자들은 로마 공화국 말기와 그 몰락에 대한 최초의 일차 기록을 얻게 됐으며, 이는 최근 독립을 이룬 여러 공화국에게는 대단히 매혹적이었고 역사 자체의 연구에 대한 관심까지 불러일으켰다. 하지만 이 편지들은 또한 개인적 특성에 대한 관심도 자극했다. 언제나 라틴어의 모범으로 생각됐던 키케로는 이전까지 일종의 초인으로 여겨졌지만, 이 서한들에서는 야망, 감정, 불안을 가지고 있고 사회와 정치에 매우 활발하게 참여하는 실제 인간으로서의 모습이 드러났다.

페트라르카가 말했듯이 글쓰기라는 '질병'은 전염성이 매우 높았고, 그때부터 인본주의자들은 키케로를 모방하려 애썼다. 그의 문체, 그의 자유에 대한 헌신, 그의 배움에 대한 사랑을 말이다. 특히 중요한 특징 하나는 그들이 읽고 쓰고 이해하는 데서 발견하는 엄청난 기쁨에 대해 이야기했다는 점이다. 이는 새로운 것이었다. 수도사들도 읽기는 했지만 그것은 신앙심과 의무에서였다. 어떤 수도원 규율은 "원하지 않더라도 읽도록 강요해야 한다"라고 했으며, 또다른 규율은 읽지 않거나 문헌에 대해 왈가왈부하는 자는 육체적 처벌을 받게 해야 한다고 되어 있었다.[27]

반면 인본주의 학자들은 문헌이 어떻게 호기심과 토론을 자극하는지에 대해 썼다. 집에서, 난롯가에서, 혹은 선술집에서 학자들이 모여 철학과 시에 대해 토론했다. 그들은 이것이 또한 자신들을 더 나은 인간으로 만든다고 주장했다. 현대 독자에게는 매우 순진하게 들릴 수도 있겠지만, 그들은 흔히 교육이 세상을 구할 것이라고 주장했다. 피렌체의 대표적인 서적상 베스파시아노 다비스티치Vespasiano da Bisticci는 "모든 악은 무지에서 태어난다. 그러나 작가들은 세상을 밝히고 어둠을 몰아냈다"라고 썼다.[28]

이제 이러한 작가들이 베스파시아노와 다른 이들의 노력 덕분에 접근하기 쉬워졌다. 서유럽에서는 로마의 몰락부터 1500년까지의 천 년 동안에 약 1080만 권의 필사본이 손으로 만들어졌다. 그중 거의 절반 인 490만 권이 15세기에 제작됐으며, 그중 140만 권은 이탈리아에서 만들어졌다.[29]

그리스와 로마의 뛰어난 미술, 조각, 문학이 드러나자, 급진적 인본 주의자들은 로마제국의 몰락 이후 그때까지 가치 있는 것이 아무것도 만들어지지 않았다고 주장하기 시작했다. 그들은 그사이의 시기를 '중 간 시기'(중세)라고 깎아내렸다. 당시의 미술사가 조르조 바사리Giorgio Vasari에 따르면, 그들은 이제 고대 이론과 예술의 리나시타rinascita(재탄 생)의 순간에 있었다. 이 개념을 19세기에 쥘 미슐레Jules Michelet가 프랑 스어로 번역하면서 결국 르네상스Renaissance가 14세기에서 16세기까지 의 전체 시기를 지칭하는 말이 됐다.

대부분의 초기 인본주의자들은 자연과학에는 놀라울 만큼 관심이 없었고, 의학, 물리학, 천문학 같은 분야를 종종 깎아내렸다. 하지만 그들이 권위에 의문을 제기하고 열린 토론을 장려한 덕분에 다음 세 대의 과학자들이 용기를 얻게 됐다. 연구를 진척시키는 유일한 방법은 선행 연구자를 비판하는 것이라고 로렌초 발라Lorenzo Valla는 주장했다. 그는 자신의 스승 레오나르도 브루니Leonardo Bruni가 쓴 《피렌체 찬양 Laudatio florentinae urbis》에서 수백 가지 오류를 지적했다. 정치적으로 더 즉각적인 의미를 가진 것은 서로마제국에 대한 권한을 교황에게 넘겼 다고 하는 4세기의 황제 칙령인 '콘스탄티누스의 기증'이 위조라고 입 증한 발라의 연구였다.

고대의 유산은 때때로 혁신적 사고를 질식시키기도 했다. 교회는 급 진적 사상을 받아들여 그것을 새로운 정통으로 굳혀버리는 경향이 있 었다. 교회는 아리스토텔레스의 경험적 접근법을 차용하는 대신, 그의 결론(예컨대 천체는 오직 균일한 원운동만 한다는 주장)을 모방해 그것을 신앙의 조항으로 바꾸었다. 고대의 재발견이 르네상스를 가능하게 했지만, 과학혁명으로 나아갈 수 있었던 것은 고대인이 그들의 선대에 대해 불경스러웠던 것만큼이나 그들이 고대에 대해 불경스러웠기 때문이었다.

개인의 탄생

현대 작가들은 키케로가 남긴 편지들 속에서 드러나는 그의 야심, 허영, 자만심을 즐겨 조롱한다. 다른 고대인들은 자신의 속마음을 우리에게 드러내지 않았기 때문에 더 품위 있게 보이는 것이다.

그러나 르네상스 인본주의자들의 생각은 달랐다. 그들은 키케로의 자기중심적 태도에 흥미를 느꼈다. 모든 사람이 우주의 위계질서 모형인 '자연의 사다리scala naturae'에서 하찮은 부분으로서만 자신을 생각했던 시대에, 그것은 흥미로운 듯했다. 일부는 키케로의 접근법을 따라 하기 시작했다. 페트라르카는 자신의 활동, 관심사와 외모, 개에 대한 사랑, 바다 여행에 대한 두려움 등을 글로 썼다. 에고ego('나')라는 단어가 그의 저술에서 두드러지게 나타난다. 사람들은 일기와 더 개인적인 자서전을 쓰기 시작했다. 그들은 편지에서 후원자에게 어떻게 대응해야 하는지 또는 자신의 책을 어떻게 팔지에 대해 썼고, 독서할 때의 감정(웃고, 울고, 내용을 평가하는 등의)을 기록했다. 19세기 역사가들이 르네상스를 개인의 탄생이라고 말할 때, 바로 이런 현상을 의미했다.

야코프 부르크하르트Jacob Burckhardt는 1860년의 연구 《이탈리아 르네상스의 문화Die Cultur der Renaissance in Italien》에서 "인간은 오직 하나의 종족, 민족, 정당, 가족, 혹은 단체의 구성원으로서만 자신을 의식"했지만 이 가면이 벗겨지기 시작했다고 썼다. "이탈리아는 개성으로 들끓기 시작했고, 인간 개성 위에 내려졌던 금지령이 해제됐으며, 천 명의 인물이 각기 고유한 모습과 옷차림으로 우리 앞에 나타났다."[30]

물론 이는 과장이다. 르네상스 사회는 여전히 계서적이었고, 이 모든 개인주의자들도 가족과 공동체 조직을 통해 자기네의 삶을 영위하고 자기네의 목표를 추구했다. 그러나 주민 가운데 더 많은 사람이 도시화, 교육, 기업을 통해 스스로의 운명을 형성할 수 있는 더 큰 자유를 누리게 됐고, 자신의 개별적 정체성과 야망을 강조하기 시작했다는 데는 의문의 여지가 없다. 송나라 중국에서와 마찬가지로 문학 속에서 새로운 자기 확신이 나타났고, '독특하다' 같은 말이 긍정적인 의미를 갖기 시작했다.

레온 바티스타 알베르티Leon Battista Alberti 같은 일부 사상가는 "사람은 스스로 원하기만 하면 무엇이든 될 수 있다"라고까지 주장했다. 그가 교회 건축과 암호 해독에서부터 음악, 시, 공놀이에 이르기까지 모든 분야에서 빼어난 능력을 지녔기 때문에 '그'는 물론 그렇게 말할 만도 하다.[31] 알베르티의 표어인 퀴드 툼Quid Tum("그다음은?")은 르네상스 사상의 한 흐름을 이루는 끊임없는 낙관주의를 상징한다.

영향력 있는 화가이자 미술사가인 조르조 바사리는 이렇게 썼다. "자신보다 뛰어난 사람을 위대한 업적으로 정복하고 능가해 명예와 영광을 얻으려는 겨루기와 경쟁은 칭찬할 만한 것이다."[32] 그러니 혹시 무한 경쟁에 진저리가 났다면 어느 정도는 르네상스 탓을 해도 된다. 반면에 엘리트들은 영광을 위해 언제나 경쟁해왔다. 차이가 있다면 이제는 말을 타고 달리며 가급적 많은 수의 농민을 마구 베어버리는 방식이 아니라 생각, 문서, 직물, 도자기, 그리고 위대한 예술 작품을 생산하고 거래하는 방식으로 경쟁한다는 점이다.

14세기 베네치아의 한 혁신은 이 개인주의에 기여했다. 바로 유리 거울이다. 이전의 값비싼 청동 거울은 빛을 잘 반사하지 못했다. 기독교 성서가 전모를 보지 못하는 것의 비유로 거울을 든 이유다(《고린토인들에게 보낸 첫째 편지》 13장 1절의 "우리는 지금 거울로 보는 것처럼 희미하게 본다" 같은 경우다). 그러나 주석과 수은 혼합물을 바른 베네치아 유리 거울 덕분에 이를 살 수 있는 사람들은 처음으로 자신의 눈을 제대로 들여다볼 수 있게 됐다. 그들은 자신만의 고유한 특징과 표정을 볼 수 있었고, 다른 사람들이 자신을 어떻게 볼지 이해하기 시작했다. 16세기 피렌체의 한 거울에 관한 노래는 이런 감정을 담고 있다.

> 사람은 스스로를 헤아리고 말할 수 있네.
> "나는 지금까지보다 더 나은 사람이 되리라."[33]

이언 모티머Ian Mortimer 같은 역사학자들은 거울이 우리의 심리 그 자체를 변화시켰다고 본다. 사람들은 자신을 그저 한 집단의 일부가 아니라 독특한 존재로 보기 시작했다. 이 시기부터 사람들은 자신을 그린 초상화를 주문했고, 화가들은 자화상을 그리기 시작했다. 편지에는 단순히 활동에 대한 기록이나 의례적인 말과 요청이 아니라, 생각과 감정의 표현이 점점 더 많이 등장했다.[34]

동시에 일어난 묵시록적 사건은 또다른 종류의 해방에 기여했다. 1347년, 크림반도에서 몽골군의 포위전을 피해 돌아오던 제노바 상인들이 흑사병을 유럽으로 가져왔다. 흑사병은 빠르게 대륙 전역으로 번져나가 유럽 인구의 3분의 1 이상이 죽었다. 어떤 추정에 따르면 유럽인의 최대 60퍼센트나 된다. 많은 사람에게 그것은 세상의 종말처럼 보였다.

적어도 그것은 옛 세계의 종말이었다. 누구나 자기네 부모로부터 물려받은 특정한 지위를 갖는 엄격한 봉건 체제는 심하게 흔들렸다. 주민의 많은 부분이 갑자기 사라지면서, 살아남은 사람들에게는 지위와 토지를 얻을 가능성이 열렸다. 노동력이 격감하자 농민들은 더 높은 임금을 요구하기 시작했고, 더 나은 기회가 있는 다른 지역으로 이동했다. 봉건 영주들은 이러한 서서히 스며드는 시장의 힘에 맞서 싸웠고, 동유럽에서는 훨씬 더 잔혹한 방법을 사용해 통제력을 거의 회복했지만 더욱 분열된 서방에서는 좀더 독립적인 도시들과 지역 덕분에 농민들이 더 나은 선택지와 협상력을 가질 수 있었다.

이탈리아 도시들은 이미 농촌에서 노동자를 끌어오고 독립적인 납세자 수를 늘리기 위해 관할 구역 내의 농노를 해방시키기 시작했다. 볼로냐는 1256년에 이미 농노제를 폐지했다. 흑사병 이후의 시기는 극적인 봉기가 잇달아 일어난 시기였다. 1358년 프랑스의 자크리Jacquerie 봉기, 1378년 피렌체의 촘피Ciompi(양모 직인) 반란, 1381년 잉글랜드의 농민 반란과 같은 것들이다. 이 반란들은 대부분 실패로 끝났지만, 격정에 휩싸인 과두 집정자와 귀족들에게 억압을 강화하면 재앙으로 이어질 수 있음을 보여주었으며 전체 봉건 체제에 균열이 생기기 시작했다. 1450년까지 서유럽의 많은 지역에서 농노제가 폐지됐다.

르네상스의 수도

르네상스의 수도는 피렌체였으며, 볼테르가 보기에 이 도시는 '제2의 아테네'가 됐다.[35] 토스카나의 이 주요 도시는 교황도 없고 왕도 없었으며, 심지어 큰 명문 대학도 없었다. 스스로를 공화국이라 칭하며, 단일한 지배자가 아닌 시민 전체가 공동으로 운영하는 로마적 이상을 되살린 곳이었다. 화려한 궁정도 없고 지배적인 지적 전통도 없었지만, 끝없는 토의와 논쟁이 있었다. 1433년에는 피렌체 남성 세 명 가운데 두 명이 이론적으로는 공직에 출마할 자격이 있었다.[36] 비록 투표는 통상 과두 지배자들에 의해 조작됐지만, 이는 시민들에게 소속감과 정보 수집에 대한 책임감을 부여했다. 한때 아테네 시민들이 느꼈을 법한 감정에 가까웠다. 야코프 부르크하르트는 "여기서는 전체 민중이, 전제적 도시에서 한 가문의 일로 여겨지는 것에 종사한다"라고 적었으며, 그는 피렌체를 "세계에서 가장 현대적인 국가"라고 불렀다.[37]

이러한 포용적 제도는 장기적으로 유지하기 어려웠기에 더욱 인상적이었다. 베네치아는 한때 계속해서 갱신되는 대의회Maggior Consiglio가 권력을 가진 공화국의 모범이었으나, 1297년 폐쇄령Serrata을 통해 평의회 구성원이 세습되면서 하급 귀족, 평민, 그밖의 외부인들이 배제됐다.

세계에서 가장 현대적인 국가는 또한 곧 가장 부유한 국가가 됐다. 피렌체는 북유럽에서 들여온 원자재로 만든 직물 산업으로 부를 축적했고, 그 결과로 만들어진 상품은 사방으로 수출됐다. 아르노강에 자리한 덕분에 피렌체는 지중해와 나머지 세계로 이어지는 통로를 갖고 있었다. 다티니Datini 가문은 스코틀랜드부터 레반트까지 이르는 200개 도시와 무역을 했다. 은행과 무역회사는 이러한 상업 활동에 자금을 댔으며, 곧 자체적으로도 번영하는 산업을 만들어냈다. 부르크하르트에 따르면 1422년에는 메르카토 누오보Mercato Nuovo('새 시장') 주변에 72개의 환전소가 있었다. 번영한 경제는 신분 이동을 촉진했고, 성장하는 중산층을 강화했다.

피렌체는 흑사병으로 인구의 절반 이상을 잃었으나, 그 기업가적 전통이 회복에 도움이 됐다. 1375년, 교황이 이 도시를 정복하려 하자 페트라르카의 제자인 칸첼라리우스cancellarius(비서장) 콜루초 살루타티Coluccio Salutati(1331~1406)는 이에 대응해 다른 도시들에게 교황의 폭정을 떨쳐내고 공화주의적 자유를 수호하라고 촉구하는 격렬한 선전 활동을 벌였다.

상인과 기술공들은 본래 자유의 애호가였다고 살루타티는 주장했다. 그들은 "학문과 예술을 연마할 평화를 원하며, 시민들 사이의 평등을 사랑하고, 가문이나 혈통의 고귀함을 자랑하지 않는"다는 것이었다.[38] 흥분한 교황은 이에 대응해 피렌체에서 모든 예배 의식을 취소하고, 교황령에서 발견되는 모든 피렌체 시민을 체포하라고 명령했다. 피렌체인들은 이에 맞서 스스로 종교 의식을 집전하고 교회 재산을 몰수하기 시작했으며, 전쟁은 교황이 죽으면서 끝났다.

밀라노 공작 비스콘티Gian Galeazzo Visconti가 피렌체를 공격했을 때, 살루타티는 자유와 법치의 이상에 대한 감동적인 호소로 다시 한번 시민들을 결집했다. 비스콘티는 피렌체 기병 천 명보다 살루타티의 편지 한 통이 자신에게 더 큰 피해를 준다고 말한 것으로 유명하다. 비스콘티는 1402년에 죽었고, 피렌체는 살아남았다. 곧 피렌체는 피사를 장악하고 이에 따라 지중해로 나가는 출구를 확보했는데, 이는 한 도시국가를 지키기 위해 다른 도시국가를 파괴한 사례였다.

이 순간, 모든 이들의 시선은 피렌체로 향했다. 1397년에 메디치 Medici 가문은 혁신적인 은행을 설립했는데, 이는 그들을 엄청나게 부유하게 만들고 교황의 돈줄이 되게 했으며 결국 피렌체의 통치자로 만들었다. 동시에 도시의 다른 한편에서는 동로마 학자 마누엘 크리솔로라스Manuel Chrysoloras가 잊힌 언어인 그리스어를 가르치기 시작했고, 덕분에 인본주의자들은 아리스토텔레스와 플라톤을 그리스어 원문으로 읽을 수 있게 됐다. 그리스어는 이탈리아에서 여전히 너무 생소한 언어였기에, 호메로스의 최신 번역본에서는 아이기스aegis(염소 가죽 방패)를 두른 아테나 여신이 염소젖을 짜고 있는 모습으로 묘사될 정도였다.[39]

살루타티의 제자이자 후계자인 레오나르도 브루니(1370?~1444)는 아리스토텔레스 저작을 라틴어로 번역하고 키케로의 전기를 쓴 인물로, 그리스와 로마를 위대하게 만든 것은 바로 그들의 공화주의적 자유라고 주장하며 한발 더 나아갔다. 브루니는 그의 피렌체 역사서에서, 피렌체는 로마 공화정 말기에 창건됐다고 주장해 카이사르(그는 "피렌체에서 미움과 경멸을 받았다")나 카롤루스 대제가 도시의 창건에 중요한 역할을 했다는 주장을 반박했다. 그의 말에 담긴 함의는 피렌체가 신성로마제국 황제에게 어떤 충성 의무도 지지 않는 독립 공화국이라는 것이었다.

아테네에서 페리클레스가 전몰자 추도 연설에서 했던 것처럼, 브루니는 자신이 가장 훌륭하고 가장 개방적인 도시에 살고 있다고 선언했다. "이보다 더 큰 정의가 모든 이에게 똑같이 열려 있는 곳은 지상 어디에도 없다. 자유가 이토록 왕성하게 자라는 곳도, 부자와 가난한 자가 이토록 평등하게 대우받는 곳도 없다." 브루니는 가난한 사람이라도 지혜가 있다면 피렌체에서는 영예와 지위를 얻을 수 있다고 주장했다. 그는 이러한 보호가 외국인에게도 똑같이 적용되어 피렌체를 난민의 피난처이자 국제 상인의 중심지로 만들었으며, "이탈리아 전체에서 스스로를 이중 시민권(자신이 본래 속한 도시의 시민권과 피렌체의 시민권)을 가진 사람으로 여기지 않는 이는 없다"라고 말했다.[40]

이런 일들이 언제나 실천에 옮겨진 것은 아니라 해도, 적어도 추구해야 할 이상을 제시하고 있다. 인본주의자들은 도시와 개인 모두를 위한 리베르타스(자유)를 강조했다. 관용의 가치 및 사고하고 글을 쓸 자유는 사상가와 작가에게 자연스럽게 받아들여졌다. 페트라르카는 이렇게 썼다. "많은 사람은 고백을 강요받을 수 있지만, 믿음을 강요받을 수는 없다. 생각할 자유보다 더 큰 자유는 없다. 내가 스스로를 위해 그것을 요구하듯, 다른 사람에게도 부정하지 않는다."[41]

관용의 옹호자였던 네덜란드의 위대한 인본주의자 로테르담의 에라스뮈스Desiderius Erasmus(1466?~1536)는 결국 이러한 르네상스적 자유주의를 논리적 결론까지 밀고 나아갔다. 그는 독수리가 왕의 상징인 이유는 그것이 육식성이며 탐욕스럽기 때문이라고 선언했다.

우리는 고귀한 도시들이 백성들에 의해 세워지고 군주들에 의해 파괴되는 것을 보지 않는가? 국가가 그 시민들의 근면함 덕분에 부유해지고 그 통치자들의 탐욕에 의해 약탈되는 것을 보지 않는가? 좋은 법은 백성의 대표들에 의해 제정되고 왕들에 의해 위반되는 것을 보지 않는가? 민중은 평화를 사랑하고 군주들은 전쟁을 일으키는 것을 보지 않는가?[42]

르네상스 학자들은 자신감 넘치는 이탈리아 도시들에 새로운 세속적 이데올로기를 공급했다. 이전 세대는 영적 은둔을 찬양했고, 심지어 페트라르카조차 전통적인 시골 생활을 이상적인 것으로 보았다. 그러나 이제 학자들은 그 대신에 시민적 인본주의를 강조했다. 좋은 시민은 도시의 삶과 정치에 적극적으로 관여하며, 이런 활동에서 명예를 찾을 수 있다는 것이다.

많은 인본주의자는 심지어 기업가 정신과 부의 창출을 옹호하기 시작했다. 알베르티는 기록 관리의 미덕을 말하며, 상인은 "사업을 살피면서 거의 항상 손에 펜을 쥐고 있어야 한다"라고 했다. 살루타티는 상인을 "도시를 아름답게 하고 모든 사람에게 자연의 선물을 제공하는 가장 정직한 부류의 사람들"이라고 칭찬했고, 브루니는 "의학의 목표가 건강이듯, 가계의 목표는 부다"라고 선언했다.[43]

네 명의 교황을 섬긴 포조 브라촐리니Poggio Bracciolini는 철학적 대화 형식을 빌려 탐욕을 찬양하는 데까지 나아갔다. 탐욕에 반대하는 모든 주장을 들은 뒤, 브라촐리니의 대변자는 "탐욕은 자연스러울 뿐 아니라, 유익하고 필수적이다"라고 선언했다. 그는 이득을 향한 열망이 성취와 위험 감수를 자극한다고 주장했는데, 이는 아바스 왕조 시기의 바그다드를 떠올리게 한다. 사람들이 자신에게 필요한 것만 생산한다면 경제적 교환, 문화, 자선을 위해 남는 것이 아무것도 없을 것이라고 그는 말했다. "그 이익을 없앤다면 모든 사업과 노동은 완전히 멈출 것이다. 누가 이익에 대한 희망 없이 무엇이든 하겠는가?"라고 그는 묻는다. "장려함과 세련됨과 꾸밈이 모두 사라질 것이다."[44]

포용성에는 한계가 있었다. 여성에게 르네상스가 있었느냐 하는 문제는 많은 논란이 있었다. 그 답은 대체로 부정적이다. 조각가 프로페르치아 데 로시Properzia de' Rossi나 파도바 출신으로 공개 연설까지 했던

카산드라 페델레Cassandra Fedele 같은 저명한 르네상스 여성들이 있기는
했지만, 여성은 대체로 공적 영역에서 배제됐다. 여성은 정치적 권리를
갖지 못했고, 법적으로는 아버지와 남편에게 복종해야 했으며, 대체로
독립적인 재산권도 없었다.

설교자들은 여성을 유혹과 죄의 근원으로 여겨 눈에 띄지 말라고
경고했다. 여성은 문간이나 창문에 모습을 드러내지 않아야 했고, 밖
으로 나가는 것은 교회에 갈 때뿐이었다. 심지어 교회에서도 여성은
흔히 남성과 분리됐다. 실망스럽게도 남성 인본주의자들 역시 여성에
대해 더 나은 태도를 보이는 경우는 드물었다. 알베르티는 남성에게
여성이 필요한 이유는 아들을 낳기 위해서라는 사실을 자신도 인정할
수밖에 없다고 말했다. 세월이 흐르며 점점 신랄해진 서적상 베스파시
아노는 덕 있는 여성의 역할 모범을 적으면서, 구애자가 자신의 눈을
칭찬하자 스스로 눈을 뽑아버린 성녀와 남편의 사망 소식을 듣자마자
불 속으로 뛰어들어 숯 조각을 삼킨 로마 여인을 사례로 들었다.[45]

역사가 캐서린 플레처Catherine Fletcher는 뜻밖에도 여성이 흔히 군주정
에서보다 오히려 공화정에서 권력이 더 적었다고 주장한다. 왕국에서
는 왕이 군대를 이끌고 원정을 떠나거나 다른 도시들을 시찰하거나 갑
작스레 죽었을 때 어머니나 아내, 또는 딸이 그 자리를 대신할 수 있었
다. 반면 공화정에서는 친족이 통치의 결정적 요소가 아니었기 때문에
언제나 선출된 다른 많은 남성이 있어 빈자리를 대체할 수 있었다.[46]

그럼에도 불구하고 더 부유하고 문해율이 높은 사회는 일부 여성에
게 기회를 제공했다. 전염병으로 남편을 잃은 베네치아 출신의 크리스
틴 드 피장Christine de Pizan(1364~1430?)은 직업 작가가 되어서 가족을 부
양했고, 결국 프랑스 궁정에서 활동했다. 피장은 널리 퍼졌지만 치욕적

인 여성에 대한 고정관념을 비판했다. 《여인들의 도시La Cité des dames》에서는 '레종Raison(이성) 부인' 같은 우의적 인물과 역사 속의 실존 여성들을 등장시켜 여성이 남성보다 열등하다는 생각을 반박했다.

또다른 이탈리아 인본주의자 라우라 체레타Laura Cereta(1469~1499)는 왜 여성 교육을 부정해서는 안 되는지, 왜 여성이 혼인 생활에 예속되어서는 안 되는지에 관해 끊임없이 썼기 때문에 때로 최초의 여성주의자로 불린다. 여성들은 충분한 르네상스를 누리지 못했지만, 일부 선구자들은 분명 그것을 누릴 자신들의 권리를 주장했다.

인본주의의 확산

학문과 문학을 통해 번영과 권력을 이루는 것이 갑자기 가능해 보이자, 다른 통치자들도 이를 모방하고자 했다. 피렌체의 높아진 새 위상은 다른 국가들도 중요한 직책에 인본주의자를 고용하도록 자극했다.

밀라노는 피렌체를 군사적으로 꺾으려 했지만, 문예 싸움에서 경쟁 도시를 꺾을 수 있는 학자들도 고용했다. 아라곤-나폴리 왕 알폰소는 자신의 궁정에 많은 학자를 두었으며, 전쟁터에 나가 있을 때도 학업을 멈추지 않았다. 그는 군사 원정을 나가면 자신의 천막 옆에 도서관 천막을 세우고, 학자를 시켜 자신과 군사들에게 티투스 리비우스의 글을 큰 소리로 낭독하게 했다. 1437년 그는 저명한 인본주의자 발라를 자신의 비서로 임명했다.

우르비노의 영주 페데리코 다 몬테펠트로Federico da Montefeltro는 당시 최고의 전사로, 돈을 가장 많이 주는 자를 위해 자신의 군대를 보내

살육을 수행했다. 그러나 그는 동시에 인본주의와 문학의 애호가였으며, '루체 델 이탈리아la luce dell'Italia'(이탈리아의 빛)라는 흥미로운 별칭을 지녔다. 식사 중에 철학, 역사, 전쟁에 관한 책을 읽어주는 사람을 다섯 명이나 고용했다고 한다. 또한 아리스토텔레스의 《니코마코스 윤리학》의 화려한 장식본을 어디든 가지고 다녔는데, 심지어 전투에 나갈 때도 가지고 갔다. 서적상 베스파시아노는 페데리코가 세계 최고의 장서藏書를 모았으며, 서기 30~40명을 항상 고용해 필사 작업을 시켰다고 주장했다.

이때는 그런 시대였다. 심지어 1453년 콘스탄티노폴리스를 정복한 기독교 세계의 최대 적이었던 오스만 술탄 메흐메드 2세조차 이탈리아와 그리스의 학자 및 미술가들을 자신의 궁정에 초빙했다. 이들은 술탄과 라틴어 및 그리스어로 대화를 나누었고, 그런 문헌들로 채워진 도서관을 구축했다. 그러나 그의 정복으로 인해 많은 학자들이 콘스탄티노폴리스를 떠나 이탈리아로 망명했고, 이는 그곳의 그리스 학문 부흥에 큰 자극이 됐다.

한편 로마는 르네상스 도시로 다시 태어나고 있었다. 1378년, 교황은 마침내 아비뇽과 그곳의 맛없는 포도주를 버리고 로마로 돌아왔다. 로마대학이 복구되자 레오나르도 브루니는 그 규정을 작성하고, 그리스어 교육을 포함한 전면적인 학습 프로그램을 요구했다. 인본주의자 알베르티는 도시를 위한 건축 계획에 영감을 주었다.

1447년, 로마에서는 인본주의 활동에 호의적인 인물이 교황으로 선출됐다. 피렌체에서 가정교사로 일한 경험이 있는 니콜라우스 5세였다. 그는 바티칸 도서관의 토대를 다지며 그 장서를 340권에서 1160권으로 늘렸고, 콘스탄티노폴리스 함락 이후 그곳에서 들어온 책들로 이를 더욱 확충했다.[47] 장서 가운데는 많은 그리스 문헌과 이교도 고전들이 포함되어 있었다. 동방의 통치자들(예컨대 메흐메드 2세는 8천 권의 장서를 가지고 있었다고 한다)에 비하면 너무도 초라하게 보였을지 모르지만, 이는 로마를 서방 세계의 학문 중심지로 만드는 데 중요한 역할을 했다.

1459년, 인본주의자들 가운데 한 사람이 교황으로 선출되면서 그들의 지위는 더욱 확고해졌다. 교황 피우스 2세는 이례적인 인물이었다. 그는 민법을 공부했고, 연애 소설을 썼으며, 여러 저명한 인본주의자들의 친구이기도 했다. 그는 또 유일하게 출판된 교황 자서전의 저자이기도 했다. 그가 선출되자 한 프랑스 추기경은 경악하며 이제 "교회를 이교도의 원칙에 따라 통치하게 될" 것이냐고 물었다.[48]

물론 그럴 계획은 아니었지만, 유럽 역사 속에서 이교도의 예술과 철학을 중요한 위치에 복원하는 일은 이미 진행 중이었고, 1511년에는 바티칸 한가운데에서 그것이 가장 분명하게 구현됐다. 우르비노 출신의 라파엘로(1483~1520)는 팔라초 아포스톨리코Palazzo Apostolico(사도궁使徒宮)의 접견실을 장식하는 프레스코화를 의뢰받았다. '서명실Stanza della Segnatura'의 동쪽 벽에 라파엘로는 오늘날 〈아테네 학당〉으로 알려진 비범한 장면을 그렸다. 아폴론과 아테나의 조각상 아래에 고대의 철학자와 과학자들이 모여 있다. 중앙에는 아테네의 두 거인 플라톤과 아리스토텔레스가 서 있다. 왼편에는 노년의 플라톤이 위쪽, 즉 이데아의 세계를 가리키고 있다. 그 오른편 그의 약간 앞에는 젊은 아리스토텔레스가 손을 자신의 앞에서 수평으로 뻗어 현실의 물질세계에 해답이 있음을 나타낸다. 그 주변에는 소크라테스, 피타고라스, 아르키메데스 같은 여러 고대 그리스의 철학자와 과학자는 물론, 이란의 선지자 조로아스터, 이슬람 아리스토텔레스주의자 아베로에스도 있다. 이제 인본주의의 영향력은 사도궁의 벽에까지 뚜렷하게 드러나고 있었다.

인본주의 학파는 이후 교육 제도에 지속적인 영향을 미쳤다. 유럽 전역에 새로운 학교와 대학이 생겨났고, 고대 이교도 세계의 언어와 문학이 새로운 교육과정의 기초가 됐다. 이는 급격한 변화를 겪은 인간과 인간의 능력을 바라보는 시각을 바탕으로 한 것이었다.

12세기 말, 미래의 교황 인노켄티우스 3세는 영향력 있는 저술《인간 처지의 비참함에 대하여De Miseria Condicionis Humane》를 썼는데, 이는 아마도 출판된 책 중 가장 우울한 책일 것이다. 그는 인간의 몸은 역겹고, 야망은 헛되며, 삶의 끝은 끔찍하다고 장황하게 썼다. 자주 인용된 이 글에 따르면 인간은 죄, 진흙, 더러운 정액에서 나온 것이며, "그뒤에 그것들로부터 흘러들어오는 영혼도 죄의 얼룩, 죄책의 흠, 악의 더러움을 받아들인다." 신생아의 울음은 "우리 본성의 진짜 비참함을 표현하는 고통과 불만의 소리"다. 식물은 기름과 포도주를 만들어내지만 "너의 배출물은 침, 오줌, 똥"일 뿐이므로 인간은 식물보다도 더 열등하다고 인노켄티우스 3세는 주장했다.[49]

이는 세계와 인간의 몸을 경멸하는 기독교적 해석의 가장 권위 있는 표현이었고, 많은 르네상스 학자들은 여기에 반대하고 이를 논박할 방법을 모색했다. 인간에 대한 보다 낙관적인 관점을 표현한 가장 유명한 작품은 피코 델라 미란돌라Pico della Mirandola(1463~1494)가 1486년에 쓴 짧은 글이다. 당시 편집자는 이 글에《인간 존엄에 대한 연설Oratio de hominis dignitate》이라는 제목을 붙였다. 피코는 인간이 사실 가장 놀라운 피조물이라고 주장했다. 신은 짐승과 최고 영적 존재 모두에게 고정된 역할을 부여했다. 그러나 인간에게는 어떠한 변치 않는 본성이나 규정된 위치도 주지 않았다. 인간 스스로 그것을 찾게 하기 위해서였다.

우리는 너를 천상의 존재도 아니고 지상의 존재도 아닌 것으로 만들었고, 죽을 수도 있고 죽지 않을 수도 있게 만들었다. 네가 자유롭고 자랑스러운 스스로의 창조자로서 네가 원하는 모습으로 자신을 만들 수 있도록 하기 위해서다. 더 낮고 짐승 같은 형태의 삶으로 떨어지는 것은 네 권한이다. 또한 네 결정을 통해 신과 같은 삶의 우월한 체제로 다시 올라갈 수도 있다.[50]

피코의 연설은 시적으로 쓰였지만, 그가 신비주의적 접근법을 취한 데다가 양립할 수 없는 전통들을 뒤섞는 바람에 인간성에 대한 그의 주장은 주로 표현력에 의존하고 있다. 좀더 구체적이고 경험적인 논증은 피렌체의 학자이자 외교관인 잔노초 마네티Giannozzo Manetti가 제공했다. 그의 1452년 저술 《인간의 존엄성과 탁월함에 대하여De dignitate et excellentia hominis》는 인노켄티우스 3세의 인간 혐오적 관점을 정면에서 반박한 것으로, 나폴리 왕 알폰소의 후원을 받았다.

마네티는 이교 철학자 키케로와 아리스토텔레스를 근거로 삼아 논증을 펼쳤다. 두 사람을 각기 "모든 이의 스승", "진정한 철학자들의 군주"라고 불렀다. 그러나 충실한 기독교도로서 그는 인간의 탁월함과 현세에서 기쁨을 누릴 가능성이 신의 위대함을 증명하는 것이라고 보았다.

그는 먼저 인간 신체의 복잡성과 아름다움, 그리고 신체에 불필요한 부분이 없다는 놀라운 사실을 자세히 묘사했다. 그는 감각 기관의 기능, 호흡, 혈류에 대해 이야기했다. 심지어 성기를 창조한 신의 뛰어난 솜씨까지 칭송했다. 성적 쾌락은 부끄러운 것이 아니라 생식을 위한 위대한 신의 계획이라는 것이다. 마네티는 임신을 위한 행위가 인간을 태어날 때부터 더럽고 타락하게 만든다는 인노켄티우스 3세의 주장도 반박했다. 그는 이것이 덕이 높은 이들에게는 참고 견디는 데서 오는 큰 즐거움을 덤으로 제공한다고 장난스럽게 덧붙였다.

마네티는 인간의 몸이 "이성적 영혼에게 적합한 그릇"이라 결론지은 뒤, 더 나아가 신의 형상으로 창조된 존재의 지성 및 성취를 이야기했다. "정신은 너무나 위대하고 놀라워서, 세계가 처음 야생 그대로 창조된 이후의 모든 발견은 분명 우리 자신이 한 것이며, 인간 사고의 특별하고 독보적인 영리함에서 나온 것"이었다. 그는 이것이 미술·조각·시에서, 언어에서, 조선술에서 드러난다고 보았다. 인간의 행동 속에 사고가 들어 있다는 증거는 모든 집과 도시의 건설에서도 나타나며, 그집과 도시들은 너무나 위대해 "차라리 인간이 아니라 천사의 작품으로 판단될 만하다"는 것이다.[51]

마네티의 책은 르네상스 낙관주의의 가장 눈부신 표현 가운데 하나이며, 고명한 교황을 대놓고 반박했다는 점에서 대담한 저술이다. 그러나 그는 기독교도로서 결국 가장 큰 기쁨의 원인을 영생 속에서 신을 만나는 영원한 행복에서 찾았다. 당시 쉰여섯 살이었던 그가 복 받은 자들은 서른 살의 모습으로 부활해 질병도 약함도 추함도 없는 몸을 갖게 될 것이라고 확신했다는 사실은 틀림없이 그의 낙관주의를 더욱 키웠을 것이다.

그리고 르네상스의 아름다움과 잔혹함의 이상한 혼합의 가장 기억할 만한 사례로서 그는 저주받은 자들이 영원히 벌을 받는 모습을 복

받은 자들이 보게 될 때 "그들은 분명 가늠할 수 없이 큰 기쁨으로 가득 차게 될 것"이라고 덧붙였다.[52]

르네상스인

르네상스 이탈리아의 역동적인 문화는 그 시기의 경제 발전과 신분 이동의 결과였다. 급속한 성장과 능력주의라는 이상은 전통적인 위계를 뒤흔들고 있었다. 혈통에 따른 귀족층은 재력에 따른 귀족층으로 어느 정도 대체됐다. 성공한 피렌체 상인들과 심지어 상점 주인들조차도 작위를 받았으며, 옛 귀족층은 수익성 있는 상업에 참여하는 것을 부끄러워하지 않았다. 그들은 종종 부유한 부르주아지와 통혼을 하기도 했다. 이렇게 역동적인 경제 속에서 사람들은 새로운 방식으로 자신의 지위를 주장해야 했고, 많은 사람이 예술·건축·문학의 언어를 사용해 사회적 지위를 끌어올리려 했다. 동업조합, 형제회, 개인들은 대규모로 예술 작품을 의뢰하기 시작했다. "문화는 부분적으로 경쟁적이고 공통적이며 이목을 끄는 소비의 형태가 됐다."[53]

어떤 사람들에게 후원은 일종의 면죄부 기능을 했다. 특히 수상쩍은 방법으로 부를 축적한 사람에게는 자선, 교회, 예술에 거금을 기부하는 것이 자신을 속죄하는 한 방법이었다. 은행업이 기독교에서 금지한 고리대금업과 위험하게 가까워 보였던 사실은 메디치 가문이 교회에 가장 관대한 기부자 중 하나가 되도록 장려했을 것이다. 코시모 데 메디치가 언젠가 자신의 영혼에 대한 걱정을 교황 에우게니우스에게 말하자 교황은 1만 피오리노를 기부하면 괜찮다고 대답했다.[54]

위대한 르네상스 천재들에 대한 낭만적 관념과 배치되는 듯하지만, 이탈리아 예술은 상업의 한 분야였으며 흔히 작업실에서 협업을 한 결과였다. 대가, 조수, 실습생이 함께 그림을 제작하며 양식과 기법을 서로 교류했다. 1478년 무렵 피렌체에는 40개의 화가 작업실과 54개의 조각가 작업실이 있었다. 화가는 화학물질을 다루었기 때문에 의사·약사 동업조합에 속했고, 대부분의 조각가는 금세공인 동업조합에 속했다. 예술 작품은 주문을 받아 제작되었고, 주제·재료·색상은 계약서에 엄격히 명시됐다. 화가가 계약에 없던 작은 천사 몇을 추가하고 싶다고 해도, 곧 뭉게구름으로 바꾸라는 지시를 받았다.

하지만 후원자, 주문, 명성을 향한 이 치열한 경쟁이 있는 곳 어딘가에서 일부 예술가들은 강한 자각과 자부심을 발전시켰다. 일부는 거의 초인적인 존재로 여겨지기 시작했다. 미켈란젤로 부오나로티는 '일 디비노Il Divino'(신적인 존재)라고 불리기에 이르렀다.

그리고 확실히 천재들이 존재했다. 14세기 초, 피렌체 화가 조토 디 본도네Giotto di Bondone(1267?~1337)는 고전적 기독교 미술의 관습에 대한 혁명을 시작했다. 동로마 미술은 경직되고 반복적이었는데, 이는 화가들이 못해서가 아니라 창작의 자유가 없었기 때문이다. 8~9세기에 길고도 격렬한 토론(여기서 가장 급진적인 신학자들은 모든 종교적 초상을 파괴하려 했다) 끝에 최종적으로 등장한 타협안은 예술가들이 실제로 일어난 일들(예수의 생애 속의 사건들 같은)은 그릴 수 있으나, 외형과 사건은 변형시킬 수 없고 추가할 수 없다는 것이었다. 비례와 원근법은 중요하지 않았기 때문에 무시됐다. 마리아는 요셉보다 항상 크게 그려졌는데, 그저 더 중요했기 때문이다. 상상력에 남겨진 유일한 것은 색상이었으며, 이것이 동로마 미술의 화려하고 빛나는 색채를 설명해준다.

여섯 명의 공증인이 그의 사업을 처리할 만큼 성공적인 기업가였던 조토는 이러한 금제를 깼다. 그는 깊이, 입체감, 움직임이 있는 생생한 인물을 그리기 시작했으며, 그의 색채 사용은 거리에 대한 인상을 주었다. 그의 그림은 활기를 띠었다. 중국 예술가들이 그들의 선구적인 표현주의적 미술을 포기하던 그 시점에, 조토는 유럽 예술가들에게 생활과 자연을 관찰하고 그림을 좀더 현실감 있게 그리도록 자극했다. 이는 유화의 발명으로 촉진됐다. 유화는 더 섬세한 효과를 위해 색을 혼합할 수 있었다. 유성 물감은 또한 천천히 마르기 때문에 생각이 깊은 화가는 시간을 들여 더 나은 결과를 얻고, 감정을 더 섬세하게 표현하며, 심지어 마음이 바뀌면 그림을 고치고 수정할 수도 있었다.

가장 중요한 혁신 중 하나는 필리포 브루넬레스키Filippo Brunelleschi (1377~1446)가 1413년 무렵 평면 위에 3차원 장면을 모사하기 위해 직선 원근법을 사용한 것이다. 아랍 광학의 아버지인 이븐알하이삼에게서 영감을 얻은 것으로 보이며, 그는 광선이 눈에 의해 어떻게 관찰되는지를 정의했다. 이 원근법은 로렌초 기베르티가 피렌체 산조반니 세례당 문인 '포르타 델 파라디소Porta del Paradiso'(천국의 문)의 청동에 생동감 있는 장면을 구현하는 데 가장 아름답게 활용됐다.

브루넬레스키는 세례당 문 수주 경쟁에서 패한 것이 분했지만, 곧 더 중요한 일을 맡았다. 세례당 옆 피렌체 대성당의 거대한 팔각형 돔을 건설하는 일이었다. 이 작업은 훨씬 복잡한 일이었다. 세계에서 가장 큰 돔인 고대 로마의 판테온보다 넓었으며, 그 길이의 목재가 없어 목조 틀을 사용할 수도 없었다. 게다가 기초는 지상 50미터 이상 높이에 있었으므로, 건축을 시작하기 위해서만 3만 7천 톤의 자재를 들어올려야 했다.

경쟁 도시들은 피렌체 사람들이 이렇게 야심찬 사업을 계획하자 그
들의 오만을 조롱했지만 브루넬레스키와 그의 협력자들은 일련의 혁
신적인 해결책과 새로운 기술을 통해 매달 한 자R씩 돔을 들어올리는
데 성공했고, 1436년에는 모두가 볼 수 있게 완성되어 르네상스의 가
장 자랑스러운 건축 업적을 이루었다. 현지의 한 금세공인이 말했듯이,
"피렌체의 재주라면 어려운 것이 없다."[55]

한편 다른 예술 분야도 번성했다. 몇 년 후 도나텔로Donatello는 골리
앗을 물리친 다비드의 조각상을 완성했다. 이 작품은 고대 이후 처음
으로 따로 세워진 청동 조각상이자 최초의 나체상이었다. 이는 코시
모 메디치가 의뢰한 작품으로, 그는 작품에 이 조각상은 폭정에 대한
도시의 저항을 상징한다는 내용의 문구를 추가해 도시 정치를 주무
르려는 자신의 야망을 교묘히 숨겼다. 이 다비드 조각상은 도시의 자
유(때로는 메디치 가문에 맞서기도 했다)를 상징하는 강력한 상징이 됐다.
1504년, 미켈란젤로(1475~1564)는 아직 서른 살이 되지 않은 나이에
더 장엄한 다비드 상을 선보였다. 5미터가 넘는 높이의 이 영웅적이고
근육질의 나체상은 거대한 대리석 덩어리를 가지고 조각한 것이다. 그
자신의 유명한 설명에 따르면, 미켈란젤로는 단지 이미 대리석 안에 존
재하는 형상을 해방시켰을 뿐이었다.

그의 다음 주요 작업은 시스티나 예배당의 천장에 그림을 그리는 일
이었다. 미켈란젤로는 4년 동안 등을 대고 누운 채 얼굴에 떨어지는
물감을 맞으면서 500제곱미터가 넘는 천장에 그림을 그렸다. 그 결과
기독교 성서 이야기를 가장 상징적으로 표현한 작품들이 탄생했는데,
그중 하나가 신이 오른팔을 뻗어 최초의 인간 아담에게 생명의 불꽃을
전해주는 장면이다. 이것이 미켈란젤로의 가장 뛰어난 작품은 아닐 것

이다. 생애 말기에 그는 바티칸의 산피에트로 대성당의 수석 건축가로 일했으며, 오늘날 우리가 보는 건물 대부분의 주 설계자를 맡았다.

미켈란젤로와 명성을 겨룰 수 있는 유일한 예술가는 그보다 나이가 많은 경쟁자 레오나르도 다빈치(1452~1519)였다. 화가, 조각가, 건축가, 공학자, 음악가, 과학자였던 레오나르도는 르네상스인, 즉 만능 천재의 상징이었다. 미켈란젤로는 레오나르도가 대부분의 작품을 완성하지 못한다고 조롱했지만, 레오나르도는 미켈란젤로의 지나치게 근육질인 인물들이 실제 인간이라기보다는 호두 자루처럼 보인다고 생각했다. 양쪽 모두 일리가 있었다.

레오나르도는 피렌체 공증인의 사생아로 태어난 관찰의 달인이었다. 그는 자연, 생명, 재료, 구조를 연구하며 수첩에 관찰과 도면을 끊임없이 기록했다. 인간과 동물을 해부해 뼈, 혈관, 근육, 장기 등 모든 세부를 완벽히 이해하려 했다. 그는 발을 그리는 열 가지 방법에 대해 설명했으며, 그 각각은 독특한 방식으로 구조를 보여주었다.

빛과 시각, 그림 재료의 특성을 연구한 레오나르도는 깊이를 표현하고 인간의 시각에서 초점이 맞는 것과 흐릿한 것을 모방하는 기술을 발명했다. 그 결과 〈모나리자〉(또는 〈라조콘다La Gioconda〉)와 〈최후의 만찬〉 같은 역사상 가장 위대한 그림들이 탄생했다. 넷플릭스 시리즈 〈컹크의 색다른 지구 이야기Cunk on Earth〉는 최근 〈최후의 만찬〉에 대해 "그는 원근법으로 사물을 어떻게 잡아야 할지 매우 잘 알았다"라고 말했다. "거의 그림 속으로 기어 들어가 직접 예수를 배신할 수 있을 것 같은 느낌"이라는 것이다.

레오나르도가 이렇게 노력한 이유는 단순히 미켈란젤로나 다른 사람들보다 더 사실적으로 그림을 그리기 위해서가 아니라 자신의 호기심을 충족하기 위해서이기도 했다. 케네스 클라크의 말에 따르면, 레오나르도는 "역사상 가장 끊임없는 호기심을 가진 사람이었다. 그는 보는 모든 것에 대해 '왜'와 '어떻게'를 물었다." 이는 아테네 연극에 나오는 질문, "이것은 왜 이런가? 그것은 무엇을 의미하는가?"와 같다.[56] 레오나르도는 자신이 접한 모든 문제에 집착했다. 새가 어떻게 나는지, 소리는 어떻게 전달되는지, 강은 어떻게 흐르는지, 산에서 왜 조개 화석이 발견되는지, 마찰이 기계에 어떤 영향을 미치는지, 거울에서 빛이 어떻게 퍼지는지, 플란데런에서 갑문閘門을 어떻게 만드는지 같은 일이었다. 그는 발견을 해내고, 그것을 기록하고, 도면을 만들고, 그에 관해 끊임없이 새로운 질문을 던지고자 노력했다. 또한 헬리콥터, 비행기, 장갑차, 잠수 장비, 낙하산, 거대한 쇠뇌, 로봇 기사騎士 등 수많은 설계를 제시한 것으로 유명하다. 그의 수첩을 보기만 해도 숨이 찰 정도다.

이러한 집요한 호기심은 또한 미켈란젤로의 말이 맞았음을 보여준다. 즉 레오나르도는 많은 일을 시작했지만 마무리한 것은 그보다 훨씬 적었다. 그는 흔히 문제가 어떻게 해결되는지를 알게 되면 지루해졌고, 그림이나 설계를 완성하기보다는 새로운 흥미로운 문제에 정신이 팔려 그리로 옮겨갔다. 하지만 이것은 또한 그가 르네상스를 훌륭하게 대표하는 인물이 되게 했다. 르네상스는 정해진 답과 폐쇄된 체계의 시대가 아니라 호기심과 질문의 시대였다.

이러한 호기심과 실험 정신은 창의성의 폭발로 이어졌다. 일부 학자들은 현대 음악이 1470년에서 1590년 사이에 탄생했다고 주장하는데, 이때는 음악이 교회 중심에서 벗어나 세속적인 경험으로 변모한 시기다.[57] 최초의 오케스트라가 구성됐고, 각 악기별로 역할을 분담하는 개

넘이 생겨났다. 인쇄술의 발달로 사람들은 지식을 머릿속에만 담아두지 않고 종이에 기록할 수 있게 됐다. 1580년대 피렌체에서는 한 무리의 음악가와 시인이 모여 연극을 열정적인 노래로 표현하자는 생각을 내놓았고, 이렇게 해서 오페라가 탄생했다.

얼마 지나지 않아, 에스파냐와 잉글랜드에서는 각기 미겔 데 세르반테스(1547~1616)와 윌리엄 셰익스피어(1564~1616)가 소설과 현대 연극을 창조했다. 그들은 교회와 인본주의자들의 교훈적인 이야기 방식을 버리고 인간 심리의 탐구로 나아갔다. 이제 살아 있는 등장인물을 만날 수 있었다. 그들은 생각하고 의심하고 변하며, 반드시 구원을 위해서만 행동하지 않는다. 아마 이 순간이야말로 진정한 인간의 탄생을 이야기할 수 있는 시점일 것이다. 그것은 시간이 좀 걸렸다.

세 가지 중요한 수입품

마네티는 자신의 저작 《인간의 존엄성과 탁월함에 대하여》에서 당대의 화가와 조각가를 고대의 거장들과 같은 반열에 올려놓았으며, 15세기 말에 유럽인들은 처음으로 자신들이 고대인들의 수준에 도달했거나 어쩌면 그들을 능가했을 것이라고 생각하기 시작했다. 알베르티는 로마 건축을 존경했음에도 불구하고, 브루넬레스키가 피렌체에 만든 돔의 공학적 설계는 아마도 "고대인들이 알지 못했고 상상할 수도 없는" 것이었다고 여겼다.[58] 또한 프톨레마이오스의 옛 지도들은 선원들에 의해 다시 그려졌고, 의사 안드레아스 베살리우스가 인체를 해부하면서 그리스 의사 갈레노스가 보지 못했던 것들을 발견했다.

1492년, 플라톤의 아카데미아를 기리며 피렌체 플라톤 아카데미아를 창립한 이탈리아 학자 마르실리오 피치노Marsilio Ficino는 이렇게 썼다. "이번 세기는 마치 황금시대처럼, 거의 사라졌던 교양 과목들을 다시 밝은 곳으로 되돌렸다. 문법, 시, 수사학, 회화, 조각, 건축, 음악(오르페우스의 수금에 맞춘 고대의 노래 부르기) 같은 것들이다."[59] 1517년, 에라스뮈스는 "마치 주어진 신호에 따르는 것처럼 천재들이 나타나 최고의 문학을 복원하기 위해 함께 움직이고 있다"라고 주장했다.[60] 1년 뒤에 독일 시인이자 기사였던 울리히 폰 후텐Ulrich von Hutten은 "오, 시대여! 오, 문학이여! 살아 있음이 기쁘구나!"라고 환호했다.[61]

프랑스 학자 루아 르루아Loys Le Roy는 1575년을 기준으로 지난 200년을 돌아보며, 이 시대가 학문, 예술, 과학을 회복해 "이 우리 시대는 과거의 가장 학문적으로 뛰어났던 시기와 비교될 수 있다"라고 평가했다. 그러나 그는 우리가 이전에 중국에서 이미 보았던 세 가지 혁신이 이제 유럽 역사의 완전히 새로운 장을 열었다고 주장했다. 그것은 바로 인쇄술, 나침반, 화약이었다.[62]

1440년대, 독일의 금 세공사 요하네스 구텐베르크는 올리브와 포도를 으깨는 압착기, 화가들이 사용하던 유성 잉크, 자신의 주화 천공 기술, 그리고 아시아로부터 얻은 약간의 영감을 결합해 유럽 최초의 활자 인쇄기를 만들었다. 르루아에 따르면, 그 덕분에 "많은 부지런한 필사공들이 1년 동안 할 수 있는 일보다 더 많은 일을 하루에 할 수 있게 됐다." 이는 또한 책을 쉽게 구할 수 있게 했다. 안토니오 베카델리Antonio Beccadelli 같은 일부 학자들은 리비우스의 《로마사》 사본 한 부를 사기 위해 농장을 팔기도 했지만, 인쇄술 덕분에 이제 중산층도 책을 구입할 수 있게 되었다. 15세기 후반에 인쇄된 책이 로마 몰락 이후

손으로 베껴 만든 책 전체보다 더 많았다.

인쇄술은 종이가 도입되지 않았다면 불가능했을 것이다. 처음에는 종이를 아랍인들에게서 수입했지만, 13세기에는 이미 이탈리아 내에서 종이 산업이 생겨났다. 당시 종이는 나무가 아니라 낡은 헝겊으로 만들었다. 좋지 않은 이유였지만, 끔찍한 전염병 이후 유럽에는 헝겊이 과잉 공급됐다.

1470년대 초 이탈리아에서 인쇄된 책이 등장하기 시작했을 때, 많은 사람들은 이를 두려워했다. 메디치 가문의 사서가 경고했듯이, "이제 가장 어리석은 생각조차 한순간에 천 권의 책으로 옮겨져 퍼질 수 있다."[63] 많은 이들은 인쇄술 때문에 서기들이 실직하게 될 것이라고 걱정했지만, 실제로는 이제 인쇄된 많은 책에 삽화와 장식 문자가 들어가게 되어 서기와 삽화가들은 여전히 일거리가 많았다.

또다른 사람들은 하층민이 위대한 작품 대신 어리석고 성적인 문학을 읽거나, 더 나쁘게는 위대한 작품을 '읽어' 계급 차이를 무너뜨릴까 우려했다. 최초의 인쇄물 가운데 가장 인기 있었던 것 하나는 사전 제작된 교황의 면죄부(개인의 죄에 대한 값비싼 용서였다)였으며, 곧 이보다 더 인기를 끈 것은 비텐베르크의 한 사제 마르틴 루터가 이 면죄부를 비판한 글이었다.

알도 마누치오Aldo Manuzio는 발명된 인쇄술을 이용해 고전의 지혜를 다시는 잃지 않도록 해야겠다고 마음먹었다. 당시 인쇄의 중심지였던 베네치아에 있던 그의 인쇄소는 희귀 원고를 대량으로 출판했다. 그는 또한 종이 표지 염가본과 비스듬한 이탤릭체 문자의 전신을 발명했다. 1495년에서 1498년 사이, 그는 다섯 권으로 된 아리스토텔레스 전집을 그리스어로 천 부 인쇄했는데, 이는 이전에 손으로 필사된 총량과 맞먹었을 것이다. 동일한 쪽 번호가 있는 고전의 표준화된 새 판본은 쉽게 구할 수 있을 뿐만 아니라 연구, 소통, 비판 능력에도 혁명을 가져왔다.

대양 항해

르루아가 언급한 두 번째 혁신은 항해용 나침반이었다. 이를 통해 대양 전체를 건너는 항해가 가능해졌고, "서쪽과 남쪽에서 고대인들이 알지 못했던 많은 테라 피르마terra firma('단단한 땅')가 발견됐으며, 따라서 이들은 '문두스 노부스Mundus novus'(신세계)라 불렸다." 여기서도 유럽의 권력 분해는 대안적 후원자를 찾을 수 있는 가능성을 열었다. 중국의 대규모 해상 모험은 황제가 대양 항해에 대한 생각을 바꾸면서 종료됐다. 유럽에서는 제노바 출신 선원 크리스토퍼 콜럼버스가 바다로 나가고자 했을 때 어려움에 직면했다. 아시아로 가는 서쪽 항로를 찾기 위한 그의 제안은 여러 통치자들로부터 퇴짜를 맞았다. 포르투갈, 잉글랜드, 프랑스의 왕들이 모두 탐험 자금을 대달라는 그의 요청을 거절했고, 메디나 시도니아Medina Sidonia 및 메디나셀리Medinaceli 공작도 마찬가지였다. 콜럼버스는 후원자를 찾기 위해 노력하면서 20년의 세월을 보냈지만, 이것이 바로 서유럽이 중국과 다른 점이었다. 그는 계속해서 대안을 찾을 수 있었다. 그리고 결국 에스파냐 궁정이 동의했고, 1492년 그의 원정은 우연히 아메리카를 발견했다.

4년 전, 포르투갈의 선원 바르톨로메우 디아스는 아프리카 남단을 돌아 항해하는 데 성공해, 인도양에 도달할 수 있음을 증명했다.

1497년 바스쿠 다가마는 같은 항로를 이용해 인도까지 도달했다. 단 몇 년 만에 서쪽의 새로운 대륙과 아시아로 가는 새로운 항로가 발견된 것이다. 두 사건은 모두 서아시아가 세계 무역에서 차지하는 중심적 위치를 축소시켰고, 이에 따라 이탈리아 무역 세력의 중요성과 부의 일부를 감소시키는 결과를 낳았다.

이 발견들은 또한 기독교 성서와 고대 사상가들을 권위로 삼았던 지식계를 흔들었다. 갑자기 신이 잊고 우리에게 알려주지 않은 완전히 새로운 대륙이 등장했다. 프톨레마이오스는 아프리카 남쪽으로 항해해 인도양에 도달하는 것이 불가능하다고 생각했지만, 이는 틀렸다. 플리니우스의 《자연사Naturalis historia》에도 이제 발견된 기이한 생물들은 전혀 언급되지 않았다. 감자, 토마토, 파인애플, 코코아, 초콜릿, 옥수수, 카사바, 담배 등은 이전에 누구도 본 적이 없었다. 1503년, 아메리고 베스푸치는 자신의 이름을 따서 불리게 될 대륙에 대해 "나는 그 반구에서 철학자들의 의견과 양립할 수 없는 것들을 보았다"라고 기록했다.[64]

아리스토텔레스와 다른 고대인들은 열대의 조나 토리다zona torrida('뜨거운 지역')에서는 생명이 존재할 수 없다고 생각했다. 새로운 발견 이후에도 이런 주장을 고집하는 사람이 있다면 "그와 논쟁하는 유일한 방법은 불이 정말로 뜨겁지 않다고 주장하는 사람들과 아리스토텔레스 자신이 논쟁했던 방식뿐이다. 즉 그 사람이 직접 성반星盤과 주판을 들고 탐험해 사실을 확인하게 하는 것이다"라고 이탈리아 의사 조반니 마나르도Giovanni Manardo는 썼다.[65] 마침내 아리스토텔레스의 방법이 그의 결론을 뛰어넘기 시작한 것이다.

훨씬 뒤인 1620년, 프랜시스 베이컨은 이 발견의 시대에 점점 퍼지기 시작한 생각을 이렇게 표현했다. "대지, 바다, 별과 같은 물리적 세계의 여러 지역이 우리가 볼 수 있게 널리 열린 시대에 우리의 지적 세계의 한계가 고대인들의 좁은 발견에 국한된다면 이는 수치스러운 일일 것이다."[66]

에스파냐와 포르투갈이 이룩한 발견들은 유럽 해양 강국들이 결국 나머지 세계의 상당 부분을 지배하게 되는 새로운 식민지 개척의 시대를 열었다. 이것은 또한 대서양 횡단 노예무역이 시작되는 첫 단계이기도 했다. 노예제는 물론 전혀 사라진 적이 없었다. 교회는 이제 다른 기독교도를 노예로 삼는 것을 금지했지만, 비기독교도를 노예로 삼는 권리는 유지했다. 아우구스티누스는 노예제를 인간의 죄에 대한 신의 벌로 옹호했으며, 기독교 성서에서 함의 아들 가나안이 아버지의 죄 때문에 할아버지 노아에게 저주받았다는 이야기가 흔히 노예제를 정당화하는 데 동원됐다. 피렌체 대주교는 노예제가 "신의 법에 의해 만들어졌다"라고 선언했으며,[67] 베네치아인들과 특히 제노바인들은 노예무역으로 번영을 누렸다. 처음에는 흑해 주변, 나중에는 발칸반도와 서아프리카에서 온 노예들이었다. 르네상스 사상가들은 노예제에 거의 반대하지 않았고, 그들 가운데 일부는 자신도 노예를 소유했다. 니콜라우스 5세 교황은 인본주의 사상에 공감했지만, 1455년에 포르투갈이 이슬람교도와 이교도를 포로로 잡아 영구적으로 노예로 삼을 권리를 부여하는 교황 칙서를 내주었다.

대륙 전체가 비기독교도였던 아메리카가 정복되면서, 일부 사람들은 자기네 종교를 확산할 완벽한 기회를 발견했다. 왕실은 정복자들에게 일정 수의 원주민 농노와 함께 토지를 부여했다. 1495년에 콜럼버스는 500명의 원주민을 에스파냐로 보내 노예로 삼게 했고, 1518년에

는 신성로마제국 황제이자 에스파냐 왕인 카를 5세(에스파냐 왕으로서
는 카를로스 1세)가 아프리카 노예를 에스파냐 식민지로 들여오는 것을
허가했다.

그러나 이러한 끔찍한 확장은 역사상 최초의 본격적인 반노예제 논
쟁도 촉발했다. 에스파냐에서는 토마스 아퀴나스의 영향을 받은 한
무리의 사상가들(이제 그곳 대학의 이름을 따서 살라망카 학파로 알려졌다)
이 개인의 권리, 경제적 자유, 법치주의에 관한 선진적인 초기 자유주
의적 관념을 발전시켰다. 그들 가운데 일부는 왕이 국민의 권리를 보
호하기 위해 그들에게 고용된 존재일 뿐이며, 만약 왕이 이 권리를 남
용한다면 국민은 그를 폐위할 권리가 있다고 주장해 논란을 일으켰다.
후안 데 마리아나Juan de Mariana는 "우리의 안녕을 위해 누군가가 우리
를 다스릴 필요가 있다면 그에게 권한을 부여하는 것은 우리여야 하
며, 그가 칼로 우리에게 강요해서는 안 된다"라고 썼다.[68]

이 학자들은 이 사상을 아메리카에 적용해 아메리카 원주민을 이
성이 없는 짐승이나 타고난 노예로 볼 수 없다고 주장했다. 그들은 이
성을 가지고 조직화된 사회를 이루고 있었기 때문이다. 살라망카 학
파의 창시자인 도미니크회 사상가 프란시스코 데 비토리아Francisco de
Vitoria(1483?~1546)는 "황제가 온 세상의 주인인 것은 아니다"라고 대담
하게 선언했다. 대신에 원주민들은 "틀림없이 어떤 기독교도만큼이나
마찬가지로 진정한 공적·사적 지배권을 갖고 있다. 즉 그들은 개인 시
민으로서나 군주로서 자신의 재산을 빼앗길 수 없다."[69] 따라서 원주민
을 노예로 만들고 재산이나 토지를 강탈하고 강제로 개종시키는 것은
범죄였다. 아스텍과 잉카의 보물을 탈취한 것은 그저 강도 행위였으며,
이러한 귀중품은 그 정당한 소유자에게 반환되어야 했다.

또다른 중요한 에스파냐 도미니크회 인물인 바르톨로메 데 라스카사스Bartolomé de las Casas(1484~1566)는 에스파뇰라섬의 초기 정착민이었지만, 토착민에 대한 잔학 행위를 기록하고 이를 방지하는 일에 평생을 바쳤다. 처음에 그는 현지 노예를 '정당한 전쟁'에서 포획한 아프리카인으로 대체할 수 있다고 생각했으나, 나중에는 이것 또한 반대하게 됐다. 결국 그는 "같은 법이 흑인과 아메리카 원주민에게 동일하게 적용된다"라는 결론을 내려, 인종과 관계없이 평등한 권리의 개념을 표현했다.[70]

데 라스카사스의 끊임없는 노력은 매우 영향력이 컸다. 황제 카를 5세는 아메리카에서 군사 활동을 일시 중단하고 정복에 대해 토론하게 했으며, 한 무리의 법학자와 신학자들이 그 정당성에 관한 결정을 내렸다. 이 토론은 1550년 8월 에스파냐의 도시 바야돌리드에서 시작됐으며, 1551년에 또 한 차례의 회의가 열렸다. 논쟁의 주역은 데 라스카사스와 노예제를 지지하는 인본주의자(그런 사람도 있었다) 후안 히네스 데 세풀베다Juan Ginés de Sepúlveda였다. 이는 강대국이 정복할 도덕적 권리가 있는지 스스로 묻기 시작한, 역사상 놀라운 순간이었다.

재판관들은 의견이 나뉘어 결론을 내리지 못했다. 도미니크회는 교황과 황제 모두에게 영향을 미쳤지만, 식민지 이해관계는 강력했고 콩키스타도르conquistador(정복자)들은 고국에서 멀리 떨어져 있었다. 결국 정복은 계속됐다. 그럼에도 불구하고 바야돌리드에서 벌어진 논쟁은 중요한 분수령이었다. 인간의 권리에 대한 개념이 개발되어 유럽에 제시됐지만, 여전히 지켜지지 않고 대개 이를 위반했다.

오손 웰스 가설

루아 르루아가 말한 세 번째 혁신은 화포였다. 화포는 이전의 어떤 무기보다 운동력, 강도, 속도 면에서 뛰어났다. 이 기술 덕분에 성벽과 성채를 무너뜨릴 수 있었고, 중앙집권적 국가들은 독립적인 도시와 자치 영주들을 제압할 수 있었다. 르네상스 말기에 절대군주국들이 유럽을 나누어 가지기 시작했다. 그들은 점점 자신감을 얻어 최근에 법의 개념이 재발견됐다는 사실조차 잊으려 했다. 일부는 왕의 신성한 권리에 대해 이야기하며, 무엇이든 군주가 원하는 것은 법의 힘을 갖는다고 생각했다. 잉글랜드-아일랜드의 제임스 1세(스코틀랜드에서는 제임스 6세)는 "왕은 법 위에 있으며, 법을 만들고 거기에 힘을 부여하는 자"라고 썼으며, 왕은 "거기에 구애되지 않고 자신의 선의에만 구애된다"라고 주장했다. 그는 심지어 1610년 의회에 "왕은 지상에서 일종의 (…) 신의 권능을 행사하기 때문에 정당하게 신이라 불린다"라고 말했다. 자신은 "오직 신에게만 책임을 진다"라고 자랑했다.[71]

르루아는 화약을 위대한 혁신 중 하나로 포함시키는 것을 주저했다. "그것이 인류의 유익보다는 파괴를 위해 발명된 것처럼 보이기" 때문이었다. 새로운 화기의 잔혹함은 르루아가 파벌주의, 전쟁, 파괴의 미래에 대해 두려워한 중요한 배경이었다. 그는 좋은 사람들이 이 시대에 되찾은 좋은 것들과 새로 발명된 것들을 가능한 한 많이 보존해 미래 세대에게 전해주기를 바란다고 불길하게 썼다. 우리는 문명을 다시 잃을 여유가 없기 때문이다.

르루아의 불길한 예감은 그의 신비주의적 신앙과 관련이 있었다. 그는 신이 이 종말에 대한 계획을 가지고 있다고 생각했지만, 자신의 예언을 위해 많은 신의 계시가 필요하지 않았다. 그는 이미 자신의 대륙이 쪼개지고 있는 것을, 그리고 강대국들이 전쟁의 참화를 불러일으키고 있는 것을 보았다.

1949년의 대작 영화 〈제3의 사나이The Third Man〉의 절정 장면에서 오손 웰스Orson Welles가 연기한 인물은 잊을 수 없는 역사를 언급하며 자신의 악행을 변호한다.

이탈리아가 보르자 가문 치하에서 30년간 전쟁, 공포, 살인, 유혈이 있었지만 그들은 미켈란젤로, 레오나르도 다빈치, 르네상스를 간들어냈다. 스위스는 500년 동안 민주주의와 평화를 누렸는데, 그 결과 무엇을 얻었는가? 뻐꾸기시계다.

이 대사는 분명히 그레이엄 그린Graham Greene의 원래 대본어는 없었고, 촬영 중 대화가 더 필요해 오손 웰스 자신이 추가한 것이다. 이 대사는 불편한 진실을 암시하기 때문에 잊히지 않는다. 즉 폭정과 갈등이 예술과 진보를 자극할 수 있으며, 발전을 위해서는 때로 큰 희생이 필요하다는 것이다. 하지만 그렇다고 해서 웰스가 정확했다고 할 수는 없다. 뻐꾸기시계는 어쨌든 스위스가 아니라 독일 슈바르츠발트에서 만들어졌다. 또한 르네상스 시대의 스위스가 평화롭기로 유명하지도 않았다. 반대로 스위스는 치열한 전투를 벌인 끝에 신성로마제국으로부터 사실상의 독립을 얻었다. 스위스 용병은 유럽에서 가장 수요가 많았고 두려움의 대상이었다. 교황이 스위스 근위병을 자신의 군대로 채용한 것은 화려한 제복 때문이 아니었다.

마찬가지로 보르자 가문이 르네상스를 만들었다기보다는 끝냈다고 주장할 수도 있다. 그들은 이탈리아를 박살낸 오랜 전쟁을 촉발했기 때문이다. 음모를 꾸민 로드리고 보르자Rodrigo Borgia는 1492년 교황으로 선출됐다. 알렉산데르 6세라는 이름의 교황으로, 그는 가문을 위해 최대한의 권력과 영토를 확보하려고 끊임없이 동맹을 맺고 깨뜨렸다.

가장 치명적인 동맹은 나폴리를 침공하기 위해 프랑스 왕 샤를 7세와 맺은 협약이었다. 이는 보르자 가문의 막내아들을 위해 나폴리 내 영지를 확보하기 위한 것이었다. 1494년, 샤를 7세가 이탈리아를 침공했고, 이는 에스파냐와 신성로마제국을 전쟁으로 끌어들여 60년 이상 이탈리아반도 전체를 불안정하게 만들었다. 이는 이탈리아 국가들이 번영할 공간을 제공했던 로디 조약 이후 40년 동안의 영토 안정기를 끝냈다.

프랑스는 새로운 화약 기술을 진정으로 기동화함으로써 모두를 놀라게 했다. 그들은 손에 들고 쏘는 총과 마차에 싣는 가벼운 대포를 사용했다. 충격에 쉽게 부서지는 돌로 만든 포탄 대신, 그들은 이제 철로 된 포탄을 만들었다. 그 덕분에 프랑스 포병은 이탈리아를 빠르게 이동할 수 있었고, 예전에는 몇 달 동안이나 포위전을 견뎌냈던 성벽도 이제는 몇 시간 만에 무너졌다.

프랑스 군대의 속도에 충격을 받은 알렉산데르 교황은 편을 바꾸어 프랑스를 상대로 한 새로운 이탈리아 국가들의 동맹에 합류했다. 이는 끊임없이 변화하는 수많은 동맹 관계 중 하나에 불과했다. 때로는 잉글랜드와 오스만제국조차도 개입했다. 알렉산데르는 곧 프랑스 편으로 다시 돌아섰다가, 이후 에스파냐와 함께 프랑스에 맞서기도 했다. 이 시기의 잔혹한 현실정치realpolitik는 피렌체의 고위 관리 니콜로 마키아벨리가 1513년 무렵에 쓴 유명한 정치권력의 비도덕적 지침서 《군주론Il Principe》의 배경이 됐다.

나중에 역사가 프란체스코 귀차르디니Francesco Guicciardini가 오손 웰스보다 훨씬 덜 동정적으로 썼듯이, 이탈리아 전쟁은 "왕국의 전복, 시골의 황폐화, 도시의 학살 등 (…) 거의 모든 것에서 수많은 재앙, 끔찍한 사건, 변화의 씨앗"이었다.[72] 로완 앳킨슨Rowan Atkinson의 〈블랙애더Blackadder〉에 나오는 말처럼, 르네상스 시대의 일부 사람들은 "르네상스는 단지 다른 사람들에게 일어난 일"이라고 생각했다.

이 전쟁에 대한 유일한 정상참작 사유는 외국 군대가 이탈리아 도시의 화려함과 아름다움에 놀랐다는 점이다. 쥘 미슐레가 묘사했듯이 이는 마치 두 시대, 서로 다른 두 세기가 갑자기 충돌한 것과 같았으며, 외국 군대는 일부 르네상스 정신을 고국으로 가져갔다. 그것과 함께 이탈리아인에게는 '프랑스병', 프랑스인에게는 '이탈리아병'으로 알려지게 되는(아마도 아메리카에서 온 에스파냐 선원들에 의해 퍼지기 시작했을 것이다) 매독도 함께 전파됐다. 흔히 이 질병으로 인해 머리카락이 빠진 부위를 가리기 위해 곧 궁정에서 가발이 유행했다.

전쟁은 미켈란젤로와 레오나르도를 만들어낸 것이 아니라 예술보다 군사 활동에 노력을 쏟게 했다. 위대한 예술가들은 여전히 전쟁에 휘말린 도시를 오가는 사이에 시대를 초월한 걸작을 창작하는 시간을 낼 수 있었지만, 미켈란젤로는 피렌체 방어 시설을 건설해야 했고 이로 인해 교황에게 사형 선고를 받기도 했다(그러나 교황은 곧 시스티나 예배당의 작업을 계속하기 위해 이 위대한 예술가가 필요하다는 사실을 깨달았다). 레오나르도는 여러 주요 가문을 위해 살상 기계와 방어 시설을 설계했지만, 이는 더 큰 악을 상대하기 위한 것이라고 스스로에게 말했다. "야심 있는 폭군에게 포위됐을 때, 나는 자유라는 자연이 준 최고의 선물을 지키기 위해 공격과 방어 수단을 찾는다."73

프랑스 침략자에게 영토를 내준 메디치 가문은 지지를 잃고 피렌체에서 쫓겨났다. 이 혼란스러운 시기에, 통치 위원회인 시뇨리아signoria는 1495년 카리스마 있는 도미니크회 수도사 지롤라모 사보나롤라 Girolamo Savonarola에게 권력을 부여했다. 그는 3년 동안 통치하며 피렌체를 급진적인 신정神政 체제로 바꾸었다.

사보나롤라는 위기의 시대에 다른 수많은 사람들이 그랬듯이 도덕적 정화의 필요성을 부르짖으며 젊은 남성들의 무리로 도덕 경찰을 조직했다. 그들은 거리를 돌며 동성애자, 간통자, 주취자를 단속했고, 건물 안으로 들어가 세속 서적, 미술품, 악기, 벽걸이 융단, 화려한 의복 등을 압수했다. 1497년과 1498년에 그는 중심 광장에서 악마의 형상이 올려진 커다란 '허영의 화톳불'에 부, 사치, 이교도적 상징물을 불태웠다.

그러나 그는 너무 나갔다. 사보나롤라는 교황을 비판하는 설교를 한 뒤 교회로부터 이단 판정을 받아 같은 광장에서 교수형에 처해졌다. 당시 사보나롤라는 기괴한 광신자로 여겨졌다. 사람들은 그가 다가올 일들의 전조임을 전혀 알지 못했다.

피렌체는 잠시 동안 좀더 세속적인 형태의 공화정으로 돌아갔지만, 메디치 가문은 복귀를 모의했다. 그들은 에스파냐와 거래를 했고, 에스파냐는 1512년에 도시를 약탈하고 이 가문을 권좌에 복귀시켰다. 그러나 1527년에 피렌체 시민들은 메디치 가문을 다시 몰아내고 새로운 피렌체 공화국을 세웠다. 이것이 마지막이었다. 제국과 에스파냐의 대군이 메디치 가문 출신의 교황 클레멘스 7세와 손잡고 열 달 가까이 도시를 포위했다. 약 3만 명의 피렌체 시민이 죽은 후, 도시는 항복했다. 이번에는 정복자들이 반항적인 공화파를 두고 운에 맡기지 않았다. 동업조합이 선출한 정부는 해산됐고, 알레산드로 데 메디치가 신성로마 황제에 의해 세습 공작으로 임명됐다. 이후 200년 동안 메디치 가문은 선출되지 않은 군주로 피렌체를 통치했다.

이탈리아 전쟁 동안 전투를 피할 수 있었던 곳은 별로 없었지만, 집단심리에 가장 깊은 영향을 준 재앙은 새로운 로마 약탈이었다. 1527년, 신성하지만 급여를 받지 못해 분노한 신성로마제국군이 뜻밖에도 로마를 공격했다. 로마는 임시로 프랑스와 손을 잡고 있는 상태였다. 루터교 신앙을 가진 독일인이 대부분이었던 병사들은 교황에 대한 적개심으로 흥분해 있었으며, 민간인, 사제, 수녀들을 살해하고 강간하며 몸값을 요구하는 폭력의 광란을 벌였다. 그들은 교회, 궁궐, 주택을 약탈하고 파괴했다. 도서관은 불타고 무덤은 부서졌으며 성인들의 성스러운 유해는 개들에게 던져졌다. 공포는 군인들이 식량을 다 써버리고 거리에 부패한 시체가 쌓여 전염병이 돌기 시작할 때까지 여덟 달 동안 이어졌다. 추산에 따르면 약 5만 5천 명이던 로마의 인구는 약탈 이후 단 1만 명으로 줄었다.

이 사건은 흔히 르네상스가 끝나는 순간으로 묘사된다. 나는 동의하고 싶지만, 그 이유는 로마가 파괴됐기 때문이 아니라 그 이후의 재건 과정 때문이다. 르네상스 시기 인본주의적 교황들은 예술, 법률, 문학, 때로는 연회와 부패 같은 세속적인 일을 우선시하고 있었다. 로마 약탈 이후 교황들은 지적 통제와 성직자 규율을 확립하는 데 더욱 열심이었고, 종교재판의 권한이 커졌다.

교황청이 지배하는 로마는 이제 더 이상 독립적인 영역이 아니라 에스파냐, 신성로마제국, 합스부르크 세력에 종속됐으며, 1519년부터

1556년 사이에 이들 세력은 단 한 사람에 의해 통제됐다. 역사상 최고의 다중 작업자인 카를 5세(황제 재위 1519~1556)는 합스부르크 가문의 수장, 에스파냐 국왕, 신성로마제국 황제였다. 서아시아에서 아바스 왕조와 셀주크가 구축한 군사-종교 동맹이 이제 유럽에서도 한 사람의 인격 속에서 실현됐다.

대항종교개혁

르네상스 인본주의에 대한 반동은 북유럽에서 또다른 중대한 사건이 전개되지 않았다면 이렇게 강하지 않았을 것이다. 기독교 성서(그리고 교회가 이를 따르는 방식)에 관한 비판적 연구에 대한 관심이 증대되고 여기에 인쇄술이 결합해 1517년 마르틴 루터가 교황에게 반발한 사건은 전 대륙에 걸친 종교개혁 운동으로 확산되었다. 장기적인 교회 개혁 요구로 루터에게 자극을 준 에라스뮈스는 그가 "모든 것을 돌이킬 수 없는 혼란에 빠뜨렸다"며 비난했다.[74]

이런 식의 종교 내부의 균열은 자주 공포를 불러일으켰다. 이단자는 통상 이교도보다 더 악하다고 여겨졌기 때문이다. 가톨릭교도와 개신교도는 모두 심지어 상대 쪽 기독교도가 오스만의 이슬람교도보다 더 사악하다고 생각하기까지 했다. 가톨릭교회는 그 권위에 대한 이러한 실존적 도전에 대해, 이슬람에서 순나파 아바스 왕조가 내부 분열에 대응했던 것과 비슷한 방식으로 반응했다. 즉 그들이 더 순수한 원래의 교리라고 본 것을 새롭게 하고자 했다. 그들은 군사력과 종교재판을 통해 종교적 정통성을 강제했으며, 우리가 르네상스와 연결시키는 자유로운 토론과 독립적 사고를 억압했다.

1545년부터 1563년까지 단속적으로 열린 트렌토 공의회는 이 반反 종교개혁의 방향을 결정했다. 공의회는 가톨릭 교리를 재확인했지만, 유럽인의 마음을 열었던 작가와 예술가들에게 등을 돌림으로써 그렇게 했다. 교회는 미래의 미술의 역할을 규정하고, 미술가들을 위한 엄격한 규칙을 제시했다. 기독교 성서의 내용은 엄격히 준수되어야 했으며, 거기에 나오는 나이, 복장, 표정도 그대로 따라야 했다. 그림은 사실적이어야 했으며, 신앙심을 북돋아야 했다. 예를 들어 십자가에 못 박힌 예수는 상처 입고 피 흘리며 피부가 찢어진 모습으로 그려야 했다. 그러나 성기가 노출될 만큼 사실적이어서는 곤란했다. 마치 아담과 하와가 그러했던 것처럼, 교회는 갑자기 나체를 부끄러워하게 됐다. 이러한 규칙이 이전에 시행됐다면 르네상스의 많은 걸작은 아예 탄생하지 못했을 것이다. 실제로 이미 만들어진 작품도 일부는 수정되어야 했다.

미켈란젤로의 대작인 시스티나 예배당 벽화 〈최후의 심판〉은 과도한 나체 부분을 가리지 않으면 파괴될 위기에 처했다. 이를 위해 다른 화가가 등장했다. 그는 일가를 이룬 사람이었지만, 성기 부분을 천과 무화과 잎으로 가리는 작업으로 나날을 보낸 것으로 후대에 유명해졌다. 또다른 논란의 그림인 파울로 베로네세Paolo Veronese의 〈최후의 만찬〉은 "어릿광대, 주취자, 독일인, 난쟁이, 그리고 비슷하게 저속한 인물들"이 들어 있다는 이유로 종교재판의 공격을 받았다. 베로네세는 석 달 만에 그림의 제목을 덜 민감한 〈레비의 집에서의 연회Convito in casa di Levi〉로 바꾸어 수정 요구에 지혜롭게 대응했다.[75] 재미있게도 교황은 자신의 방대한 고대 조각 소장품에도 무화과 잎을 덧대어 나체를 가렸다.

1559년, '금서 목록'이 작성됐는데, 이는 가톨릭 신자들이 인쇄하거나 읽는 것이 금지된 문헌들을 명시한 것이었다. 이 목록에는 이전 교황들이 즐겨 읽거나 때로는 출판까지 한 많은 작품이 포함되어 있었다. 금서 목록은 이후 1966년까지 점차 확대되고 정기적으로 갱신됐다. 결국 이 목록은 유럽 최고의 작가들을 집대성한 명단이 됐다. 그 안에는 휘호 더 흐로트(그로티우스), 몽테뉴, 스피노자, 베이컨, 존 로크, 몽테스키외, 볼테르 등의 작품이 포함됐다. 1600년 무렵 르네상스 인본주의자들의 작품은 대부분 절판됐고, 일부 저자는 감옥에 갇히기도 했다. 유럽에서 출판된 책의 거의 4분의 3이 이제 금지 대상이 됐다.

르네상스의 고전인 《데카메론》('열흘의 이야기')은 금지됐다가 1573년이 되어서야 다시 출판될 수 있었다. 이 판본에서는 모든 우스꽝스러운 성직자가 세속인으로 바뀌었다. 교회가 이제 "사제, 수도원장, 수녀원장, 수도사, 수녀, 주교 및 기타 종교적인 문제에 대해 결코 헐뜯거나 추잡하게 말하지 않도록" 요구했기 때문이다.[76]

에라스뮈스는 모든 이단의 지도자로 선언됐고, 그의 책들은 불태워졌다. 톨레도 대주교는 에라스뮈스의 의견 쪽으로 기울어 있다는 이유로 거의 18년 동안 토굴에 갇혀 지내야 했다. 에스파냐에서는 금서 목록에 있는 책을 소유하는 것만으로도 사형에 처해질 수 있었다. 프랑스에서는 개신교 문헌을 소유하거나 배포한 사람을 신고하면 처형된 이단자의 재산 3분의 1을 받을 수 있었다.[77] 르네상스 시대에 흔히 세계에 대한 이상하고 논쟁적인 이론을 논의할 수 있었던 시기에도 조르다노 브루노Giordano Bruno, 루칠리오 바니니Lucilio Vanini, 페란테 팔라비치노Ferrante Pallavicino 같은 작가들은 소크라테스 및 키케로와 같은 운명을 맞았다. 자신의 도움으로 번영을 누린 사회에 의해 처형당한 것이다.

개인과 신의 관계를 강조하는 개신교는 결국 개인주의적 태도의 발달에 중요한 역할을 하게 됐지만, 이 시점에서 특히 국가 권력을 수용했다는 점에서 불관용의 세력이었다. 지역 주민들은 강제로 개종해야 했고, 성지·예술·성물 등 그들의 영적 표현은 파괴됐다. 루터는 아우구스티누스적 비관주의를 강화하며 이성을 '매춘부'라고 선언하고, "저주받고 거만하며 악랄한 이교도"인 아리스토텔레스를 비난했다.[78] 장 칼뱅Jean Calvin이 머물던 제네바는 교회 출석이 의무화되고, 이단자가 고문을 당하고 화형에 처해지는 경찰국가였다.

이 시기는 스티븐 데이비스의 표현대로 "경쟁적 광신주의의 시대"로 빠르게 변해갔으며, 유럽 곳곳에서는 불태워진 책들로 연기가 피어올랐다.[79] 1570년 이후, 베네치아마저 교황의 검열에 협력하기 시작했고, 지방 관리는 금서 목록에 포함된 책의 인쇄를 금지했다. 유럽 대륙은 이전에는 교회와 국가가 분리되어 있었는데, 이제 서로 경쟁하는 교회-국가 연합들에 의해 분할되고 그들의 영역 내에서 자유가 억압되는 상황이 됐다. 신앙 때문에 수십만, 어쩌면 수백만 명이 강제 이주를 당했다.

유럽 역사에서 흔히 그렇듯이, 유대인은 불관용의 분위기가 커지면서 특히 큰 고통을 겪었다. 1492년 페란도 2세와 이사벨 1세가 에스파냐를 통일한 후, 그들은 유대인들을 나라에서 쫓아냈다. 유대인 박해는 언제나 기독교 전통의 일부였고, 대부분의 인본주의자들도 어느 정도 이를 공유했다. 이제 그것은 더욱 끔찍한 형태로 나타났다. 1540년대, 루터는 소책자와 설교를 통해 유대인에 대한 폭력을 정당화하고 그들을 추방하려 했다. 불과 몇 년 후 교황들은 반유대인 법률을 제정하고, 이탈리아 전역에서 《탈무드》 책들을 불태우도록 명령했다.

갈릴레오 사건은 가톨릭 불관용의 상징이 됐다. 처음에 교회는 지구가 태양 주위를 돈다는 코페르니쿠스(1473~1543)의 이론(이는 아마도 아랍 천문학에서 영향을 받았던 듯하다)에 큰 관심을 두지 않았다. 하지만 루터는 이를 "어리석은" 것이라고 공격했고, 그의 협력자 필리프 멜란히톤Philipp Melanchthon은 "현명한 통치자라면 이러한 경솔함을 억제해야 한다"라고 생각했다.[80] 잉글랜드에서는 토머스 해리엇Thomas Harriot이 혁신적인 천문학적 발견을 했지만, 문학사가 스티븐 그린블랫Stephen Greenblatt의 말대로 "그는 명예보다 생명을 소중히 여겼기" 때문에 이를 출판하지 않았다.[81]

가톨릭교회는 광신주의 경쟁에서 뒤처지지 않기 위해 박해를 강화해야 한다고 느꼈다. 1616년, 코페르니쿠스는 이미 세상을 떠난 지 오래였고 지동설을 주장하는 그의 책은 70년 이상 유통되고 있었음에도 불구하고, 가톨릭교회는 갑자기 이를 이단으로 규정하고 불태웠다. 대단한 박식가 갈릴레오 갈릴레이(1564~1642)는 그런 입장을 유지하거나 그의 개선된 망원경으로 증거를 찾아내지 말라는 경고를 들었다. 물론 그는 스스로를 억누를 수 없었고, 1633년 종교재판소에 끌려가 고문하겠다는 위협을 받았다. 결국 그는 자신의 주장을 철회하고 평생 가택연금형을 선고받았으며, 이미 출판된 책과 아직 쓰이지 않은 책의 출판을 금지당했다.

5년 후, 잉글랜드의 시인 존 밀턴은 피렌체 외곽에 있는 갈릴레오의 별장으로 그를 찾아가, 갈릴레오와 다른 학자들에 대한 탄압이 탐구를 억누르고 "이탈리아 지성인들의 영광을 바래게 했다"라고 개탄했다.[82]

그러나 그 시기에 유럽은 관심을 가져야 할 더 시급한 문제들이 있었다. 1524년, 로테르담의 에라스뮈스는 작센 공작에게 헤아림을 청했다. "종파를 용인하는 것이 공작께는 큰 악으로 보일지 모르지만, 그래도 종교전쟁보다는 훨씬 낫습니다. 성직자들이 일단 통치자를 얽어매는 데 성공한다면 그것은 독일과 교회에 재앙이 될 것이며 (…) 온세상에 파멸과 비참함이 넘치고 종교라는 거짓 구실 아래 파괴가 일어날 것입니다."[83]

유럽은 관용과 종교전쟁이라는 선택지 앞에서 오래, 그리고 신중히 고민했지만, 결국 온 세상에 파멸과 비참을 초래하는 것을 감수하기로 결정했다. 그 결과 유럽은 100년 이상 잇단 종교재판과 학살 속에서 비틀거렸다. 가톨릭과 개신교 양측 모두 곳곳에서 마녀를 찾기 시작했고, 엄격한 정통성을 강요하려 애쓰는 가운데 남아 있는 관습과 믿음으로 괴로움을 당했다. 수천 명의 여성이 악마와 교류했다고 자백할 때까지 고문을 당했고, 이에 따라 이들은 명분 있게 화형에 처해졌다. 이러한 광신의 전쟁은 1618년부터 1648년까지 이어진 30년전쟁으로 절정에 달했으며, 이로 인해 독일은 황폐해지고 인구의 아마도 3분의 1이나 되는 사람이 사망했다.

유럽이 갑작스러운 광기에 빠지자 가장 참담하게 좌절한 사람은 바로 관용과 세계주의의 유명한 옹호자였던 에라스뮈스였다. 1517년, 평화를 사랑하는 기독교도였던 그는 "나는 이 우리 시대를 축하한다. 황금시대가 될 수 있기 때문이다"라고 썼다. 1536년이 되자 사방에서 공포와 고문에 둘러싸인 그는 자신이 오히려 "역사상 최악의 시대"를 살고 있다는 두려움에 사로잡히기 시작했다.[84]

요약

이탈리아 르네상스는 초기 중세 동안의 오랜 침체 이후 유럽이 부활한 시기로 기억된다. 혁신적인 예술, 새로운 금융과 사업 모형, 탐험과 발견 등에서 우리는 유럽을 근대를 향한 새로운 궤도에 올려놓게 한 여러 요인을 확인할 수 있다.

이는 전형적인 황금시대의 조건 덕분에 가능했다. 이탈리아 북부의 무역 중심지를 필두로, 세계의 나머지 부분에 대한 개방의 폭이 확대됐다. 그들은 무역이 자유로워야 하며, 지옥의 문까지도 들어가야 한다고 생각했다. 유럽의 상인과 모험가들은 동로마와 서아시아 및 더 먼 아시아로 여행하며 진보된 상품, 기술, 과학 지식, 금융 기관, 아라비아 숫자를 발견하고 이에 매혹됐다.

이슬람 학문은 거의 천 년 동안 잃어버린 그리스와 로마의 세계, 특히 보다 세속적인 철학을 유럽이 다시 접하는 데 도움을 주었고, 그 세속 철학은 자연, 과학, 경제에 대한 관심을 자극했다.

그러나 이러한 사회들에서와 달리 개방성은 개명한 전제군주가 이 것이 제국에 이득이 될 것이라고 판단한 결과는 아니었다. 유럽에서는 여러 정치체 사이의 경쟁 및 교회와 황제 사이의 경쟁 덕분에 상궤를 벗어나고 실험을 할 기회가 생겼다. 이 틈에서 군주, 대학, 공화정 도시국가들은 독립의 권리를 주장하기 시작했다. 이는 로마, 아바스 왕조, 중국 제국보다는 고전기 그리스의 수많은 경쟁 도시국가에 더 가까웠다. 그리스 도시국가들은 항상 싸우면서도 끊임없이 배우고 교역했다.

이는 엄청나게 중요했다. 당시 중국, 동로마, 이슬람 세계에서는 급진적인 발상과 혁신이 억압됐다. 새 통치자가 그저 마음만 바꾸면 일어나는 일이었다. 보다 분열된 유럽에서는 새로운 발상이 언제나 어느 한구석에서 살아남을 수 있었고, 혁신가들은 언제나 다른 곳에서 피 난처를 찾을 수 있었다. 이 버려진 대륙이 마침내 마음을 가다듬을 수 있을 것처럼 보이기 시작했다.

개인-집단-국가 사이의 관계는 또한 로마법의 재발견과 재해석 덕 분에 점점 법치에 의해 규율됐다. 아바스 왕조가 거대한 제국 행정을 처리하기 위해 교육받은 학자들이 필요했던 것처럼, 도시와 새로운 세 속적 교회도 관료제를 운영하고 법을 토론하며 경쟁자를 조롱하기 위 해 학자들이 필요하다는 사실을 알았다. 이것이 문해력을 자극하고 신 분 이동을 촉진했다.

전형적으로 르네상스 시기의 경제적 자유는 정치가 주도한 것이 아 니라 반항적인 도시와 농노들이 이를 이루고자 투쟁한 결과였다. 시장 이 봉건제를 무너뜨리기 시작하면서 새로운 직업과 기회가 나타났다. 빠르게 성장하는 도시에서의 신분 이동과 유리 거울은 호기심, 자기성 찰, 개인주의라는 익숙한 황금시대적 현상에 이바지했고, 이는 문학과 풍성한 회화, 조각에 반영됐다.

불행하게도 큰 제국들을 약화했던, 어려운 시기에 전제주의와 정통 성을 추구하는 마찬가지의 경향이 유럽에서도 모습을 드러내기 시작 했다. 16세기 초, 새로운 철제 포탄은 도시 성벽을 무너뜨려 전제군주 들이 독립 지향적인 자들을 억압할 수 있게 했다. 파괴적인 전쟁은 사 상과 서적의 평화로운 교류를 무너뜨리기 시작했다. 모험과 이익을 위 해 위험을 무릅쓰던 사람들은 안전을 위해 숨기 시작했다.

더욱 치명적인 것은 종교개혁에 대한 가톨릭의 공포였다. 순나파 아 바스 왕조가 이슬람 신앙에 대한 다른 해석의 도전에 직면했을 때 반응했던 것과 매우 유사하게, 교회는 자기네가 이전에 후원했던 공개 토론과 인본주의 학교를 폐쇄하기로 결정했다. 이전의 건설적인 교회-국가 분리는 서로 적대하는 국가-교회 동맹체들과 그들의 경쟁적 광신으로 대체됐다. 존 밀턴이 탄식했듯이, 억압과 종교전쟁은 "이탈리아 지성들의 영광을 바래게 만들었다." 탐구 대신 우리는 종교재판을 맞이했다.

에스파냐 국왕이자 신성로마제국 황제였던 합스부르크 가문의 수장 카를 5세는 심지어 유럽을 한 사람, 한 군대, 한 정통성 아래 통합하는 꿈을 추구하기 시작했다. 한동안 유럽 대륙은 정체된 제국들의 길을 가서 그들을 갈라놓았던 다양성과 분열을 끝낼 것처럼 보였다. 네덜란드가 없었더라면 그는 충분히 성공했을 것이다.

6장

네덜란드 공화국

무역, 관용, 그리고 해안의 여러 보물

하느님이 세상을 창조했지만, 네덜란드인은 그 위에 자신들의 터전을 스스로의 손으로 만들었다.　　　　　　　　　　　　　　　　　　　— 루드비그 홀베르, 1745

부, 아름다움, 상업의 규모가 엄청나게 커진 이후의 네덜란드 공화국은 (…) 어떤 이들에게는 질투의 대상이 되고, 다른 이들에게는 두려움의 대상이 됐으며, 그들의 이웃 모두에게 경탄의 대상이 됐다.

— 윌리엄 템플, 잉글랜드의 네덜란드 공화국 주재 대사, 1673[1]

좌와 우가 뿌리 깊게 갈린 역사가 있고 과거에 대한 태도가 근본적으로 다른 곳에서는 합의에 도달하기가 어렵다고 생각합니다. 이런 이유로, 제가 보기에는 '황금시대'라고 정당하게 부를 수 있는 마지막 시기는 17세기 네덜란드입니다. 그 시기는 사실 정치적이지 않기 때문입니다. 페르메이르, 운하, 관용, 해방 같은 것들의 시기죠. 누가 거기에 반대할 수 있겠습니까? 모두가 운하와 관용을 좋아하니까요.

— 톰 홀랜드, 2021[2]

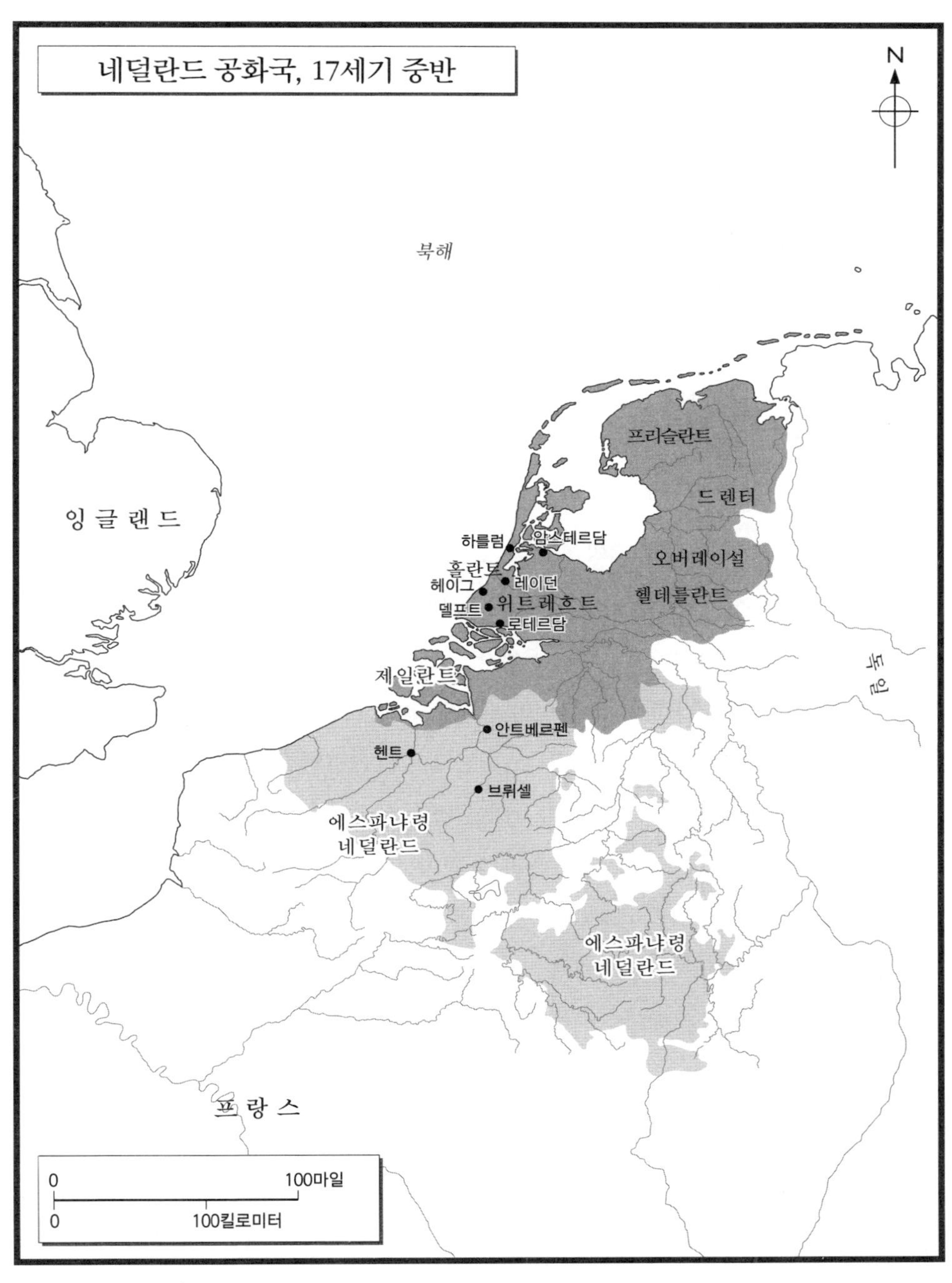

네덜란드 공화국, 17세기 중반
N
북해
잉글랜드
프리슬란트
드렌터
오버레이설
헬데를란트
하를럼
암스테르담
홀란트
헤이그
레이던
델프트
위트레흐트
로테르담
제일란트
안트베르펜
헨트
브뤼셀
에스파냐령
네덜란드
에스파냐령
네덜란드
프랑스
0
100마일
0
100킬로미터

여러 짧은 역사책에서는 르네상스 다음에 과학혁명과 계몽시대가 이어지고, 그리고 결국 현대 세계가 등장한다! 하지만 당시 사람들에게는 그렇지 않았던 듯하다. 르네상스의 뒤를 이은 것은 개인의 자유와 과학 탐구가 아니라 국가의 억압과 종교전쟁이었다. 게다가 잠시 동안은 심지어 천 년 만에 처음으로 단일한 강대국이 유럽 대부분을 장악해가고 있는 듯 보였다.

본래 알프스 티롤 지방 출신의 합스부르크 왕가는 정복, 혼인, 뜻밖의 행운이 놀랍게 이어지면서 오스트리아와 독일에서 급속히 세력 기반을 넓혀갔다. 1519년, 카를 5세가 신성로마제국 황제로 즉위했을 때 그는 동시에 에스파냐, 오늘날의 네덜란드·벨기에·룩셈부르크인 저지대 국가 대부분, 그리고 프랑스 동부의 프랑슈콩테까지 물려받았다. 카를은 1526년에 헝가리와 보헤미아 또한 상속받았다. 이탈리아 전쟁 이후 에스파냐는 밀라노, 나폴리, 시칠리아를 차지하며 이탈리아반도에서 지배적인 강국이 됐다. 1580년에는 포르투갈을 합병했다.

뛰어난 보급 및 지원 체계를 갖춘 에스파냐군은 유럽 최고의 군대가 됐으며, 네덜란던과 이탈리아의 부유한 교역 중심지를 장악하면서 합스부르크 왕가는 금융 전문 지식과 해상 통제력을 손에 넣었다. 이 합스부르크 왕가는 또한 전 세계로 뻗은 제국이었다. 아메리카의 새 식민지에서 은이 국고로 흘러들어왔고, 동방 항로 개척 이후 인도양 접근권을 장악했다. 그들은 심지어 먼 아시아의 필리핀에도 식민지를 갖고 있었는데, 그 이름은 훗날 에스파냐 국왕 펠리페 2세(재위 1556~1598)가 되는 카를의 아들 이름을 따서 지은 것이었다.

합스부르크 가문은 쌍두 독수리를 그 상징으로 삼았다. 동쪽과 서쪽 모두를 바라본다는 의미였다. 그러나 북쪽도 예외가 아니었다! 1554년 펠리페는 잉글랜드 여왕 메리 1세(재위 1553~1558)와 혼인하면서 잉글랜드와 아일랜드의 국왕이 됐다. 합스부르크의 야망은 유럽 대륙 전역에 걸쳐 정통성과 억압을 조율할 수 있는 세계제국을 세우고 이를 통해 지적 개방성과 경제적 실험을 끝내는 것이었다. 명나라 중국과 이슬람 제국들이 했던 대로 말이다.

역사학자 스티븐 데이비스는 이것이 아슬아슬한 일이었으며, 유럽사(어쩌면 세계사)의 결정적인 순간은 1580년대의 10년이었다고 주장한다.[3] 대륙에서 에스파냐의 중요한 마지막 경쟁자였던 프랑스는 당시 수십 년째 종교전쟁으로 나라가 산산조각 나 있었고, 국왕은 이미 나라 대부분의 지역에 대한 통제력을 잃은 상태였다. 합스부르크 군대는 사방에서 프랑스를 포위했고, 에스파냐의 펠리페 2세는 가톨릭파와 동맹을 맺었다.

만약 이때 펠리페 2세가 프랑스를 침공해 분할하거나 속국으로 만들었다면 합스부르크 왕가는 유럽에서 견제할 자가 없는 지배적 세력을 구축했을 것이라고 데이비스는 주장한다. 잉글랜드는 메리 1세 사후 이복동생 엘리자베스 1세(재위 1558~1603)가 언니의 친가톨릭 정책을 버렸지만, 잉글랜드는 강대국이 아니었다. 에스파냐가 잉글랜드에 위협이었지, 그 반대는 아니었다. 교황의 승인을 받은 대규모 에스파냐 무적함대가 이단 여왕을 상대로 전쟁을 준비 중이라는 소문은 잉글랜드를 공포에 몰아넣었다.

넷플릭스에 그다음에 일어나는 이야기를 여러 부部의 사극으로 만드는 기획안을 내놓는다면 너무도 비현실적이라는 이유로 퇴짜를 맞을 게 틀림없다. 에스파냐의 세계제국 야망은 좌절됐지만, 그것은 강력한 경쟁 왕국 때문이 아니었다. 합스부르크가 패권을 눈앞에 둔 그 순간에, 제국의 가장 작고 가장 예상 밖의 지역 가운데 하나가 반란을 일으킨 것이다. 바로 서북쪽 변두리의 물에 잠긴 듯한 저지대 지방의 독립적인 상인들과 급진적 칼뱅주의자들이었다. 이곳은 갈릴레오의 책 같은 금서가 여전히 출판되던 이상한 곳이었다.

네덜란드인이라니! 그 지역에는 거주하는 사람도 적고, 통일된 교회나 강력한 귀족층도 없었다. 천연자원도 별로 없고, 육군도 해군도 없었다. 그들에게는 군주도 없고, 국가나 헌법도 없고, 서로 싸우기 일쑤인 자치주들이 있을 뿐이었다. 그들에게는 거주하며 곡식을 재배할 땅조차 변변치 않았다. 그들은 바다를 간척해 땅을 얻어야 했고, 바닷물이 넘쳐 들어오는 끊임없는 위협에 대비해야 했다. 반란의 한복판에서 절박해진 네덜란드인들이 프랑스 국왕 앙리 3세와 잉글랜드 여왕 엘리자베스에게 차례로 왕위를 제안했지만, 두 사람 모두 관심을 보이지 않았다.

이 '소화되지 않은 바다의 토사물'(잉글랜드의 한 풍자가가 이 지역을 이렇게 불렀다)은 당시 지구상에서 가장 강력한 제국과 맞섰다. 그리고 그 제국을 무릎 꿇렸다.

에스파냐와 네덜란드 연합공화국 사이의 80년전쟁(네덜란드 독립전쟁)이 끝났을 때, 쇠약해지고 빈곤해진 쪽은 에스파냐제국이었다. 에스파냐는 국가 부도를 '다섯 번'이나 선언해야 했다. 반면 물에 잠긴 네덜란드 변경 지역은 강력하고 독립적인 국가이자 군사 초강국이 됐다.

이 반란군 집단은 세계에서 가장 부유한 사람들이 됐고, 단 두 세대만에 세계제국을 건설했다.

가장 놀라운 점은 에스파냐를 상대로 이 잔혹하고 비용이 많이 드는 전쟁을 치르면서 네덜란드가 전례 없이 개방적인 지적 분위기 속에서 놀라운 번영을 꽃피웠다는 사실이다. 요하네스 페르메이르와 렘브란트 같은 세계적 예술가를 배출하고, 세계 최초의 근대 경제를 만든 상인과 금융업자를 키우고, 계몽운동을 촉발한 출판업자, 과학자, 철학자들이 나왔다.

하지만 그러는 동안 네덜란드 공화국 내부에서는 더 분권적인 체제를 원하는 이들과 권력을 반복해 장악하려 했던 친군주파인 오랑주파 사이에 긴장이 존재했다. 네덜란드의 기적을 이끈 주요 인물 가운데 한 명은 반역죄로 참수됐다. 또다른 한 명은 폭도들에게 사적 제재를 당해 잡아먹혔다.

이런저런 나라나 사건이 현대 세계를 만들었다고 주장하는 책과 기록영화가 넘쳐나지만, 진정한 황금시대의 모든 조건, 관용·무역·금융·철학·과학에 관한 선구적인 기록, 그것이 유럽과 세계에 끼친 영향을 다시 조합해본다면 이 '소화되지 않은 바다의 토사물'이 그 어떤 곳보다 더 강력한 주장을 할 수 있을 것이다.

자유 농민들

네덜란드는 땅과 인구와 권위 있는 전통이 없음에도 '불구하고' 성공한 것이 아니라 바로 그것들이 없었기 '때문에' 성공했다고 주장할 수 있다. 이런 부족함 때문에 그들은 독창적인 대안을 찾지 않을 수 없었고, 네덜란드를 독보적으로 성공하게 만든 제도와 유인책을 개발해야 했다. 농지가 거의 없었기에 그들은 국제 무역을 발전시켜야 했다. 인구가 적었기에 그들은 노동자와 학자들의 이민에 개방적이었다. 과학적 전통과 국교國教가 없었기에 그들은 비정통적인 사상과 혁신을 관용했다.

다시 말해서 바다가 빼앗고 바다가 주었다. 다른 많은 황금시대에서는 당국에서 의도적으로 조성했던 법치, 경제적 자유, 능력주의가 저지대 국가에서는 기본값이었고, 그 특수한 환경적 여건에서 흘러나왔다. 유럽의 다른 백작과 주교들은 오랜 땅과 정착 농민들을 다스릴 수 있었지만, 홀란트, 제일란트, 프리슬란트, 호로닝언, 위트레흐트 및 플란데런의 일부처럼 물에 잠기기 쉬운 습지를 다스리는 통치자들은 그렇게 운이 좋지 않았다. 땅은 농사짓기 어려웠고, 반복되는 범람은 때로 남아 있는 것마저 앗아가곤 했다. 지금의 자위트홀란트주와 위트레흐트주 서부 지역은 방대한 토탄 습지로 주로 어로, 방목, 토탄 채굴에 사용됐다.

통치자들은 이런 지역에 사람들이 오게 하려면 다른 방식을 써야 했다. 11세기에 이르러 그들은 이곳에 정착하는 농민들에게 땅에 대한 권리를 부여하기 시작했고(중국 송나라 조정이 했던 것과 유사하다), 생산물의 십일조만 바치도록 했다. 13세기에는 네덜란드인들이 바닷물을 막아 대규모로 토지를 간척하기 시작했다. 그들은 만의 어귀를 제방으로 둘러싸고 물을 퍼냈다. 나중에는 풍차를 이용한 동력으로 양수기를 돌렸다.

이 공동체들은 해안 제방을 스스로 건설하고 유지했다. 이는 끊임없는 경계가 필요한 일이었다. 이렇게 만들어진 간척지polder는 제방으로 보호되는 해수면보다 낮아서, 물이 다시 스며들면 이를 처리해야 했고 보호용 제방이 터지면 전령이 다른 시민들의 지원을 요청하기 위해 말 그대로 북을 치며 달려가야 했다. 전령이 공동체를 급히 뛰어다니며 북을 치면 남녀 모두가 모여들어 제방을 수리했다. 후대 사람들은 네덜란드인의 절약과 협동 문화가 자신들을 죽이려 하는 자연에 맞서 단결해야 했던 절박한 필요에서 비롯된 것임을 쉽게 추정할 수 있었다.

그들은 지역의 배수와 간척지를 담당하는 기구를 두고 해수 감시원을 선출했으며, 치수에 필요한 비용은 스스로 과세해 충당했다. 결과적으로 그들은 정부 권력이 위에서 주어지는 것이 아니라 아래로부터 부여된다는 일부 법학자들의 이상을 현실에서 구현한 셈이었다. 이러한 지역에서 봉건제는 본래부터 약했으며, 농민들이 어로, 하상 운송, 대양 무역에 의지하면서 육지 정착 농민을 대상으로 하는 통제 체제는 더욱 적절치 않은 듯했다.

토지 간척은 지역 공동체와 상인들, 그리고 결국에는 부동산 투기꾼들에 의해 이루어졌으며, 이는 엄청난 자부심의 원천이었다. 네덜란드인들은 자기네의 국가 신화에서 고대 바타비아 이주민들이 유럽 동북부에서 사람이 살지 않는 위험한 땅을 발견했으며, 그들의 근검절약과 근면 덕분에 이 땅을 스스로 만들고 유지할 수 있었다고 서술했다. 따라서 그들은 자신들의 재산에 대한 자연권을 지니며 어떤 군주에게도 충성을 바칠 필요가 없었다. 신이 세상을 만들었지만, 네덜란드인은 네덜란드를 만들었다.

적어도 후대의 네덜란드 역사서에 따르면, 그들의 영주들은 전통적으로 자기네 권력의 한계를 존중했다. 각 주는 자체 의회인 '스타턴Staten'(주 의회)을 통해 자치했고, 이들 모두는 '스타턴헤네랄Staten-Generaal'(전국 의회)이라 불리는 대규모 회의에 참석했으며, 필요할 때 언제든 회의를 열 권리를 주장했다. 이들은 자신들의 독립성을 열심히 지켰고, 이는 합스부르크 왕가가 곧 깨닫게 될 사실이었다. 네덜란드 인본주의자 휘호 더 호로트Hugo de Groot(그로티우스, 1583~1645)는 이 지역의 정신을 이렇게 선언했다. "옛 관습과 법은 절대 깨뜨릴 수 없다. 만약 군주가 그것을 어기는 결정을 내린다면, 그 어떤 사람도 그 결정에 따를 의무가 없다."[4]

기존의 왕국들은 네덜란드인이 특이하다며 비웃었다. 그들은 오래된 영토도, 왕가도, 정복의 역사도, 심지어 중앙 권력조차 없었다. 네덜란드는 육지와 바다 양쪽에 걸쳐 있고, 불안정하고, 펄 위에 세워진 곳이었다. 네덜란드는 진짜 나라가 아니고 똥과 진흙이 모인 것일 뿐이라고 어느 프랑스 귀족은 말했다. 그리고 그들의 자립심은 신분과 명예에 놀라울 정도로 무관심하게 만들었다. 잉글랜드에서 널리 퍼진 한 선전용 시는 이렇게 냉소했다.

둑 하나 만드는 것이 거대한 국가 계획이고
삽을 발명하면 곧바로 정무관이 된다네.[5]

네덜란드를 관찰한 또다른 잉글랜드인 오언 펠섬Owen Feltham은 누구든 조금이라도 중요한 일을 했다고 생각하면 상패부터 챙기는 듯했다고 말했다. "귀족은 없는데 문장紋章은 넘쳐난다. 모든 사람이 자신의 전령이다." 그러나 펠섬도 이러한 기업가 정신과 능력주의가 네덜란드인을 "어떤 면에서 신과 같은 존재로 만들었다"라고 인정했다. "그들은 바다의 경계를 정하고, 자기네가 원하는 대로 바다를 들이거나 내보냈기 때문이다."[6]

자유시장

네덜란드인은 단지 땅을 만들어낸 것만이 아니었다. 그들은 또한 그 땅을 번영하게도 만들었다. 이 지역의 주민들은 네덜란드 서부의 농지 부족 때문에 에스파냐에 대한 반란을 일으키기 200년 전부터 시장과 무역 쪽으로 전환했다. 토지 간척 기술은 꾸준히 발전했고 사업 규모도 커졌다. 하지만 14세기에 이용 가능한 기술로는 간척의 한계에 도달했고, 이전에 간척된 땅이 가라앉아 다시 물이 넘쳐 들어오는 데 취약해졌다. 여러 차례 크게 물이 넘쳐 경작지가 갑작스레 사라졌다.

영향을 받은 농민들은 더 낮은 수준의 자급자족을 다시 시도할 수도 있었지만, 대부분은 그러기보다는 땅이 더 잘 버틸 수 있는 분야에 특화하기로 결정했다. 가축, 치즈와 버터, 홉과 아마 등의 작물 같은 것들이었다. 이들은 자기네가 먹을 곡물은 점차 발트해 지역, 특히 폴란드로부터 수입하는 데 의존했다.

네덜란드 남부의 플란데런과 브라반트 지역(그 대부분은 나중에 벨기에의 일부가 된다)은 일찍부터 중요한 상업 중심지가 됐다. 이탈리아 상인들과의 광범위한 교역망을 통해 이 지역은 직물, 향신료, 금속, 설탕 거래로 번성했다. 하지만 이제 대량 물자 운송과 청어잡이 덕분에 네덜란드 서부의 홀란트 역시 중요한 상업 주체로 떠오르기 시작했다. 암스테르담은 발트해 지역의 곡물과 목재를 위한 중요한 저장소로 발전하기 시작했다. 이에 따라 밧줄, 돛, 통, 자루 등을 만드는 다양한 업체들로 구성된 조선업도 함께 성장했다. 1560년 무렵 홀란트 지역에는 항해 가능한 선박이 약 1800척 있었고, 그중 500척이 암스테르담에 있었다. 이는 베네치아가 전성기였던 15세기에 항해 가능한 선박 약 300척을 보유했던 것과 비교된다.[7] 페르낭 브로델이 말했듯이 "네덜란드인에게는 상업이 왕이었다."[8]

고대 아테네가 한때 그랬던 것처럼, 네덜란드인들은 경작지가 부족했기 때문에 자기네 식량 공급을 국제 시장에 맡기기로 결정했고, 그 결과 자국의 자원을 훨씬 더 생산적으로 사용할 수 있었다. 이는 여러 방식으로 경제를 변화시켰다. 자유무역의 전통이 확립됐고, 농촌 지역이 철저히 상업화됐다. 1514년에는 농촌 지역에서 이루어진 노동의 절반 이상이 임금 노동자들에 의해 수행됐는데, 이들은 어업, 상선단, 직물 생산을 위한 방적, 토탄 채굴, 수자원 관리 등의 분야에서 활동했다.[9]

가축 사육은 곡물 재배보다 노동 집약도가 훨씬 낮기 때문에 필요한 노동력도 줄어들었다. 노동자들은 대거 크고 작은 도시로 이동했고, 이 지역은 세계에서 가장 도시화된 지역이 됐다. 1500년 당시 네덜란드에는 인구 1만 명이 넘는 도시가 스물한 곳이 있었던 반면, 잉글랜드에는 다섯 곳뿐이었다.[10]

16세기 초까지 네덜란드는 이미 고도로 도시화된 시장경제가 됐다. 노동, 상품, 자본의 시장이 존재했고, 재화와 서비스는 국내 및 국제 시장을 위해 생산됐다. 높은 생산성과 기술 진보는 빠른 경제 성장을 가능하게 했다. 아드 판 더르 아우더Ad van der Woude와 얀 더 프리스Jan de Vries의 말에 따르면, 네덜란드는 "최초의 근대적 경제"였지만, 우리는 아테네, 아바스 왕조, 송나라 중국, 이탈리아 북부에서도 비슷한 양상

을 본 적이 있다.[11]

잉글랜드 작가 존 에벌린John Evelyn은 네덜란드를 무엇이든 가진 것을 넣고 무엇이든 필요한 것을 꺼낼 수 있는 마법의 교역 기계에 비유했다. 그들의 땅은 "곡물, 포도주, 기름, 목재, 금속, 돌, 양모, 삼, 송진, 또는 거의 어떤 유용한 상품"도 생산하지 않는다고 그는 썼다. "그러나 세계 어느 나라보다도 이 모든 것을 더 풍족하게 누린다. 그리고 이는 전적으로 상업 덕분이다."[12]

생각이 충분히 무르익은 것도 아니고 따를 만한 당대의 본보기도 없이, 네덜란드는 갑자기 자유시장 자본주의 경제를 발전시켰다. 물론 모든 면에서 완전한 자유방임laissez faire은 아니었다. 도시 동업조합들은 여전히 기술자들을 통제했으며, 기존 구성원들에게 유리하도록 경쟁을 제한하려 했다. 하지만 그조차도 다른 나라보다 외부인의 진입에 더 개방적이었다.

마르턴 프락Maarten Prak과 얀 라위턴 판 잔던Jan Luiten van Zanden이 자신들의 네덜란드 경제사에서 지적하듯이, 네덜란드의 경험은 자본주의가 폭력적 억압 계획에서 시작됐다는 마르크스주의의 이야기에 큰 구멍을 낸다. 예컨대 카를 마르크스는 영국과 다른 지역에서 능민들이 공동 농지에서 강제로 쫓겨나 시장에서 노동력을 팔도록 내몰렸다고 주장했다. 그러나 최초의 근대적 자본주의 경제의 탄생은 폭력의 향연이 아니라 평화로운 전환의 결과였다. 농민들은 시장에 의존하는 것이 자기네의 노동 생산성을 높이고, 직접 재배할 때보다 더 나은 식량 공급을 제공했기 때문에 그렇게 선택한 것이었다.[13]

외국인 관찰자들은 네덜란드인들이 먹을 것이 너무 많고, 늘 먹고 있는 것처럼 보인다고 자주 언급했다. 노동 계층조차도 다른 나라에서는 상류층의 사치품으로 여겨질 음식인 생선, 고기, 달걀, 버터, 신선한 과일과 채소를 먹을 수 있었다. 영국의 박물학자 존 레이John Ray는 네덜란드를 방문했을 때 모든 것이 지나치게 많다고 느꼈지만, 아쉽게도 네덜란드에는 익힌 푸딩이 없었다며 "그 음식의 맛을 모르거나 그것을 만들 기술이 없기 때문"이라고 했다.[14]

네덜란드 자유시장 형성의 이 긴 전사前史는 개신교 신앙(특히 칼뱅주의적 주장)이 네덜란드와 다른 지역에서 자본주의 정신을 촉발하는 데 중요했다는 막스 베버의 주장에도 문제를 제기한다. 나중에 보면 그런 생각을 하기가 쉬울 듯하다. 네덜란드가 가톨릭을 재빨리 버렸기 때문이다. 하지만 루터가 종교개혁을 시작한 것은 1517년 무렵이며, 그때 칼뱅은 겨우 여덟 살이었다. 네덜란드는 루터나 칼뱅이 종교개혁을 떠올리기도 전에 이미 수십 년 동안 열정적인 자본주의 정신을 지닌 시장경제였다. 네덜란드에서 칼뱅주의가 그런 특정한 형태로 발전한 것은 그 지역이 이미 강한 자본주의 정신을 가지고 있었기 때문이라고 보는 편이 더 정확할 것이다. 그럼에도 불구하고 양자의 관계는 거의 우호적이지 않았다. 1581년, 네덜란드 칼뱅파 교회는 은행가들의 성찬식 참여를 금지했고, 그 아내들도 남편의 고리대금업이 부도덕하다는 점을 공개적으로 인정해야만 성찬을 허락받을 수 있었다.

자본주의 네덜란드는 또한 부르주아 사회로 변모하는 중이었다. 사회의 경향과 분위기를 결정한 것은 귀족이 아니라 도시와 상인 엘리트였다. 토지, 명예, 전쟁에 집착하던 봉건적 가치관은 계산, 상업, 그리고 검소한 가정의 청결함에 대한 관심으로 대체됐다. 애덤 스미스는 네덜란드에 대해 "그곳에서는 사업을 하지 않는 것이 오히려 유행에 뒤떨어진 일"이라고 말했다.[15]

모든 사람이 다른 모든 사람과 거래하는 문화는 관용적이고 느긋한 분위기를 만들었고, 이는 외국 방문객들을 놀라게 했다. 잉글랜드 대사 윌리엄 템플William Temple은 네덜란드에는 "양심의 문제뿐 아니라 삶의 편리함과 평온에 필요한 모든 점에서 일반적인 자유와 여유"가 있으며, "누구나 자기 방식대로 살며 각자의 일을 신경쓸 뿐, 남의 일에 크게 간섭하지 않는다"라고 썼다.[16]

조너선 이즈리얼Jonathan Israel은 네덜란드 공화국의 역사에 관한 중요한 연구에서, 많은 외국인이 그곳을 "신학적·지적·사회적 문란의 온상"으로 보았다고 적었다. 그들은 다양한 교회들과 민감한 주제에 대한 느슨하고 열린 토론을 보고 충격을 받았다. 한 외국 귀족은 평민이 신분을 가리지 않고 자신에게 말을 걸어오는 것에 불쾌감을 드러냈다. 어느 방문객은 하녀들의 옷차림과 행동 방식이 주인 여성과 구분할 수 없을 정도임을 알고 당황스러워했다.[17]

무엇보다도 놀라운 것은 여성의 역할이었다. 외국인의 눈에는 네덜란드 여성들이 언제든 자유롭게 외출하고, 동행 없이 다니며, 상업 활동을 하고 솔직하게 말하는 것처럼 보였다. 어떤 이들은 심지어 술집에서 밤새 잔치를 벌이기도 했다. 많은 방문객은 남녀가 공공장소에서 허물없이 서로 포옹하고 심지어 입맞춤하며 인사하는 것을 보고 당황스러워했다. 한 프랑스인 관찰자는 이것이 단지 네덜란드 여성들이 정념에 무감각하기 때문이라고 결론지었다.

한 독일 방문객은 자기 나라에서는 교회에 갈 때 남편이 함께 걸으며 이야기를 나누고, 아내는 뒤에서 아이들을 돌보며 조용히 따라온다고 썼다. 그러나 홀란트에서는 여성들이 함께 다니며 큰 소리로 수다를 떨었다. 가장 한심한 것은 남편들이 심지어 아이들까지 돌본다는

것인데, "여기서는 암탉이 울고 수탉은 그냥 꼬꼬댁거릴 뿐"이었다.[18]

네덜란드에도 여성에 대한 공식적인 차별은 존재했다. 여성은 정치적 직책을 맡을 수 없었고, 대부분의 동업조합에서 배제됐으며, 법적으로 남편에게 종속됐다. 그러나 혼인은 대체로 합의에 기반했고, 여성은 재산을 소유하고 상속하며 상업 계약을 체결할 수 있었다. 남편이 죽고 자녀가 없으면 미망인은 통상 자신이 획득한 재산과 공동 재산의 절반을 소유할 권리를 보유했다. 여성은 심지어 남편이 재산을 탕진했다고 판단하면 법에 호소할 수 있었고, 종종 승소했다.

시장경제는 차별을 서서히 약화했다. 엘리저 판 네더르페인 메이르커르크Elise van Nederveen Meerkerk의 17세기 직물업에 대한 연구에 따르면, 여성 방적공은 같은 일을 할 경우 남성과 동일한 임금을 받았다. 이는 남성 관리자들이 다른 지역 관리자들보다 편견이 적었기 때문이 아니라, 경쟁이 치열하고 노동력이 부족한 탓에 잠재 노동력의 절반을 차별하면 기업이 경제적으로 손해를 보았기 때문이다.[19] 발달된 자본 시장도 여성들에게 열려 있어 여성들은 대규모로 대출하고 저축할 수 있었고, 이에 따라 경제 활동에도 참여했다. 1742년에 암스테르담의 모든 과세 대상 기업의 15퍼센트가, 레이던에서는 24퍼센트가 여성 소유였다.[20]

외국인들은 또한 네덜란드에서 하인들이 잘 대접받고 존엄을 누린다는 것을 알아차렸다. 한 방문객은 홀란트에서는 다른 곳처럼 하인을 때리는 것이 용납되지 않는 것처럼 보인다고 말했다.[21] 그 이유는 명백했다. 상업화된 사회에서는 하인조차도 학대를 받으면 다른 노동 시장으로 이동할 수 있었기 때문이다.

네덜란드의 반란

네덜란드의 자유 지향적 태도가 고압적인 합스부르크 황제들과 충돌하는 것은 필연적이었다. 1506년, 훗날 신성로마 황제이자 에스파냐 국왕이 될 카를 5세가 여섯 살이었을 때, 그는 부르고뉴 공작이자 네덜란드의 영주가 됐다. 그의 부계 할머니가 부르고뉴 네덜란드의 상속자인 마리 드부르고뉴였기 때문이다. 카를이 성장하자, 그는 권력을 더 효율적으로 작동시키기 위해 중앙집권을 추구한 르네상스 말기의 전형적인 근대 군주가 됐다. 그러나 네덜란드는 세계 최초의 근대 경제와 가장 비근대적인 정치 체제 가운데 하나를 결합했다. 그것은 각자 자치를 하면서 실질적인 사안을 두고는 좀처럼 의견을 모으지 못하는 도시와 주, 의회와 동업조합이 뒤섞인 중세적 구조에 더 가까웠다.

카를은 자신의 통치 이념에 따라 보다 중앙집권적인 관료제를 도입하고 지역 귀족 대신 대학 교육을 받은 관리들로 자리를 채웠다. 이는 주민의 상당수로부터 큰 반발을 불러일으켰다. 네덜란드 사람들은 외부인이 지역의 필요를 이해할 리 없다고 불평했을 뿐 아니라, 이것이 자기들로부터 과세권과 행정권을 빼앗으려는 시도라고 주장했다. 그들은 이것이 자기네의 옛 권리와 특권을 위협하는 것이라고 주장해, 그들이 과거에 묶여 있다는 카를의 우려를 확인해주었다. 이러한 상반된 철학은 상호 불신을 낳아 결국 적대감으로, 그리고 카를의 퇴위 이후에는 반란으로 이어졌다.

1555년 10월, 통풍으로 고생하던 황제가 네덜란드 전국 의회에서 공식적으로 퇴위를 선언했을 때, 그는 독일 나사우 출신으로 프랑스의 오랑주Orange(네덜란드어로는 오라녀Oranje) 공작이자 네덜란드에 대규모 영지를 보유하고 있던 자신의 충직한 조언자 빌럼Willem van Oranje의 어깨에 물리적으로 몸을 기대야 했다. 카를의 뒤를 이어 에스파냐와 네덜란드를 통치한 사람은 그의 아들 펠리페 2세였다(오스트리아 합스부르크의 수장과 신성로마제국의 황제는 카를의 동생 페르디난트가 계승했다). 펠리페 2세(재위 1556~1598)와 빌럼 1세(재위 1544~1584)의 충돌은 이 지역의 운명을 결정하게 된다.

펠리페는 자신의 임무를 매우 진지하게 생각했다. 그는 신앙심이 깊었지만 약간의 통제 문제를 안고 있었던 듯하다. 그가 네덜란드 태생의 아버지와 달리 먼 에스파냐에서 태어나 그곳에서 살았다는 사실은 지역 주민들의 불신을 더욱 자극했다. 네덜란드 반란은 펠리페가 관용적이고 검소한 네덜란드인에게는 견딜 수 없는 두 가지를 강요하려 하면서 시작됐다. 즉 세금 인상과 종교재판이었다. 오래된 경제 중심지 브라반트와 플란데런, 그리고 빠르게 성장하던 홀란트는 군사 원정과 제국적 야망을 위해 그 어느 때보다 돈이 필요했던 에스파냐로부터 현금 지급기로 취급됐다.

종교개혁을 무력으로 진압하려는 합스부르크 왕가의 야망은 저지대 지방에서 더욱 큰 반감을 샀다. 1522년 네덜란드 종교재판소가 설치됐고, 다음해 브뤼셀의 흐로터 마르크트('큰 시장')에서 두 남자가 화형에 처해졌다. 유럽 최초의 개신교 순교자였다. 1523년부터 1565년 사이에 약 1300명이 처형됐다. 그러나 지역 주민들이 협조하려 하지 않자, 1550년 에스파냐 왕실은 피의 칙령Bloedplakkaat을 발표해 입장을 명확히 했다. 이단이나 이단 문서의 배포는 사형과 재산 몰수에 처해졌고, 이는 가족들 역시 처벌됨을 의미했다. 자백한 남성은 참수되고 여성은 생매장됐으며, 자백을 거부한 이들은 화형에 처해졌다.[22]

네덜란드인은 이 칙령을 극도로 혐오했으며, 1550년대 이후 칼뱅주의가 확산되면서 더욱 그러했다. 군중은 종종 종교재판소 직원들을 공격하고 죄수들을 석방했다. 전통적 교회 참석은 급감했다. 펠리페 2세는 더 강한 탄압만이 해결책이라고 판단했고, 종교재판을 매우 효율적으로 운영하기 위해 교회의 감독 체계를 대대적으로 재편했다.

이는 칼뱅주의자가 아닌 이들까지 소외시켰는데, 네덜란드의 상업적 기풍은 불관용을 혐오했기 때문이다. 상인 사회는 국제적이고 다종교적이었다. 상품, 서비스, 자본은 끊임없이 종교적 경계를 넘나들었다. 펠리페가 빌럼을 홀란트·제일란트·위트레흐트의 최고 행정관인 스타트허우더stadhouder(총독)로 임명해 더 큰 권한을 부여했지만 빌럼이 펠리페에게 한 항의는 먹히지 않았다. 종교재판이 브라반트로 들어오려 하자, 안트베르펜의 정무관들은 강력히 반대하며 이렇게 불평했다. "수많은 이단자들이 교역을 하기 위해 안트베르펜으로 오기 때문에 상설 종교재판이 도입되면 도시의 번영은 파괴될 것이다."[23]

1566년, 이러한 모든 긴장이 폭발해 겉으로 드러났다. 전쟁으로 무역이 방해받고 일자리가 사라지고 곡물 가격이 치솟던 위기의 시기였다. 많은 귀족들은 종교재판에 대한 빌럼(이제 '침묵자Zwijger'라고 조롱을 받았다)의 신중한 대응이 충분치 않다고 보고 공개 시위에 나섰다. 이런 들뜬 분위기 속에서 칼뱅주의자들은 대규모 기도집회를 열어 자기네의 믿음을 공공연히 드러냈다.

폭도들이 가톨릭 재산을 습격하고 그들이 우상숭배라고 여긴 성상들을 파괴하자, 펠리페는 대규모의 에스파냐 군대를 저지대 지방으로 파견하고 소요대책회의Raad van Beroerten를 설치해 적들을 기소하고 처형하게 했다. 이 회의는 배교자와 반체제 인사를 거의 구분하지 않았기에 '피의 회의Bloedraad'로 불리게 됐다.

　오랑주 공작 빌럼은 독일로 도피하는 것이 가장 안전하다고 판단했지만, 독실한 가톨릭 신자였으며 성상 파괴 운동을 혐오했던 에흐몬트Egmond 백작 라모랄Lamoraal은 남았다. 그는 자신이 여전히 왕과 교회에 충성하고 있다고 여겼기에 두려워할 것이 없다고 생각했다. 이 때문에 그의 운명은 더욱 비극적이었다. 라모랄은 반역 혐의로 기소됐고, 합스부르크 황제를 포함한 여러 군주들이 사면을 요청했음에도 불구하고 1568년 6월 브뤼셀의 중심 광장인 흐로터 마르크트에서 목이 잘렸다. 그는 처형 직전까지 침착하고 위엄 있는 모습을 보여 온 나라의 네덜란드 반군들에게 자극제가 됐으며, 괴테와 베토벤도 이 자유의 순교자에게 걸맞은 예술 작품을 남겼다. "그것은 나의 피이며, 많은 용사들의 피다. 아니! 이 피가 헛되이 흘러서는 안 된다! 앞으로 나아가라! 용감한 민중이여! 자유의 여신이 너희를 이끈다!"[24]

　'침묵자' 빌럼이 공개적으로 반항을 선언하자, 반란은 간판을 얻게 됐다. 그는 선전의 대가이자 독일 개신교 군주들로부터 자금을 모을 수 있는 사람이었다. 하지만 초기에 반군은 여전히 지역 민병대, 선원, 어부 등에 불과했다. 네덜란드 해군은 곡물선과 어선을 개조해 출발했다. 에스파냐 군대는 압도적인 병력을 동원할 수 있을 때는 분명 우위에 있었다. 문제는 장기간 그렇게 유지할 재정 능력이 없다는 점이었다. 펠리페 2세는 파괴적인 무기는 동원할 수 있었지만 돈은 없었다. 그가 끊임없이 전쟁을 벌이면서 나라는 빚더미에 올랐고, 네덜란드인들처럼 경제를 성장시키는 기술이 없었기에 부채를 갚지 못했다. 1575년에 그는 결국 국가부도를 선언했고, 급료를 받지 못한 에스파냐 병사들이 도시를 광적으로 약탈하기 시작하면서 네덜란드 전역과 전국 의회가 공개 반란으로 치달았다.

1579년 1월, 북부 주들은 먼저 위트레흐트 동맹을 결성했으며, 이는 훗날 공화국의 기초가 됐다. 브뤼헤, 헨트, 브뤼셀, 안트베르펜 등 남부의 중요한 지역들 역시 이에 합류했다. 이들은 주로 군대를 조직하기 위해 연합했고, 영향을 받지 않는 각 도시와 주의 개별적 권리와 특권을 나열했다.

다음으로 자연스럽게 이어진 조치는 바로 네덜란드의 독립 선언이었다. 1581년 7월 26일, 전국 의회는 '이탈 공고Plakkaat van Verlatinghe'를 발표해 펠리페 2세에 대한 충성을 철회했다. 1776년 미국 독립선언서와 비슷한 분위기다. 이 공고는 백성이 군주의 노예가 되어야 하는 것이 아니며, 군주는 백성을 보호하고 백성의 권리를 보장하기 위해 백성으로부터 권력을 부여받는다고 주장한다. 만약 왕이 거꾸로 그들을 억압하고 예로부터의 자유를 침해한다면 그는 더 이상 군주가 아니라 폭군이며, 국민은 그의 권위를 인정하지 않을 수 있다는 것이다. 공고에는 불법적 과세를 포함해 네덜란드인의 생명, 자유, 재산에 대한 왕의 범죄가 길게 열거되었다.

펠리페 2세에게 큰 위안이 되는 것은 아니었겠지만, 네덜란드가 에스파냐로부터 독립을 선언한 것은 사실 에스파냐의 위대한 지적 전통을 보여주는 증거이기도 했다. 독립 선언은 살라망카 학파의 에스파냐 학자들이 발전시킨 헌정 이론에 근거한 것이었기 때문이다.

휘호 더 흐로트는 이러한 이론을 토대로 국제법과 해양의 자유mare liberum에 관한 사상을 발전시켜 전쟁을 줄이고 전쟁이 일어났을 때 그 참혹함을 완화하고자 했다. 그는 "각 개인의 행동과 그의 재산 사용은 다른 사람의 의지가 아니라 자신의 의지에 속한다"라고 주장했으며,

누군가에 대한 정치권력의 유일한 근거는 팍타 순트 세르반다pacta sunt servanda(계약은 지켜져야 한다)라고 했다. 즉 계약은 이를 체결하는 양측 당사자(또는 그 대리인)를 구속한다는 것이다. 무력은 오직 자위의 경우에만 정당한 것이었다.[25]

더 흐로트는 "내가 말한 바는 (…) 신이 존재하지 않는다고 가정하더라도, 혹은 인간의 일에 신이 관심을 갖지 않는다고 가정하더라도 여전히 타당하다"라고 지적함으로써,[26] 지성사에서 용기 있고 중요한 한 걸음을 내디뎠다. 이러한 원칙은 신의 관점이 아니라 인간의 본성에서 비롯되며, 우리는 계시가 아니라 이성을 통해 이를 발견한다. 더 흐로트는 17세기 유럽에서 자연권과 사회계약에 관한 사상을 유행시켰고, 토머스 홉스, 존 로크, 장-자크 루소 같은 사상가들에게 영향을 미쳤다.

1584년, 오랑주 공작 빌럼이 가톨릭 광신자에게 암살되면서 반란은 지도적 인물을 잃었다. 또한 안트베르펜을 포함하는 남부 지역을 잃기 시작했다. 남부에서는 언제나 귀족의 권력이 더 강했고, 에스파냐와 결별하는 데 더 소극적이었다. 가톨릭 인구도 더 많았고, 칼뱅주의자들의 불관용을 자주 보면서 두려움을 느꼈다. 반면 홀란트는 과거부터 상선단과 청어 어업을 보호해야 할 필요성이 있었기 때문에 언제나 더 단합해야 했다. 반란의 지도부도 그쪽으로 이동하고 있었다.

재개종을 거부한 남부의 개신교도들이 추방당하면서 난민들도 그리로 이동했다. 아마도 안트베르펜 인구의 절반이 빠져나간 이 대탈출은 지금까지 저지대 지방에서 가장 크고 부유했던 도시에게 치명적인 타격이었으며, 암스테르담이 주도적 도시로 부상하는 길을 열었다. 헨트와 브뤼헤 또한 인구의 거의 절반을 잃었다. 곧 북네덜란드의 동부 지역 대부분 역시 에스파냐군의 점령 아래 놓였다.

혁명이 기로에 선 가운데, 네덜란드인들은 외부 동맹을 찾았다. 먼저 그들은 프랑스 국왕의 동생에게 왕위를 제안했다. 그는 이를 받아들였으나 권한 제한에 불만을 품고 떠났다. 그다음에는 프랑스 국왕 자신에게, 그리고 잉글랜드 여왕에게 차례로 제안했지만 둘 다 거절했다. 네덜란드인은 다루기 너무 어렵다거나, 그들의 노력이 성공 가능성이 낮다고 생각했기 때문일 것이다. 아마도 양쪽이 조금씩 작용했을 것이다. 그러나 엘리자베스 1세 여왕은 에스파냐의 승리가 잉글랜드를 위협하고 잉글랜드 내 가톨릭 세력을 고무할 수 있다고 우려해 네덜란드에 군사 지원을 보내기로 결정했다.

가장 중요한 효과는 펠리페 2세의 관심이 분산됐다는 점이었다. 에스파냐는 1588년에 '무적함대'라 불리는 대함대를 이끌고 잉글랜드를 침공하느라 거금을 날렸지만, 그 함대는 사실 무적이 아니었다. 1590년에는 에스파냐 지휘관이 프랑스 내전에서 가톨릭 세력을 지원하기 위해 프랑스로 파견됐다. 에스파냐는 너무 많은 전쟁터에 개입했으며, 군대를 징집하고 요새를 건설하는 비용을 감당할 수 없었다. 경제 법칙은 다시 한번 에스파냐의 가장 어려운 적임을 입증했다. 아메리카의 은이 끊임없이 재정을 보충해주었지만 펠리페 2세는 1596년에 다시 국가 파산을 선언해야 했다.

반면 네덜란드 공화국은 생존을 위해 싸우는 동안 놀라울 정도로 부유해지고 있었다. 1590년대, 네덜란드 북부에서 또다른 경제적 변혁이 일어나 전세를 그들에게 유리하게 뒤집는 데 도움을 주었다. 사실상 자유무역과 이민이 전쟁에 승리를 가져다준 것이다.

경제가 혁명을 구하다

남부에서 온 난민 최대 15만 명이 단기간에 주로 홀란트와 제일란트로 몰리면서 수용 능력이 한계에 다다랐다. 암스테르담, 레이던, 하를럼 같은 도시의 인구는 두 배로 늘었다. 그러나 통합은 놀라울 정도로 빠르게 진행됐다. 새로운 대규모 간척 사업으로 땅이 더 생겼고, 몰수된 수도원은 주택과 사업장으로 사용됐다. 중요한 점은 상인조합의 규제가 완화되고, 가입 자격이 넓어졌으며, 수수료도 훨씬 낮게 책정됐다는 것이다. 다른 나라와 네덜란드의 일부 지역이 가문이나 종교에 따라 회원 가입을 제한한 반면, 홀란트는 직업적 능력을 입증할 수 있는 모든 시민에게 점점 더 문을 열었다.[27]

난민을 통해 여러 주는 대규모의 새로운 노동력과 새로운 아이디어를 얻었다. 북부의 해운과 남부의 기술이 결합해 엄청난 창의성과 기업가 정신의 폭발을 촉발했다. 제지와 방직 같은 새로운 산업이 생겨났다. 얼핏 보아 노동력이 늘면 임금이 떨어지고 그 반대도 성립할 것 같지만, 실제로는 반대의 현상이 일어났다. 1585년 이후 네덜란드 남부의 임금은 정체된 반면, 북부에서는 특히 1620년 이전까지 빠르게 상승했다. 이주민들 덕분에 가능해진 분업화와 그에 따른 생산성 향상 덕분에 북부의 생활수준이 높아졌고, 반대로 남부는 인구 감소 이후 탈전문화와 쇠퇴가 뒤따랐다.

이민자들이 가져온 혜택은 심지어 도시들 사이의 경쟁마저 촉발했다. 캄펀에서는 18개월 동안 출신 지역과 상관없이 모든 신규 이주자에게 자유와 즉각적인 시민권을 부여한다고 발표했다. 쥐트펀은 이주자들에게 세금 및 동업조합 가입 혜택을 제공했다. 이후 일부 도시는 프랑스어 신문에 광고까지 내며, 프랑스의 종교 탄압을 피해 도망친 위그노들을 최대한 많이 유치하려고 했다.

네덜란드는 난민의 공화국이 됐다. '난민'을 의미하는 영어 refugee 도 위그노의 대탈출 및 그에 연관된 프랑스어 'refuge'(은신처)에서 온 것이다. 이 때문에 어떤 이들은 네덜란드 황금시대가 과연 얼마나 '네 덜란드적'이었는지 의문을 제기하기도 한다. 네덜란드로 도피한 프랑 스 철학자 피에르 벨Pierre Bayle은 이 나라를 "난민들의 커다란 방주"라 고 불렀다.[28] 유대인들은 종교재판을 피해, 위그노는 프랑스의 탄압을 피해, 독일인들은 30년전쟁을 피해 이곳으로 몰려왔고, 다음 세대에는 경제적 기회 때문에 이주자들이 유입됐다. 17세기 중반 암스테르담의 혼인 기록을 보면 시민 세 명 중 한 명이 이주자였는데, 실제 인구 비 중은 이보다 더 높았을 가능성이 크다. 레이던에서 혼인한 남성의 약 44퍼센트가 이주자였고, 그들 중 일부는 부흥하는 직물 산업을 이끌 었다.[29]

비기독교도 또한 환영받았지만, 처음에는 기독교도인 척해야 했다. 암스테르담은 1598년 에스파냐 및 포르투갈계 유대인들에게 시민권 을 부여하면서 "그들이 선량한 기독교도라고 믿으며"라고 적었다. 그 러나 곧 유대교 신앙을 공개적으로 드러낸 이민자들조차 시민이 되는 것이 허용됐다. 하를럼이 이들의 기술과 무역 연결망에서 경제적 잠재 력을 보았다는 것은 그들이 "유대인으로 불리는 포르투갈 출신 상인 들"이라고 생각한 사람들을 초청한 사실에서 잘 드러난다.[30]

1590년대의 또다른 큰 변화는 무역의 확장이었다. 홀란트는 원래 저 가 상품 무역으로 번영했지만, 이제 에스파냐는 생존을 위해 네덜란드 무역을 다시 받아들이지 않을 수 없다고 생각했다. 네덜란드는 곧바로 지중해의 '부자 무역'으로 옮겨가 과일, 포도주, 향신료, 설탕, 비단, 염료를 운송하기 시작했다. 레반트에서 백해의 아르한겔스크까지 이어지는 무역 연결망에서였다. 이는 흔히 안트베르펜에서 도피해온 상인들에게 큰 이익을 안겨주었고, 지역 경제를 자극했다. 수출 산업 연결망은 유럽 각지에서 이민자와 기술을 끌어들였고, 곧 네덜란드는 구리 생산, 화학 처리, 벽걸이 융단 제작, 설탕 정제, 직물 가공, 다이아몬드 절단 및 연마 같은 분야로 옮겨갔다.

신형 선박 '플라위트fluit'의 발명은 엄청난 이익을 가져왔다. 이 배는 화물 공간이 더 넓고, 평평한 바닥과 얕은 흘수를 갖추어 얕은 강에서도 많은 물품을 쉽게 실어 나를 수 있었다. 또한 선원 수도 덜 필요했다. 이 선박을 건조하기 위해 네덜란드는 풍력 제재소를 사용했는데, 이는 들보용 목재 절단 시간을 95퍼센트 이상 줄여 비용을 대폭 낮췄다. 이 혁신 덕분에 1670년 네덜란드 선박이 운송한 화물량은 에스파냐, 포르투갈, 프랑스, 잉글랜드, 독일의 선단을 모두 합친 것보다 많았다.[31]

암스테르담에 금융 시장과 새로운 금융 상품이 등장하면서 항해를 위한 자금 조달이 가능해졌다. 투자자들은 고정 이율의 단기 대출을 모아 위험도가 높은 사업에 자금을 댔다. 상당한 민간 저축과 군주보다 공화국을 더 신뢰한 시장이 어우러져 네덜란드의 이자율은 주변국보다 낮아졌다. 동업과 지분은 투자자들이 배 한 척의 운명에 모든 것을 걸지 않고 여러 선박의 일부씩을 나눠 소유할 수 있게 했다.

에스파냐는 네덜란드가 거의 모든 무역에 순식간에 진출하는 것에 충격을 받았고, 1598년 펠리페 3세가 아버지의 뒤를 이어 즉위하자 다시 네덜란드와의 모든 무역을 차단했다. 이것은 더 큰 실수였다. 네덜란드 상인들은 무역을 잃지 않으려면 이베리아반도를 우회해 아프리카와 동인도로 직접 가야만 한다고 판단했다. 이것이 이 작은 공화국의 세계적 야망과 그 식민 제국의 시작이었다. 거대한 상선대와 뿌리 깊은 금융 시장 덕분에 네덜란드는 곧 바다를 지배했다. 그전까지 네덜란드 배는 희망봉을 넘은 적이 없었다. 17세기에는 네덜란드 공화국의 선박이 희망봉을 통과한 횟수가 모든 유럽 국가를 합친 것보다 많았다.

네덜란드는 출발부터 순조로웠다. 많은 회사가 즉시 자체 선박을 동방으로 보냈다. 하지만 이로 인해 상인들에게 문제가 생겼다. 경쟁이 치열해져 곧바로 수입품 가격이 급락했기 때문이다. 그러자 상인들은 자유시장이라는 이상과 급격히 단절하고 홀란트와 제일란트에 운송 독점권을 요청했다. 그 결과 1602년 연합동인도회사(VOC)가 설립됐다. 주식이 암스테르담 증권시장에서 거래되는 주식회사 형태였다. 이 세계 최초의 공식 주식시장이 가져온 혁명은 이제 누구나 소수의 강력하고 부유한 사람이 아니라 시장을 통해 자본을 조달할 수 있게 됐다는 점이다. 이런 폭넓은 자본 기반 덕분에 네덜란드 동인도회사는 2년 일찍 설립된 영국 동인도회사보다 훨씬 성공적이었다. 그들은 매 항해마다 별도의 자금을 모아야 했다. 반면에 런던 왕립거래소에서는 상품만 거래됐다. 주식 중개인은 태도가 무례한 것으로 인식되어 허용되지 않았다.

네덜란드 동인도회사는 단순한 회사가 아니라 전쟁기계이기도 했으며, 그 시선은 포르투갈의 식민 제국에 고정되어 있었다. 네덜란드는 다른 식민 강국들과 달리 광대한 영토를 점령해 통치하겠다는 야망은 없었고, 해상 무역로를 통제하는 데 필요한 교역소와 해안 요새를 세우기를 원했다. 네덜란드인들은 에스파냐와 포르투갈 선박을 습격했고, '향신료제도'로 알려진 말루쿠제도, 믈라카, 스리랑카, 그리고 인도 아대륙의 말라바르 해안을 정복했다.

네덜란드인들이 먼 땅들을 정복하기 시작할 때, 그들은 자유주의를 본국에 두고 떠났다. 유럽에서 자유를 위해 싸우던 네덜란드인들이 해외에서는 억압자가 되기를 택하는 것은 너무나도 쉬웠다. 인간 역사에서 보기 드물게, 저지대 지방에서는 노예제를 좋지 않게 여겼고 법적으로도 인정하지 않았다. 노예를 그곳으로 데려오거나 도망쳐 오면 해방시켜야 했다. 그러나 이제 네덜란드 상인들은 인도, 인도네시아, 태국, 스리랑카, 중국, 반다제도 등 가는 곳마다 노예를 접하게 됐다. 그중 몇몇은 네덜란드에서 자유가 정당한 것과 마찬가지로 아시아에서는 노예제가 정당하다고 이기적으로 결론지었다. 네덜란드 식민자들은 현지의 노동력 부족을 해결하기 위해 노예를 사용하는 데 거의 거리낌이 없었고, 새로 만들어진 특허서인도회사(GWC)가 브라질 동북부를 장악한 1630년 이후 그들은 자기네의 사탕수수 농장에 인력을 투입하기 위해 노예무역 참여를 확대했다. 네덜란드인들의 노예무역 규모는 이베리아인이나 잉글랜드인들에는 미치지 못했지만, 17세기 동안 적어도 22만 명의 노예를 대서양 건너로 운송했다.[32]

이러한 범죄는 가해자들을 부유하게 만들지도 못했다. 마르턴 프락에 따르면 브라질과의 노예무역은 분명히 적자 사업이었으며, 그 유일한 역할은 "사탕수수 농장이 완전히 파산하는 것을 막는 것뿐"이었다.[33] 네덜란드 정착민을 끌어들이기 어려웠기 때문에 정착민 대부분은 흔히 적대적인 포르투갈인이었다. 그들은 또한 포르투갈이 식민화한 브라질 지역과 끊임없이 국경 충돌을 벌였다. 1654년, 네덜란드인은 결국 브라질에서 축출됐다. 20년 후 네덜란드 서인도회사는 해산했다. 주가는 처음에 비해 90퍼센트 폭락한 상태였다.

네덜란드 식민자들의 가장 끔찍한 잔혹 행위는 1621년 반다 학살이었다. 그들은 그토록 크게 외치던 자유무역 원칙을 순식간에 버리고, 반다제도에 육두구를 네덜란드에만 판매하도록 강요하고자 했다. 이는 큰 균열과 오랜 갈등을 낳았고, 독점을 강제하기 위해 일본인 용병을 동원한 네덜란드 군대는 수천 명의 주민을 학살했다. 남은 주민 대부분은 노예가 되거나 추방됐다.

네덜란드 고양이

곧 드러나게 될 위선과 때때로 발생한 경제적 실패에도 불구하고, 1590년대 네덜란드 본국에서의 자유 쟁취 투쟁은 빠른 경제 성장을 바탕으로 순조롭게 진행되고 있었다. 두 인물이 중요한 역할을 했다. 요한 판 올던바르너펠트Johan van Oldenbarnevelt(1547~1619)는 명목상으로는 홀란트 스타턴의 법률 담당 관료였지만, 그 역할을 매우 영리하게 활용해 사실상 공화국 전체를 장악하게 됐다. 거의 총리와 같은 위치였다. 그는 분리주의 성향의 여러 주와 국가 안의 국가가 되어버린 잉글랜드인들을 교묘히 제압해 홀란트가 지배하는 효율적인 공화국을 만들어냈다. 또한 그는 빌럼의 아들인 오랑주 공작 마우리츠Maurits van Nassau(재위 1618~1625)를 여러 주의 총독으로 선출하게 해서 그에게 힘을 실어주는 데 역할을 했다. 판 올던바르너펠트가 정치 제도를 현대화하는 동안, 마우리츠는 군대를 현대화했다. 이들의 돈독한 관계는 훗날의 결별을 더욱 극적이고 비극적으로 만들었다.

증가한 재정 덕분에 네덜란드는 최초의 대규모 야전군을 조직할 수 있었다. 군대는 20년 사이에 2만 명에서 5만 명 이상으로 증가했지만, 마우리츠는 또한 훈련, 수송 방식, 포위전 기술을 혁신했다. 이는 네덜란드 기업가들이 제조업의 모든 측면을 혁신한 것과 비슷했다. 그는 또한 유사한 경제적 유인책도 사용했다. 참호를 빨리 판 병사에게 하루 임금을 추가 지급했고, 위험한 지역에서 굴착하는 병사에게는 특별수당을 지급했다.

이 개혁은 네덜란드군을 유럽 제일의 군대로 만들었고, 결국 대륙 전역에서 이들의 방식을 모방했다. 흥미롭게도 많은 새로운 발상이 고대 로마 연구에서 나왔는데, 고대 로마는 반란 시기 지식인들을 매혹시켰다. 마우리츠는 인본주의자 요스트 립스Joost Lips에게 배웠고, 립스의 저서 《로마의 군대De Militia Romana》는 뜻밖에도 근대 전쟁의 교본이 됐다.

네덜란드군은 이제 동쪽과 남쪽 일부의 영토를 연달아 탈환했다. 국가는 현대 네덜란드의 모습에 가까워지기 시작했다. 바닷가의 작은 반란 지역은 빠르게 통일된 공화국이자 강력한 군사 국가로 변모했으며, 경제는 번영했고 자신감도 넘쳤다.

중국 송나라의 첫 황제와 마찬가지로 네덜란드인들은 민간인과 관련한 군인의 행동을 면밀히 감독했는데, 이는 단지 전투를 위해서만이 아니라 민심을 얻기 위해서이기도 했다. 군대는 현지에서 먹을 것을 조달하고 정복된 도시를 약탈하려는 유혹을 막기 위해 조금씩 나누어 정기적으로 봉급을 지급받았다. 교회에서 성상을 제거하는 것은 지휘관의 감독 아래 진행됐다. 종종 강간을 저지른 병사들은 교수형에 처해졌다.

유럽에서 네덜란드는 식민지에서의 행동과는 대조적으로 신사적 태도로 유명해졌다. 1620년 베네치아 대사는 네덜란드인들이 다른 유럽인과 달리 도시에 주둔군이 있으면 그들을 상대로 장사를 할 수 있다며 반기고, 불안정을 가져오는 효과를 두려워하지 않는 듯하다는 사실을 알고 놀랐다. 그들은 심지어 이들 군대가 가까이 있어도 아내나 딸 걱정을 하지 않았다.[34] 남성들이 강제 징집될까 걱정할 필요도 없었다. 다른 나라에서는 강제 징집되어 병사가 되고 취한이 술에서 깨보면 전함에 실려 전선으로 향하고 있는 경우도 흔했다. 하지만 네덜란드에서는 선원이 부족하면 임금을 인상했고, 부상자에게는 후한 보상을 제공했다.

네덜란드가 2차 잉글랜드-네덜란드 전쟁 중 메드웨이를 공격했을 때, 잉글랜드의 일기 작가 새뮤얼 피프스Samuel Pepys는 현지인들이 "그들은 우리 사람을 죽이지도 않았고, 집을 약탈하지도 않았다"라고 말했다고 기록했다. 피프스는 그들이 "시골 소도시 사람들에게는 우리 군인들이 네덜란드인들보다 훨씬 더 무섭다"고 말하는 것을 듣고 혼란스러워했다.[35]

80년 동안의 반란과 전쟁에서 가장 놀라운 사실 중 하나는 네덜란드가 결코 군사화된 사회가 되지 않았다는 점이다. 네덜란드 공화국은 브라질에서 동아시아까지 세계적 규모의 전쟁을 치렀고, 존재 자체가 위협받는 상황도 자주 맞닥뜨렸다. 그럼에도 불구하고 상무 정신이 지배적 가치가 된 적이 없고, 네덜란드인들은 도시 광장을 말 탄 기병의 청동상으로 채우지 않았다. 네덜란드인들은 끊임없이 싸우고 때로는 잔혹하게 싸웠지만, 그들에게 전쟁은 필요악이었을 뿐 정체성과 최고 지위의 원천이 아니었다. 네덜란드는 전쟁을 원하지 않고 돈을 벌고자 했던 부르주아 사회였다.

1662년에 출간된 피터르 더 라 카우르트Pieter de la Court의 영향력 있는 책 《홀란트의 이익Interest van Holland》에는 이를 설명하는 훌륭한(비록 동물학적으로는 의심스럽지만) 대목이 있다. 그는 황금시대가 공화주의, 자유무역, 관용, 이민 덕이라고 한 이 책에서 네덜란드 문장紋章의 사자를 고양이로 바꿔야 한다고 제안했다. 사자는 공격적이고 약탈적이기 때문에 군주를 상징하지만, 고양이는 자립적이고 누구에게도 간섭하지 않으며 전쟁을 꺼린다고 더 라 카우르트는 썼다. 그러나 고양이는 공격을 받으면 사자보다 더 사납게 필사적으로 싸운다. 그래서 고양이는 두려움의 대상이 되지 않고, "어디에서든 사자보다 더 조용히 살며, 더 오래 살고, 더 사랑받으며, 더 많은 수를 이룬다." 네덜란드인도 고양이처럼 필요할 때는 싸우겠지만, "우리는 천생 상인이어서 군인으로 바뀔 수 없다"라고 더 라 카우르트는 결론짓는다.[36]

'고양이' 네덜란드가 점점 힘을 키워가는 동안, '사자' 에스파냐는 경제적 현실 앞에서 헛된 몸부림을 쳤다. 에스파냐 왕실은 수많은 전쟁으로 재정이 고갈되어 때때로 붕괴 직전처럼 보였다. 1590년부터 1607년 사이에 급료를 받지 못한 에스파냐 군대가 무려 마흔 번이나 반란을 일으켰다. 정부는 적자를 메우기 위해 점점 가치가 떨어지는 화폐를 발행했다. 1607년 11월, 펠리페 3세는 또다시 에스파냐의 국가 파산을 선언했다.

한편 네덜란드 역시 전쟁에 지쳐 있었고, 전쟁 비용을 위한 세금은 고통스러운 수준에 이르렀다. 전쟁은 교착 상태에 빠졌고, 결국 교전은 중지되고 협상이 시작됐다. 양측은 평화 조약에는 합의하지 못했지

만 1609~1621년의 12년 휴전 협정에 서명했다. 이는 에스파냐가 네덜
란드의 독립을 인정한다는 뜻은 아니었으나 프랑스, 잉글랜드, 베네치
아, 오스만제국 같은 주요 강대국들은 독립을 승인했다. 이 시점에서
네덜란드 공화국(공식 명칭은 '네덜란드 7주 연합 공화국')은 희망에서 현실
로 바뀌었다.

전쟁은 1621년에 다시 시작됐지만, 이 마지막 단계는 더 넓은 30년
전쟁의 부속 전장의 성격이 더 강했다. 에스파냐는 관심을 돌렸고, 다
시금 지나치게 벌려져 있었다. 네덜란드 보병 전술을 바탕으로 건설
된 스웨덴군은 독일에서 성공적으로 개입했고, 부활한 프랑스는 에스
파냐에 1635년 선전포고를 했다. 1640년에는 포르투갈이 반란을 일
으켰다.

결말은 이제 이미 익숙한 이유들로 인해 찾아왔다. 에스파냐는 돈이
바닥났고, 네덜란드인들은 자신들의 자금이 계속 전쟁에 투입되는 것
을 보며 불만을 품었다. 1627년 에스파냐는 국채 상환을 중단했으며,
1647년에 또다시 이를 반복해야 했다. 네덜란드와의 전쟁 동안, 역사
상 가장 많은 귀금속을 확보한 세계 최대의 제국은 다섯 번이나 파산
했다. 1648년 5월 15일, 홀란트가 주도하는 충분한 수의 네덜란드 주
들이 총독의 반대에도 불구하고 뮌스터 조약을 비준했다. 에스파냐는
마침내 반란을 일으킨 네덜란드의 독립을 인정했다.

1568년 브뤼셀 흐로터 마르크트에서 참수된 에흐몬트 백작 라모랄
은 사후에 결정적인 말의 주인공이 됐다. 괴테의 1788년 희곡《에그몬
트Egmont》에서, 그가 마침내 희생된 것은 자유의 최종적 승리를 예고
하는 승리로 그려진다.

바닷물이 그 사나운 힘을 막으려는 방벽을 깨뜨리고 파괴하듯이, 그대들은 폭정의 보루를 압도하고 격렬한 물결로 폭군이 강탈한 땅에서 폭정을 쓸어버릴 것이다.[37]

풍물장터의 연쇄

네덜란드의 독립, 그리고 네덜란드가 한편으로 에스파냐를 물리치면서 세계에서 가장 부유한 지역이 됐다는 사실은 유럽인들의 논쟁에 새로운 사상을 불어넣었다. 세계의 다른 나라들은 네덜란드가 늪지와 진창을 진주와 금으로 바꿔놓은 것에 감탄했다. 분명히 막대한 부는 토지와 천연자원에서 오는 것이 아니라 무역, 금융, 혁신에서 나오며, 이를 위해서는 중앙집권적 정부나 영토 정복이 필요한 것이 아니라 사유재산, 자유무역, 관용이 필요했다.

프랑스의 중농주의 경제학자들은 결국 네덜란드 공화국을 자유시장의 힘을 보여주는 주요 사례로 삼았다. 튀르고Anne Robert Jacques Turgot는 계몽주의의 대표적 참고문헌인 《백과전서Encyclopédie ou Dictionnaire raisonné des sciences, des arts et des métiers》에 유럽 곳곳에서 때때로 열리는 박람회나 정기 시장에 관한 글을 기고했는데, 여기서 그는 한 동료의 말을 인용했다. "홀란트에는 풍물장터가 전혀 없다. 하지만 나라 전체가 1년 내내 말하자면 하나의 이어진 풍물장터와도 같다."[38]

로테르담 태생의 의사 버나드 드 맨더빌Bernard de Mandeville은 《벌의 우화The Fable of the Bees: or, Private Vices, Publick Benefits》(1714)에서 자신이 목격한 부에 대해 고약한 설명을 제시했다. 그는 여기서 사적 악덕이 공적

천국을 만들 수 있다고 주장했다. 그의 벌들은 부도덕하고 탐욕스럽지만, 바로 그것이 그들에게 이익을 위해 열심히 일하고 사람을 고용하며 무역에 나서게 한다는 것이다. "시기심 자체와 허영심이 일을 하게 하는 동력"이었다는 것이다. 그는 이어서, 벌집이 도덕적이고 자족적으로 변하면 결국 무기력과 빈곤에 빠진다고 설명했다.[39] 그는 네덜란드인들이 자신의 번영을 조상, 덕행, 검소함 덕분이라고 말하고 싶어하지만, 실제로는 각자가 자신의 이익을 추구하도록 내버려둔 결과일 뿐이라고 분명히 강조했다.

마르크스는 첫 번째 근대 자본주의 경제가 동시에 가장 부유하고 가장 자유로운 사회였다는 사실이 자신의 이론에 주는 불편한 함의에 맞닥뜨리자 심드렁한 주장으로 이를 폄훼했다. 그는 17세기 중엽 "홀란트인들은 유럽의 나머지 전체보다 더 과로하고 더 가난하며 더 잔인하게 억압당했다"라고 말했다.[40]

마르크스는 어머니가 네덜란드 출신이었으니 더 잘 알았어야 했다. 그러나 그는 정치적 이유로 현실을 완전히 뒤집어버렸다. 공화국은 궁핍의 바다에 떠 있는 풍요의 섬이었고, 그 노동자와 농민들은 당시 외국 방문객들이 증언했듯이 "대륙의 다른 어느 곳보다도 더 높은 소득, 더 나은 식사, 더 안전한 생활을 누렸다."[41] 현대의 추정치에 따르면 임금은 주변 국가에 비해 "극도로 높았다."[42]

얀 더 프리스와 아드 판 더르 아우더의 임금, 생활비, 식단에 관한 상세한 연구에 따르면 17세기 네덜란드인들은 "유럽의 다른 어느 곳에서도 볼 수 없던 생활수준과 상대적 안전을 누렸다." 흥미로운 점은 숙련 노동자보다 비숙련 노동자가 훨씬 더 높은 임금 우위를 누렸다는 것이다. 1650~1679년 동안 독일, 잉글랜드, 네덜란드 남부의 숙련 노동자 임금은 네덜란드 서부의 각각 60퍼센트, 75퍼센트, 99퍼센트 수준이었다. 비숙련 노동자는 각각 48퍼센트, 65퍼센트, 74퍼센트 수준에 불과했다.[43]

네덜란드의 성취는 이때가 소빙기 중기였다는 점에서 더욱 인상적이었다. 이 시기에는 지역의 기온이 하락하면서 유럽 전역에서 흉작이 빈번했고 임금은 하락했다. 네덜란드는 기근을 자주 겪지 않고 식량 폭동도 드물었던 얼마 되지 않는 지역 중 하나였다. 이곳은 사실 대륙에서 물가 상승에 맞춰 임금이 상승한 유일한 지역이었다.

더 나은 노동 조건의 또다른 증거는 네덜란드 노동자들을 장거리 해운의 고되고 위험한 일자리나 식민지 정착으로 유도하기가 거의 불가능했다는 사실이다. 반면 프랑스, 독일, 스위스, 포르투갈에서 공화국으로 이주한 사람들에게는 이런 기회가 오히려 유인 요소였다.

물론 막대한 부와 수익성 있는 투자처에 대한 탐색은 실패할 수도 있었다. 튤립은 최근에야 오스만에서 들여온 것이었는데, 독특한 색깔과 불꽃 모양의 무늬로 인해 빠르게 신분의 상징이 됐다. 1630년대에 튤립 가격은 상승했고, 더 많은 사람들이 가격이 계속 오를 것이라는 기대 속에 시장으로 몰려들었다. 상세한 가격 자료는 남아 있지 않지만, 1637년 겨울 동안 가격이 20배나 상승했으며, 시장이 붕괴하기 직전에 한 희귀한 구근의 가격은 암스테르담의 고급 주택 한 채 가격에 맞먹었다.

그러나 이 튤립 거품은 후대 사람들이 주장하듯이 단순한 광기의 폭발만은 아니었다. 그것은 미래의 계약들을 소급적으로 선택권으로 바꾸어놓은, 오래 논쟁이 됐던 규정으로 인해 부풀려진 것이었다. 이 규정으로 인해 구매자들은 계약 가격의 일정 비율만 내면 자신이 입찰했던 튤립을 반드시 사야 할 의무에서 해방됐다. 어마어마한 금액을 제시하는 것이 위험 없는 투자처럼 보였다. 가격이 오르면 투기꾼은 이익을 냈고, 오르지 않으면 계약에서 빠져나올 수 있었다.[44] 튤립 광기는 이것을 자기 이익과 이윤에 의해 움직이는 부도덕한 경제에 대한 고발로 이용했던 칼뱅주의 설교자들에 의해 과장됐지만, 실제 경제적 피해는 흔히 상상하는 것보다 훨씬 작았다(그리고 설교자들이 예언했던 당연한 벌로서의 전염병이 뒤따르지도 않았다). 장기적으로 가장 큰 영향은 네덜란드 농민들이 이 매력적인 구근을 재배하는 법을 배웠고, 공화국을 튤립 초강국으로 만들었다는 점이다.

진정한 자유

일부에게는 네덜란드 공화국의 정치적 틀이 마르크스가 그 경제에서 느꼈던 것만큼이나 가능해 보이지 않았다. 한 역사가가 이를 '헌정적 괴물'이라고 묘사한 것은 유명한 얘기다. 네덜란드의 모든 정치 단위는 더 작은 정치 단위로 나뉠 수 있었고, 그들 모두가 발언권을 원했다. 바로 공화국 안의 공화국이었다. 도시들은 도시의 상인 엘리트로 구성된 시의회가 다스렸다. 이 '레헌트regent'들은 시의회의 신규 의원을 임명했고, 7개 주의 지방 의회인 '스타턴'에 보낼 대표도 선출했다. 스타턴에는 귀족들도 대표로 참여했다. 각 주의 대표들은 헤이그의 스타턴헤네랄에서 만났고, 여기서 외교 정책과 군사 문제의 방향을 정하고 해운과 국가 예산을 다루었다. 그러나 대부분의 사안은 각 주에 남겨졌으며, 세금조차 표준화되어 있지 않았다.

총독은 원래 봉건 영주의 지방 대리인이었지만, 이 자리는 반란 이후에도 주의 최고 집행관이라는 지위로 그대로 유지됐다. 각 주는 자신들의 총독을 선택했으나, 대부분 여러 주의 직책을 동시에 맡아 그 권력은 점점 커졌다. 그들은 종종 레헌트 의회 구성원을 추천 명단에서 고를 권리도 가지고 있었다.

권력의 균형은 명확히 규정되지 않았고 긴장은 늘 존재했다. 특히 잉글랜드, 프랑스, 독일, 에스파냐 같은 중앙집권 국가들이 혼란과 내전으로 흔들리는 17세기 동안, 이 주들이 장기간의 투쟁 과정에서 함께 유지될 수 있었던 것은 기적과도 같았다. 사이먼 샤마Simon Schama가 말했듯이, "네덜란드 공화국은 17세기의 커다란 예외였다."[45]

그렇다고 네덜란드가 평온했다는 뜻은 아니다. 정치적 주권이 주에 있다고 주장한 공화주의자들의 친공화국파Staatsgezinde와, 총독이 이끌고 중앙집권적 국가를 원하는 친군주파prinsgezindheid(오랑주 군주를 선호한다는 의미에서 오랑주파라고도 불렸다) 사이에는 끊임없는 줄다리기가 있었다.

이 두 세력(한쪽은 홀란트, 레헌트, 도시 부르주아 계급이 이끌었고 다른 한쪽은 귀족, 농민, 호전적 칼뱅주의자와 연합했다)의 긴장은 공화국 역사 전체에서 반복되는 주제였고, 여러 차례 내전 발발 직전까지 갔다. 1588년 이후 네덜란드는 완전한 공화국이었지만, 두 파벌 모두 기존 질서에 도전하는 야심을 품고 있었다. 홀란트는 자신들에게 유리한 경우에는 스타턴헤네랄의 다수결 결정을 기꺼이 받아들였으나, 소수파가 되면 독자 행동을 고집했다. 오랑주파는 자신들이 공화국에 충성한다고 주장했지만, 각 주에 개입하고 레헌트 의회를 통제할 수 있는 준準군주제 요소를 추가하고자 했다.

첫 번째 극적인 충돌은 1618년 총독 마우리츠가 일으킨 정변이었다. 에스파냐와의 휴전으로 공동의 적이 시야에서 사라져 잊힌 시기에 개혁교회(NHK)를 둘러싼 갈등 속에서 일어난 것이었다. 홀란트의 올던바르너펠트와 휘호 더 흐로트가 이끄는 집단은 강압적 수단으로 교회에 온건과 관용을 강제하려 했다. 오랑주 공작 마우리츠는 신학 논쟁에 대해서는 전혀 이해하지 못한다고 사적으로 인정하면서도 전통적으로 강경파 칼뱅주의자들과 연합했으며, 그들의 불만을 이용해 자신의 기반을 강화했다.

올던바르너펠트의 야망에 대한 분노가 폭동과 폭력적 공격으로 이어지자 홀란트는 결정적인 조치를 취했다. 특별 병력을 모집하고, 자기네 정규군 부대가 스타턴헤네랄이 아니라 자기네 주에 충성한다고 선언했다. 이는 사실상 분리 독립에 가까웠고, 총독은 이를 이용해 강력한 압박을 가하고 다른 여러 주와 도시들을 그들에 맞서 결집시켰다. 마우리츠의 군대는 새로 조직된 병력을 해산시키고 정적들을 투옥했다. 오랜 재판 끝에 올던바르너펠트는 반역죄로 참수됐고, 더 흐로트와 몇몇 다른 사람들은 종신형을 선고받았다.

홀란트의 우위는 당분간 끝났고, 행정권은 총독의 손에 집중됐다. 그는 자신의 측근들을 정치 회의체와 교회의 요직에 배치했다. 그는 신뢰하던 몇몇 귀족들과 함께 모든 중요한 결정을 내렸고, 각 주들과 스타턴헤네랄을 조종했다. 그러나 마우리츠는 1625년에 사망했고, 후계자이자 이복동생인 프레데릭 헨드릭Frederik Hendrik은 좀더 온건했다.

게다가 홀란트를 오랫동안 억누르는 것은 쉽지 않았다. 이 주는 경제적·지적 역량을 바탕으로 곧바로 공화국에서 다시 지도적 위치로 떠올랐다. 심지어 더 흐로트를 오래 가두어둘 수도 없었다. 그는 루버스테인 성에 감금됐지만, 집필을 계속할 수 있도록 많은 책과 종이의 공급을 허락받았다. 1621년 3월, 그는 아내와 하인들의 도움을 받아 책 상자 중 하나에 몸을 숨겨 탈출하는 데 성공했다. 그는 파리로 달아났으며, 그곳에서 네덜란드 공화국 시대를 대표하는 중요한 저작 일부를 계속해서 집필했다. 그의 저술은 사방의 공화주의자들을 고무했다.

두 번째 큰 위기는 프레데릭 헨드릭의 아들 빌럼 2세의 치세인 1650년에 찾아왔다. 빌럼은 1648년 뮌스터 평화 조약에 반대했고, 이제 군대 규모와 비용을 줄이라는 요구를 거부했다. 양측 모두 추가적인 양보를 거부하자, 홀란트는 자기네가 주권을 가진 주임을 내세우며 자신들이 비용을 대는 군부대를 일방적으로 해산하기로 결정했다. 이것이 빌럼 2세가 기다리던 기회였다. 그는 홀란트가 반란을 일으켰다고 주장하며 1650년 여름에 군대를 이끌고 암스테르담으로 진군해 주요 레헌트들을 체포했다. 이제 빌럼 2세가 권력을 잡고 있었고, 교회는 질서와 정통성이 회복되는 새로운 시대를 기대했다. 그러나 그로부터 몇 달 뒤, 빌럼 2세는 불과 스물네 살의 나이에 천연두에 걸려 사망했다. 이는 신의 개입을 믿었던 많은 칼뱅파 신자들에게 큰 충격이었고 참혹한 사건이었다.

홀란트주 스타턴은 자신들을 굴복시키려 한 사람이 갑자기 사망하자 스타트허우더(총독)를 두는 것 자체를 거부했고, 총독의 모든 정치적·군사적 기능을 떠맡기 시작했다. 헤이그에서 열린 그로터페르하더링Grote Vergadering(대집회)는 각 주가 총독을 임명할 의무가 없다는 점에 합의했고, 일곱 개 주 가운데 다섯 곳이 이제 총독을 임명하지 않기로 했다. 이것이 1차 총독 부재기의 시작이었다. 이 시기에 각 주는 전쟁과 평화, 협상과 양보를 통해 스스로 통치했으며, 최고 행정 관직은 공석으로 남겨두었다.

이 시대의 중심인물은 요한 더 비트Johan de Witt(1625~1672)였다. 그는 스물일곱 살에 홀란트의 최고 관직인 최고참사raadpensionaris로 선출됐다. 뛰어난 정치적 감각으로 더 비트는 20년 동안 다른 주들이 홀란트의 지도를 따르게 했으며, 오랑주파와 외국의 적대 세력도 분열시켰다. 그는 뛰어난 수학자였고, 때로는 복잡한 경제 관계를 설명하기 위해 주판을 들고 스타턴헤네랄에 출석했다. 그의 외교적·정치적 기술은 확률론 연구에서도 영향을 받았다. 그는 항상 전략을 세우기 전에 다른 이들의 이해관계와 선택지를 분석했다. 그에게 약점이 있었다면, 아테네의 페리클레스처럼 다른 사람들도 자기네의 합리적 이익을 얼마나 잘 이해하는지 과대평가했다는 점이었다.

더 비트의 친공화국파는 '참된 자유Ware Vrijheid'라 불리는 공화주의 이념을 발전시켰다. 이는 국내적으로는 자유시장과 관용을 주장하고, 해외에서는 "자유로운 항해와 자유로운 상품 이동"을 추구하고 영토 확장이라는 생각을 거부하는 이념이었다. 그들은 단지 총독 제도뿐만이 아니라 공화국이나 각 주의 '최고 수장'이라는 개념 자체를 부정했다. 군주들은 오직 자신의 야망을 확대하기 위해 전쟁을 일으켰지만, 외교 정책은 왕조의 이해를 따를 필요가 없는 한 합리적이고 무역과 안보에 초점을 맞출 수 있었다. 더 비트는 피렌체가 메디치 가문 아래서 고위직이 세습되면서 자유를 잃은 사례를 들어 네덜란드인들에게 경고했다.

공화주의자들은 민주주의자가 아니었다. 권력은 지역 상인과 레헌트들의 손에 유지되어야 했다. 그러나 대략 이 시기에 급진적인 계몽주의 철학자 바뤼흐 스피노자(1632~1677)와 그 일파에 의해 최초의 현대적 민주주의 사상 중 일부가 개발됐다.

1655년에 완공된 암스테르담의 웅장한 새 시청사stadhuis(현재의 왕궁)는 이러한 새로운 도시적 자신감의 멋진 상징이었다. 유럽에서 가장 큰 건물 중 하나로, 오랑주 공작 가문의 것을 포함해 귀족들의 저택을 소박해 보이게 만들었다. 건물 꼭대기에는 아르튀스 쿠엘레인Artus Quellijn의 거대한 조각상 〈팍스Pax〉가 자리잡고 있다. 무게가 3.6톤에 달하는 이 평화의 여신은 상업을 상징하는 메르쿠리우스의 지팡이, 그리고 평화를 사랑한 것으로 유명한 아테네 올리브 농부들을 연상시키는 올리브나무 가지를 들고 있다. 상업과 평화의 결과는 풍요를 나타내는 여신의 세 번째 상징물 코르누코피아cornucopia(풍요의 뿔)에서 볼 수 있다.

당대의 왕당파와 후대 역사학자들은 왕이나 심지어 중앙집권적 정부가 없는 공화국의 혼란스러운 국가 통치 방식을 경멸했지만, 이는 네덜란드 공화국이 경제적으로 가장 우월하고 군사적으로 안전했던 시기와 맞물린다. 공화국은 통상 시기하는 경쟁자들을 상대로 자기네 무역을 지키기 위해 벌어진 전투에서 승리했으며, 여기에는 잉글랜드와의 두 차례 전쟁도 포함된다. 가장 유명한 것으로, 1667년에 미힐 더 라위터르Michiel de Ruyter가 지휘하는 네덜란드 함대가 영국 방어선을 돌파하고 템스강 하구를 거쳐 메드웨이강까지 들어간 일이 있었다. 그들은 다수의 함선을 불태우고, 잉글랜드 해군 기함인 로열찰스호를 전리품으로 끌고 갔다. 네덜란드 함대가 여기저기서 나타나자, 약이 오른 한 잉글랜드 장교는 잊기 어려운 외침을 남겼다. "악마가 똥 싸듯 네덜란드인을 싸는 것 같다."

평화 협정에서 네덜란드는 원하는 것을 얻었다. 그들은 중요한 육두구가 나는 식민지 수리남을 유지할 수 있다면 아메리카 대륙의 덜 중요한 지역은 기꺼이 잉글랜드에 내줄 수 있었다. 그중 하나가 니우암스테르담이었는데, 이곳은 다음 잉글랜드 왕인 제임스 2세가 요크 공작일 때 뉴욕으로 이름을 고쳤다. 즉 네덜란드는 뉴욕, 뉴저지, 펜실베이니아, 매사추세츠, 코네티컷, 델라웨어를 육두구와 맞바꾸었고, 대부분의 사람은 자기네가 더 나은 거래를 했다고 생각했다.

메드웨이강 기습 작전 계획은 요한 더 비트가 구상했고, 그의 형 코르넬리스 더 비트Cornelis de Witt도 함대에 합류해 작전을 감독했다. 이 사건은 더 비트가 가장 큰 성공을 거둔 순간이었으며, 그는 이를 이용해 영구 칙령Eeuwig Edict을 밀어붙였고 이 칙령으로 홀란트에서 총독 제도가 영원히 폐지됐다.

그러나 동시에 이 전쟁은 굴욕을 당한 잉글랜드의 찰스 왕에게 깊은 복수심을 심어주었고, 오랑주파가 더 비트 형제를 더욱 질투하게 만들었다. 더 비트 형제는 그들의 모든 노력에서 성공을 거두는 듯 보였고, 빌럼 2세의 아들인 열여섯 살의 빌럼 3세를 권력에서 영원히 떼어놓으려고 작심한 듯했기 때문이다. 이 두 가지 요인은 결국 더 비트 형제의 끔찍한 운명을 결정지었다. 그러나 당분간 그들은 절정의 권세를 누렸고, 공화국은 그 어느 때보다 강했다.

세계의 개명

네덜란드 공화국은 사상과 문화의 용광로였으며, 대부분의 사상과 이질적인 집단들에 대해 관용적으로 접근했다. 휘호 더 흐로트는 이를 이렇게 요약했다. "생활방식에는 여러 가지가 있으며, 어떤 것은 다른 것보다 더 나을 수 있다. 누구든지 그 모든 것 가운데서 자신이 원하는 것을 선택할 수 있다."[46]

네덜란드 공화국은 다른 나라보다 마녀사냥 광풍에 덜 휩싸였다. 이는 이러한 박해가 절박한 정통성 추구의 부산물이라는 이론을 강화한다. 1590년대, 유럽 다른 지역에서 마녀재판이 최고조에 달하려 할 때, 네덜란드에서는 그것이 이미 점차 사라지고 있었다.

많은 외부인은 공화국에서 목격한 관용에 기분이 상했다. 어떤 사람은 "한 집안에 일곱 가지 종교가 존재할 때도 있다"라고 불평했다.[47] 일부 네덜란드인들도 마찬가지였다. 가톨릭 성직자였으나 칼뱅교로 개종한 아에르나우트 판 뷔헐Aernout van Buchel은 이렇게 한탄했다. "혼란 속에서 사람들은 너무나 여러 방향으로 달려 진리와 거짓을, 그리스도와 악마를 구분할 수 없고, 세상에서 확실한 것은 아무것도 없다."[48]

칼뱅파 교회는 도시와 주에 지속적으로 압력을 가하며 이러한 혼란을 억제하려 했고, 대체 교회와 세속 철학뿐 아니라 흡연, 음주, 간통, 인형, 연극, 춤, 교회 풍금, 안식일 위반, 통속적이고 불경스러운 12월의 니콜라오스 성인 축제 등도 억압했다. 일부 도시와 특정 시기에는 칼뱅파가 사회생활을 엄격히 규제했으며, 네덜란드는 결코 각자 멋대로 하는 곳이 아니었다. 그러나 암스테르담과 로테르담 같은 자유주의적 도시는 그들을 좌절시켰고, 대부분의 다른 도시의 레헌트들은 교회가 잘못된 행동을 한 구성원에게 종교적 처벌(예를 들어 성찬식에서 배제하는 것 따위)을 할 수 있게 했다.

전체 인구의 절반 정도만이 칼뱅파였기 때문에, 어디서든 지적 독점권을 강요하기는 어려웠다. 가장 정통에 가까운 것은 모두와 거래하는 것이었다. 그가 누구이고 무엇을 믿든 상관하지 않고 말이다. 오랑주 공작 빌럼은 이렇게 선언했다. "사적인 해악이나 공적인 물의를 일으키지 않는 한, 개인의 양심 문제에 관해 남에게 간섭할 권리는 아무에게도 없음을 우리는 선언한다."

가톨릭 예배는 공식적으로 금지됐지만, 개인적으로 가톨릭 신앙을 유지하도록 허용한 것은 개인의 신앙에 대해 간섭한 다른 나라들에 비해 진전된 것이었다. 그러나 네덜란드는 한 걸음 더 나아갔다. 그들은 공개적으로 하지 않는 한 소수자들이 공동 예배를 할 수 있는 비밀 교회도 허용했다.

암스테르담 중심부 아우더제이츠 포르뷔르흐발Oudezijds Voorburgwal 40번지 앞에 서면 평범한 17세기 그라흐턴판트grachtenpand(운하 가의 집)처럼 보이는 집이 있는데, 맨 위쪽 세 개 층에 올라가면 갑자기 아름다운 가톨릭교회가 나타난다. 장식이 있고 고해실까지 있다. 시 당국은 이러한 사설 교회에 대해 일정한 규칙을 정했는데, 이는 일종의 공식 승인이었다. 예를 들어 가톨릭 신자들이 미사를 보는 시간이 칼뱅교도들이 출근하는 시간과 겹치지 않도록 운영 시간을 조정했고, 가톨릭 신자들은 거리에서 기도서를 들고 다닐 수 없었다.

암스테르담에는 지하 유대교 회당도 있었으며, 그곳의 예배도 같은 방식으로 묵인됐다. 렘브란트가 〈야경De Nachtwacht〉을 그린 해인 1642년에는 총독이 아내와 함께 유대교 회당을 방문해 공식적인 승인을 하기까지 했다. 한 세대 뒤에는 개혁교회의 불만이 있었지만 그들이 공개적으로 회당을 지을 수 있게 됐다.

여러 민족과 전통이 마구 뒤섞이면서 공화국은 기발하고 혁신적인 생각을 위한 비옥한 토양이 됐다. 반란과 종교개혁에 관한 논쟁은 또한 상당수 시민이 지적 문제를 진지하게 받아들이고, 옳고 그름을 논의하며, 자신의 주장을 뒷받침할 원칙과 세계관을 찾는 데 익숙하게 만들었다. 1575년, 공화국은 레이던에 여러 대학 중 첫 번째 대학을 세웠다. 교회가 통제권을 요구했지만 당국이 이를 거부했기 때문에, 레이던대학은 유럽에서 가장 자유로운 대학 중 하나이자 가장 큰 대학 중 하나가 되었다. 이 대학은 중세 아랍 문헌과 그것이 고대 그리스 사상과 어떤 관련이 있는지를 연구하는 데 중요한 역할을 했다.

이 대학은 또한 매우 국제적이었다. 잉글랜드와 독일의 대학들이 거의 자국 학생들만을 받아들였던 반면, 17세기 전반기에 레이던대학 학생의 절반은 외국에서 왔다. 이 대학의 영향력은 스웨덴 웁살라대학의 교수 절반이 레이던에서 공부했다는 사실에서도 확인할 수 있다. 거의 모든 덴마크 과학자들이 공화국에서 공부했다.[49]

네덜란드 공화국은 관용과 문해력이 안트베르펜 출신 인쇄업자 및 프랑스 출신 위그노 제지업자들과 어우러져 유럽의 인쇄소 역할을 했다. 1650년에 34개 네덜란드 도시에는 하나 이상의 인쇄업자나 출판사가 있었고, 암스테르담에는 91개가 있었다. 17세기 중에 공화국에서는 10만 종 이상의 도서가 여러 언어로, 종종 수출용으로 출판됐다.[50] 네덜란드의 한 도시에서 검열에 걸린 책도 통상 다른 도시에서는 인쇄될 수 있었고, 어떤 책이 모든 곳에서 이단으로 간주되더라도 영리한 출판업자는 단지 외국 도시를 출판지로 적으면 됐다. 이렇게 해서 "레스푸블리카 리테라리아Respublica Literaria(문인 공화국)의 중심 도시는 베네치아에서 암스테르담으로 이동했다"라고 미국 역사가 엘리자베스 L. 아이젠스타인Elizabeth Lewisohn Eisenstein은 썼다.[51]

문인 공화국은 자발적으로 조직되고 빠르게 성장한 초국가적 지식인 연결망으로, 르네상스 유럽에서 에라스뮈스가 구축한 사상가 연결망에 뿌리를 두고 있었다. 이들은 국경을 넘어 철학, 정치, 과학에 대해 서신을 주고받으며 새로운 생각을 공유, 검증, 비판하고 남들이 하고 있는 일에 대한 최신 정보를 얻었다. 자유로운 참여와 경쟁 가능성이라는 원칙을 고수한 덕분에 이는 수천 명의 구성원으로 이루어진 공동체가 됐고, 과학 혁신과 기술 발전에 큰 중요성을 지녔다.

로테르담으로 피신해 문인 공화국의 주요 성원으로 활동했던 프랑스의 철학자 피에르 벨(1647~1706)은 이 연결망의 정신을 이렇게 설명했다.

> 이 공화국은 극도로 자유로운 국가다. 여기서는 오직 진리와 이성의 제국만이 인정되며, 그 보호 아래 어떤 사람이나 일에 대해서도 선의의 전쟁이 수행된다. (…) 여기서 모든 사람은 주권자이자 동시에 모든 사람의 관할 아래 있다.[52]

문인 공화국은 공식적으로 설립되거나 설계된 것이 아니었고 규약도 없었으며 회원 명단이나 연례 모임도 없었지만, 경제사학자 조엘 모키어에 따르면 "과학혁명과 계몽시대 동안 유럽에서 유용한 지식의 급속한 도약 뒤에 있는 주요 기관"이 됐다.[53]

영국의 카페나 프랑스의 살롱이 결국 계몽운동의 학교로 알려지게 됐지만, 네덜란드 공화국은 그 요람이었다. 이곳은 세속적 세계관을 주창한 많은 선구자들을 받아들였는데, 그 세계는 기적과 종교 문서보다 기계적이고 수학적인 원리로 더 잘 설명될 수 있다. 이러한 세계에서는 지식이 권위나 신의 계시가 아닌, 감각과 인간 이성의 증거에서 비롯된다. 그리고 삶의 목표는 친족, 부족, 사후 세계를 위해 자신의 이익을 희생시키는 것이 아니라 인간의 상황을 개선하고 현세에서 행복을 달성하는 것일 가능성이 높다.

이러한 사상은 이전에 여러 차례, 그리고 여러 곳에서 등장한 바 있었다. 앞서 살펴보았듯이, 탈레스와 다른 그리스인들이 이를 개척했고, 아바스 왕조와 송나라 시대의 철학자들도 이를 출발점으로 삼았다. 그러나 권위와 교회가 사상과 언론을 통제하는 한, 이러한 사상가들은 곧 억압당했다. 바로 이 때문에 네덜란드 공화국은 흐로닝언의 한 교수가 논쟁적으로 말했듯이 '어둠의 자식들'에 반대하는 독립적인 사상가들을 끌어들이게 됐다.[54] 이곳은 바로 그들이 이단 사상을 토론하고 금서禁書를 인쇄하고 기적, 천사, 마녀, 악마가 단지 미신일 뿐이라고 주장할 수 있는 유일한 장소였다. 마르턴 프락은 1600년 이전까지 네덜란드 북부에서는 거의 과학적 연구가 이루어지지 않았으며, 바로 이러한 확립된 신앙과 전통의 부재가 파괴적 과학과 철학적 혁신에 충분한 기회를 제공했다고 지적한다.[55]

계몽운동을 연구하는 역사학자인 조너선 이즈리얼은 계몽운동을 창시한 여섯 명의 철학자를 거명했다. 르네 데카르트, 바뤼흐 스피노자, 토머스 홉스, 존 로크, 피에르 벨, 고트프리트 라이프니츠다. 이 여섯 명 가운데 무려 네 명이 적어도 한동안 네덜란드 공화국에서 살았지만, 이 나라의 개방성을 더욱 잘 보여주는 것은 아마도 그들 중 단한 사람 스피노자만이 실제로 네덜란드에서 태어났다는 사실일 것이다. 그마저도 포르투갈에서 도망쳐 온 유대인의 아들이었다. 프랑스 가톨릭 신자였던 데카르트와 위그노였던 벨은 모두 네덜란드가 급진적 사상에 더 호의적임을 발견했다. 1663년에 자신의 저서가 가톨릭

교회의 금서 목록에 올랐던 데카르트는 "어떤 다른 나라에서 이렇게 완전한 자유를 찾을 수 있을까?"라고 물었다.[56] 존 로크는 1683년 스튜어트 왕조의 잉글랜드에서 왕에 대한 음모에 연루됐다는 의심을 받아 공화국으로 도망쳤다. 그는 암스테르담에 정착했고, 그곳에서 자신의 가장 중요한 저작 일부를 집필했다.

계몽운동의 마지막 두 창시자인 홉스와 라이프니츠조차 공화국과 중요한 연관이 있었다. 홉스는 잉글랜드 검열관의 허가를 받을 수 없어 암스테르담에서 논란이 된 여러 저서를 출판했으며, 라이프니츠는 스피노자와 또다른 네덜란드인으로 물리학자이자 수학자인 크리스티안 하위헌스의 영향을 받아 자신의 사상을 발전시켰다.

하위헌스가 우주의 기계론적 원리를 탐구하고, 진자시계를 발명하며, 개선된 망원경(그는 이 망원경으로 토성의 고리를 발견했다)을 만든 것은 이론과 실험의 결합이라는 계몽운동의 훌륭한 사례다. 또다른 사례는 델프트의 직물 상인 안톤 판 레이우엔훅이다. 그는 렌즈 제작에 관심을 가졌다가 미생물을 발견하고 실험하게 됐다. 끊임없이 개선하려는 네덜란드의 야망은 생산과 여행 기술을 정교화하고 현미경과 온도계 같은 과학혁명을 위한 많은 도구를 제공했으며, 네덜란드 무역은 과학자들에게 연구하고 분류할 수 있는 외국의 동물·식물, 화석, 광물을 제공했다. 의학, 해부학, 식물학 분야에서 공화국은 유럽을 선도했다.

게다가 네덜란드 자체의 사례는 인간 자유의 가능성에 대한 사상에 자극제가 됐다. 전통적으로 종교적·지적 동질성은 사회적 평화를 위한 전제조건으로 생각됐다. 그러나 이제 가장 관용적이고 가장 다양한 종파가 존재하는 나라가 가장 평화롭고 잘 기능하는 나라임이 드러나 모두를 놀라게 했고, 반대로 유럽의 다른 나라에서는 통합을 고집한 결과 나라가 분열되어 끝이 없어 보이는 전쟁과 학살을 초래했다.

스피노자는 관용이 암스테르담의 평화와 성공을 모두 설명한다고 주장했다.

이 번영하는 국가, 이 비교할 대상이 없는 도시에서 모든 인종과 종파의 사람들이 매우 조화롭게 살아가며, 자신의 재산을 누군가에게 맡기기 전에 그들은 이것만 알고 싶어할 것이다. 그 사람이 부자인지 가난한지, 거래할 때 정직한지 아닌지. 종교나 종파는 아무런 의미가 없다.[57]

피에르 벨은 이렇게 주장했다. "종교를 수치스럽게 하는 여러 종파의 괴상한 혼합, 그리고 그들이 관용의 결과라고 주장하는 것에 대해, 나는 이것이 그래도 학살, 교수형, 무력 탄압, 그리고 온갖 잔혹한 처형보다 더 작은 악이며 기독교에 덜 부끄러운 것이라고 답한다."[58]

1684년, 벨은 《문인 공화국 소식Nouvelles de la République des Lettres》을 출간하기 시작했다. 이는 아마도 최초의 서평 잡지일 것이다. 이 잡지는 새로운 출판물을 비판적으로 검토하고 새로운 생각을 알려진 사실과 비교함으로써 공개 토론과 경쟁 가능성이라는 계몽운동의 이상을 구현하는 토론장을 만들었다. 그는 진보에 대한 열정으로 움직였으며, 이렇게 주장했다. "정확히 말하면, 역사는 인류의 범죄와 불행의 목록에 불과하다."[59] 벨과 다른 위그노 난민들은 프랑스어로 글을 쓰며, 자신의 작업을 보다 넓은 유럽적 맥락 속에 통합했다.

존 로크(1632~1704)는 《관용에 관한 서한Epistola de Tolerantia》을 네덜란드 공화국에서 집필했으며, 그곳에서 소수 집단과 많은 시간을 보냈다. 이런 경험은 그가 "이교도도, 이슬람교도도, 유대교도도 종교 때문에 공화국의 시민권에서 배제되어서는 안 된다"라는 결론에 도달하는 데 영향을 미쳤을 가능성이 크다.[60] 로크는 아마도 잉글랜드를 떠나기 전에 그의 대작 《두 편의 통치론Two Treatises of Government》(1689)을 집필하기 시작했을 테지만, 네덜란드 사례와 '이탈 공고'가 그의 주장에 영향을 미쳤으리라고 보는 것은 그리 터무니없는 추측이 아니다. 정부는 오직 개인의 권리를 수호하기 위해 존재하며, 만약 왕이 반대로 그 권리를 침해한다면 스스로 '폐위'된 것이고 국민은 반란을 일으킬 권리가 있다는 주장이다.

상징적으로도 시기가 적절해, 암스테르담은 이 시기에 또한 문자 그대로의 의미에서 최초의 진정한 빛의 도시가 됐다. 이전까지 도시들은 어둡고 위험했다. 여행자들은 어둡고 구불구불하며 울퉁불퉁한 거리를 안전하게 지나기 위해 흔히 등불잡이를 고용했다. 1660년대, 네덜란드 화가이자 기술자인 얀 판 더르 헤이던Jan van der Heyden은 최초의 효율적인 기름등을 발명했는데, 이 등은 연기를 배출하면서도 바람이 너무 많이 들어오지 않게 하는 차폐 통기공이 있었다. 암스테르담의 부유한 시민들은 도시 전체의 조명 계획을 위해 돈을 댔고, 1670년 1월에 1800개의 가로등이 도시 전역에서 불을 밝혔다. 이 광경에 감탄한 한 독일인 학생은 "저녁이면 도시 전체가 등불로 밝혀져, 인파 사이를 마치 대낮처럼 지나갈 수 있다"라고 기록했다.[61]

네덜란드 미술의 부침

네덜란드가 세계를 선도한 또다른 분야는 미술이었다. 역사가 피터 게

이Peter Gay에 따르면, "역사상 한 나라가(그것도 이렇게 작은 나라가!) 이렇게 짧은 시간 동안 이렇게 많은 뛰어난 화가를 배출한 적은 없었다."[62] 이는 시장 기반 사회의 또다른 결과였다. 브뤼헤, 헨트, 안트베르펜 같은 전통적인 예술 중심지가 에스파냐에 함락되자, 많은 예술가와 화가들이 북쪽으로 피신했다. 그곳에서 그들은 매우 다른 상황에 직면했는데, 전통적 후원자가 없다는 점이었다. 새로운 개혁교회는 성상을 좋아하지 않았으며, 귀족층은 약화되고 많은 귀족이 반대 방향인 남쪽으로 이주했다. 반면에 특히 1590년대 이후 구매력이 커진 대규모 중산층이 있었고, 화가들은 이 중산층에게 주목했다.

이러한 후원자 계층의 변화는 예술의 소재에도 변화를 가져왔다. 도시 부르주아 가정에는 역사나 신화를 담은 큰 그림이 들어갈 공간이 없었지만, 일상생활을 담은 작은 그림은 즐겼다. 따라서 화가들은 종교와 군사라는 주제에서 벗어나 초상, 실내 장식, 풍경, 도시 경관, 풍속 등으로 눈을 돌렸다. 한편 해외 무역은 새로운 영감과 함께 새로운 재료 및 색채를 제공했다.

많은 미술가들이 한곳에 몰리면서 처음에는 값싼 판화, 대량 제작 에칭 판화, 일시적인 장식물이 많이 만들어졌다. 이는 대중의 예술 수요를 자극했고, 시장을 키웠다. 미술가들 사이의 경쟁이 치열한 데다 그들이 이제 예술 전통이 없는 위트레흐트나 하를럼 같은 도시에 몰려 있다는 사실이 맞물려 기법과 구상에서 실험을 유도했다.

이로 인해 이제까지 볼 수 없었던 전문화 또한 나타났다. 어떤 화가는 정물화에 특화됐고, 어떤 화가는 햇살 내리는 숲이나 겨울 풍경에 특화됐다. 프란스 판 미리스Frans van Mieris는 음악 연주 같은 활동이 들어가는 소규모 집단의 프롤레이크 헤젤스합vrolijk gezelschap('즐거운 모임')

에 집중했고, 알버트 카위프Aelbert Cuyp는 소 그림의 대가가 됐다. 바다 풍경 그림의 선구자 헨드릭 브룸Hendrick Vroom은 심지어 거친 바다를 묘사하는 능력을 키우기 위해 배를 타고 폭풍우 치는 바다로 나갔다. 프란스 할스Frans Hals는 순간적으로 지나가는 장난기와 웃음의 표정을 포착하는 거의 인상주의에 가까운 어려운 기법을 개발했다.

이러한 혁신과 전문화를 통해 모든 유형의 미술이 창의성과 더 높은 수준을 주입받게 됐다. 시장이 컸기 때문에 화가들은 주문 없이도 그림을 그리기 시작해 잠재 구매자들에게 선택의 폭을 넓혀주었으며, 수출을 염두에 둔 그림도 그렸다. 17세기에 공화국에서 생산된 그림은 최소 500만 점으로 추정되는데, 이는 대략 200만 명이었던 인구에 비하면 놀라운 수치였다. 다만 많은 그림이 단순한 복제나 약간 변형한 모사본이었다. 외국인들은 심지어 평범한 가정에서도 벽에 한두 점의 그림이 걸려 있는 것을 보고 놀랐다.[63]

풍속화의 거장은 델프트로 이주해온 플란데런 출신 가문의 요하네스 페르메이르(1632~1675)였다. 그의 작품 속 인물들은 보통 방 한쪽 구석에 위치해 있으며, 대화를 나누거나 혼자 편지를 읽거나 쓰고, 손뜨개질을 하거나, 우유를 따르거나, 현악기를 타거나, 지도 위에서 거리를 재는 등의 일을 하고 있다. 혹은 진주 귀고리를 단 여성이 그저 우리를 바라보고 있는 경우도 있다. 이러한 장면들은 친밀한 상황이며, 움직임이 잠시 멈추어 보는 사람으로 하여금 거의 침범하듯 참여하게 만든다. 장면들은 빛으로 가득 차 있으며, 그림자조차도 색채로 살아 있다. 페르메이르의 작품은 단 34점만 남아 있으며, 그가 그렸지만 전해지지 않는 것은 아마도 그리 많지 않을 것으로 보인다. 이는 그가 매우 꼼꼼하고 느리게 작업했으며, 매우 값비싼 안료를 사용했음을 시사한다.

레이던에서 칼뱅교도 아버지와 가톨릭교도 어머니 사이에서 태어난 렘브란트(1606~1669)는 전문화를 하지 않았다는 점에서 매우 남달랐다. 렘브란트는 혁신가이자 다양한 양식과 주제의 대가로서, 수백 점의 회화와 소묘, 약 2천 점의 에칭 판화를 남겼다. 그는 다양한 기법을 결합해 전통적인 장르에 신선한 활기를 불어넣었다. 예를 들어 그는 극적인 조명을 통해 명암의 대비를 만들고 인물의 몸짓과 자세를 포착함으로써 역사와 기독교 성서의 이야기를 다룬 많은 회화에 활기를 불어넣었다.

위대한 네덜란드 거장들은 공화국의 강점이 드러난 것 가운데 하나였으며, 따라서 그들의 쇠퇴는 무엇인가 심각한 문제가 발생했음을 나타내는 신호였다. 1672년 이후 보다 폐쇄적이고 전통주의적인 분위기가 뚜렷해졌다. 화가들은 이전의 실험에 대한 열의를 버리고 좀더 반복적인 작업을 했는데, 이는 송나라가 말기에 접어들면서 중국 미술에 일어난 것과 유사한 사태 전개였다. 소비자들은 더 이상 새로움과 흥분을 찾지 않고, 오래된 양식과 옛 작품을 선호했다.

1660년대에 암스테르담의 개인 소장품에서 생존 예술가들의 작품이 전체 그림의 절반 이상을 차지했으나, 1670년대에는 이것이 42퍼센트로, 1680년대에는 불과 14퍼센트로 줄어들었다.[64] 페르메이르는 생애 말년에 더 이상 자신의 걸작으로 생계를 유지할 수 없었다. 그가 죽은 뒤 그의 작품들은 터무니없이 낮은 가격에 경매로 팔렸다. 이전에 공화국으로 몰려들었던 미술가들은 이제 국외로 떠나기 시작했다. 18세기에는 반대로 네덜란드 상류층이 프랑스 화가에게 초상화를 의뢰하는 일이 흔해졌다.

황금시대와 그 미술계는 공화국의 개방성과 호기심 덕분에 촉발됐지만, 17세기 말에 접어들면서 이러한 특성은 보다 공포스러운 문화에 의해 전복됐다. 그것은 1672년에 시작됐고, 이해는 네덜란드 역사에서 아직도 '재난의 해Rampjaar'로 기억되고 있다.

재난의 해

프랑스는 종교전쟁이 끝나고 에스파냐의 권력이 약화된 이후 회복됐다. 절대군주 루이 14세의 긴 치세에 프랑스 군대는 유럽에서 가장 강력해졌다. 에스파냐령 네덜란드에 대한 루이 14세의 위협은 문제를 일으켰다.

더 비트는 그런 강력한 세력(그들은 또한 큰 위협이 될 수도 있는 세력이었다)과 동맹을 유지하는 것을 선호했으나, 공화국 내 강력한 반프랑스 세력인 오랑주파는 1668년 잉글랜드가 제안한 삼국동맹에 더 이끌렸다. 잉글랜드-네덜란드-스웨덴의 3국이 동맹해 프랑스와 에스파냐를 모두 견제하자는 것이었다. 젊은 오랑주 공작 빌럼 3세는 잉글랜드 왕의 생질이었으므로, 대부분의 사람들에게 두 해양 강국 사이의 동맹은 자연스러워 보였다. 더 비트만이 예외였다. 그는 잉글랜드가 무역과 전쟁에서 패해 속이 쓰린 상태이고, 언제나 더 많은 것을 얻기 위해 돌아올 것이라고 생각했다. 그러나 그는 압력에 굴복해야 했다.

루이 14세는 삼국동맹이 그은 한계선을 넘어 더 북쪽으로 진출하지 않겠다고 약속했지만, 그는 암시된 무력 위협에 분노했다. 그는 네덜란드에 속았다며 공화국을 사방에서 공격할 계획을 세우기 시작했다.

전쟁의 긴장이 고조되면서 네덜란드는 정치적 분쟁에 매달리게 됐다. 더 비트는 방어 시설과 병력을 위한 자금 마련을 시도했으나, 오랑 주파는 젊은 빌럼 3세가 총사령관이 되기 전에는 안 된다며 거부했다. 결국 1672년 2월에 빌럼은 총사령관이 됐다. 다음달에는 공화국의 존립 자체가 위태롭다는 사실이 분명해졌다. 잉글랜드 왕 찰스 2세는 자신이 주도한 동맹을 배신해 자기네 의회마저 놀라게 했다. 그는 비밀리에 프랑스 왕 루이 14세와 합의해 네덜란드 공화국을 분할하기로 했다. 더 비트가 찰스 2세를 불신한 것은 옳았다.

잉글랜드 해군은 경고도 없이 네덜란드 상선대를 공격했고, 5월에는 프랑스 군대가 남쪽에서 침공했다. 네덜란드군의 네 배에 달하는 병력이었다. 루이 14세는 뮌스터 주교 및 쾰른 선제후와의 협정을 통해, 네덜란드 방어가 강력했던 에스파냐령 네덜란드를 피하고 리에주 주교관구를 거쳐 공화국을 동쪽에서 공격할 수 있었다. 동시에 뮌스터와 쾰른 또한 자기네 병력을 보내 주 연합국을 공격했다.

네덜란드 함대는 해상 침공을 막는 데 성공했지만, 프랑스의 육상 공격은 눈부시게 빨랐다. 공포에 질린 도시들은 대거 항복했다. 몇 달만에 공화국 대부분이 적군에게 점령당했다. 홀란트는 홀란트 호수선 Hollandse Waterlinie 덕분에 겨우 점령을 면했다. 이 방어 시설은 수문을 열어 자기네와 적군 사이의 지역을 물에 잠기게 하는 것이었다. 아테네 장성Makrá Teíche의 네덜란드판으로, 자기네가 가장 강력한 바다를 제외한 모든 방향을 차단하는 것이었다.

그러나 패배감은 엄청났다. 요한 더 비트는 상황을 반대파보다 더잘 읽고 있었지만, 자기네의 친공화국파가 집권하고 있어 재앙의 책임을 떠안았다. 설교자, 민병대, 오랑주파 선동가들은 공화주의자들에 대한 불만을 부추기기 시작했으며, 그들이 네덜란드를 무방비로 내버려두었고 잉글랜드 왕은 오로지 조카인 오랑주 공작 빌럼 3세가 권력에서 배제됐기 때문에 공격을 했다고 주장했다. 분노한 군중은 공화주의자들을 배신자, 프랑스의 친구, 가톨릭교도에게 관용을 베푸는 것을 지지하는 자들이라고 비난했다. 일부는 종말의 날에 하는 회개와 금식을 요구했다. 시위대와 폭도들이 곧 거리를 장악하고 지방 의회를 전복했다. 위협을 느낀 홀란트주 스타턴은 결국 스물한 살의 빌럼을 총독으로 임명하는 데 동의했다. 영구 칙령은 채 5년도 지속되지 못했다.

요한 더 비트는 암살 시도로 심하게 찔렸고, 8월 4일 최고참사직을 사임하며 공화국을 위한 자신의 계획이 모두 무너지는 것을 목격했다. 한편 그의 형 코르넬리스는 빌럼을 상대로 음모를 꾸몄다는 날조된 혐의로 투옥되어 고문당했다. 8월 20일, 요한은 코르넬리스를 데리고 나오기 위해 감옥에 갔다. 그러나 그들은 오랑주파 폭도들의 공격을 받아 구타당하고 칼에 찔리고 총에 맞아 죽었다. 폭도들은 벗겨지고 훼손된 두 시체의 다리를 끌어 교수대에 매달고 모두가 볼 수 있게 했다. 매우 끔찍하게도 폭도들은 시체의 배를 가르고 살점을 구워 먹었다. 새 통치자 빌럼 3세가 범죄자들을 처벌하지 않았다는 사실은 이 사적 제재가 완전히 자발적인 일이 아니었다는 가장 강력한 증거 중 하나로 영원히 남았다.

어려운 상황에서도 네덜란드 공화국은 마찬가지의 끔찍한 운명을 겪지 않았다. 호수선이 유지됐고, 옛 적이었던 신성로마제국과 에스파냐의 개입으로 프랑스는 병력을 남쪽으로 돌리지 않을 수 없었다. 오랑주파에 의해 반역자로 몰린 해군 지휘관 더 라위터르는 1673년 바다에서 프랑스와 잉글랜드 함대를 세 차례나 물리쳐 전쟁의 진정한 영웅이 됐다.

이제 네덜란드는 이름뿐인 공화국이었다. 빌럼 3세는 처음에는 군사 독재자로 통치하려 했다. 그는 전국의 레헌트 의회를 숙청하고 선거 절차를 바꾸어 통제권을 확보했다. 그는 군사 업무를 직접 지휘하고 외교를 비공개로 처리했다. 1675년, 스타턴헤네랄(전국 의회)은 이제부터 군 총사령관 직책이 오랑주 공작의 남성 혈통으로 세습될 것이라고 선언했다.

이 모든 것이 군주정의 야망을 드러내자, 스타턴헤네랄은 안전을 위해 총독이 각 주에 대한 통치권을 원한다는 주장을 아무도 하지 못하게 금지했다. 이전에도 신성모독이나 교회 공격은 종종 금지됐었다. 심지어 홀란트에서도 신이나 예수의 신성을 부정하는 책들은 금지됐다(레헌트들은 흔히 서적상들에게 단속이 있을 것이라고 사전 경고를 해서 영향을 완화했다). 그러나 이것은 스타턴이 정치적 토론을 검열한 첫 사례였다.

1672년 이후 긴장된 분위기에서 허용되는 의견의 범위는 일반적으로 더 제한됐다. 전통주의적 칼뱅교도들은 이 기회를 이용해 데카르트와 스피노자의 사상을 공격했다. 특히 종교 경전이 자연법에 맞지 않으면 비판적으로 검토하고 재해석해야 한다는 그들의 생각을 문제 삼았다. 이러한 사상(특히 대중화된 스피노자적 형태)은 프랑스 계몽사상가들의 반기독교적 저작에 영향을 주었으나, 이제 이들은 네덜란드 대학에서 금지됐다. 1674년, 홀란트주 스타턴은 여러 말썽꾸러기들의 책을 금지했다. 스피노자는 특히 위험하다고 여겨졌다. 기독교 성서가 신의 계시라는 것을 부정했기 때문이었고, 많은 사람이 무신론으로 해석하는 방식으로 신을 설명한 이후였다. 강경파 칼뱅주의자들이 오랫동안 경멸해왔던 피에르 벨도 1693년 로테르담 교수직에서 해임됐다. 이러한 억압적 추세의 한 가지 중요한 예외는 빌럼 3세가 자신을 종교에 관용적인 인물로 내세우며 가톨릭교도, 유대교도, 개신교도 소수자를 보호했다는 것이다.

1690년대에 하를럼에서는 공공장소 흡연 금지에 반대하는 격렬한 폭동이 일어났고, 암스테르담에서는 세금에 반대하는 폭동이 발생했다. 경제는 단지 높은 세금 때문에만 어려움을 겪은 것은 아니었다. 많은 레헌트들이 네덜란드를 떠나면서 자기네 자본을 가지고 나갔다. 다른 이들은 이제 성장하는 공채公債에 더 많이 투자했는데, 이는 위험이 없는 수익을 제공하는 것처럼 보였지만 기업에 필요한 자금을 앗아갔다. 갈등과 새로운 보호무역 시대로 인해 네덜란드의 해상 무역은 상당히 위축되기 시작했다. 동시에 영국, 프랑스, 프로이센, 스웨덴 같은 국가들은 마침내 공화국이 사용하던 기법을 배우기 시작했고, 해외 무역과 국내 제조업 활동 양쪽에서 상당한 경쟁력을 확보했다.

런던에서는 네덜란드인들이 "더 비트의 운명을 되돌아보며 연민을 느끼기" 시작했으며, "그들은 그의 손실을 한탄하고, 그의 원칙을 예상할 수 있는 수준 이상으로 높게 평가하기 시작"했다는 소식이 들렸다.[65]

서로 다른 여러 분야에서 느린 쇠퇴가 이어졌고, 그것들이 누적됐다. 1715년 겨울, 네덜란드 공화국은 공채 이자를 지불할 돈이 바닥났다. 연합국 국고가 문을 닫았고, 그것이 다시 문을 열었을 때 채권자들은 낮은 이자율을 받아들여야 했다. 굴욕적이게도 금융 초강국이 국가 파산을 선언할 때가 된 것이다.

그때부터 외국 무역은 재앙적인 침체를 겪었고, 이를 뒷받침하던 가공업과 제조업도 마찬가지였다. 실업률이 증가했고, 도시화는 극적으로 역전됐다. 레이던, 하를럼, 델프트 같은 도시들은 1688년에서 1749년 사이에 인구의 절반 정도를 잃었다.[66] 한때 유럽에서 가장 인상적이었던 도시들은 작고 아기자기하게 보이기 시작했다. 이민은 눈에 띄게 줄었다. 암스테르담에서 혼인한 사람들 중 이주해온 사람들의 비율은 1640년대 40퍼센트에서 세기 말에는 25퍼센트로 감소했다.[67] 외국 학생들도 네덜란드 대학을 떠나기 시작했다.

도시 엘리트를 구성하던 집단 역시 줄어들었다. 귀족화 과정에서 레헌트 계층에 새로 진입하는 가문 이름이 감소했고, 그 자리는 점점 이전 레헌트들의 아들, 사위, 형제, 친인척들이 차지하게 됐다. 네덜란드인들은 다시 동업조합 체제를 강화했고, 결국에는 자국의 무역 장벽까지 도입했다. 공화국은 여전히 이웃 국가들보다 부유했지만, 이 나라가 성장과 혁신을 주도할 수 있었던 비결인 개방성과 활력은 상실했다. 황금시대의 공화국과 비교하면 이는 매우 안타까운 모습이었다.

18세기 중반, 스코틀랜드 작가 제임스 보스웰James Boswell은 위트레흐트에서 공부했다. 네덜란드 도시의 아름다움을 끊임없이 이야기했던 아버지가 보내준 것이었다. 보스웰은 친구에게 실망했다는 편지를 썼다. 세금과 무역 손실로 인해 자신이 그곳에 도착하기도 전에 네덜란드 황금시대가 이미 끝났다는 것이었다.

이 무역 국가는 매우 어려운 상황에 처했음이 틀림없어. 주요 도시 대부분이 심하게 쇠퇴했고, 모든 사람이 일거리를 가지기는커녕 굶주리며 놀고 있는 사람이 수두룩하다네. 위트레흐트는 매우 황폐해졌어. (…) 만약 윌리엄 템플 경이 이 나라를 다시 방문한다면 그들이 겪은 놀라운 변화를 거의 믿지 못할 거야.[68]

요약

네덜란드 공화국의 역사는 가장 흥미로운 역사 가운데 하나다. 국가를 구성하는 데 필요한 것들이 거의 없으며 생활하고 농사를 지을 땅조차 많지 않은 곳에서 소규모 반란군이 세계에서 가장 강력한 제국에 맞섰다. 네덜란드는 단순히 에스파냐를 완벽하게 물리친 것에 그치지 않고, 80년에 걸친 투쟁 끝에 세계 최고의 경제권이자 제국이자 문화권으로 부상했다.

네덜란드는 처음부터 가진 것이 거의 없었기에 개방의 예술을 완성해야 했다. 모든 것을 새로 만들고 건설하고 개발하고 수입해야 했다. 아테네인들처럼 농사지을 땅이 부족했기에 국제 무역과 전문화를 받아들였고, 송나라 중국인들처럼 새로운 땅을 개척한 농민들에게 재산권을 부여했다. 로마인들처럼 종종 고국에서 신앙 때문에 박해받은 이민자들을 새로운 공화국에 받아들였다. 아바스 왕조처럼 여러 나라와 전통 출신의 작가와 과학자들을 불러들여 새로운 생각과 발견을 만들어내게 했다. 그리고 르네상스 시대 이탈리아인들처럼 네덜란드 예술가들은 미술에서 끊임없이 새로운 재료와 주제를 실험했으며, 자신과 자기정체성 및 행동을 탐구하는 방법도 실험했다.

네덜란드는 포용성과 능력주의라는 이상을 가지고 이를 극단적으로 추구했다. 경제와 동업조합은 외부인에게도 열려 있었고, 여성은 더 많은 자유를 누렸으며, 심지어 하인들조차 다른 곳보다 더 나은 대우를 받았다(자유로운 노동 시장 덕분에 그들도 협상력을 가지고 있었기 때문이다). 다른 신앙을 가진 사람들도 사회에 참여하고 이 혼합체에 자기네의 창의력을 제공했다.

이로 인해 조선과 금융 상품에서부터 지적 토론과 군사 조직에 이르기까지 모든 분야에서 폭발적으로 혁신이 일어났다. 공화국의 성공은 전통적인 인식에 대한 도전이었다. 이전까지 유럽인들은 부가 토지와 정복에서 나오고 안정은 하나의 통일된 신앙에서 나온다고 생각했지만, 토지도 종교적 억압도 없는 나라가 세계에서 가장 부유해졌고 다른 강대국들이 종교전쟁으로 내분을 겪을 때도 안정적으로 남아 있었다는 사실을 알게 됐다. 난민과 토론에 대한 공화국의 개방성은 이 나라를 유럽 과학혁명과 계몽운동의 중심지로 만들었다.

이러한 부와 모든 생활 부문의 지속적 발전은 네덜란드를 전투에서도 우월하게 만들었다. 그러나 네덜란드 공화국에서도 이러한 개방성을 약화하는 교회와 총독파의 시도가 끊임없이 있었다. 세 명의 오랑주 공작이 공화주의 제도를 제거하기 위해 음모를 꾸몄다. 세 번째 시도가 성공했는데, 1672년 잉글랜드-프랑스의 침공으로 나라가 공황 상태에 빠지며 자기네를 지켜줄 강력한 지도자를 요구했을 때였다. 공화국의 성공에 가장 크게 기여한 인물인 요한 더 비트는 소크라테스, 키케로, 그리고 아바스 칼리파국의 조언자 자파르처럼 배은망덕하고 부당한 최후를 맞았다. 그는 폭도들에게 사적 제재를 당했다.

많은 다른 황금시대와 마찬가지로, 네덜란드의 쇠퇴는 독재적 야망, 정치적 중앙집권화, 검열에서 시작됐다. 개방적 토론에서 세계를 선도했던 나라가 점점 족쇄를 조이기 시작했다. 교회는 칼뱅주의 정통성을 강요하기 시작했고, 서적은 금지됐으며, 대학에서는 세속적 사상이 추방됐다. 이민은 줄어들고, 외국인 학생들은 한때 선도적이던 네덜란드 대학을 떠나기 시작했다. 도시 엘리트를 구성하던 집단은 쪼그라들었고, 곧 도시 자체가 위축됐다.

에스파냐는 네덜란드의 기적을 파괴할 수 없었지만, 네덜란드 자신이 그것을 망칠 수 있었다. 그러나 모든 것을 잃기 전에, 네덜란드 공화국은 개방된 바다와 개방된 정신이라는 이상을 지키기 위해 마지막으로 절박하고 엄청난 비용이 드는 시도를 했다. 도저히 믿기 어려울 정도로 위험한 계획이었다. 그들은 옛 적국인 잉글랜드에 자신들의 정치·경제 체제 전체를 이식하려 하고 있었다.

7장

영어권 세계

공업, 개인주의, 무례함

영국은 모든 병사가 자신의 의무를 다할 것이라고 기대한다.

— 넬슨 경이 트라팔가르 해전을 앞두고 함대에 보낸 신호, 1805년 10월 21일

넬슨이 더는 신호를 보내지 않았으면 좋겠네. 우리는 해야 할 일을 모두 알고 있으니까.

— 커스버트 콜링우드 제독[1]

아테네가 소규모로 했던 것을 미국은 거대한 규모로 하게 될 것이다. 전자는 고대 세계의 경이였고, 후자는 현대의 경이이자 모범이 되어가고 있다.

— 토머스 페인, 1791[2]

영어권 세계는 건재하고 훌륭하지만, 더 나은 이름이 필요한 것은 아닐까 하는 생각이 든다.

— 대니얼 해넌, 2014[3]

영어권 세계
캔버라
웰링턴

오타와
워싱턴 DC
더블린
런던

모든 황금시대의 모든 경제적·문화적 변화 가운데 18세기 말 영국에서 시작된 공업혁명보다 더 중대한 것은 없다.

공업혁명? 황금시대를 다루는 책에서 어두운 악마의 공장, 아동 노동, 무자비한 착취라니?! 많은 사람이 당황스러워할 것이다.

2012년 런던 올림픽 개막식을 본 사람들은 BBC(영국방송공사) 해설자가 이야기했던 "공업혁명의 혼란과 소음, 영국 농촌의 잔혹한 뿌리 뽑힘"이라는 강렬한 묘사를 아직도 기억할 것이다. 경기장 한가운데에서는 높은 모자를 쓴 오만한 남자들이 엽궐련을 피우며 농민들을 내쫓고 그들에게 거대하고 불길한 굴뚝을 세우도록 지시하고 있었다.

사나운 북소리와 광란의 연기자들은 "전율과 파괴, 그리고 공업혁명의 공포를 전달"하고 있었다. 행복한 농민들이 들판에서 춤추는 '푸르고 즐거운 땅'에 이어진 행사의 이 부분은 상상의 여지를 별로 남기지 않은 '판다이모니움Pandæmonium'이라는 이름이었다. 존 밀턴의 《실낙원》에 나오는 지옥의 수도다.

이것은 일종의 역사적 기억상실증이다. 그래서 공업화 이후의 사회가 막대한 예산(300년 전이었다면 영국의 여러 도시를 살 수 있었을 만큼의)을 들여 이런 거대한 연출을 할 수 있었다. 공업혁명은 인간이 역사상 언제나 겪어온 빈곤으로부터 놀라울 정도로 빠르게 벗어나기 시작(역사적 기준에서)한 순간이기 때문이다. 영국 건설 노동자의 실질 임금 지수를 보면, 18세기 말의 그것은 〈자유 대헌장〉이 제정되던 시기와 거의 동일했다.[4] 생활수준의 지속적 향상이라는 것은 존재한 적이 없었다. 경제사학자 데이비드 랜즈David Landes가 이렇게 말한 것은 유명하다. "1750년의 영국인은 물질적인 면에서 카이사르의 군단병들과 가깝지, 자신의 증손들과 가까운 것이 아니었다."[5]

문제는 공업혁명 이전의 인류가 악명 높은 맬서스 함정에 갇혀 있었다는 점이다. 공업화 이전 세계에서 인구는 자원보다 더 빠르게 증가하는 경향이 있었기 때문에 좋은 시기는 인구 증가를 낳았고, 이는 다시 나쁜 시기를 낳았으며, 결국 기근, 전염병, 전쟁을 통한 파멸적인 인구 붕괴를 초래했다. 지금까지 살펴보았듯이 많은 사람들의 생활이 개선된 대단한 개화의 시기가 여러 차례 있었지만, 인류 전체가 지속적인 개선을 누린 적은 없었다. 지금까지는 말이다.

성직자이자 경제학자인 토머스 로버트 맬서스Thomas Robert Malthus는 이러한 이론을 《인구론An Essay on the Principle of Population》(1798)에서 발표했는데, 이는 출판 역사상 최악의 시점 선택이었다. 바로 이 시기에 인류는 기술을 동원해 더 많은 자원을 생산하는 과정에서 맬서스의 족쇄를 벗어나기 시작했기 때문이다. 노동은 점점 기계에 의해 수행됐고, 석탄과 증기가 동력을 제공했다. 이에 따라 광업과 농업에서부터 제조업과 운송업에 이르기까지 경제의 모든 측면이 혁신됐다. 역사상 처음으로 빠르게 증가하는 인구가 지속적으로 더 높은 생활수준을 누릴 수 있게 됐다. 1700년에서 1850년 사이 잉글랜드와 웨일스의 인구는 약 500만 명에서 1500만 명 이상으로 세 배가 됐지만, 놀랍게도 사람들은 더 부유해졌다. 그리고 그후에는 '훨씬' 더 부유해졌다.

증기 동력과 방적기는 이 시대의 중요한 상징이 됐지만, 혁신은 거의 모든 분야에서 나타났고 하나의 혁신이 다른 혁신과 언제나 연결된 것은 아니었다. 현수교, 가축의 선택적 교배, 증기 망치, 통조림 식품, 천연두 예방접종, 철도, 배수 도랑 기술, 가스등, 파종기, 전신, 수술 중 마취, 유료 도로 제도는 서로 공통점이 거의 없었다. 다만 세계에 대한 호기심과 개선 가능성에 대한 확신은 공통적이었다. 그래서 "공업혁명은 증기의 시대도, 면직물의 시대도, 철의 시대도 아니었다. 그것은 진보의 시대였다"라는 디어드리 매클로스키Deirdre McCloskey의 말은 정확하다.[6]

1700년 이후 영국의 진보는 놀라웠다. 비교적 주변적인 유럽 국가였던 영국은 곧 유럽을 선도하는 국가가 됐다(처음에는 인구가 프랑스의 4분의 1 수준에 불과했음에도 불구하고). 영국은 공업 발전을 이끌었으며, 세계에서 가장 부유한 나라가 됐고, 자유민주주의로 나아가는 첫걸음을 내디뎠다.

식민지에서 갈라져 나왔지만 영어와 관습법을 유지한 미국, 캐나다, 아일랜드, 오스트레일리아, 뉴질랜드는 세계에서 가장 자유롭고 가장 부유한 국가들 가운데 일부다. 닐 스티븐슨Neal Stephenson이 SF 소설 《다이아몬드 시대The Diamond Age》(1995)에서 명명한 '영어권 세계Anglosphere'는 5억 명의 인구로 이루어져 있으며, 전 세계 생산과 군사비 지출의 거의 3분의 1을 차지한다. 그리고 이는 물론 다른 지역에 미치는 그 문화적 영향력을 과소평가한 것이다. 그 민주주의 체제와 시장 기반 제도가 전 세계로 퍼져나갔기 때문이다. '서투른 영어'는 세계에서 가장 흔한 언어가 됐다.

그러나 영국이 17세기 말 네덜란드의 대규모 침공에 패배하고 근본적으로 변모한 사실이 없었다면 이 진보의 시대의 탄생지가 됐을 가능성은 매우 낮다.

명예혁명

1685년, 네덜란드 공화국은 새로 결성된 잉글랜드-프랑스 동맹이 1672년의 일을 마무리해 공화국을 산산조각낼 수 있다고 두려워했다. 1685년 2월, 잉글랜드 왕 찰스 2세가 죽고 그의 동생이 잉글랜드의 제임스 2세이자 스코틀랜드의 제임스 7세로 왕위에 올랐다. 네덜란드인들은 이를 우려했다. 제임스가 가톨릭으로 개종했기 때문이다. 같은 해에 프랑스의 루이 14세가 낭트 칙령을 폐기하면서 프랑스 개신교도는 다시 혹독한 박해를 받았다. 곧 프랑스의 연속적인 관세 조치가 네덜란드의 무역을 마비시키며 양국의 이전 평화 조약을 폐기했다. 이후 프랑스 왕은 프랑스 항구에 있던 네덜란드 선박 100여 척을 나포했다. 네덜란드는 다시 한번 포위와 전쟁의 고통에 빠지는 듯했다.

한 가지 위안은 제임스 2세에게 적통의 아들이 없고 첫 번째 혼인에서 태어난 딸인 개신교도 메리가 계승할 예정이라는 점이었다. 메리는 1677년에 고종사촌인 오랑주 공작 빌럼 3세와 혼인했다. 따라서 반ᵣ네덜란드 정책은 왕이 죽으면 아마도 사라질 듯했다. 그러나 1687년 말, 그런 희망은 산산조각이 났다. 제임스의 두 번째 아내(가톨릭 신자였다)가 혼인 15년 만에 임신했다는 놀라운 소식이 전해졌다. 낳고 보니 아들이었다. 결국 가톨릭 왕조가 이어지게 됐고, 제임스가 추진하는 정책과 동맹이 모두 고착될 터였다.

네덜란드뿐 아니라 잉글랜드 사회의 상당 부분에서도 걱정은 공포로 바뀌었다. 제임스의 정책은 사실 대체로 관용 확대에 초점을 맞춰졌지만, 많은 사람은 가톨릭을 절대왕정과 연관시켰고 이것이 개신교 박해로 이어지는 첫 단계라고 두려워했다. 게다가 왕이 의회를 무시하고 자신의 정책을 관철하기 위해 지지자들로 의회를 채우려 했다는 사실이 그런 공포를 더욱 확신하게 만들었다. '피의 메리'로 불린 메리 1세가 가톨릭을 재도입하려 했던 잔혹한 시도도 기억 속에서 여전히 생생했고, 자주 선전에 이용됐다. 서민들은 '교황교敎皇敎'(가톨릭교)를 증오한다고 대니얼 디포Daniel Defoe는 썼다. 그것이 "사람인지 말馬인지 조차 모른 채" 말이다.[7]

그러나 네덜란드 공화국은 구원받았다. 1688년 11월, 잉글랜드인들이 봉기해 제임스 2세를 폐위시킨 것이다. '명예혁명'은 가톨릭 절대왕정의 가능성을 차단하고, 의회의 권한을 회복시켰으며, 국민의 권리를 보호했다. 대외 정책에서 잉글랜드는 네덜란드와 다시 발맞추기 시작했다. 1689년 말, 잉글랜드는 루이 14세에 맞선 대동맹에 가입해 프랑스에 선전포고했다.

19세기 중반에 글을 쓴 휘그당 정치인이자 평론가 토머스 배빙턴 매콜리Thomas Babbington Macaulay에게 "모든 혁명 중 가장 폭력이 적었던" 이 혁명은 "모든 혁명 중 가장 유익한" 것이었다. 새로운 체제를 만들었기 때문이 아니라 다른 체제를 막았기 때문이다. 이것은 생명, 자유, 재산을 보호하는 모든 제도를 뒤집으려 했던 폭압적 군주에 맞서 '옛 권리들'을 옹호한 것이었다. 1688년, "민중적 요소가 (…) 군주적 요소에 의해 파괴될 것인지, 아니면 자유롭게 발전해 지배적 위치를 차지할 것인지"가 마침내 결정됐다.[8]

적어도 영국인들은 이렇게 기억하기를 좋아한다. 그러나 1688년 혁명에 명예가 있다면 그 대부분은 네덜란드인들의 것이다. 왜냐하면 이것은 민중 봉기가 아니라 유럽을 경악시킨 네덜란드의 대담한 해상 침공이었기 때문이다. 100년 전의 유명한 에스파냐 무적함대보다도 네

배나 큰 규모였다. 이 비용이 많이 들고 복잡한 침공은 네덜란드 공화국의 모든 부문이 참여해 조직한 것으로, 하를럼 대표들이 정당화했듯이 "이 국가를 모든 외부의 위협으로부터 안전하게 만들기" 위한 것이었다.[9]

비판자들이 아무 일에도 서로 합의할 수 없는 사람들이라고 했던 네덜란드인들은 역사상 가장 복잡하고 위험한 작전 가운데 하나에서 협력할 수 있었다. 오랑주 공작 빌럼 3세의 왕조적 야망이 홀란트의 상업 방어와 공화국 전체가 느끼던 포위에 대한 두려움과 일치했기 때문이다. 전쟁이 다가오고 있다면 방어적 대응은 1672년만큼이나 재앙이 될 수 있었다. 지금 잉글랜드를 공격하는 편이 더 나았다. 이 나라는 상대적으로 약하고 분열되어 있었고, 의회 내에는 국왕에 반대하는 강력한 세력이 존재했기 때문이다. 그들은 자유주의적인 휘그당으로부터 지지를 약속받고 있었다. 이 당은 '불멸의 7인'으로 불린 여섯 명의 잉글랜드 귀족과 한 명의 주교가 빌럼에게 자신들을 전제적인 왕 제임스 2세로부터 지켜달라고 청하는 초청장을 보내도록 확실히 했다.

빌럼은 자신의 침공을 정당화하는 소책자를 6만 부나 제작했고, 이는 비밀리에 인쇄되어 배포됐다. 당시 가장 잘 팔린 소책자조차 수천 부를 찍는 일이 드물었던 점을 감안하면 놀라운 양이었다. 소책자는 왕이 국민의 "양심, 자유, 재산을 자의적 정부에" 종속시켰다고 주장했다. 책자는 또한 왕비의 "이른바 중대사"에 대해 이야기하고, 왕비는 임신한 적이 없으며 메리로부터 왕위를 훔치기 위해 아기를 왕실 요람에 몰래 들여보냈다는 소문을 이용했다.

네덜란드는 이 침공에 모든 것을 걸었다. 그들의 재물, 함대, 최정예 병력, 대포가 총동원됐다. 늦가을의 폭풍 속에서 함선들이 침몰했다면 공화국은 재정적으로 파탄 나고 군사적으로도 위험에 노출됐을 것이며, 물론 잉글랜드 국왕의 영원한 적대감까지 사게 됐을 것이다. 이것은 가장 절박한 마지막 한 방이었다.

그러나 성공 요인 가운데 하나는 1672년 빌럼의 정변 이후에도 남아 있던 공화국의 분권적 구조 자체였다. 수십 년 동안 각 주, 도시, 회사, 해군, 육군은 각기 훈련, 장비, 재정, 해운, 물류, 선전 분야에서 어떻게 하는 것이 가장 좋은지에 대한 현지 지식을 이용해 자기네의 기술을 완성했다. 그리고 이 모든 역량을 결합하자, 그들은 기록적인 속도로 역사상 가장 위대한 전쟁기계 가운데 하나를 만들어냈다.

함대는 역풍 때문에 한 달 동안 로테르담 남쪽에 발이 묶여 있었으나 11월 초 '신교풍Protestant wind'(1588년 에스파냐 무적함대를 파괴했을 때와 이 빌럼의 도해 때 개신교 세력에 도움이 된 바람을 말한다)을 타고 드디어 잉글랜드 해협을 건넜다. 약 400척의 수송·보급선과 53척의 전함으로 구성된 거대한 함대였다. 선박에는 네덜란드 최정예 병력과 잉글랜드, 스코틀랜드, 위그노 자원병 등 최소 2만 1천 명이 타고 있었다. 또한 5천 필의 말과 막대한 양의 대포도 실려 있었다.

거대한 함대는 도버 해협에 25척이 한 줄로 늘어선 대형을 갖추었고, 이는 많은 구경꾼들의 경외심을 자아냈다. 양측 측면에는 전함들이 배치되어 위협적인 예포를 터뜨렸다. 갑판 위에서는 부대들이 무장한 상태로 사열 대형을 유지했다. 나팔 소리, 자바라 소리, 북소리가 잉글랜드와 프랑스 해안 모두에서 들렸다. 한 목격자는 이것을 "인간의 눈으로 본 것 가운데 가장 장엄하고 감동적인 광경"이라고 했다.[10]

네덜란드인들은 '영국의 리비에라'인 잉글랜드 서남 해안의 브릭섬에 상륙해 빠르게 엑서터를 점령했다. 제임스 2세는 장부상으로는 더 많은 병력을 보유했지만, 그의 지지는 급속히 무너졌고 많은 병사들이 그의 군대에서 탈영했다. 결국 제임스는 빌럼에 맞서 전투를 벌이지 않고 도망쳤고, 옥새를 템스강에 던져버렸다. 12월 18일, 기세가 오른 빌럼은 군대를 이끌고 런던에 입성했다. 잉글랜드군은 모두 철수 명령을 받았고, 네덜란드군이 모든 주요 기관을 확보했다. 침공은 성공했고, 곧바로 혁명으로 이름을 다시 붙였다.

1689년 2월 12일, 곧 여왕이 될 메리(2세)가 잉글랜드 땅에 도착했다. 철학자 존 로크도 같은 배를 타고 왔다. 그는 이 혁명이 "나라의 모든 신민의 시민적 권리, 자유, 재산의 안전을 위해 지속 가능한 헌정을 수립할" 절호의 기회라고 여겼고,[11] 그동안 숨겨왔던 혁명적 원고들을 출판하기 시작했다. 비록 그의 바람만큼의 정착이 이루어지지는 않았지만, 이 혁명은 그의 《두 편의 통치론》이 그려낸 로크적 혁명과 여러 가지로 유사했다. 의회는 왕이 "국왕과 국민 사이의 원초적 계약"을 파기했다고 선언했고, 새로운 군주는 이러한 권리를 준수하며 자유로운 의회의 통제를 받아야 했다.[12]

2월 13일, 빌럼과 메리는 공동 군주로 잉글랜드 왕관을 받았고, 그에 앞서 그들 앞에서 '권리 선언'이 낭독됐다. 이는 의회의 권력을 보호하는 것이었고, 이제 미국 헌법에서 익숙한 "무기를 소지할 권리"와 "잔혹하고 이례적인 처벌" 금지 등이 포함되어 있었다. 이는 법률로 제정되어 〈권리장전Bill of Rights〉이 됐고, 빌럼은 거기에 제약을 받고 싶지 않았지만 이를 승인했다. 이는 흔히 영국에서 법치주의의 탄생으로 평가된다.

놀라운 사건의 반전과 왕위에 초청받은 상황 덕분에, 개인적 통치에 대한 제약을 제거하는 데 언제나 노력해온 네덜란드의 책략가인 오랑주 공작 빌럼이 영국 자유주의와 새로운 제한된 정부 시대의 상징이 됐다. 지금은 잉글랜드의 윌리엄 3세로 알려진 그가 개인적으로는 승리자였지만, 이제 더 많은 인구와 더 많은 자원을 가진 더 큰 정치체로 이식된 것은 실제로는 그의 옛 적수 요한 더 비트의 원칙들이었다.

지리적 위치 때문에 네덜란드는 항상 취약했다. 자기네의 바람과는 달리 유럽의 음모와 전쟁으로부터 멀리 떨어져 있을 수가 없었다. 하지만 영국은 섬나라로서 더 안전한 거리에 있었고, 이 자유주의의 씨앗들이 뿌리내리고 자라 번성한 뒤 더 멀리(결국 대서양 건너까지) 퍼져 나갈 수 있는 시간과 공간을 제공했다.

역사학자 존 로스럽 모틀리John Lothrop Motley는 네덜란드 공화국의 성장을 다룬 역사서를 시작하면서 이를 "근대사의 가장 중요한 사건 중 하나"라고 선언했는데, 그가 보기에는 현대의 자유와 번영은 이것 없이는 불가능했다.

16세기에는 홀란트와 제일란트 등 작은 주들이, 17세기에는 홀란트와 잉글랜드가 손잡고, 18세기에는 미국이 권리를 지켜냈다. 이는 모두 인간의 운명이라는 거대한 책의 한 장에 지나지 않는다. 홀란트, 잉글랜드, 미국의 이른바 혁명은 모두 한 사슬의 고리들이기 때문이다.[13]

영국의 개방

매콜리가 1688년 명예혁명에 법치, 언론의 자유, 종교의 자유, 노예제 종식의 싹이 담겨 있다고 썼을 때, 그는 사건보다 조금 앞서가고 있었

다. 노예무역과 가톨릭 억압은 실제로 더 악화됐다가 나중에 나아졌
다. 그러나 네덜란드 군주와 영국 의회 사이의 새로운 합의가 개인의
권리와 법 앞의 평등이라는 토착 전통을 강조하고 심화했다는 것은 의
문의 여지가 없다. 그 전통은 절대군주의 위협으로 두려움에 떨던 섬
나라를 새로운 궤도에 올려놓는 데 이용될 수 있는 것이었다.

의회와 휘그당은 고래의 자유와 관습법에 대해 자긍심을 가졌다.
관습법은 강력한 행정부가 아니라 사람들이 이미 만들어낸 법을 법
정이 발견해나간다는 관념에 기반한 것이었다. 그들은 흔히 절대왕정
과 귀족정이 1066년 노르만인의 정복 때 잉글랜드인에게 강제된 외
래의 개념이라고 주장했다. 잉글랜드 내전(1642~1651) 이후 평준화파
Levellers[소상인, 수공업자, 자영농 등이 결성한 급진적인 당파], 존 밀턴, 앨저
넌 시드니Algernon Sidney가 구체화한 혁명적 자유주의 사상이 크게 유행
했지만, 내전 자체는 결국 올리버 크롬웰 치하의 독재와 그 이후의 왕
정복고로 끝났다. 1688년 이후 이러한 사상은 마침내 실현될 수 있었
고, 다만 영국인들이 스스로가 구현하고 있다고 즐겨 생각했던 온건하
고 현명한 방식이었다.

개인적 통치에 대한 가장 강력한 제약은 국왕이 독립적인 수입원을
빼앗겼다는 것이다. 특정 세금과 관세, 독점권과 관직 판매 같은 것들
이다. 앞으로 국왕은 원하는 것이 있으면 반드시 의회에 가서 공손히
부탁해야 했다. 국왕은 점점 의회의 다수파와 협상할 수 있는 각료를
임명해야 했다(이 때문에 훗날 한 국왕은 "이 나라에서는 장관들이 왕이다"라
고 불평하기도 했다).

휘그당은 언제나 군주의 권한을 더욱 강력히 통제하고자 했지만, 이
제 토리당 역시 의심을 공유하게 됐다. 먼저 제임스 2세에게 배신당했

다고 느끼고, 이어서 그들 상당수가 찬탈자라고 여긴 네덜란드 출신의 군주를 맞이하면서다. 때때로 윌리엄 3세는 마치 다시 네덜란드 공화국으로 돌아간 듯, 말썽 많은 여러 주 및 최고참사들과 다투고 있다고 느꼈을 것이다.

"모든 사람에게 관계되는 일은 모든 사람이 고려하고 승인해야 한다"라는 고대 로마의 원칙이 마침내 "군주가 좋아하는 것이 곧 법의 효력을 가진다"라는 군주제 원칙을 이겼다. 그 결과 유럽에서 가장 혼란스러웠던 나라들 가운데 하나가 이 나라를 가장 안정적인 나라 중 하나로 만들 제도를 갖추게 됐다. 바로 그들이 변화에 더 열려 있었기 때문이다.

1689년, 광범위하게 비국교도 신앙의 자유를 인정하는 '관용법'이 통과됐다. 대안 예배 장소가 합법화됐고, 국교회는 교육 독점을 잃었다. 1695년에는 의회가 '언론 허가법' 갱신을 거부해 검열이 폐지되고 정치적·철학적 논쟁이 한층 활발해졌다. 다른 법들은 국왕이 판사를 파면할 권한을 빼앗았고, 피고인이 변호인과 기소장 사본을 받을 권리를 보장했다.

1707년 이후에 이 나라는 잉글랜드가 아니라 그레이트브리튼 왕국이 됐다. 스코틀랜드와 잉글랜드는 1603년 이래로 같은 군주를 공유했지만, 이제 그들은 연합 국가에 합류했다. 이는 영국의 개방을 향한 중요한 추가 조치였다. 이제 섬 전체에서 사람과 사상이 자유롭게 이동할 수 있게 됐기 때문만이 아니라, 스코틀랜드가 잉글랜드보다 더 문해율이 높고 더 세계주의적인 문화를 갖추었기 때문이다. 이것이 바로 '스코틀랜드의 개명'으로 알려진 흥미로운 18세기의 부상을 설명하는 데 도움을 준다.

당시 잉글랜드 대학들은 폐쇄적이고 활력 없는 기관이었다. 애덤 스미스는 옥스퍼드 교수들은 "학문의 외양조차 완전히 포기"했다고 불평했다.[14] 반면 스코틀랜드 대학들은 지적 최전선에 있었다. 과학, 의학, 경제학 같은 새로운 학문 분야를 발전시켰고, 뉴턴의 이론을 본인이 재직하던 케임브리지대학보다 먼저 가르쳤다. 스코틀랜드 대학들은 잉글랜드 대학들과 달리 종교적 충성 서약을 요구하지 않았기 때문에 새로운 사상에 더 개방적이었고 먼 곳에서 학생들을 끌어 모았다.

역사가 아서 허먼Arthur Herman은 흔히 '북방의 아테네'로 불린 에든버러에 대해 이렇게 썼다. "런던과 파리만이 에든버러와 지적 중심지로서 경쟁할 수 있었다. 그러나 그 두 세계적 수도와 달리, 에든버러의 문화생활은 국가 기관이나 귀족 살롱과 후원자들에게 지배되지 않았다. 오히려 강인하고 자율적인 지식인들과 문필가들의 공동체에 의존했다."[15] 데이비드 흄, 프랜시스 허치슨, 애덤 스미스 같은 당대의 중요한 사상가들뿐 아니라 수많은 발명가, 수학자, 과학자가 스코틀랜드 출신이었다.

네덜란드가 네덜란드 정신에서 조금 멀어져가던 바로 그 시기에 잉글랜드는 네덜란드화되고 있었다. 1688년 이후 이민이 증가했으며, 특히 네덜란드 상인과 기술공, 위그노, 유대인이 많았다. 다른 민족과 종교의 이주민들은 공직 진출과 옛 대학 입학을 제외하고 모든 권리를 인정받는 시민권이 주어졌기 때문에 이들은 상업 분야로 이끌려갔다.

일부는 잉글랜드에 뛰어난 시계와 기계 제작 기술을 제공했고, 그것이 이어지는 공업화의 핵심이 됐다. 다른 이들은 자기네의 지식과 연줄을 이용해 런던을 새로운 금융 중심지로 만드는 데 기여했다. 1744년 런던시가 조지 2세에게 충성을 선언했을 때, 서명한 542명의 상인 가운데 3분의 1 이상이 외국계 출신이었다. 위그노가 100명 이상, 유대인이 40명, 네덜란드인이 37명이었다.[16]

1720년대에 볼테르는 영국 자본주의의 개방성을 극찬했는데, 그의 말은 반세기 전 스피노자가 암스테르담을 묘사한 것과 놀라울 만큼 닮아 있었다.

런던 증권거래소(많은 궁정보다 더 훌륭한 곳이다)에 가보라. 그러면 모든 민족의 대표들이 인간의 이익을 위해 모여 있는 모습을 보게 될 것이다. 그곳에서 유대교도, 이슬람교도, 기독교도는 모두 같은 신앙의 사람인 것처럼 서로 거래하며, 오로지 파산하는 자들에게만 '불신자'라는 말을 쓴다.[17]

사회의 상업화 및 갑작스러운 국제 무역의 급팽창과 결합해 윌리엄의 침공 이후 잉글랜드가 네덜란드 공화국의 영광을 빼앗아갔다고 일부 네덜란드인들이 느꼈던 것도 전혀 이상하지 않다.[18]

국가의 무능력

그레이트브리튼(영국)이 성공할 수 있었던 이유에 대한 흔한 설명은 이 나라가 1688년 이후 목표를 달성하고 법을 집행하며 사회 기반시설과 기타 공공재를 제공할 수 있는 효율적인 국가가 됐기 때문이라는 것이다. 어느 정도는 맞는 말이다. 특히 세금을 거두고(심지어 귀족에게서조차) 자본 시장에서 국채를 발행할 수 있었던 정부의 능력은 그러했다. 그러나 다른 면에서 보면, 이는 18세기 영국을 오늘날 유행하는 국가의 능력이라는 틀에 억지로 끼워 맞추려는 후대의 시도이기도 하다. 18세기 당시 외국 관찰자들이 눈여겨본 것은 영국 정부가 공공재를 제공할 능력이 있었는지 여부와는 별개로, 그럴 의지가 부족하다는 점이었다. 거둔 세금과 발행한 부채는 거의 전부 해군 유지와 전쟁 수행에 사용됐다. 그외 거의 모든 일은 개인, 시민사회, 사기업이 스스로 해결해야 했다.

기업가들과 지역 유력자들은 사설 도로와 운하를 건설했고, 신탁 조직은 이용자가 비용을 부담하는 유료 도로를 건설하고 보수했다. 철도는 민간 기업이 건설하고 자금을 댔다. 항만, 다리, 등대, 배수 시설, 가스등은 민간의 출자금으로 마련됐다. 공중보건 사업도 처음에는 자발적 협회가 주도했다.

사회주의의 선구자 중 한 명인 프리드리히 엥겔스조차 이러한 성취를 인정했다.

영제국 전체, 그리고 특히 잉글랜드는 60년 전만 해도 당시의 독일이나 프랑스와 다를 바 없이 형편없는 도로를 가지고 있었으나, 지금은 가장 훌륭한 도로망으로 뒤덮여 있다. 그리고 이 도로들 역시 잉글랜드의 다른 거의 모든 것과 마찬가지로 민간 기업의 작품이며, 국가는 이 분야에서 거의 아무것도 하지 않았다.[19]

엥겔스는 운하와 철도 역시 민간이 발전시킨 것이라고 설명했다.

공식 화폐 제도는 있었지만, 상업 사회치고는 놀랍게도 소액 주화가 만성적으로 부족했다. 그래서 많은 사업체가 직원들에게 물건으로 급여를 지급하거나 '사내 매점'에서만 사용할 수 있는 방식으로 임금을 지급해야 했다. 거래는 신용에 의존했기 때문에, 사업에 종사하는 누구에게나 평판이 절대적으로 중요했다. 조지 셀진George Selgin이 《좋은 화폐Good Money》에서 썼듯이, 1780년대에 시장은 흥미로운 해결책을 내놓았다. 구리 재벌들과 실업가들이 수백 톤의 민간 주화를 발행하기 시작했고, 이것이 주화 부족을 해결하고 영국에서 임금 지불과 소매 거래에 가장 널리 쓰이는 통화가 됐다.[20]

정부에는 국가 전역을 포괄하는 관료제조차 없었다. 나라의 많은 지역에서는 법을 집행하는 사람이 없었다. 어떤 지역에서는 비전문가, 시간제 치안관, 자원봉사자, 자경단원들이 이를 대신했다. 지역 치안판사는 무급이었으며 지역 부유층 가운데서 선발됐는데, 그들이 반드시 유능한 것도 아니고 때로는 부패하기도 했다. 그런 일을 하려는 사람을 찾기 어려운 경우도 많았다. 계약은 날인을 한 정식 문서보다는 보통 악수로 이루어지는 비공식 합의가 대부분이었다. 법 문서상으로는 재산권이 보호됐지만, 실제로 그것을 보호하기 위해서는 대개 재산 소유자가 사설 경비를 고용해야 했다. 대부분의 형사 기소는 범죄 피해자가 직접 진행해야 했다. 런던의 첫 경찰 조직은 1829년에야 설립됐는데, 런던은 이를 비교적 일찍 도입한 도시였다.[21]

공식적인 제도는 나중에 도입됐다. 규모가 크고 익명성이 커진 경제에서는 평판과 신뢰에 의존하기 더 어려워졌기 때문이다. 영국 공업혁명에 관한 모범적인 연구서 《개명한 경제An Enlightened Economy》를 쓴 경제사학자 조엘 모키어는 이러한 요소를 모두 고려해 다음과 같이 결론지었다. "우리는 영국의 기적을 설명하는 제도적 요인의 중심에 정말로 국가의 효율성을 놓을 수 없다."[22]

영국 정부는 다른 것을 제공했고, 그것은 더 중요한 것이었다. 바로 온화한 방치benign neglect[미국의 정치가 대니얼 모이니핸Daniel Moynihan이 처음 쓴 말로, 문제에 적극적으로 개입하지 않고 자연스럽게 해결되기를 바라는 태도]였다. 네덜란드 공화국을 제외한 다른 유럽 국가들과 비교할 때, 영국은 더 많은 관용과 경제적 자유를 허용했다. 국가가 한발 물러나자 시민들이 한발 나섰다. 어떤 의미에서는 지역 치안판사들의 재량도 도움이 됐다. 그들은 필요 없다고 판단한 공식 규칙이나 규제를 집행하기를 종종 거부했기 때문이다. 그 덕분에 영국의 제도는 시대 변화에 더 유연하게 적응할 수 있었다. 고리대금과 유한회사에 관한 법은 무시됐고, 동업조합은 강제력을 상실했으며, 독점권은 영향력을 잃었다. 밀수는 지역사회에서 종종 자유무역의 정당한 실천으로 여겨졌다.

이는 영국이 완전히 자유시장 체제였다는 뜻은 아니다. 정부는 여러 방식으로 개입했다. 특히 필수적이지 않다고 여겨지는 거의 모든 것에 간접세를 부과하는 일 따위였다. 간접세 중 하나가 창문 수에 따라 부과되는 창문세였는데, 이는 사실상 빛과 공기에 대한 세금이었다. 때로는 특정 이해관계를 보호하기 위해 관세가 부과되기도 했다. 가장 악명 높은 사례가 19세기 초의 곡물법으로, 이는 빵값을 올렸다. 하나의 개입은 종종 또다른 개입을 낳았다. 1690년대에 영국의 맥주 산업은 프랑스산 포도주로부터 보호해주는 대가로 높은 세금을 부과받는데 동의했다. 그러나 분산된 양조업자들에게서 세금을 거두기 어려웠기 때문에 정부는 진입을 제한해 산업을 집중시키는 방식으로 대응했고, 이로 인해 소비자 가격은 더 올라갔다. 그러자 영국인들은 더 독한 술로 눈을 돌렸고, 그 결과 18세기 초 진gin의 소비가 늘어 '진 광풍'이 일어났다.

그러나 전체적으로 시장은 훨씬 더 중요해졌다. 지역적으로는 정교한 분업이 이루어졌지만, 전국적으로는 대륙과 달리 내부 통행세 장벽이 없는 통합된 국가 경제가 형성됐다. 1706년 한 프랑스인 방문자는 고대 로마조차 "런던에 있는 가게, 기술, 수공업의 4분의 1"도 갖지 못했다고 말했다.[23] 국제 무역 역시 중요성이 커졌고, 영국은 유럽의 다른 지역에서 들여오는 곡물에 더 의존하기 시작했다. 이는 가격 변동을 완화하고 흉년이 들면 자주 일어났던 기근을 종식시켰다. 무역은 영국인들을 새로운 생각과 방법에 더욱 많이 노출시켰다.

영국은 급속한 도시화의 한가운데 있었다. 1700년에서 1850년 사이, 인구 5천 명 이상의 도시에 사는 영국 인구 비중은 17퍼센트에서 45퍼센트로 증가했다. 도시의 성장과 시장 교환의 확대는 신분사회가 계약사회로 대체되는 변화로 이어졌다. 옛 귀족들은 졸부들에 대해 불평하며, 이제 토지 소유는 존경의 유일한 근거가 안 된다고 말했다. 상류층은 이전에는 공손하던 상인과 노동자들이 갑자기 시장에서 다양한 고객층을 만나면서 '건방져'졌다고 불평했다. 1703년에 대니얼 디포는 낯설고 새로운 정신세계를 이렇게 묘사했다. "잉글랜드에서 부는 어떻게 얻었든 기계공을 귀족으로, 난봉꾼을 신사로 만든다. 유래와 혈통은 여기서는 쓸모없다. 뻔뻔함과 돈이 있으면 귀족이 된다."[24] 네덜란드 공화국에서 삽이 정무관을 만든다고 했던 것과 비슷한 말이었다.

디어드리 매클로스키는 이러한 부르주아적 전환이 경제사에서 가장 근본적인 변화 가운데 하나였다고 주장했다. 먼저 네덜란드에서, 그리고 이후 영국에서 사람들은 서로에 대한 대화 방식과 태도를 바꾸기 시작했다. 리처드 스틸Richard Steele의 희곡 《양심 있는 연인들The

Conscious Lovers》(1722)에 나오는 표현대로 "무언가를 '했던' 사람들의 자손"에 대한 오랜 편견은 기업가와 상인에 대한 새로운 존경으로 대체됐다. 한때 돈을 버는 상인은 탐욕스러운 죄인으로 여겨졌지만, 점점 더 많은 사람들이 그들을 "언제나 당신네 자신들이 우리보다 훨씬 위에 있다고 생각해왔던 당신네 지주층만큼이나 명예롭고 거의 그만큼 유용한 사람들"(역시 스틸의 표현이다)로 보기 시작했다.[25]

매클로스키는 18세기 중반 '정직honesty'이라는 말의 의미 변화에 주목한다. 이는 원래 고귀하고 귀족적인 함의를 지닌 '명예로운honorable' 것을 의미했다. 그런데 신흥 상인들과 그들을 관찰하던 사람들은 장사에서의 '정직'한 거래를 이야기하기 시작했다. 거짓말을 하거나 속이지 않는 사람을 가리키는 말이다. '정직'은 타고난 신분의 문제에서 품성과 행동의 문제로 바뀌었다. 네덜란드어 에이를레이크eerlijk('정직한')도 같은 변화를 겪었다.[26] 독일의 사회학자 노르베르트 엘리아스Norbert Elias는 '예의 바르다courteous'라는 개념에서 이와 비슷한 변화를 추적한 바 있다. 한때 왕실 궁정court의 구성원을 뜻하던 말이 결국에는 부자든 가난하든 모두에게 적용되는 올바른 식사 예절을 의미하게 된 것이다.

애덤 스미스는 "유럽 모든 민족 가운데 가장 상업적인 네덜란드인이 가장 자기네 말을 잘 지키는 사람들"이라고 생각했다.[27] 동시대의 판사 윌리엄 블랙스톤William Blackstone은 영국인을 "정중하고 상업적인 국민"이라 불렀다.

18세기에 네덜란드와 영국의 지식인과 작가들은 물건을 만들고 그것을 팔아 이익을 얻는 사람들이 존경할 만한 사람인 것처럼 이야기하기 시작했다(아바스 왕조 시대의 바그다드에서 그랬던 것처럼). 이는 이 계층의 커가는 자신감을 부추겼고, 이러한 직업을 택하는 데 따르던 망설임을 덜어주었다. 디어드리 매클로스키는 이런 어투, 즉 '입의 습관'의 변화야말로 아마도 경제사에서 가장 위대한 변혁 가운데 하나인 공업 혁명을 촉발한 수백만 건의 발명, 실험, 거래를 가능하게 한 필수 배경이라고 생각했다.

빛의 상인

혁명이 일어나기 전에, 먼저 경제사학자 조엘 모키어가 '공업의 개명 Industrial Enlightenment'이라 부른 현상이 있어야 했다. 그는 이를 "과학혁명이 다른 방식으로 논리적 연속성을 이어간 것"이라고 설명한다.[28] '문인 공화국'의 수천 명의 과학자와 철학자들은 끊임없는 편지 교환, 협력, 경쟁을 통해 자연에 대한 지식을 체계화하고, 이것이 실제 문제를 해결하는 데 유용함을 보여주었다.

과학자들이 성공할수록 통치자들은 이 지식을 자신에게도 유용하게 쓸 수 있다는 사실을 깨달았다. 그들은 때때로 과학자들의 마법이나 신성모독을 금지하기도 했지만, 학자들은 그냥 짐을 싸서 경쟁국으로 떠나 그 나라를 풍요롭게 만들었다. 유럽이 여러 국가로 분열되어 있었기 때문에 말썽꾸러기들은 언제나 다른 나라로 가서 그곳에서 자신의 유용성을 증명할 수 있었다. 과학을 하고 기술을 개발하는 것이 바람직한 일로 보이기 시작했고, 심지어 신사들도 창피하게 생각하지 않고 이야기할 수 있는 일이 됐다.

이런 영감의 상당 부분은 프랜시스 베이컨(1561~1626)에게서 비롯됐다. 그는 과학적 이해, 실험, 기술을 통해 물질적 진보를 이룰 수 있다는 생각을 설득력 있게 표현했다. 일부 학자들은 '보이지 않는 대학'이라 불린 모임에서 이런 생각을 발전시켰고, 1660년에 그들은 런던에서 왕립학회Royal Society를 창립했다. 이름과는 달리 이는 정부 기구가 아니라 아래에서부터 올라온 자발적 조직이었다. 왕립학회는 베이컨이 《새로운 아틀란티스New Atlantis》에서 묘사한, 실용적 문제 해결을 위해 세계의 지식을 수집하는 '살로몬Salomon의 집'이라는 가상의 학술 기관의 영향을 받았다. 왕립학회의 표어는 권위의 부정과 논쟁 가능성(그것이 과학의 동력이다)에 대한 개방성을 드러내고 있었다. 바로 눌리우스 인 베르바Nullius in verba, 즉 "그 누구의 말도 그대로 믿지 말라"였다.

여러 해 동안 이 학회를 이끈 사람은 아이작 뉴턴이었는데, 그의 운동 법칙과 중력 이론으로 그는 자연의 신비를 풀어낼 수 있는 인간 능력의 상징이 됐다. 그러나 왕립학회는 새로운 통찰과 발명에 관심이 있고 거기에 기여하는 사람이라면 누구에게나 열려 있었다. 여기에는 '진짜' 과학자뿐 아니라 의사, 상인, 변호사도 더 많이 포함됐다. 프랜시스 베이컨은 학자와 제조업자, 즉 무언가를 아는 사람들과 무언가를 만드는 사람들 사이의 협력과 지식 공유를 장려했다.

이는 18세기 '공업의 계몽'에 특징적인 형태의 포용성이었다. 과학자들이 작업장을 방문하기 시작했고, 공학자와 화학자들이 기업에 고용됐으며, 기업가와 기술공들은 과학 논문을 공부했다. 그리고 그들 모두는 찻집에 모여 최신 소식을 듣고 새로운 이론에 대해 토론했다. 이런 모임들은 성직자나 군인을 양성하는 데 치중했던 기존의 영국 대학보다 훨씬 더 유익했다. 커피 한 잔 값인 1페니로 누구나 최신 토론과 발견에 접근할 수 있었기에 '페니 대학'이라 불렸다. 한 동시대인은 이렇게 환호했다. "훌륭한 학문을 목표로 하는 탐구심 있는 사람은 책으로 한

달 동안 얻는 것보다 많은 것을 이곳에서 하루 저녁에 얻을 것이다."[29]

지방의 공업 중심지에서는 민간 학회가 속속 생겨났고, 그곳에서 사람들은 자연과학과 기술적 문제에 관한 강연을 듣고 토론했다. 가장 유명한 곳은 버밍엄의 '달빛 모임Lunar Society'〔가로등이 없던 당시에 귀가의 편의를 위해 매달 보름날 밤에 모임을 가진 데서 연유한 이름〕로, 조지프 프리스틀리와 이래즈머스 다윈(찰스 다윈의 할아버지) 같은 과학자들이 실업가 및 기술자들과 정기적으로 만나 서로에게서 배웠다. 스피탈필즈Spitalfields 수학회에서는 회원이 다른 회원의 질문에 대해 답을 찾지 않으면 약간의 벌금을 내는 상호 지원 체계까지 만들었다.

프리스틀리는 "요즘의 예절은 학식 있는 사람들과 없는 사람들이 이전보다 더 친밀하게 교류할 수 있게 했다"라고 말했다.[30] 이렇게 뒤섞이는 것은 예전 같으면 눈살을 찌푸릴 일이었다. 신분과 법적 지위로 기술공, 노동자, 농민과 분리됐던 상류층은 이전에는 실무 경제와 자연스러운 연관이 거의 없었다. 봉건제와 노예제 사회에서 그들은 농사, 방직, 철공 같은 세속적인 일을 초월한 존재였다. 그들이 다루던 관념은 일상 문제나 생산과 거의 관계없는 순수한 관념이었다. 혁신 과정을 가속화할 수 있는 실용적 세계에서 축적된 지식이 없었기 때문에 인류는 아주 이따금씩 약진에 마주친 것이 다행이었다.

'공업의 개명' 시기에 엘리트가 실용적 사안에 관심을 기울이면서 기계학, 야금학, 지질학, 화학, 토양학, 재료과학 등의 지식이 체계화됐다. 그 결과 방법, 재료, 기계를 의도적으로 조작하고 개선하며 변화하는 필요에 맞추어 적응시킬 수 있게 됐다. 얻어진 지식은 어떤 식의 실험이 유망할지 방향을 제시했고, 그 실험에서 얻은 시행착오의 접근법은 다시 지식의 상황을 알리고 개선하는 데 쓰였다. 이런 과정은 반복됐다. 정기 간행물, 사전, 편람이 인쇄소에서 쏟아져 나와 양수기에서 혈액 순환까지 새로운 방법과 통찰을 소개했다. 1777년 런던에는 당시 유럽 어느 도시보다 많은 72개의 서점이 있었다.[31]

흥미롭게도 프랜시스 베이컨의 유토피아에는 외국을 여행하며 새로운 책과 지식을 수집해 진보를 가속화하는 중요한 사람들이 등장한다. 그는 그들을 '빛의 상인'이라 불렀다. 이제는 영국 곳곳에서 그들을 볼 수 있었다.

영구 혁명

문인 공화국과 '공업의 개명'은 유럽 전체에 걸친 현상이었지만(프랑스의 화학자 앙투안 라부아지에Antoine Lavoisier의 유명한 말처럼 "과학은 결코 전쟁을 하지 않는다"), 새로운 생각을 실제로 적용하고자 하는 사람들에게 영국은 유럽 대부분의 국가보다 훨씬 더 호의적인 환경이었다. 그 이유는 두 가지였다. 첫째, 영국은 다른 나라들보다 기이한 혁신이나 사업 모형을 실험할 자유가 더 많았다. 영국 정부(및 다른 나라들)도 한때는 새로운 노동 절약 기술을 금지했지만, 1688년 이후 국가는 혁신에 호의적으로 변했다.

명예혁명 이후 영국은 재산권을 강화하는 법체계를 구축했고, 이는 혁신과 사업을 적극적으로 장려했다. 애덤 스미스는 1776년에 "모든 사람이 자신의 노동의 열매를 누릴 수 있다는 영국 법의 보장만 채택하더라도 어떤 나라든 번영하기에 충분하다"라고 썼다.[32] 특허 제도 또한 경탄을 자아냈다. 프랑스나 네덜란드 같은 나라에서는 발명품의 사회적 기여도를 관료가 평가해야 했다. 영국에서는 발명이 관료들에게 유용해 보이든 말든 어떤 혁신이라도 보호받았다.

둘째, 숙련 노동자들 또한 시장으로 향했다. 다른 선택지가 없었기 때문이다. 대륙에서 기술자는 일반적으로 정부에 고용되어 관공서, 학교, 군대 등에서 일했다. 그러나 영국에서는 육군보다는 해군에 의존했고 이념적 이유도 있었기에, 기술적 역량을 가진 사람들이 민간 부문에서 일자리를 찾아야 했다.

일부 기업가와 기술자들은 기술적 도약을 통해 막대한 부를 축적했다. 리처드 아크라이트의 방적기, 제임스 와트의 개선된 증기기관, 조사이아 웨지우드의 도자기 등이 대표적이다. 이들은 요즘 말로 '슈퍼스타'가 됐고, 공업적 혁신이 유행하게 하고 남들에게도 해보도록 자극을 제공한 유명한 공적 인물들이었다. 유명 혁신가들이 방적기와 증기기관을 만들어 산업 전체를 변혁시켰지만, 미천한 출신의 온갖 사람들 또한 자신의 작업을 다시 살펴보고 개선 방안을 고민하기 시작했다. 1760년 이전에는 농기계 관련 특허가 10년에 대여섯 개 수준이었지만, 1830년대에는 10년에 80개로 증가했다.[33] 새뮤얼 존슨은 이렇게 불평했다. "세상이 미친 듯이 혁신을 좇고 있다. 세상의 모든 일을 새로운 방식으로 해야 한다."[34]

혁신이 언제나 복잡한 것은 아니었다. 앤턴 하우스Anton Howes는 직조 생산성을 크게 높인 존 케이John Kay의 날아다니는 방추紡錘를 이야기한다. 하우스는 그것이 놀라울 만큼 단순하다고 지적했다. 특별한 지식도 필요 없고, 단지 끈 몇 개와 북을 잡아줄 양쪽의 작은 나무 상자 두 개면 충분했다. 그런데도 5천 년 동안 어떤 직조공도 이렇게 할 생각을 하지 못했다.[35]

대부분의 사람에게는 도무지 혁신이 떠오르지 않는다. 그들이 그렇게 하도록 무언가가 자극해야 하는데, 주변 사람들이 혁신으로 성공하는 모습을 보는 것만큼 큰 자극은 없다. 가능성과 개선의 문화는 더 많은 사람을 도전하게 만들고, 그것이 이러한 문화를 강화한다. 이는 황금시대가 흔히 저절로 강화되는 이유 중 하나다.

게다가 발명을 하는 것만으로 충분한 것도 아니다. 여러 나라가 영국의 발명을 들여온 뒤 이어 영국 기술자까지 데려오면서 발견한 사실이다. 그것을 가동하고 부품을 공급하며 고장 나면 고칠 수 있는 방법 또한 찾아야 한다. 영국에는 전국을 돌아다니며 기계와 장비를 조립하고 유지 보수하는 기계공, 제분기 제작자, 공구 제조자, 금속공, 목수들이 많았다.

동업조합은 대륙에 비해 훨씬 힘을 잃게 됐다. 대부분의 조합은 자발적 수단으로 규칙과 기준을 세우고자 하는 협회로 대체됐다. 덕분에 성장하는 분야는 더 많은 노동력을 신속하게 끌어들일 수 있었고, 노동자들은 업종 사이, 그리고 지역 사이의 이동이 자유로웠다. 대륙에서는 지역 동업조합이 외부인을 막을 수 있었지만, 영국에서는 어디에서 실습을 마쳤든 나라 어디서나 자유롭게 자신의 기술을 사용할 수 있었다.

이런 개방성 덕분에 외부인들이 기존 산업에 새로운 지식과 창의성을 더할 수 있었다. 많은 도약이 다양한 분야의 발상과 방법을 결합한 사람들에 의해 이루어졌다. 애덤 스미스는 많은 혁신이 새로운 집단에 의해 이루어졌다고 말했다. "그들의 일은 무엇인가를 하는 것이 아니라 모든 것을 관찰하는 것이며, 따라서 그들은 흔히 서로 가장 멀고 다른 것들의 힘을 결합하는 데 능했다."[36] 1790년에서 1830년 사이 직물업의 모든 특허 발명의 약 절반은 직물업 종사자가 아닌 사람들에 의해 이루어졌다.[37] 시계공, 이발사, 성직자가 면직물 산업의 세 가지 큰 혁신을 이뤄냈다.

영국에는 물건을 관리하고 개량할 수 있는 폭넓은 노동자층이 있었기 때문에, 의외로 종종 해외에서 발명품을 들여온 뒤 거기에 작은 조정과 미세한 개선을 더해 더 실용적이고 효과적으로 만들었다. 이러한 영국의 생각에 대한 개방성을 인정하며 철학자 데이비드 흄은 "우리가 그동안 이룬 모든 개선은 외국인을 모방한 데서 비롯됐다"라고 말하기까지 했다.[38] 다른 나라들이 영국의 성공을 모방하고자 했을 때, 그들은 때로 원래 자기 나라의 것이었던 아이디어가 영국에서 크게 개선된 형태로 다시 수입되었음을 발견하는 일도 있었다.

공업혁명에서 가장 중요한 점은 그것이 동력을 잃지 않았다는 것이다. 우리가 보았듯이, 다른 사회들도 과거에 극적인 혁신을 경험했고 그 경제가 크게 변한 적이 있었다. 그러나 어느 정도 시간이 지나면 제한된 지식 기반이 동나고 그들은 혁신 능력을 잃어버렸다. 결국 그들은 몰락하고 역사 속에서 찬란하지만 일시적인 개화 가운데 하나가 되어버렸다. 19세기에는 이런 일이 일어나지 않았다. 기존의 문제가 해결되자 과학자, 기술자, 기업가들은 다른 분야의 새로운 문제 해결에 나섰고, 그 결과 경제의 모든 부문에서 차례로 혁신이 일어났다. 새로운 혁신은 더 많은 지식을 낳았고, 이 새로운 지식은 다시 도약을 만들어 내 기술사학자 A. P. 어셔Abbott Payson Usher가 말한 "지속적으로 새로운 것이 나타나는" 나선형의 과정이 형성됐다.[39]

이 지속적인 과정은 '공업의 개명'에서 시작되고 기술이 무엇을 성취할 수 있는지를 보여준 증거에 의해 강화된 진보 이념과 낙관주의 정

신의 결과였다. 따라서 공업혁명은 끝나지 않은 최초의 혁명이라고 할
수 있다.

승자와 패자

2012년 런던 올림픽 개막식의 서사는 변혁적인 공업혁명이 오히려
끊임없는 재난을 불러왔다는 것이다. 그 시작은 농촌의 인클로저
enclosure('울타리 치기')였다. 그것이 사람들을 땅에서 내쫓아, 윌리엄 블
레이크가 말한 "어두운 악마의 공장"에서 일하지 않을 수 없는 프롤
레타리아(무산계급)를 만들어냈다. 이러한 해석은 공업혁명에 대한 가
장 격렬한 비판자들을 차용한 것이다. 프리드리히 엥겔스는《영국 노
동 계급의 상태Die Lage der arbeitenden Klasse in England》(1845)에서 맨체스터
에서의 공업화가 노동 계급에게 견딜 수 없는 고통과 억압의 시기였다
고 묘사했다. 사회사학자 존 해먼드John Hammond와 바버라 해먼드Barbara
Hammond는 20세기 초 베스트셀러 3부작을 통해 여러 세대 독자들의
관점을 형성했는데, 그 책의 주인공은 토지를 잃은 농민들, 착취당한
공장 노동자들, 빈곤에 빠져드는 마을들이었다.

　처음에는 인클로저 현상이 자발적으로 이루어졌고 토지 사용권을
잃은 사람들에게는 보상이 제공됐으나, 18세기 말에는 정부의 강제력
으로 과정이 마무리됐다. 관습적으로 공유지에 대한 비공식적 권리를
누리던 소규모 자작농들은 보상 없이 그 권리를 잃었다. 한편으로 권
리를 빼앗긴 사람들은 매우 실제적인 손해를 입었지만, 다른 한편으로
갈수록 효율적이 된 농장은 규모가 커지고 흔히 전문 관리자가 임금

노동자를 사용하는 방식으로 운영됐다.

전통적으로 높은 생산성은 인클로저의 결과로 해석되어왔다. 그러나 최근 연구는 개방경지open-field 농업도 혁신이 가능했음을 보여준다. 사실 가장 큰 생산성 향상은 17세기에 네덜란드에서 도입된 새로운 농법을 채택하면서 이미 나타났다. 어쨌든 그 결과 더 적은 노동력으로 더 많은 사람을 먹여 살릴 수 있게 됐다. 그러나 이것이 잔혹한 추방 가설이 전체적으로 옳았다는 말은 아니다. 놀랍게도 1850년 영국 농업 종사자 수는 약 150만 명으로 1700년과 거의 같았다. 경작 면적이 늘었기 때문이다.[40] 공업 부문에서 노동자 수가 증가한 것은 땅에서 쫓겨난 농민이 옮겨간 것이 아니라 출생률 증가와 사망률 감소로 인한 인구 증가의 결과였다.

오스트리아의 경제학자 프리드리히 하이에크는 이렇게 썼다.

자본주의가 '창조'했다고 말할 수 있는 프롤레타리아 계급은 자본주의가 존재하지 않았더라도 어차피 존재했을 인구를 더 낮은 수준으로 떨어뜨린 것이 아니었다. 오히려 자본주의가 제공한 새로운 고용 기회 덕분에 성장할 수 있었던 추가적인 인구였다.[41]

1688년 한 통계 보고서는 당시 푸르고 행복한 땅 잉글랜드에서 인구의 약 절반을 빈농, 극빈자, 부랑자로 분류했다. 당시의 아주 낮은 경제적 기준으로도 그랬다. 1820년에도 영국 인구의 40퍼센트 이상이 여전히 극심한 빈곤 속에 살았던 것으로 추정된다. '판다이모니움'과 같았던 공업혁명을 거친 1900년에는 그 수치가 단 10퍼센트로 감소했고, 완전히 사라지는 길에 들어섰다. 영국은 세계 최초로 이를 이룬 나

라였고, 이에 필적할 수 있는 나라는 오직 같은 영어권 세계 국가들뿐이었다.[42]

그렇다고 패자가 없었다는 뜻은 아니다. 모든 대규모의 경제적 변화는 일부 사람들을 더 나쁘게 만들기 마련이며, 특히 이전의 경제 작동 형태를 통째로 새로운 것으로 대체하는 방식이라면 더욱 그렇다. 집에서 이루어지던 소규모 제조업인 가내 공업의 쇠퇴가 한 사례다. 이들은 장기적으로 자동화 및 공장 생산과 경쟁할 방법이 없었고, 그로 인해 많은 이들이 다른 곳에서 일자리를 찾아야 했다.

그러나 가정에서 행해지던 직조나 편직이 시인과 작가들이 과거를 돌아보며 묘사한 것처럼 낭만적인 일은 아니었다. 수요는 크게 오르내렸고, 일자리는 불안정하고 저임금이었다. 많은 이들이 동시에 작은 텃밭을 가꾸었는데, 이는 여가 활동이나 취미가 아니라 생존 전략이었다. 공장제 기업들은 더 높은 임금을 지급하는 경향이 있었고, 경기 침체기에도 노동자들의 충성을 유지하기 위해 그들을 보호하려는 경우가 많았다. 게다가 여성주의자들이 상기시켜주듯이, 여성의 공장 노동이 공식적인 고용자가 아니라 남편의 지시를 받을 때 더 매력적이었다고 단언할 수는 없다.[43]

높은 임금을 받던 가내 공업 종사자 가운데 일자리를 잃은 이들도 있었지만, 그들이 가졌던 이전의 특권적 지위는 때때로 일시적인 현상에 불과했다. 1810년대 초 방적기를 파괴했던 '기계 파괴자Luddite'들은 정부로부터 잔혹하게 탄압당했다. 역사 속에서 그들은 기술 진보의 반동적 적으로 보이기도 했고, 그들이 유일하게 할 수 있는 일에서 떨려난 것에 대해 항의한 불운한 노동자로 보이기도 했다. 그러나 어느 쪽도 이 복잡한 이야기를 온전히 설명하지 못한다.

버지니아 포스트렐Virginia Postrel은《문명의 직물The Fabric of Civilization》
에서 기계 파괴자들이 상층 기능공, 즉 높은 임금을 받고 일자리도 풍
부했던 황금시대를 누린 수직手織 직조공이었다고 설명한다. 역설적
으로 이는 이전의 파괴적인 자동화 물결로 인해 가능해진 것이었다.
18세기 말 방적을 기계화한 장치들은 많은 노동자를 해고했지만, 동시
에 직조공들에게 한때 희소했던 옷감 짜는 방적사를 풍부하게 공급해
주었다. 숙련 직조공을 교육하는 데 시간이 걸렸기 때문에, 이미 기술
을 갖춘 이들은 일시적으로 매우 좋은 노동 조건을 누렸다.[44]

한 세대가 지난 뒤에 새로운 동력 직조기가 이들의 작업 대부분을
자동화할 수 있게 됐고, 바로 그 시점에 그들은 저항하며 때때로 기계
를 파괴했다. 다시 말해서 기계 파괴자들은 기술 자체에 대한 원칙적
반대자가 아니라, 이전의 더 파괴적인 기술로 인해 생긴 특권적 생계를
지키고자 한 사람들이었다. 여기서 우리가 알 수 있는 것은 혼란이 언
제나 일부 노동자 집단에게 상처를 주고 다른 이들을 이롭게 하며, 그
혜택을 누리는 최선의 방법은 그 혁신의 파도에 올라타는 것이라는 점
이다. 실제로 기계 파괴자들은 잉글랜드 서남부 상당 지역에서 양털
깎기 기술을 꽤 긴 기간 지연시키는 데 성공했다. 만약 오늘날 예컨대
인공지능(AI)을 비슷하게 대해야 한다고 생각하는 사람이 있다면, 그
결과로 이 산업이 붕괴해 요크셔로 옮겨갔다는 점을 염두에 둘 필요
가 있다.

가장 중요한 결과는 완전히 다른 곳에 있었다. 처음으로 더 많은 사
람이 대량의 옷, 침구, 돛, 자루 등을 살 수 있게 되면서 구매력이 크게
증가했고, 그 덕분에 전혀 다른 분야에서 훨씬 더 많은 노동자들이 고
용될 수 있었다.

공장이 제공한 새로운 일자리들은 오늘날의 기준으로 보면 끔찍한 것이었다. 일은 반복적이고 육체적으로 매우 고단했으며, 작업장은 먼지 많고 시끄럽고 악취가 나는 곳이 허다했다. 무겁고 빠르게 움직이는 기계들은 새로운 위험을 만들어냈다. 노동자들은 엄격한 규율에 복종해야 했고, 종종 일터까지 먼 거리를 걸어서 출퇴근해야 했다. 하루 노동 시간은 길었고, 농업이나 가내 노동에서 그들이 흔히 누렸던 것처럼 유연하게 시간을 조절하거나 다양한 일을 병행하는 일도 할 수 없었다.

가장 충격적인 것은 새로운 공장들에 아동 노동자가 매우 많았다는 점이다. 이들은 흔히 방적기에서 끊어진 실을 잇는 일을 했는데, 그중에는 여덟 살 정도의 어린아이들도 있었다. 그들 일부는 기계 아래로 기어 들어가 먼지와 때를 제거했고, 일부는 실이 감긴 실패를 꺼내고 빈 실패로 교체했다. 더 심한 경우에 일부 아이들은 광산에서 일하며, 뚜껑문을 지키거나 수레를 밀기도 했다. 그들은 배우고 놀 시간을 빼앗겼으며, 비위생적이고 위험한 환경에서 흔히 평생 남을 신체적 손상을 입기까지 했다.

현대적인 상수도, 하수도, 쓰레기 처리 시설이 도입되기 전의 붐비는 도시 생활은 언제나 더 나쁜 건강 상태와 짧은 평균수명을 의미했다. 현대 이전 대부분의 도시는 출생률보다 사망률이 더 높았고, 인구학자들은 이를 '도시의 불이익urban penalty'이라고 불렀다. 도시가 커졌다면 그것은 이주 때문이었다. 이런 도시의 팽창은 단기적으로는 과밀, 질병, 전염병, 높은 사망률로 이어진다고 봐야 했다.

그러나 우리 스스로가 낭만주의 시인들과 작가들의 말에 속아서는 안 된다. 그들은 붐비는 도시와 공장 안 먼지와 오염을 보며 농업에 대한 감동적인 향수를 읊어댔다. 공장 노동이 그렇게 끔찍했다 해도, 사람들이 기꺼이 그 일을 택했다는 사실은 그들이 떠나왔던 곳이 더 나빴다는 것을 분명하게 말해준다. 공업화 이전의 농촌 생활은 시와 올림픽 개막식에서는 언제나 더 나아 보이지만, 그 시대를 실제로 살았던 사람들의 자서전 속에서는 그렇지 않았다. 그들에게 농촌의 뿌리는 축복이 아니라 벗어나야 할 것이었다. 그들은 농사일이 건강하고 유익했다고 쓰지 않았으며, 허리가 꺾어질 듯한 고된 노동과 억압적인 농촌 빈곤에 대해 이야기했다.

한 사람은 자서전에서 자신의 젊은 시절에 농업 노동자들이 더 행복했다는 생각을 비웃으며, 그 시절에는 "그저 농노"였고 "주머니는 텅 비어" 있었다고 말했다. 한 소년은 "비루하게 굴종하는 초라한 농노의 삶을 예상"할 수 있음을 일찍이 알고 가능한 한 빨리 농촌을 떠났다.[45] 그들은 온갖 문제에도 불구하고 도시로 떠나는 것을 기회 및 자유와 연결시켰다.

아동 노동 또한 같은 관점에서 보아야 한다. 아동 노동은 공업화가 만든 현상이 아니었다. 공업혁명의 절정에 이르렀을 때에도 공장에서 일하는 아이보다 농업과 서비스업에서 일하는 아이가 더 많았다. 아이들은 늘 일해왔는데, 그 이유는 단순했다. 가정은 그들의 소득 없이 살아갈 수 없었고, 게으름은 끔찍한 재앙으로 간주됐다. 아이들이 일하지 않는다면 그것은 일을 찾지 못했기 때문이었고, 이는 가족에게 큰 걱정거리였다. 1726년 대니얼 디포는 랭커셔의 면직물 공장을 관찰하면서 네 살짜리 아이들까지도 유용한 일자리를 찾았다는 사실을 기쁘게 기록했다.[46]

아이들은 어릴 때는 집에서 일했지만, 나이가 조금 더 들면 흔히 다른 가정으로 보내져 일했다. 집안 하인이나 농장 노동자 일이었고, 그 주인의 집에 살며 지시에 복종해야 했다. 이들을 그리로 내몬 절박한 상황은 아이들이 과로, 부족한 식사, 폭력 등으로 잔혹하게 대우받더라도 부모가 그들을 주인집에서 데려오지 않았다는 사실에서 확인된다. 자서전들을 보면 아이들이 매를 맞고 도망쳤다가도 부모에 의해 다시 그 집으로 보내졌다는 이야기가 나온다.[47] 1666년 런던 대화재 이후 예방책으로 굴뚝이 좁고 꺾인 형태가 되자, 작은 아이들이 종종 그속에 들어가 그을음을 치우는 불결하고 위험한 일을 맡기도 했다.

따라서 비록 공업혁명이 아동 노동의 불쾌한 사례를 많이 남겼지만, 공업혁명은 아동 노동의 시작이 아니라 끝이었다. 도시 공장에서는 일하는 아이들이 농촌에 있을 때보다 더 잘 눈에 띄었고, 이런 관행 자체가 점차 도덕적으로 혐오스럽게 여겨지기 시작했다. 한 세대가 지나기도 전에 아동 노동은 금지됐다. 1830년대 이후 더 많은 자동화와 증기 동력의 대량 사용이 아동 노동을 대체했고, 숙련 노동의 수요를 높였다. 임금 상승으로 부모들은 아이들의 노동에 의존하지 않고, 대신 그들의 교육에 투자해 더 나은 삶을 바라보게 했다. 1803년, 최초의 기계식 굴뚝 청소기가 발명됐고, 처음에는 반대가 있었지만 이로써 아이들을 굴뚝 청소에 이용하는 끔찍한 관행의 종말이 시작됐다.

추하고 비위생적이던 도시들은 부의 증가와 기술 발전 덕분에 과거의 문제들을 해결할 새로운 기회를 얻게 되면서 서서히 개선됐다. 철제 배관의 발명은 결국 하수와 식수를 분리하지 못하고 생활해야 하는 도시 문제를 해결했다. 놀랍게도 도시의 성장과 도시 불이익에도 불구하고 잉글랜드와 웨일스의 기대수명은 18세기 중반 약 35세에서 1800년에는 40세로 증가했는데, 이는 대체로 천연두 예방접종 덕분인 것으로 보인다. 1900년에는 기대수명이 전례 없이 길어져 46세에 도달했다.

노동자들의 목소리

공업혁명의 사회적 결과에 대한 논쟁은 오래됐고 때로 격렬했다. 합의에 이르기 어려웠던 한 가지 이유는 학자들이 서로 다른 것을 보았기 때문이다. 실질임금을 거칠게 측정하면 초기인 1760~1830년에 정체된 것으로 나타난다(하지만 전쟁 시기였고 인구가 급격히 증가하던 시기라는 점을 고려하면 전통적으로는 생활수준이 크게 하락했어야 하므로 정체조차도 성과였다고 할 수 있다). 그러나 인구 가중치를 적용하면 평균 임금은 무려 50퍼센트나 증가했다.

하지만 이것조차 공업혁명의 영향을 과소평가한 것이다. 공업혁명은 일부 지역에서 큰 충격을 주었지만 다른 지역에서는 거의 영향을 미치지 않았기 때문이다. 농업 지역의 임금은 이 기간 동안 15~25퍼센트 증가하는 데 그쳤지만, 공업화가 진행되던 지역에서는 무려 80~90퍼센트나 상승했다. 이 시기 말에 이르면 제조업 임금은 농업 임금의 거의 두 배에 달했다.[48] 그리고 이는 1850년 이후 진보가 시작되고 임금이 본격적으로 치솟기 전의 이야기다.

이러한 변화는 눈에 띄는 것이었다. 갑자기 평범한 사람들도 편안한 면직물 옷을 살 수 있게 됐고, 속옷이 더러워지면 갈아입을 수 있게 됐다. 종이, 유리, 양초는 더 품질이 좋아지고 더 저렴해졌다. 책, 신문, 천을 씌운 가구, 도자기, 거울도 더 이상 극소수의 부자만을 위한 것이 아니었다. 교사나 의사 같은 직업이 빠르게 성장한 것은 이들의 서비스에 대한 시장이 형성됐음을 보여준다. 동시에 기차는 노동 계급에게 빠르고 저렴하게 이동할 수 있는 기회를 주어, 종종 평생 처음으로 고향 밖의 세계를 볼 수 있게 했다.

결국 비판자들조차 공업혁명의 결과로 생활수준이 높아졌다는 사실을 부정하기 어려웠다. 엥겔스는 맨체스터의 프롤레타리아 계급을 다룬 자신의 책에 서문을 새로 쓰며, "이 책에서 현재의 것으로 묘사된 상태는 이제 여러 면에서 과거의 것이 됐다"라고 고백했고, 노동자들이 이제 "확실히 부유해졌다"라고 인정했다.[49]

'낭만주의적 기계 파괴자' 토머스 칼라일은 "지금 사람들이 과거에 비해 더 잘 먹고 더 잘 입고 더 좋은 집에서 살며, 전체적으로 외적으로 존중받고 편의를 제공받는다는 것은 (…) 모든 이에게 저절로 떠오르는 고마운 생각"이라고 인정했지만, 그의 불만은 여전히 남아 있었다. 즉 이것은 단지 물질적 진보일 뿐 "신 또는 영적인 것과 무관"하다는 것이다.[50]

존 해먼드와 바버라 해먼드 부부는 자기네의 영향력 있는 공업혁명 비판서를 나중에 개정하면서 통계학자들이 공업혁명 이후 "소득이 증가했고 대부분의 남성과 여성이 빈곤에서 구제"됐음을 보여주었다는 사실을 인정했다. 그러나 그들 역시 칼라일과 마찬가지로 여전히 상황이 나쁘다고 주장했으며, 불만의 원인은 "순수한 경제적 조건의 영역 밖에서 찾아야 한다"라고 말했다.[51]

이는 논쟁을 더 어렵게 만든다. 통계의 세계를 떠나, 무엇이 존엄하거나 비참한지, 무엇이 아름답거나 추한지에 대한 주관적 평가로 넘어가기 때문이다. 이 경우 우리는 당시 사람들이 어떤 생각을 했을까에 대한 우리의 정치적·도덕적·미적 편견에 크게 영향을 받는데, 어떻게 결론에 도달할 수 있을까?

영국 왕립역사학회 회장인 역사학자 에마 그리핀Emma Griffin은 실제 그 시대를 살았던 사람들에게 직접 묻는다는 기발하고 새로운 아이디어를 내놓았다. 그리핀은 문서 보관소를 뒤져 1760년 이후 작성된 350편 이상의 자전적 기록을 찾아냈는데, 이 기록들은 흔히 출판할 의도 없이 지인들을 대상으로 쓴 것들이다. 필자들은 농업과 제조업의 숙련·비숙련 노동자들을 대표하는 집단으로, 매우 가난한 배경을 가진 경우가 많았다.

공업혁명에 관한 글을 쓴 이들은 이러한 기록들을 거의 참고하지 않았다. 아마도 그 이유는 이 기록들이 "우리가 듣고자 기대하는 이야기를 전혀 들려주지 않기" 때문일 것이다. 그리핀은 이렇게 말한다. "우리가 아무리 애써도, 이 자전적 문헌을 암울한 해석 안에 담아내는 것은 불가능하다. 그렇게 하려면 이 글쓴이들이 전달하고자 했던 메시지를 의도적으로 왜곡해야만 한다."[52]

이러한 일차 기록들이 전달하는 일관된 인상은 그들이 빠른 진보와 기회의 시대에 살고 있었다는 것이다. 한 광부는 임금이 과거에는 "매우 낮았다. (…) 당시 가난한 사람들의 삶은 매우 고달팠다"라고 썼다. 다른 이도 과거의 어떤 것들은 더 나았을지 모르지만, "노동 시간과 휴식, 여가의 기회에는 전혀 해당되지 않는다. 노동 계급이 지금보다 더 나은 시기를 누린 적은 없다"라고 동의했다. 한 목수도 자녀들에게 비슷한 이야기를 전했다. "내가 자라던 시절이 얼마나 힘든 때였는지 돌아보아라. (…) 내 생각에 노동 계급이 지금처럼 잘살았던 적은 없다." 떠돌이 걸인의 아들로 태어나 모자 상인이 된 사람은 "우리 민족은 감사해야 할 이유가 많다"라고 썼다.[53]

한 사람은 어린 시절 떠났던 마을로 돌아와 "지금은 그곳이 훨씬 나아졌다고 말할 수 있어 기뻤다"라고 했다. 또다른 이는 "옛 시절이나 관습으로 돌아가기를 바라는 사람은 정말로 인간 혐오자"라고 생각했다. 세 번째 기록자는 만약 조상들이 돌아와 지금의 발전을 본다면 그들은 "자기 눈을 믿지 못할 것"이라고 결론지었다. 네 번째 기록자는 부모님이 "내가 보고 있는 이 개선을 함께 누리고 볼 수 있었더라면 얼마나 좋았을까"라고 적었다.[54]

그리핀의 말에 따르면, "이 변화에 대해 지속적으로 불만을 표한 사람은 시인과 작가들뿐이었고, 그들은 아마도 평범한 초기 공장 노동자들과는 매우 다른 관심사를 가지고 있었을 것이다." 한 노동자의 말처럼, "누군가가 좋았던 옛 시절을 이야기하는 것을 들으면, 나는 그들이 그 시절에 실제로 무슨 일이 있었는지 모른다고 생각할 수밖에 없다. 내가 있던 곳의 그 시절은 힘든 시기였다는 것을 나는 알고 있다."[55]

대부분 찬사에 가까운 평가인 공업혁명에 대한 이 방대한 글모음을 읽으면 선택 편향이 있었을 것이라고 가정하고 싶어진다. 자기 인생 이야기를 쓰는 사람들(그것이 비록 자기 자녀만을 위한 것일지라도)은 보통 무언가를 이루어낸 이들이며, 그렇기에 세상에 대해 더 긍정적인 관점을 갖게 됐을 수 있다. 하지만 에마 그리핀이 지적하듯이 이는 공업화 이전에도 마찬가지였고, 당시의 자전적 기록자들은 자신의 개인적 성공이 사회 전반에도 반영되고 있다고 주장하지 않았다. 그들은 사람들이 전체적으로 과거보다 더 나은 삶을 살고 있다고, 기회가 확대되고 빈곤이 줄고 있다고 말하지 않았다. 하지만 바로 이 시대에 갑자기 그러한 주장들이 나왔다. 이 글들에서 가장 흔한 정서 가운데 하나는 자신들이 자라면서 겪었던 삶을 자녀와 손자손녀들은 겪지 않아도 된다는 안도감이었다. 토머스 잭슨Thomas Jackson이 썼듯이, "사회는 끊임 없는 발전 상태에 있다."[56]

공업 문명 초기의 이 잊힌 사람들의 눈을 통해 오랜 시간 바라본 뒤, 에마 그리핀은 이렇게 결론 내린다. 그들이 아무리 힘겹게 살았더 라도, 모든 것을 압도한 것은 그들이 굶주림과의 오랜 전쟁에서 처음 으로 승리한 세대에 속한다는 인식이었다는 것이다. 그리핀 자신도 이 러한 해석에 전적으로 편안하지는 않다. 영국 정부가 자유방임 정책을 따르지 않고 사람들을 위해 훨씬 더 많은 일을 할 수 있었다고 생각하 기 때문이다.

그러나 정부가 아무것도 하지 않았을지라도, 우리가 마주해야 할 불편 한 진실이 있다. 공업화는 식탁에 음식을 올려놓는 놀라운 힘을 가지고 있었다. 그리고 자신이 어린 시절에 겪었던 굶주림이 자녀와 손자손녀 세대에도 되풀이될 것이라 예상하던 그 첫 세대에게는 식탁에 놓인 음 식이 그 어느 것보다 중요했다. 자서전의 저자들은 아이들이 굶주리던 옛 시절을 낭만적으로 여기지 않았다. 그리고 우리가 자본주의의 옳고 그름에 대해 어떤 생각을 품고 있든, 다른 누구도 그래서는 안 된다.[57]

일부에서 전한 바에 따르면 아이들은 심지어 어떤 종류의 음식을 먹겠다거나 먹지 않겠다고 떠들어대기 시작했다고 한다. 이는 어떤 것 이 됐든 굶주림의 고통만 없앨 수 있다면 감지덕지하던 세대에게는 도 무지 이해할 수 없는 일이었다.

아일랜드에서는 감자 마름병이 퍼져 일시에 끔찍한 기근을 겪었다. 1845년에서 1852년 사이에 약 100만 명이 사망했다. 역사학자 T. S. 애슈턴Thomas Southcliffe Ashton은 이것이 공업화 없이 인구가 증가하는 국가들에게 닥칠 끔찍한 운명이었으며, 잉글랜드가 경작 농민과 기술공들의 나라로 남아 있었다면 똑같은 일을 겪었을 것이라고 보았다.[58] 공업화된 스코틀랜드 남부가 굶주린 북부 고지 지역의 대규모 아사 사태를 막아낸 사실은 애슈턴의 주장을 뒷받침한다. 일각에서는 이 대기근에 대해 영국이 돕지 않았기 때문이라거나, 기근 시기에도 아일랜드에서 식량을 적극적으로 수출한 정책 때문이라고 주장하기도 한다. 하지만 첫 번째 설명은 국내적으로는 기근을 막을 수 없었다는 점을 사실상 인정하는 셈이므로 오히려 애슈턴의 주장을 지지하는 꼴이 되고, 두 번째 주장은 명백히 틀렸다. 기근 동안 아일랜드는 수출한 것보다 더 많은 식량을 수입했기 때문이다.

그러나 아일랜드는 특별한 경우다. 그곳은 잉글랜드에 의해 강제로 식민지화됐고, 잉글랜드인들은 많은 땅을 빼앗은 뒤 아일랜드 농민들을 고용해 작은 구획을 경작하도록 했기 때문이다. 농민들은 토지에 대한 권리가 없었고 지주들은 잉글랜드에 거주했기 때문에, 영국의 다른 지역에서 수확량을 높인 체계적 개선이 아일랜드에서는 이루어지지 않았다.

에마 그리핀의 자서전 연구로 돌아가 보면, 식탁 위의 음식은 단지 식탁 위의 음식만을 의미하지 않았음에 주목하는 것이 중요하다. 빈곤은 남성과 여성 모두에게 운신의 폭이 없었다는 얘기다. 배우자와 혼인에 관한 선택은 제한됐고, 진로, 교육, 자기계발이나 정치 활동에 관한 결정도 마찬가지였다. 노동 선택지가 제한된 상황에서는 통제적이거나 학대하는 고용주에게 맞서는 것은 곧 굶주림을 의미했다.

공장이 생겨 얻을 수 있는 풍부한 일자리와 그들이 제공하는 더 높

은 임금 덕분에 사람들은 배고픔과 빈곤뿐 아니라 비굴한 예속도 벗어
던질 수 있게 됐다. 갑자기 공장 노동자들은 대담해졌고, 자신들이 나
중에 사소한 일이라고 묘사한 이유로도 쉽게 직장을 떠나곤 했다. 어
떤 사람들은 휴식 시간을 충분히 주지 않는다는 이유로 떠났다. 동시
에 노동자들은 독서 모임, 발전 상조회, 야간 학교, 일요 학교, 운동 단
체, 노동조합 등으로 조직되기 시작했다. 정치 단체의 만개는 종종 생
각하는 것처럼 불만이 커졌다는 신호가 아니었다. 불만은 늘 존재했
다. 달라진 것은 그것을 표현할 자유였다.

헌장운동가chartist〔19세기 영국에서 선거법 개정과 사회 개혁을 요구한 운동
으로, 1838년에 기초한 〈인민헌장People's Charter〉에서 이름이 나왔다〕 토머스
프로스트Thomas Frost는 이렇게 썼다. "남쪽의 도시와 마을에서 사람들
의 정신은 마치 잠들어 있는 듯했다. 그러다가 증기기관의 한 줄기 바
람이 그들을 깨웠다."[59] 결국 에마 그리핀은 자신의 책 제목을《자유의
여명Liberty's Dawn: A People's History of the Industrial Revolution》으로 정했다. 그리
핀의 결론은 이렇다. "공업혁명기 노동 계급의 삶에 대한 침울한 서사
는 어떤 이들에게는 카타르시스를 줄 것이다. 그러나 이는 좋은 역사
서술은 아니다."[60]

영제국

영국은 세계의 공업 동력으로 성장하고 있었고, 동시에 해가 지지 않
는 제국으로 가는 과정도 함께 진행되고 있었다. 19세기 말에 영국 역
사학자 존 로버트 실리John Robert Seeley는 유명한 말을 남겼다. "우리는

말하자면 순간적으로 정신이 나간 사이에 세계의 절반을 정복하고 사람들을 이주시킨 듯하다."

이 말은 일리가 있다. 정복을 위한 전반적인 지침이나 계획은 없었다. 그것은 흔히 다른 유럽 열강, 특히 프랑스가 어떤 지역으로 확장하는 것을 막기 위해 이루어진 것이었다. 17세기 초 잉글랜드는 에스파냐를 견제하는 전초기지로서, 그리고 그들의 해외 제국을 모방하는 방법으로서 서인도제도 섬들을 점령했다. 북아메리카의 많은 식민지는 박해를 피해 도망친 종교 소수자들이 세운 곳이다. 인도는 독자적인 군대를 가진 영국 동인도회사라는 민간 무역 독점 기업이 정복했으며, 영국 왕실은 1858년에 가서야 통치권을 넘겨받았다. 오스트레일리아는 죄수 유배지로 세워졌고, 싱가포르는 영국이 네덜란드령 동인도를 잠시 점령했을 때 그곳 부총독을 지낸 스탬퍼드 래플스Stamford Raffles가 주도해 영국 무역 전초기지로 만든 것이지 런던에서 한 것이 아니었다. 영국은 노예무역을 통제하기 위해 아프리카에 최초의 요새를 세웠지만, 첫 주요 아프리카 식민지였던 시에라리온은 해방된 노예들을 재정착시키기 위해 설립됐다(그 수도 이름 프리타운도 여기서 유래했다).

따라서 영국이 제국에 대한 계획은 갖고 있지 않았지만, 영국의 사략선, 모리배, 정착민, 군인들은 확실히 저마다 다양한 계획을 가지고 있었다. 조지 맥도널드 프레이저George MacDonald Fraser의 《플래시맨과 빛의 산Flashman and the Mountain of Light》에서, 소설 속의 비겁한 군인 해리 플래시맨은 실리의 가설을 이렇게 비판한다.

영제국은 순간적으로 정신이 나간 사이에 얻었다고들 하는데, 그럴싸하게 들리는 재치 있는 말장난이지만 완전히 멍청한 소리야. 괜찮다면 정신을 차린 사이라고 해야겠지. 그리고 탐욕과 기독교, 친절과 악행, 지략과 광기, 심오한 계획과 맹목적 우연, 자존심과 거래, 실수와 호기심, 열정, 무지, 기사도와 편의, 정의의 진지한 추구, 그리고 빌어먹을 프랑스 놈들을 막아내겠다는 결심 같은 온갖 것이 뒤섞여 있지.[61]

제국의 성과에 대한 평가는 뜨거운 논쟁거리다. 일부는 제국이 법체계와 기반시설 또한 남겼다고 주장하면서 냉혹한 평판에 반대한다. 그리고 이전 영국 식민지들이 다른 나라가 지배한 식민지보다 정치·경제·사회적 성과 면에서 훨씬 더 나았다고 주장한다. 그러나 이러한 비교는 미국, 캐나다, 오스트레일리아, 뉴질랜드처럼 다수의 영국인이 정착해 법치와 재산권 같은 제도를 함께 가져온 식민지를 포함함으로써 왜곡될 수 있다. 다른 곳들은 질병이 많은 곳이어서 정착민 사망률이 높고, 따라서 영국은 좀더 착취적인 제도를 도입했으며 흔히 지역 주민의 재산권을 보호하기보다 빼앗는 데 초점이 맞춰졌다. 물론 도로나 철도가 일부 건설되기는 했지만, 그 주민들은 또한 토지 몰수, 억압적 세금, 무역 독점 등의 대상이 됐다.

영국이 본국에서 점점 더 강조한 이상을 가장 조직적으로 위반한 사례는 노예제였다. 17세기부터 영국은 수많은 아프리카 노예를 자메이카와 바베이도스의 설탕 농장으로 수입했다. 고된 노동과 영양실조에 시달리는 노예들의 생활 조건은 매우 열악해서, 높은 사망률로 인해 농장의 인구가 줄지 않도록 새로운 노예를 계속 들여와야 했다.

영국은 곧 대서양 노예무역에서 강력한 위치를 차지하게 됐으며, 미국 곳곳과 심지어 다른 나라들에도 노예를 판매했다. 17세기와 18세기 중에 영국 선박은 320만 명 이상의 노예를 대서양을 건너 운반했다. 포르투갈을 제외한 어떤 나라보다 많았다. 선박에서의 상황은 악명 높을 정도로 끔찍했는데, 남녀와 아이들은 물도 없이 종종 사슬에 묶인 채 갑판 아래에 꽉 채워졌다. 여정에서 살아남은 이들의 앞날도 인간 가축과 같은 삶일 뿐이었다.

제국 건설 사업을 옹호하는 일부 인사는 이를 인도주의 및 문명화 사명이라고 이야기했다. 행정과 정치 엘리트 일부는 진심으로 그렇게 믿었다. 그러나 역사에서 수없이 나타났듯이, 외국의 지배와 군사적 정복이라는 기본 사실은 학대와 잔혹 행위의 매우 긴 기록을 남겼다. 특히 제국주의 정신이 영국 국민은 자연스러운 지도자이자 야만인을 구원하는 존재라는 세계관과 얽혀 있기 때문이었다. 잠시 총리를 역임했던 자유주의적 제국주의자 아치볼드 프림로즈Archibald Primrose는 "제국이란 결국 인종의 우월성일 뿐이다"라고 말했다.

유럽인들이 땅을 차지했을 때 아메리카 원주민들이 겪은 비극적 운명은 잘 알려져 있다. 그러나 식민지 개척자들이 가져온 미생물은 대륙에 가장 큰 피해를 주었다. 1830년 태즈메이니아 원주민과의 충돌 이후 영국 식민자들은 섬 전체에 '블랙라인Black Line'을 조성해 모든 태즈메이니아인을 추적하고 강제로 제거하려 했으며, 이는 결국 그들의 멸종으로 이어졌다. 보어 전쟁 중에는 전투보다 영국의 포로수용소에서 더 많은 보어인이 사망했다.

시위와 반란은 종종 잔혹하고 복수심에 찬 방식으로 진압되었다. 1857년 1차 인도 독립전쟁 이후, 영국 군인들은 이에 대응해 폭력의 광란을 벌였다. 반란을 지원한 것으로 의심되는 민간인이 학살당하고 여성들은 강간당했다. 붙잡힌 반란군은 대포 입구에 묶어놓고 포를 발사해버렸는데, 이는 전통적인 장례 의식을 불가능하게 만드는 옛 무굴 제국의 반란자 처벌 방식이었다. 1919년 암리차르에서의 소요 사태 동안, 식민군은 경고 없이 비무장 군중에게 10분 동안 발포했다. 최소 379명이 사망했다.

심판의 날은 온다. 영국의 대양 진출 정책과 세력 균형은 19세기 유럽에서 '팍스 브리타니카Pax Britannica'를 형성했지만, 식민지 시장을 닫는 제국주의는 대륙 밖에서 남의 것을 빼앗는 경쟁을 조장했다. 유럽 국가들은 세계를 점점 복잡하고 공격적인 경쟁 속에서 분할했고, 이는 결국 유럽 대륙 안에서의 충돌로 이어져 거의 대륙을 파괴할 뻔했다.

반제국주의

영국의 위선에 대해 많은 지적이 있었으며, 그것들은 정당한 것이었다. 그들은 개인의 자유, 제한된 정부, 자유시장이라는 이상을 자랑했지만, 순간적으로 정신이 나간 듯 갑자기 전 세계를 돌아다니며 사람들을 노예로 삼고 사람들을 대포로 산산조각을 냈다. 그러나 위선은 악덕이 미덕에 보내는 찬사다. 지배 문화가 특정 미덕을 인식할 때, 그것은 때로 가장 어두운 악덕을 억제하는 역할을 할 수 있다.

대부분의 식민지에서의 잔혹 행위는 영국 본국 여론의 일부로부터 비판을 받았으며, 종종 공식 조사나 때로 처벌로 이어졌다. 이것은 식민지 억압에 제한을 가했다. 스티븐 데이비스는 이렇게 썼다. "자유주의적 제국주의는 단순히 잔혹했을 뿐만 아니라 취약했다. 그 희생자들은 제국주의가 스스로 정당화한 원칙을 위반했다는 점을 문제 삼을 수 있었기 때문이다. 이것은 보다 노골적으로 권력 중심적인 제국주의에서는 불가능한 길이었다."[62]

잘 알려진 사례로는 1865년 자메이카에서 반란이 일어나자 무차별적이고 피로 얼룩진 대응을 한 이후 에드워드 에어Edward Eyre 총독을 상대로 벌어진 운동이 있다. 존 스튜어트 밀, 허버트 스펜서, 존 브라이트 같은 당시 중요한 자유주의 명사들은 에어를 살인 혐의로 체포해 처벌할 것을 공개적으로 촉구했으며, 피해자의 피부색은 상관없다는 논리를 폈다. 이는 아메리카 원주민이 에스파냐인과 동일한 권리를 갖는다고 주장한 살라망카 학파나, 카이사르가 갈리아인들에게 범죄를 저질렀으니 그들에게 넘겨 처벌을 받게 해야 한다고 주장한 카토(증손자)와 유사하다. 에어는 총독직에서 해임되고 법적 조치가 시작됐지만, 결국 유죄 판결을 받지는 않았다.

흥미롭게도 에어를 옹호하는 운동도 벌어졌다. 토머스 칼라일, 존 러스킨, 찰스 디킨스, 앨프리드 테니슨 같은 작가와 시인들이 앞장섰다. 그 배경에는 단지 식민지의 공공질서에 대한 고려만이 아니라, 새로 부상한 상업 경제가 전통적인 가부장 사회를 파괴하고 있다는 우려도 있었다. 칼라일은 경제학을 '우울한 학문'이라고 불렀는데, 이는 학문이 지루해서가 아니라 "사람들을 내버려두는 것", 심지어 다른 인종의 사람들까지 내버려두는 것이기 때문이었다. 그는 이것이 사람들이 자기 위치를 알지 못하는 지루하고 우울한 세상을 만들기 십상이라고 생각했다. 그는 "흑인은 그에게 맞는 대로 일하도록 강제되고, 그를 만든 창조자의 뜻을 행해야 한다"라면서 위계질서를 옹호했다.[63]

보어인들에 대한 조치가 드러나자 영국에서는 분노가 일어났다. 자유당 지도자 헨리 캠벨-배너먼Henry Campbell-Bannerman은 보어인들에 대한 "야만적 수단"을 비난했으며, 1906년 선거에서 영국 역사상 최대 규모의 압승 중 하나를 거두었다. 1919년 암리차르 학살에도 격렬한 반응이 뒤따랐다. 제국을 항상 지지했던 당시 육군장관 윈스턴 처칠은 이를 "끔찍한 사건"이라고 규탄했고, 하원에서는 지휘관인 준장의 책임에 대해 247 대 37로 인정하는 표결을 했고 준장은 해임됐다.

휘그당 정치인 토머스 매콜리는 1830년대 인도 최고평의회에서 일했지만, 영국 식민 통치의 목표는 인도의 독립이어야 한다고 주장했다. 의회에서 그는 "유럽식 지식을 습득한 인도인들은 미래 어느 시점에 유럽식 제도를 요구할 것"이라며, "그날이 오면 영국 역사상 가장 자랑스러운 날이 될 것"이라고 덧붙였다.[64]

이것은 다소 젠체하는 관점이었지만, 충분히 많은 영국 국민과 엘리트가 이런 신념을 가지고 있다면 자치와 독립을 요구하는 강력한 목소리가 나오게 되는 것, 그리고 이를 막기 위한 폭력은 장기적으로 대중 여론의 지지를 받지 못한다는 것은 불가피한 일이었다.

영국인의 자유주의적 정신에서 가장 큰 성취는 노예제 폐지였다. 토머스 칼라일은 '우울한 학문'과 '엑서터홀Exeter Hall 자선 활동'〔런던 시내의 엑서터홀은 자선 행사와 노예제 폐지 행사가 많이 열렸던 곳이다〕의 결합이 흑인 해방이라는 괴물을 낳고 있다고 불평했다. 그는 자유시장 경제학자들과 퀘이커교도들의 동맹을 언급한 것이었는데, 이들은 서로 다른 입장에서 출발했지만 결국 모든 개인이 동일한 권리를 가지며 노예제는 혐오스러운 것이라는 결론에 함께 도달했다.

1787년, 노예무역폐지협회가 설립되어 초기의 사회운동 가운데 하나로 발전했다. 이 협회는 반노예제 집회를 열고, 노예 노동으로 만든 설탕 불매 운동을 하며, 청원서를 전달했다. 맨체스터의 청원서는 그 주민의 거의 5분의 1이 서명했다. 도자기 제작자이자 기업가였던 조사이아 웨지우드(찰스 다윈의 외조부)는 협회의 상징인 사슬에 묶인 흑인과 함께 '나는 인간이자 형제가 아니냐?'라는 문구가 새겨진 메달 수천 개를 제작해 판매했다. 메달은 지지자들의 코담배 갑, 구두 죔쇠, 머리핀 등에 장식됐고, 이 운동은 점차 확산됐다.

불과 20년 후인 1807년, 반노예제 운동은 승리를 거두었다. 의회는 제국 전역에서 노예무역을 불법으로 규정했다. 영국은 이익을 노리는 노예 상인을 사적으로 추적한 사람들에게 현상금을 지급하기 시작했고, 더 중요한 것으로 대서양 노예무역을 군사적으로 억제하기 위해 서아프리카 소함대를 창설했다. 때때로 이것을 상징적인 노력으로 치부하기도 하지만, 나폴레옹 전쟁이 한창일 때 전함을 다른 곳으로 돌리는 것은 이 운동에 대한 진정한 열성이 필요한 일이었다. 함대는 계속 확대됐고, 1850년대에는 약 25척의 함정과 2천 명의 병력이 아프리카 해안을 보호하며 노예선을 차단했다. 절정기에는 전체 왕립 해군의 6분의 1을 차지했다. 함대는 50년 동안 활동했으며, 총 15만 명 정도의 노예를 해방시켰다.

영국 대중의 대규모 청원 운동은 심지어 정부를 설득해 나폴레옹 전쟁 종식과 함께 1814~1815년에 열린 빈 회의 의제에 노예무역 문제를 포함시키게 했다. 웰링턴 공작 아서 웰즐리는 국제 조약에서 이런 특이한 요구가 나오는 것에 놀랐지만, 전직 외무장관이었던 그의 동생 리처드 웰즐리가 이런 요구를 거부하면 혁명이 일어날 수도 있다고 경고한 것으로 보아 반노예제 정서의 규모를 알 수 있다. 1815년 2월, 영국은 프랑스, 독일, 에스파냐, 포르투갈, 스웨덴, 러시아 대표들을 설득해 제15조에 합의하게 했는데, 이 조항은 노예무역을 "인도주의와 보편적 도덕의 원칙에 반하는 것"으로 규정하고 종식을 선언했다.[65] 이는 인류 역사상 놀라운 순간이었지만, 모든 국가가 영국만큼 이를 진지하게 받아들이지는 않았다.

노예제 폐지론자에게 다음 단계는 노예제 자체를 금지하는 것이었다. 1823년에 새로운 영국 반노예제 운동이 결성됐고, 10년 후에 몇년 전만 해도 불가능해 보였던 일이 현실이 됐다. 의회는 영국 신민들에게 노예 구매 및 소유를 금지하는 노예제 폐지법을 통과시켰다.

프랑스 정치철학자 알렉시 드 토크빌(1805~1859)은 그날 오후 런던에서 시작된 일련의 사건 결과는 "역사상 참으로 전례가 없는 일"이며, "모든 민족의 역사를 살펴보더라도 이보다 더 놀랍거나 더 아름다운 일은 찾기 어려울 것"이라고 썼다.[66]

하지만 이 역사적 순간에는 흠이 있었는데, 노예 소유주가 손실에 대해 보상받았다는 사실이다. 영국 납세자들은 당시 영국 국내총생산의 약 5퍼센트에 해당하는 액수인 2천만 파운드를 지불해야 했다. 이것 역시 또다른 부정의였다. 당연히 노예 소유주가 거꾸로 노예에게 보상했어야 했다. 반면 대니얼 해넌Daniel Hannan이 주장한 것처럼 아무런 비용이 들지 않을 때 이론적으로 노예제에 반대하는 것은 쉽다. 영국인들이 이 오랜 제도를 매우 부당하다고 여겨 폐지하는 데 기꺼이 돈까지 지불했다는 사실은 부끄러움보다는 자랑스러움의 원천으로 볼 수 있다.[67]

제국주의가 공업화를 이끌었는가

사람들이 많이 하는 이야기는 영국이 개방성과 법치라는 황금시대의 조건 덕분이 아니라 그 제국주의와 착취 덕분에 번영했다는 것이다. 식민주의와 노예무역은 그로부터 영향을 받은 지역과 주민에게 큰 피해를 끼쳤다. 낮은 신뢰 수준과 자의적인 통치의 유산은 개발을 더 어렵게 만들었다. 게다가 유럽인 식민지 개척자들이 만든 착취적 제도들은 독립 이후에도 종종 현지 지배자들에게 넘어갔고, 그들은 이를 단지 이름만 바꾸고 계속해서 국민을 수탈하는 데 사용했다. 그러나 이로부터 반드시 제국이 제국주의자들에게 혜택을 주었다고 결론 내릴 수 있는 것은 아니다.

영국이 그 식민지 덕분에 부유해졌다는 생각은 현대 경제학자들의 지지를 얻기 어렵다. 거의 모든 국가는 근대 이전까지 다른 나라를 지배하고 그들의 자원을 빼앗고 그 나라 사람들을 노예로 삼으려 했기 때문에, 결국 빈곤에서 벗어난 나라가 갚아야 할 죄가 많다는 것은 놀라운 일이 아니다. 그러나 그렇다고 해서 그 죄악이 그 나라에서 부와 공업화를 가능하게 했다는 의미는 아니다.

조엘 모키어는 증거를 검토한 후 다음과 같이 결론짓는다. "기술 진보에 의해 움직이는 보다 현대적인 경제로 나아가는 길에서 제국은 전체적으로 진보를 자극하기보다는 방해했다. (…) 경제 발전을 향한 길을 가기보다는 퇴행적이었다."[68]

다른 나라에서 보물을 훔치는 것은 소수의 사람들을 엄청나게 부유하게 만들 수 있으며, 따라서 이는 역사책에서 중요한 역할을 한다. 하지만 이것은 누군가가 매년 점점 더 많이 생산하는 것이 어떻게 가능한지를 설명하는 데는 쓸모가 없다. 그것은 오직 지식, 경영, 기술이 사람들의 생산성을 계속해서 향상시킨다는 사실로 설명될 수 있다.

영국은 경제적으로 성공을 거둔 이후에야 비로소 세계적인 제국을 건설할 수 있었다. 1차 세계대전이 시작될 때, 영국이 전 세계 인구의 거의 25퍼센트를 지배하고 있었다는 것은 잘 알려져 있다. 그보다 100년 전인 1814년은 공업혁명이 이미 반세기 동안 진행되고 영국이 역사상 가장 부유한 국가로 확고히 자리잡았을 때인데, 세계 인구의 6퍼센트도 채 되지 않는 사람들이 런던의 지배를 받고 있었다. 영국의 식민주의가 영국의 부상을 설명하는 것이 아니라, 영국의 부상이 영국의 식민주의를 설명하는 것이다. 기술적 우위와 해상 지배력 확보 이후에야 비로소 영국은 전 세계에 자신의 힘을 투사할 수 있었다.

제국은 막대한 부를 만들어냈지만, 운이 좋은 소수만이 그것을 누렸다. 그것은 식민지 신민뿐만 아니라 영국의 소비자와 납세자(그들은 기반시설, 군사, 식민지 개척 전쟁에 돈을 대야 했다)를 희생시켜 제국주의자, 모험가, 독점 사업가의 작은 집단을 부유하게 만드는 거대한 지대 추구 사업이었다. 그런 엄청난 규모의 자금이 전함을 건조하고 용병을 고용하는 일에 투입되지 않았다면 경제 발전 속도가 얼마나 빨라졌을까 하는 의문을 갖지 않을 수 없다.

이것이 바로 애덤 스미스에서 J. A. 홉슨John Atkinson Hobson에 이르기까지 영국의 반제국주의자들이 내세운 논리였다. 제국은 귀족, 행정가, 군인, 특혜를 받은 사업가에게는 이익이 됐을지 몰라도 대다수 영국인에게는 혜택이 되지 않았다는 것이다. 이러한 이유로 1858년 자유무역론자 존 브라이트John Bright는 영국의 외교 정책을 "귀족을 위한 거대한 해외 구호救護 체계"라고 불렀다.[69]

18세기 런던과 브리스틀 같은 도시는 무역(물론 전부 식민지 무역은 아니었다)과 조선업 덕분에 성장했고, 일부 이익은 공업화를 포함한 다른 부문에 투자됐지만 이것만으로 버밍엄과 맨체스터의 사업가와 기술자들이 갑자기 혁신을 시작한 이유를 설명할 수는 없다. 사실 공업혁명 시기 런던의 인구가 영국에서 차지하는 비율은 오히려 약간 감소했는데, 이는 나라의 다른 지역이 매우 빠르게 성장했기 때문이다. 소도시 버밍엄은 1700년 7천 명에서 1851년 23만 3천 명으로 성장했다. 맨체스터는 1만 명도 채 되지 않던 인구에서 놀랍게도 30만 명으로 늘어났다.

에스파냐는 아메리카 식민지에서 막대한 자원을 얻었지만, 이를 비생산적으로 소비함으로써 제국은 부유해지기보다 오히려 가난해졌다. 영국의 공업화 경로를 먼저 따라간 나라는 네덜란드, 포르투갈, 에스파냐, 러시아, 중국 같은 제국주의 국가가 아니라, 벨기에와 스위스 같은 비제국주의 국가였다. 서인도제도의 수익성 높은 설탕 식민지는 영국에 큰 수익을 안겨주었는데, 그것은 프랑스와 포르투갈도 마찬가지였지만 그들의 공업화에는 도움이 되지 않았다. 대서양 횡단 노예무역 연구의 선도적 학자 가운데 한 명인 데이비드 브리온 데이비스David Brion Davis는 노예 농장과 노예무역의 수익이 공업혁명의 자금을 지원했다는 주장은 "이제 완전히 반박됐다"라고 주장한다.[70]

만약 식민지가 없었다면 영국인들은 인도산 차에 카리브산 설탕을 넣어 마시면서 과학과 공업에 관한 강의를 듣는 일이 없었을 것이라고 모키어는 언급한다. 그러나 중요한 것은 강의 자체였다.[71] 노예제는 영국인들에게 주로 양심의 가책과 충치만 남겼을 뿐이다.

공업혁명은 기업가와 기술자들이 혁신하고 개선할 자유, 지식, 영감을 얻었을 때 일어났으며, 이는 식민지 자본에 의존하지 않았다. 일부 초기 해석과 달리 공업 발전을 이끈 것은 막대한 투자가 아니었다. 보통 사업은 친척이나 지인에게서 긁어모은 적은 자금으로 시작됐고, 그 이후의 주요 자금원은 자기 자본이었다. 즉 기업가들은 이익을 사업에 재투자했다. 공업혁명은 "스스로의 힘으로 끌어올린" 것이었다.[72]

또한 새로운 제조업체들은 해외 시장의 수요에도 의존하지 않았다. 영국이 결국 세계의 공장이 됐다는 사실은, 그들이 거의 전적으로 국내 시장의 수익으로 초기 자금을 마련한 새로운 기술들을 완성함으로써 그렇게 됐다는 사실을 부정하지 않는다.

물론 1760년대 공업화가 본격화될 때 영국 수출품에 대한 주요 식민지 시장이 하나 있었지만, 그것은 바로 대략 이 시기에 잃은 제국의 일부였다. 바로 미국이다.

자유로워진 잉글랜드인

말년의 독일 '철혈재상' 오토 폰 비스마르크가 현대사에서 가장 중요한 정치적 사실이 무엇이냐는 질문을 받았을 때 그는 "북아메리카가 영어를 사용한다는 것"이라고 답했다고 한다.

적어도 '영어를 사용한다'를 조금 수정해서 '영어식 사고를 한다'로 바꿀 수 있다면 이에 동의해도 좋다는 생각이 들 것이다. 영국이 자유주의적 계몽사상에 영향을 받기 시작한 시기에 북아메리카를 식민지화했고 그 이후 이 식민지들이 떨어져나가 스스로 미래를 만들어간 사실은 현대사의 핵심적인 정치적 사건이다.

북아메리카가 잉글랜드인의 언어를 사용하게 된 것은 결코 당연한 일이 아니었다. 잉글랜드인들은 이 대륙에 늦게 온 사람들이었다. 처녀 여왕 엘리자베스가 1585년에 모험가 월터 롤리Walter Raleigh에게 서부

해안 탐험을 허가하고 그곳에 자신을 상징하는 버지니아Virginia('처녀의 땅')라는 이름을 붙이도록 했을 때 에스파냐와 프랑스는 이미 그곳에 진출한 지 오래였다. 1587년 로어노크섬에 만든 잉글랜드의 첫 번째 식민지는 매우 취약한 상황에 있었고, 총독 존 화이트John White는 보급품을 받기 위해 잉글랜드로 돌아갔다. 그는 에스파냐와의 전쟁으로 1590년까지 로어노크로 돌아오지 못했다. 그사이에 식민지는 흔적도 없이 사라졌고, 화이트의 아내와 어린 딸도 마찬가지였다. 오늘날까지 식민지인들에게 무슨 일이 있었는지는 알려지지 않고 있지만, 아마도 원주민에게 살해되거나 흡수됐을 가능성이 크다.

역사학자 A. L. 로스Alfred Leslie Rowse는 뜻밖에도 로어노크의 비극적 운명이 장기적으로 잉글랜드의 식민지 개척이 성공한 이유일 수 있다고 주장했다. 만약 그 식민지가 살아남았다면 대륙 전체의 권리를 주장했던 에스파냐가 곧 이를 발견하고 쉽게 파괴했을 것이며, 동해안에 대한 권리 주장을 명확히 하고 요새를 세워 다른 잉글랜드인의 추가 진출을 막았으리라는 것이다. 그랬다면 에스파냐와의 평화를 원했던 엘리자베스 여왕의 후계자 제임스 1세는 더 이상의 식민지 개척 시도를 허락하는 데 주저했을 것이다. 1588년 에스파냐는 체서피크만에 요새를 세우기 위해 해안을 따라 작은 배를 보냈지만, 외부인을 발견하지 못한 까닭에 요새가 필요 없다고 판단했다.[73]

에스파냐는 같은 해에 무적함대가 파괴되고 네덜란드 반군 진압에 실패했으며 몇 차례 국가 부도를 내는 바람에 잉글랜드인이 1607년에 돌아와 버지니아주에 제임스타운(제임스 왕의 이름을 따른 명명이다)을 건설하고 나아가 동부 해안에 대한 권리를 주장했을 때는 훨씬 약화된 입장에 있었다. 이것은 현대사의 가장 큰 '만약'의 역사 중 하나다.

제임스타운을 건설했던 왕실이 인가한 회사는 금을 찾지 못해 실망했고, 원주민들이 흩어져 있어 에스파냐가 남아메리카에서 했던 것처럼 이들을 강제로 노동시키는 것도 불가능했다. 회사는 원주민 대신 계약 농노인 잉글랜드인 정착민들에게 최소한의 생계만 보장하며 강제로 일하게 했지만, 사업은 비생산적이었고 일부는 탈출하는 쪽을 택했다. 이들은 때로 원주민과 함께 살기도 했는데, 적발되면 사형에 처해질 수 있는데도 그랬다. 식민지에 기아가 닥치자 절망한 총독은 포기하고, 정착민들을 계약에서 풀어준 뒤 토지 소유권도 내주었다.

놀랍게도 식민지 정착민들은 1619년 7월 30일에 대의 기구를 허락받았고, 여기서 정착민들의 의지에 따라 통치 규칙을 조정할 수 있게 됐다. 폴란드인 기술공들은 자기네에게 잉글랜드인처럼 투표권을 주지 않으면 일하지 않겠다고 했기 때문에, 제임스타운에는 건설된 지 10년이 되지 않아 모든 성인 남성이 투표권을 갖는 작은 의회가 생겼다. 에스파냐, 포르투갈, 프랑스의 아메리카 식민지에는 이런 것이 없었다. 어떤 곳은 생긴 지 이미 100년이 넘었는데도 그랬다.

그러나 또다른 측면에서 잉글랜드 식민자들은 실망스럽게도 다른 나라 식민자들과 크게 다르지 않았다. 초보적 민주주의를 시행한 지 불과 3주 만에, 제임스타운의 총독은 사략선으로부터 강제 노동을 시킬 첫 아프리카인들을 사들였다. 포르투갈 선박에서 잡아온 사람들이었다. 이렇게 해서 1619년 '신세계'는 다중인격장애라는 저주를 받았다. 그들은 한편으로는 대의 기구를 발전시켜 궁극적으로 민주주의적 자유로 이어졌고, 동시에 강제 노동을 사용하기 시작해 결국 미국 남부에서 거대하고 잔혹한 가산노예제로 확산됐다. 미국의 잉글랜드인 식민자들은 서로 양립할 수 없는 두 길을 동시에 걷기 시작했으며, 이로 인해 끊임없는 갈등과 끔찍한 피해가 발생했다. 결국 자주권과 종속이라는 두 관념 사이의 분열은 오직 참혹한 내전으로만 해결될 수 있었다.

프랑스 정치가이자 작가인 알렉시 드 토크빌은 미국인의 성격을 날카롭게 관찰한 인물이었는데, 그는 노예제가 "노예의 행동이나 주인의 행동에 의해" 끝날 것이라고 확신했다.[74] 그것은 민주주의적 자유와 계몽주의의 이상이 영향력을 얻으면서 더 이상 지속될 수 없었다. 토크빌은 잉글랜드령 아메리카가 이러한 이상을 실현하기에 특히 적합한 환경이었다고 확신했다. 그는 모든 인간이 사회적 지위와 상관없이 고유한 성격을 가지듯이, 모든 민족 또한 정치적 지위 및 이해관계와 상관없이 고유한 성격을 가진다고 생각했다. 이에 따라 토크빌은 이렇게 결론지었다. "미국인은 자유로워진 잉글랜드인이다."[75]

토크빌은 수도와 중재 기관으로부터 지리적으로 멀리 떨어진 식민지에서는 이러한 성격들이 종종 자유롭게 발달할 수 있다고 보았는데, 프랑스 식민 행정은 그 절대군주제를 식민지에 도입해 "모든 것을 규제하고 통제하고 담당"한다고 말했다.

반면에 미국에서는 잉글랜드인의 분권적 제도가 극단적으로 시행됐다. 교구는 거의 민주 공화국과 같은 독립적인 자치 단위가 됐다. 말하자면 잉글랜드 헌법과 관습의 기초를 이루는 공화주의적 요소는 아무런 방해 없이 드러나고 발달한다. 잉글랜드에서는 정부 자체는 거의 아무것도 하지 않으며, 개인이 많은 일을 한다. 미국에서는 정부가 말하자면 결코 간섭하지 않으며, 개인이 모든 일을 수행한다.[76]

미국을 식민화한 영국인들은 귀족제, 군주제, 국교 같은 기존 제도를 가져오지 않았다. 그들은 자신의 성격과 역량에 의존하며, 땅을 개간하고, 자기네의 지역 자치 제도를 조직해야 했다. 이러한 자립은 영국 본토의 귀족 제도와 불편하게 공존했지만, 신세계의 숲에서는 그것들이 자유롭게 발달하도록 허용됐고 또 그렇게 해야 했다.

이것은 토크빌이 "세계 역사가 아직 완전한 모형을 제시하지 못한 부르주아적이고 민주주의적인 자유"라고 생각한 것을 만들어냈다.[77]

이로 인해 권위에 매우 민감한 문화가 형성됐다. 미국의 영국인들은 영국 헌정 전통에 대한 자부심을 키웠으며, 존 로크와 다른 계몽주의 자유주의자들의 저작들이 서재와 책자에서 중요한 위치를 차지했다. 그러나 그들은 또한 이 전통에 특정한 급진적 관점을 부여해 권력으로부터 자유가 위협받을 위험과 이를 방어할 긴급한 필요를 강조했다. 버나드 베일린Bernard Bailyn이 미국 혁명의 이념적 기원을 연구하면서 발견한 바에 따르면, 이러한 사상의 가장 중요한 통로 가운데 하나는 1720년대의 두 급진적 휘그당 당원이었던 잉글랜드인 존 트렌처드John Trenchard와 스코틀랜드인 토머스 고든Thomas Gordon이 쓴 일련의 급진적 에세이였다. 이는 《카토의 편지Cato's Letters》라고 불렸으며, 카이사르에게 복종하기보다는 자결을 택한 불구대천의 원수 카토(증손자)를 필명으로 삼았다. 1712년 조지프 애디슨Joseph Addison이 쓴 희곡 《비극 카토Cato, a Tragedy》는 이 순교한 공화주의자를 권위에 반대하는 사람들 사이에서 숭배하는 인물로 바꿔놓았다.

식민지 미국에서 《카토의 편지》는 모든 신문과 수많은 소책자에 게재되고 재출판되고 인용됐다. 베일린은 이렇게 썼다. "트렌처드와 고든의 저작은 정치적 자유의 본질을 가장 권위 있게 설명한 것으로서 로크의 저작과 어깨를 나란히 했으며, 자유가 직면한 위협의 사회적 근원을 밝힌 점에서는 로크보다 뛰어났다."[78]

이 대담한 시민적 자유의 정신이 대서양을 건너온 명령과 충돌하는 것은 단지 시간문제였다.

미국 혁명

세금 문제가 결국 가장 큰 논란거리가 됐다는 것은 어떤 면에서 이상한 일이었다. 왜냐하면 당시 식민지들은 매우 적게 과세됐고, 영국 본토보다 훨씬 적게 세금을 냈기 때문이다. 하지만 아메리카인들에게 중요한 것은 구체적인 세금 액수가 아니라 원칙이었다. 식민지 주민의 대표가 참여하지 않은 의회가 갑자기 그들에게 인지세나 차에 대한 세금을 부과할 수 있다면 그 의회는 무엇이든 할 수 있다고 그들은 두려워했다. 그들은 "대표 없는 과세는 없다"라고 외쳤고, 이를 강제하자 런던의 의회에 참여하는 것도 필요 없고 오직 미국 내의 의회를 만들어야 한다고 주장했다.

영국 당국은 반복적으로 새로운 세금을 부과하고 밀수(대부분의 상인이 관계되어 있었다)를 단속하려 했으며, 미국 역시 자기네 해군과 육군의 보호를 받고 있으므로 세금 부과가 정당하다고 생각했다. 이에 분노한 식민지 주민들은 영국 상품 불매 운동, 시민 불복종, 점점 더 폭력적인 저항으로 대응했다. 그들을 통제하기 위해 도착하는 영국 병사들이 더 많아질수록 현지인들은 더 많이 무장을 했다. 파국은 1773년 12월의 이른바 '보스턴 차茶 사건' 이후에 발생했다. '자유의 아들들'이라고 자칭한 반란 단체가 배 한 척에 실린 동인도회사의 차를 통째로 항구에 던져버렸다. 이는 많은 식민지 주요 인사들조차 불쾌하게 여겼지만, 런던의 대응은 그들을 더욱 격분하게 만들었다. 이는 마치 16세기 네덜란드 사람들이 칼뱅주의자들의 가톨릭교회 공격을 혐오했지만, 에스파냐의 보복은 더욱 경멸했던 것과 유사했다.

영국은 오래전부터 보스턴을 저항의 온상으로 여겨왔는데, 이제 그들은 식민지 전체를 추적했다. 의회는 '참을 수 없는 법' 또는 '강제 법'으로 알려지게 되는 법을 제정해, 보스턴 항구를 폐쇄하고 지역 자치를 중단하며 법원의 통제권을 장악했다. 이는 급진적인 휘그당 사람들이 항상 경고했던 전제주의의 전형이었으며, 로크와 《카토의 편지》를 잘 알고 있던 교육받은 식민지 주민들에게 왕과 국민 사이의 계약이 깨졌다는 확신을 심어주었다.

1774년 가을, 필라델피아에서 '대륙 회의'가 소집됐고, 여기서 식민지 대표들은 새로운 법을 무시하고 세금 납부를 거부하며 모든 식민지에 민병대를 조직할 것을 촉구하기로 합의했다. 이제 그들의 모든 민주주의적·공화주의적·헌법적 이상은 혁명적 열정으로 결집됐다. 아메리카인들이 스스로 무장하고 영국군이 이들의 무장을 해제하려 하면서 전쟁은 점점 가까워졌다.

1775년 3월, 패트릭 헨리Patrick Henry는 리치먼드에서 열정적인 연설을 마치며 "자유를 달라. 아니면 죽음을 달라"라고 외쳤다. 이때 그는 상아로 만든 종이칼로 자신의 가슴을 위협적으로 가리켰는데, 모든 청중이 그가 카토를 암시하고 있음을 분명히 알았다. 이는 단순한 허세가 아니었다. 1년여가 지나 2차 대륙 회의에서 독립선언서에 서명한 56명의 대표들은 그것이 틀림없이 자신들이 서명한 사형선고가 될 것임을 알고 있었다.

그러나 많은 혁명가에게는 아마도 이야기가 훨씬 단순했을 것이다. 1842년, 한 젊은 기자가 1775년 미국 혁명전쟁의 첫 전투였던 렉싱턴-콩코드 전투의 마지막 생존자인 아흔한 살의 레비 프레스턴Levi Preston을 면담했을 때, 기자는 위헌적 정부와 억압적 세금에 대한 이야기를 들을 것으로 예상했다.

기자 프레스턴 대위님, 참을 수 없는 압제에 맞서 무기를 드셨습니까?

프레스턴 압제? 그런 건 느끼지 못했소.

기자 아, 인지세 때문에 억압받지 않았습니까?

프레스턴 나는 소인消印 하나도 본 적이 없소. 그리고 그런 것들 때문에 돈 한 푼 낸 적도 없소.

기자 그렇다면 차 세금은요?

프레스턴 나는 차 한 모금도 마시지 않았소. 아이들이 모두 배 밖으로 던져버렸지.

기자 그럼 자유의 영원한 원칙에 관한 해링턴이나 시드니나 로크의 글을 읽어보셨겠군요?

프레스턴 그런 사람들에 대해 들어본 적이 없소. 우리는 기독교 성서, 교리문답서, 와츠의 찬송시, 그리고 책력만 봤소.

기자 네, 그렇다면 뭐가 문제였습니까? 그리고 왜 이 싸움에 나가셨던 겁니까?

프레스턴 젊은이, 우리가 그 빨간 군복(영국군)들과 싸운 이유는 간단하오. 우리는 항상 스스로를 다스려왔고, 앞으로도 그러겠다는 뜻이었소. 그들은 그것을 원치 않았지.[79]

신세계의 숲속에 살던 잉글랜드인들은 그저 정부에 익숙하지 않았고, 정부가 자신들의 길을 방해하자 그게 싫었다. 이것이 최초의 현대적 반식민주의 봉기였지만, 그렇다고 영국에 반기를 든 것은 아니었다. 식민지 주민들은 자기네가 런던에서 버려지고 있는 전통적인 잉글랜드인의 자유를 지키고 있다고 생각했다. 조지 워싱턴의 군대는 그랜드유니언 깃발을 들고 싸웠다. 이 깃발은 익숙한 열세 개의 빨간색과 흰색 줄무늬로 되어 있었지만, 왼쪽 상단에는 별 대신 빨간색·흰색·파란색의 유니언잭(영국 국기)이 있었다(따라서 이매뉴얼 로이츠Emanuel Leutze는 유명한 〈워싱턴의 델라웨어강 도하Washington Crossing the Delaware〉에서 깃발을 잘못 그렸다).

실제로 이 분쟁에 대한 여론은 영국과 식민지에서 꽤 비슷했다. 영국 하원은 아메리카인들과 화해하기를 원했지만, 상원이 이를 막았다. 차이점은 식민지 의회가 더 많은 사람들에게 선거권을 주었기 때문에 더 대표성이 있었다는 것이다. 독립에 가장 큰 영향을 준 소책자의 필자는 가장 신랄하게 영국 국왕을 비판한 사람인데, 그는 식민지인이 아니라 영국 노퍽에서 태어난 코르셋 제작자의 아들 토머스 페인Thomas Paine이었다.

독립을 이루는 데는 8년이 넘는 전쟁이 필요했다. 식민지 주민들은 전 세계 사람들이 보기에 약자였고, 에스파냐에 맞선 네덜란드와 흡사했다. 그러나 영국은 대서양 너머로 군대를 파견해야 했고, 적이 잘 아는 어려운 지역에서 작전을 수행해야 했다. 이것은 다른 국가와의 전쟁이 아니라 하나의 관념과의 전쟁이었기에, 과연 승리할 수 있을지 의문이었다. 단순히 필라델피아의 수도를 점령하는 것으로 끝날 일이 아니었다. 반란자들과 군대는 그냥 사라졌다가 다시 싸움을 이어갔다.

영국은 아메리카인들의 선전물에서 폭군으로 그려진 것처럼 도시와 민간인에 대한 대규모 테러를 자행하지 않았다. 많은 영국 지휘관들의 마음은 사실상 이 싸움에 온전히 있지 않았다. 일부는 심지어 반군에 동정적이기도 했다.

독립을 위한 프랑스의 상당한 군사 지원은 전세를 결정적으로 바꾸었다(그리고 프랑스 재정에 큰 손실을 주어 1789년 프랑스 혁명에 기여했다). 라파예트 후작 질베르 뒤 모티에Gilbert du Motier는 미국 혁명과 프랑스의 두 차례 혁명 모두에서 영웅이 됐다. 혁명전쟁이 일종의 영국 내전이었음을 보여주는 또다른 징표이지만, 뒤 모티에가 미국을 지원하도록 설득한 사람은 영국 왕 조지 3세와 사이가 벌어진 그 동생 글로스터 공작 윌리엄 헨리였다. 1775년 한 식사 자리에서 공작은 대서양 반대편에서 벌어지고 있는 반란에 대해 후작에게 이야기하며, 식민지 주민들이 자신의 형에게 반란을 일으킬 권리가 충분히 있다고 주장했다. 뒤 모티에는 나중에, 바로 그 순간 자신의 마음이 전쟁에 꽂혔다며, 혁명에 합류하는 것 외에는 아무 생각도 하지 않았다고 말했다.[80]

뒤 모티에는 1781년 10월 요크타운 포위전에도 참여했다. 이때 대륙군과 프랑스군의 연합군이 영국군을 포위하는 데 성공했으며, 프랑스 함대가 바다에서의 탈출과 증원을 차단했다. 10월 17일, 영국군 지휘관 찰스 콘월리스는 항복 조건을 요청했으며, 이는 전쟁의 마지막 주요 육상 전투가 끝났음을 의미했다. 가련한 콘월리스는 휘그당과 정치적 성향이 같았고, 식민지 주민들에게 동정적이었으며, 왕이 그들에게 강요한 인기 없는 여러 법과 세금에 반대해 투표한 몇 안 되는 귀족 가운데 한 명이었다.

미국 건국 세대가 세계를 새롭게 만들 기회를 만났을 때, 그들이 과거로 돌아가 자유의 이상을 지키는 데서의 성공과 실패에 관한 2천 년 동안의 교훈을 연구했다는 점은 매우 흥미로운 일이다.

미국 건국의 아버지 존 애덤스는 1782년 뒤 모티에에게 쓴 편지에서 이렇게 말했다. "저는 원칙적으로 공화주의자임을 영광과 위안으로 생각합니다. 시민 생활에서 가치 있는 거의 모든 것은 이런 정부 아래에서 비롯됐습니다. 아테네와 로마라는 두 공화국이 인류에게 나머지 모든 나라보다 더 큰 명예를 가져다주었습니다. 새로운 나라는 오직 이러한 정부 아래에서만 세워질 수 있습니다."[81]

토머스 E. 릭스Thomas Edwin Ricks는 건국자들에게 끼친 고대의 영향력을 연구하면서 "건국자들이 독립을 얻고 이어 새로운 국가를 형성하는 문제와 씨름하는 동안, 고대 그리스 및 로마의 사상과 이야기가 미국의 정치적·지적 생활에서 맨 앞과 가운데 자리를 차지했다"라고 썼다.[82] 가장 오래된 사상이 가장 현대적인 국가의 모습을 만들었다는 것이다.

교육받은 식민지 주민들은 고대의 저자들을 잘 알고 있었으며, 소책자를 쓰면서 고대인들의 이야기를 적어도 하나 인용하거나 비유하지 않는 경우는 드물었다. 그들은 브루투스, 키케로, 카토 같은 인물들에게서 영감을 받고 때로는 이상적인 자아를 발견했다. 벤저민 프랭클린의 베스트셀러인 《가난한 리처드의 연감Poor Richard's Almanack》에는 "카토가 그대를 보고 있다고 생각하라"라는 문구가 있었다.

토머스 제퍼슨의 후손은 그의 전기를 쓴 작가에게 "아테네인들은 모든 면에서 그가 선택한 민족이었다"라고 말했으며, 제퍼슨은 조카에게 그리스인들의 책을 그리스어 원문으로 읽으라고 권했다(다만 그는 플라톤의 "인간의 이성으로는 이해할 수 없는 신비주의"는 경멸했다).[83] 존 애덤스는 매사추세츠에서 법을 공부했지만, 자신이 지역의 법보다 로마법에 대해 더 잘 안다고 주장했다. 그는 밤에 혼자 키케로의 연설을 소리 내어 읽었고, 키케로와 그의 투쟁을 언급하며 "이름만 바꾸면 모든 일화가 우리에게도 적용될 것"이라고 말했다.[84] 또다른 건국의 아버지 제임스 매디슨은 응접실 벽난로 위 선반에 아테나 여신의 흉상을 두고 그리스 헌법을 면밀히 연구한 후 미국 헌법을 작성했다.

오늘날 미국 '상원'의 '공화당'과 '민주당' 의원들이 그리스와 로마 신전을 연상시키는 건물에 둘러싸인 '캐피틀Capitol'에서 회의를 하는 데는 이유가 있다[상원과 공화당은 로마 원로원과 공화정, 민주당은 그리스 민주정과 연결되며, 캐피틀은 미국 국회의사당을 가리키는 말로 로마의 카피톨리누스 언덕에서 유래한 명칭이다]. 생각해보면 멀리서 볼 때 링컨 기념관은 그리스 파르테논 신전과 놀랍도록 비슷해 보이고, 제퍼슨 기념관은 로마 판테온을 닮았다. 1834년 영국 의회 건물이 불타고 그리스·로마식 기둥과 박공을 갖춘 신고전주의 건물로 대체하려는 제안이 있었지만, 그것이 너무 '미국적'으로 보여 거부됐다.[85]

혁명의 순간이 왔을 때, 계몽주의적 자유주의의 이상 위에 새 나라를 세울 대담함과 그것을 이룰 방법(이번에는 새로운 카이사르가 공화국을 정복하지 못하도록 하는 방법을 포함해서)에 관한 고대의 교훈을 참고하는 지혜를 가진 사람들이 이를 이끌었다는 것은 세계와 미국이 모두 운이 좋았다고 생각해야 한다.

그 결과 우리는 토머스 제퍼슨의 독립선언서를 얻었으며, 그 선언서에는 모든 인간은 평등하게 태어나며 생명, 자유, 행복 추구의 양도할 수 없는 권리를 가진다는 불멸의 선언이 담겨 있다. 정부는 이러한 권리를 보호하기 위해 설립되며, 만약 정부가 이를 파괴하는 방향으로 나아간다면 이에 저항하는 것은 정당하다.

역사가 우디 홀턴woody Holton은 2차 대륙 회의가 실제로 1776년 7월 2일에 독립을 선언했고 그로부터 이틀 후에 독립선언서를 만장일치로 채택했으므로, 사실상 "미국인들은 실제 행동보다 보도자료를 기념한다"라고 지적했다.[86] 그러나 그 안에는 기념할 만한 내용이 많다.

윈스턴 처칠은 "독립선언서는 대체로 후기 스튜어트 왕가에 대한 휘그당의 투쟁과 1688년 잉글랜드 혁명을 고무한 원칙들을 재진술한 것"이라고 말했다. 맞는 말이지만, 1688년 혁명과 그 이듬해의 권리장전은 다시 1581년 네덜란드의 '이탈 공고'를 재진술한 것이며, 이는 살라망카 학파에 크게 의존했고, 그들은 로마법에 뿌리를 두었다(더 거슬러 올라갈 수도 있다). 제퍼슨 자신도 선언서에서 "아리스토텔레스, 키케로, 존 로크, 필립 시드니 등"의 사상에 기반한 미국인의 정신을 표현하고자 했다고 말했다.[87]

1787년, 새로운 나라를 위한 최초의 헌법 초안이 만들어졌다. 이 헌법은 여러 면에서 독특했다. 1581년과 1689년 선언문들은 첫 문장에서부터 신을 언급했지만, 미국 헌법은 그러지 않았다. 미국 헌법은 최고 존재로부터 정당성을 얻지 않고, '우리 국민'에게서 정당성을 얻었다. 실제로 신과 기독교는 언급조차 되지 않으며, 연도 표기만이 예외다. 즉 '우리 주님의 연도Anno Dómini 1787년'이다. 종교에 관한 유일한 언급은 공직을 맡기 위한 조건으로 종교 시험을 금지한다는 내용이었다. 반대자들은 깜짝 놀라며, 기초자들이 역사상 처음으로 공적 생활에서 신을 제거했다고 불평했다. 그들은 이런 정책으로 인해 유대교도, 이슬람교도, 교황조차도(심지어 퀘이커교도까지도!) 미국 대통령이 될 수 있다고 두려워했다.[88]

이는 실수가 아니라 대체로 스스로를 이신론자理神論者로 생각했던 기초자들의 의식적인 결정이었다. 신이 우주를 창조했을 뿐, 나머지는 모두 인간에게 맡겨졌다고 믿는 사람들이었다. 역사학자 폴 존슨 Paul Johnson은 자신의 미국사 책에서, 헌법이 100년 앞서 또는 100년 뒤에 작성됐다면 종교적 틀이 지어지고 개신교를 국교로 삼는 조항이 포함됐을 가능성이 높다고 주장했다.[89] (100년 뒤에 기독교 사회주의자 프랜시스 벨러미Francis Bellamy는 미국 국기에 대한 '충성 맹세'를 만들었는데, 이 맹세에 '신 아래'라는 말이 추가된 것은 1954년 의회에 의해서였다.)

헌법은 마침 세속적 계몽주의가 절정에 이른 시점에 작성됐는데, 이때는 프랑스 혁명 말기의 반종교적 테러로 이러한 이상이 더럽혀지기 직전이었다. 기초자들은 문이 쾅 닫히기 직전에 완전한 종교의 자유라는 이상이 그 문을 통과하고 이어 세상을 변화시키도록 할 수 있었다.

헌법 기초를 주도한 제임스 매디슨은 연방정부의 필요성을 오래전부터 주장해왔다. 연방정부가 없으면 개별 주들이 시민을 억압하거나, 필리포스 2세(알렉산드로스 대제의 아버지)의 마케도니아에 병합된 그리스 도시국가들의 전철을 밟을 것이라고 보았다. 하지만 이 정부 역시 엄격한 제한을 받아야 했다. 그리스와 로마의 주된 문제는 서로 다른 집단과 계층이 번갈아가며 서로를 억압한 것이라고 매디슨은 보았다. 이를 방지하기 위해 그는 권력에 대한 욕망을 이용해 서로 견제하게 해서 자유를 보호하는 기발한 해법을 고안했다. 커다란 연합체에서 정부의 층위가 많고 행정부, 사법부, 양원제 입법부가 권력을 분할하면 서로에 대한 지속적인 견제와 균형이 이루어져 각 파벌은 하나라도 권력을 얻기 위해 서로 싸워야 하고, 결국 서로의 힘을 상쇄하게 된다.

이는 아리스토텔레스와 키케로의 혼합정체를 새로이 변형한 것이지만, 국가의 여러 가지 재산 요건이 소농 인구를 많이 배제하지 않아 더 민주적이었다. 1790년에 다섯 개 주는 일부 혹은 모든 공직에 대해 모든 남성(때로는 백인만)에게 투표권을 부여했고, 결국 모든 주가 이를 따랐다.

이 헌법은 또한 보다 진정한 자유주의적 성격을 지녔다. 미국은 구세계의 봉건적 잔재와 전통적 계층 구조를 제거했다. 귀족 특권, 국교, 독점, 강제적 동업조합, 검열, 정치 경찰은 없을 터였다. 놀랍게도 수정헌법 제1조는 다음과 같이 명시했다. "의회는 종교를 세우거나 그 자유로운 활동을 금지하거나, 언론의 자유 또는 출판의 자유를 저해하거나, 국민이 평화롭게 집회할 권리를 제한하는 어떠한 법률도 만들어서는 안 된다."

벤저민 프랭클린의 유명한 말대로, "유지만 할 수 있다면 공화국"이었다. 알렉산더 해밀턴 같은 건국의 아버지가 대통령과 상원의원 임명을 종신제로 하자고 제안했지만, 매디슨과 다수의 사람들은 새로운 군주제가 만들어지는 것을 막기 위해 이를 정기적으로 교체해야 한다고 주장했다. 이러한 결정의 특별함은 영국 국왕 조지 3세가 조지 워싱턴의 직업 선택에 대해 보인 반응에 관한 이야기에서도 드러난다. 혁명전쟁 중, 이 영국 왕은 자신의 궁정 화가인 미국인 벤저민 웨스트Benjamin West에게 식민지인들이 독립을 이룬 후 워싱턴이 무엇을 할지 물었다. 틀림없이 국왕은 워싱턴 장군이 스스로 왕이 되거나 새로운 크롬웰이 될 것이라는 대답을 예상했지만, 웨스트는 워싱턴이 자신의 농장으로 물러갈 것으로 본다고 답했다. 국왕은 믿을 수 없다는 듯이 "그렇게 한다면 그는 세상에서 가장 위대한 사람이 될 것이다"라고 말했다.[90]

그래서 워싱턴은 오래된 적의 말대로 자기 시대의 가장 위대한 인물이 됐다. 두 번이나 그랬다. 워싱턴은 전쟁 승리 이후 국민들 사이에서 엄청난 명성을 얻어 무엇이든 할 수 있었지만, 전쟁이 끝나자 지휘권을 내려놓고 마운트버넌으로 돌아가는 것을 선택했다. 그러나 대통령직이 생기자 그가 유일하게 가능한 후보라는 폭넓은 공감대가 있었다. 많은 사람이 그를 노인으로 생각했지만, 대통령이 되었을 때 그의 나이는 겨우 쉰일곱 살이었다. 워싱턴은 두 차례 임기를 마친 후 세 번째 임기를 요청받았지만 거절함으로써 신생 국가에 중요한 선례를 남겼다. 미국인들은 그를 서기전 458년 침략을 막기 위해 독재관으로 선출됐다가 적을 물리친 후 전권을 내려놓고 농장으로 돌아간 로마의 영웅 루키우스 퀸크티우스 킨킨나투스에 비유했다.

이는 그저 워싱턴의 개인적 성품의 결과일 수 있다. 아니면 그가 비교적 개명한 시대였던 당시의 사람이었다는 말로 설명될 수도 있다. 누가 알겠는가마는, 《비극 카토》가 그가 좋아했던 연극이라는 사실과 어떤 관련이 있을 수도 있다.

일부 영국 사람들은 틀림없이 미국의 독립을 심각한 타격으로 생각했지만, 어떤 사람들은 이를 영국의 최고의 이상을 입증한 일로 보았다. 테니슨은 이렇게 시로 표현했다.

사자의 후예인 강한 어머니여
그대의 강한 아들들을 자랑하라.
그들이 그대로부터 자기네 권리를 잡아챘으니!

그의 설명에서 자유의 아들들은 실제로 영국의 아들이었고, 그들은 그저 "그대가 가르친 교훈을 다시 가르쳤을 뿐"이었다.

1688년의 사건이 네덜란드의 자유주의적 이상을 더 많은 자원을 가진 더 큰 몸에 이식시킨 것처럼, 1776년의 사건은 영국의 자유주의 사상을 가지고 같은 일을 했다. 미국은 대서양 건너편에서 자유와 번영의 깊은 저장소가 됐다. 두 개의 대양으로 잠재적인 적으로부터 보호받는 대륙 규모의 공화국에서였다. 이는 20세기에 구세계에서 이러한 이념이 카이저로부터, 국가사회주의로부터, 공산주의로부터 위협받을 때 거듭 소환된다. 영국이 네덜란드인들의 가장 자랑스러운 업적이라면, 미국은 영국인들의 가장 위대한 업적이었다.

해방자인가, 노예주인가

그런데 잠깐, 이것은 단지 부유한 백인 남성을 위한 자유가 아니었나? 소수민족은 노예가 되고, 원주민은 땅과 자유를 빼앗기고 종종 목숨까지 잃었지 않았나? 그렇다. 그리고 우리가 이제 이러한 중대한 범죄를 주목하고 규탄하는 시대에 살고 있다는 사실은 진정한 진보를 보여준다. 우리는 이제 거의 이런 행위에 대한 변명을 듣지 못하며, 그것을 공개적으로 찬양하는 것은 상상조차 할 수 없다. 이는 상당 부분 미국 문화의 성취 덕분이다.

역사학자 폴 존슨은 이렇게 쓴다. "모든 국가는 대체로 먼 과거의 어둠 속에 숨겨져 있는 전쟁, 정복, 범죄 속에서 태어난다." 단 하나의 예외가 있다.

미국은 가장 이른 식민지 시대부터 기록된 역사의 밝은 빛 속에서 자신들의 토지 소유권을 쟁취했으며, 그 과정에서 생긴 오점은 모두가 보고 비난할 수 있도록 드러나 있다. 원주민의 토지 박탈, 그리고 노예들의 고통과 땀을 통해 확보한 자급자족이 바로 그것이다.[91]

미국의 건국자들 가운데 많은 수가 위선자였다는 사실은 여전히 혼란스럽고 불쾌하다. 자유를 위해 싸우면서도 노예를 소유했고, 이러한 제도는 여러 해 동안 지속되도록 허용됐다. 토머스 제퍼슨은 오직 이성에 의해 통치되는 국가를 꿈꾸었지만 많은 노예를 소유했고, 그중 한 노예 여성과의 사이에서 자식을 두었던 듯하다. 그는 노예제를 "한쪽에서는 전혀 끝이 없는 폭압, 다른 쪽에서는 굴욕적인 복종"이라고 묘사했지만,[92] 큰 빚을 지고 있었기 때문에 대부분의 노예를 유언으로 풀어주지도 않았다. 전 생애를 통해 "제퍼슨은 노예 문제와 씨름했지만, 결국 '패배'했다"라고 한 역사학자는 썼다.[93]

이처럼 한 인간 안에 그러한 모순이 공존할 수 있다는 사실을 이해하려 하면 우리는 인간 본성의 불편한 면과 마주하게 된다. 미국 혁명은 항상 인종차별과 노예제라는 범죄와 수치로 얼룩져 있을 것이다.

최근에는 일부에서 공격의 강도를 더욱 높여 미국 자체를 노예 사업으로 이해해야 한다고까지 주장한다. 《뉴욕 타임스》의 '1619 계획'은 미국의 진정한 건국일이 1776년이 아니라 북아메리카에 강제 노동자가 처음 들어온 1619년이라고 주장하며, 심지어 혁명이 영국의 노예제 폐지 운동에 맞서 노예제를 보호하기 위해 싸운 것이라고까지 주장한다. 독립선언서 기초자들은 문서에서 노예제를 명시하지 않음으로써 그저 그들의 진짜 동기를 숨겼을 뿐이라는 것이다. "자유와 평등이라는 우리의 건국이념은 작성될 때부터 거짓이었다."[94]

이는 시대착오에 빠진 수정주의적 허구다. 1619년에 노예제는 어디에서나 시행되고 있었고 언제나 그랬으며, 거의 누구도 그것을 문제 삼지 않았다. 그해에 어떤 변화가 일어난 것은 아니지만, 1776년에는 그랬다. 당시 영국에는 들고일어날 반노예제 세력이 없었고, 그저 소수의 괴짜 퀘이커교도와 자유시장 경제학자들이 있었을 뿐이다. 데이비드 올루소가David Olusoga는 자신의 저서 《흑인과 영국Black and British: A Forgotten History》에서 "18세기 4·4분기까지 영국에서 노예제에 반대하는 목소리는 거의 없었다"라고 말했다. 노예제 폐지론의 가망 없는 시작은 일부 소수집단 사이에서 "단순한 불만의 소리를 낸 것"에 불과했다.[95]

반노예제 정서는 옛 잉글랜드보다 미국 동북부의 뉴잉글랜드에서 훨씬 강하게 나타났으며, 이 지역이 바로 혁명의 불길이 타오른 곳이었다. 반면에 서인도제도의 노예 소유 식민지는 독립 투쟁에 동참하기를 거부했다. 1775년 4월 14일 필라델피아에서 열린 펜실베이니아 노예제 폐지협회 회의는 흔히 세계 역사상 최초의 조직화된 반노예 회의로 평가된다. 벤저민 프랭클린은 결국 이 단체의 회장으로 선출됐다. 영국의 노예제 폐지 운동이 시작된 것은 그로부터 12년 뒤였고, 이는 부분적으로 미국으로부터 자극을 받은 덕분이었다.

미국 혁명에 대한 주요 연구자 중 한 명인 중도좌파 역사학자 고든 우드Gordon Wood는 "반노예 주장의 선두주자는 1776년 당시의 북부 주들"이었으며, 이들은 "세계 역사상 전례 없는" 노예제 폐지 운동을 펼쳤다고 말한다. 그는 혁명이 노예제를 온전하게 보호하기 위해 수행됐다는 주장을 일축하며, "사실 실제로 일어난 일과 더 부합하는 것은

그 반대"라고 평한다.[96]

건국자들이 남부를 잃지 않고 노예제를 금지할 방법을 알지 못해 혁명이 일어났다는 것은 사실이지만, 그들에게 이 제도를 연장하려는 약간의 속셈이 있었다고 주장하는 것은 완전히 거짓이다. 대부분의 건국자가 노예제를 혐오했고 이 제도가 사라지기를 원했다는 사실은 그들의 공개적 행동과 개인 서신 모두에서 매우 명확하게 드러난다.

토머스 제퍼슨은 공개적으로 노예제 폐지를 주장했으며, 1778년 버지니아주가 노예 수입을 금지하도록 설득하는 데 성공했다. 제퍼슨은 자신이 기초한 독립선언서 첫 초안에서 노예제를 "인간 본성 자체에 대한 잔혹한 전쟁이며, 먼 곳 사람들의 생명과 자유라는 가장 신성한 권리를 침해하는 것"이라고 표현했다. 그는 노예를 사로잡아 다른 대륙으로 옮기는 행위를 "해적 전쟁"이자 "공포의 집합체"라고 묘사했다. 이러한 문구는 노예제를 유지하는 주들의 반란 참여 거부로 이어질 터여서 의회를 통과하지 못했지만, 만약 제퍼슨이 노예제를 유지하려는 은밀한 계획을 가지고 있었다면 거기에 반대하는 이런 감동적인 글을 쓰지는 않았을 것이다.

조지 워싱턴은 "나는 이러한 인간 거래에 대해 원칙적으로 반대한다"라고 썼으며, "이 나라에서 노예제를 폐지할 수 있는 어떤 계획이 입법부에 의해 채택되는 것을 보는 것이 나의 첫 번째 바람 가운데 하나"라고 강조했다. 제임스 매디슨은 《연방주의자 논집Federalist Paper》 제42편에서 자신은 개인적으로 대서양 횡단 노예무역의 '야만성'을 즉시 끝내기를 바랐지만, 20년 후 자신이 제안한 헌법이 이 '비정상적 거래'를 영구히 금지(남부를 포함해서다)할 수 있도록 만들었다는 사실을 "인류를 위해 이룩한 큰 성취로 생각되어야 한다"라고 썼다. 또한 그는 유

럽 국가들도 이 역사적인 결정을 따라야 한다고 촉구했다.[97]

많은 이들이 자기네의 반노예제 견해를 공개하기를 꺼렸는데, 이는 틀림없이 자신이 노예를 소유했다는 부끄러움 때문이거나 주들 사이의 정치적 분열이나 파탄(그것이 외세에 빌미를 줄 수 있었다)을 피하고 심지어 내전을 막기 위한 것이었다. 우려에 휩싸인 제퍼슨은 자신이 노예제 폐지를 공개적으로 계속해서 주장하면 오히려 그 대의에 득보다 실이 될지도 모른다는 걱정을 친구들에게 털어놓았다. 그러나 존 애덤스는 "외국과의 전쟁과 내전이 동시에 일어나는 것보다 노예제가 더 나쁘다"라고까지 말했다.[98]

혁명전쟁 기간 동안 왕당파 뉴욕과 뉴저지를 제외한 모든 북부 주들은 점진적 노예제 폐지를 위한 첫걸음을 내디뎠다. 1780년, 펜실베이니아주는 미국 역사상 최초의 노예해방법을 제정했다. 종종 결정적인 추진력은 용감한 개인의 행동에서 나왔다. 같은 해, 매사추세츠에서 노예였던 여성 베트Bett는 주 헌법이 이제 "모든 인간은 자유롭고 평등하게 태어난다"라고 선언한 것을 듣고, 이것이 자신에게도 적용되어야 한다고 생각했다. 베트는 소송을 제기했고, 배심원단은 승소 판결을 내렸다. 베트는 자유를 얻고 엘리자베스 프리먼Elizabeth Freeman이라는 이름을 택했다.

1806년, 대통령이 된 토머스 제퍼슨은 의회에서 미국이 노예무역으로 대표되는 '인권 침해'에서 벗어나야 한다고 말하고, 이는 "우리 나라의 도덕성, 명성, 그리고 최선의 이익이 오랫동안 금지하기를 열망해 온 것"이라고 밝혔다. 의회는 이에 동의했고, 1807년 3월 2일 미국인의 대서양 횡단 노예무역 참여를 범죄로 선언했다. 이는 영국이 같은 조치를 취하기 23일 전의 일이었다.

노예무역과의 싸움에서 오랫동안 적대하던 세력들은 공통의 대의를 찾았다. 1819년, 영국이 백악관과 의회를 불태운(나폴레옹 전쟁으로 인해 촉발된 전투에서였다) 지 불과 5년 만에, 미국 정부는 아프리카 해안에서 노예선을 추적하는 아프리카노예무역순찰대를 설치했다. 그들은 영국을 도와 아프리카 해안을 보호하고 노예선을 추적했다. 1822년, 미국식민협회(ACS)는 해방된 노예들을 위한 거주지로 라이베리아를 건국했고, 그 수도는 제임스 먼로 미국 대통령의 지원에 대한 감사의 표시로 먼로비아Monrovia라고 명명했다.

그러나 국내의 노예제는 이제 남부 농장 경제에 깊이 뿌리내리고 있었기 때문에, 그것을 완전히 뿌리 뽑기 위해서는 존 애덤스가 말한 것과 같은 내전이 일어날 수밖에 없었다. 공업화된 북부의 경제와 인구는 농업 지역인 남부보다 훨씬 빠르게 성장했고, 노예제에 반대하는 주들이 점점 더 늘어났다. 이는 결국 노예제를 끝낼 수 있는 힘을 가져다주었고, 남부 주들은 자신들의 강제 노동 체제를 지키는 방법이 분리 독립 외에는 없다고 판단했다.

'1619 계획' 지지자들은 그 시기에 에이브러햄 링컨이나 프레더릭 더글러스 같은 노예제 폐지론자들이 독립선언서와 헌법에서 동력과 근거와 표현을 찾고 있었다는 사실을 되새겨볼 필요가 있다. 한편 노예제 옹호자 조지 피츠휴George Fitzhugh는 "우리 독립선언서에서 인간의 양도할 수 없는 권리에 대해 떠벌인 저 터무니없는 허풍"을 비난하며, 남부의 분리는 "로크와 1776년 미국의 현자들이 가르친 자연적 자유, 인간 평등, 사회계약론에 맞서는 엄숙한 항의"라고 표현했다. 마찬가지로 남부 사우스캐롤라이나의 대표적인 노예제 지지 정치인 존 C. 캘훈John Caldwell Calhoun은 모든 인간은 자유롭고 평등하게 태어난다는 로크·제퍼슨적 교리가 "가장 잘못되고 위험한 정치적 오류"라고 주장했다. 이것은 독립선언서에 "오랫동안 잠복해 있었"지만 "시간이 지나면서 발아하기 시작해 해로운 열매를 맺었다"라고 캘훈은 기록했다.[99]

캘훈은 절대적으로 옳았다. 미국 건국 문서에 담긴 급진적 철학의 영향력은 시간이 지날수록 커질 뿐이었고, 곧 일부 그 지지자들의 타협, 소극성, 위선을 극복해냈다.

캘훈은 이에 격분하며, 개인의 자유 원칙이 "우리가 모국으로부터 분리 독립하는 정당성을 입증하는 데 필수적인 요소는 아니다"라고 주장했다. 그러나 미국이 장차 그렇게 되어야 할 존재로서, 독립선언서가 양도할 수 없는 권리와 제한된 정부에 관한 특정 원칙들을 선언한 것은 정말로 필수적이었다. 이것이 미국을 계몽주의 사상에 명시적으로 기반한 세계 최초의 국가로 만든 이유다.

미국의 '진정한' 성격이 무엇이었는지에 대해 싸우고 진정한 건국 연도가 언제인지에 대해 다투는 것은 어느 정도 무익한 일이다. 국가는 특정 탄생 연도를 가진 유기체가 아니라, 서로 상충하는 생각을 지니고 모순적으로 행동하면서 서로 다른 시대를 살아가는, 흔히 서로 다툼을 벌이는 수백만 명의 복잡한 공동체이기 때문이다. 일부는 훌륭하고 일부는 나쁘며, 일부는 존경할 만하고 일부는 부끄러워할 만하다. 일부 사람의 칭찬할 만한 행위가 다른 사람의 범죄를 대속할 수 없듯이, 일부가 저지른 학대가 다른 이들의 영웅적 노력을 무효화할 수는 없다. 우리의 행동 중 일부는 내부의 악마에게서 비롯되고, 일부는 우리 본성의 더 나은 천사에게서 비롯된다. 그리고 미국인들이 저지른 어떤 끔찍한 행위도, 독립선언서에 나오는 로크적 자유주의의 시적 구성과 헌법에 나오는 공화국적 정치 운영이 그 '더 나은 천사'에 속한다는 사실을 바꾸지 못한다. 사실 이 건국 문서들은 결국 그것을 작성한 사람들보다 더 훌륭했다.

그리고 그것들은 세대를 거쳐 계속해서 열매를 맺었다. 1848년, 세니커폴스에서 열린 최초의 여성 권리 회의에서 나온 선언은 1776년 독립선언서를 명시적으로 본뜬 것이었다. "우리는 모든 남성과 여성이 평등하게 창조됐으며, 창조주로부터 특정한 양도할 수 없는 권리를 부여받았다는 것을 자명한 진리로 간주한다." 헌법은 '사람persons', '국민people', '선거인electors' 같은 말을 사용해[단어에 성별이 포함되지 않은 단어를 썼다는 말이다] 법원이 여성에게도 권리가 적용될 수 있음을 해석하기 쉽게 만들었지만, 뉴욕이 여성의 독립적 재산권을 인정한 최초의 주가 되려면 1848년까지 기다려야 했고 연방 수준에서 투표권이 보장되려면 1920년까지 기다려야 했다.

동성애자 권리 운동가 하비 밀크Harvey Milk는 제퍼슨의 평등과 자유에 대한 말을 언급하며 이렇게 말했다. "그것이 바로 미국이다. 아무리 노력해도 독립선언서의 그 말들을 지울 수는 없다."

마틴 루서 킹은 노예해방 이후 남부 주들이 노예해방을 허구로 만들려 했던 짐크로Jim Crow 체제에 맞서 싸우며 이렇게 영원히 남을 말을 했다. "우리 공화국의 설계자들이 헌법과 독립선언서의 장엄한 문구를 쓸 때, 그들은 모든 미국인이 상속받게 될 약속어음에 서명한 것이었다." 그는 흑인과 백인 모두가 곧 이 자유를 누리게 될 것이라고 확신했다. "미국의 목표는 자유이기 때문"이었다.[100]

이러니저러니 해도 결국 영어권 세계가 특별했던 것은 그들의 수치스러운 노예제 역사 때문이 아니었다. 이 점에서 그들은 앞서 존재했던 모든 문명과 다를 바 없었다. 아프리카 노예는 유럽인들이 그곳에서 노예를 사들이기 시작했을 때 처음 생긴 것이 아니라 고대부터 이미 존재하고 있었다. 아랍 세계로 보내진 노예의 수는 아메리카 대륙으로 수송된 수와 거의 비슷한 것으로 추정된다. 대서양을 건너 운송된 노예 가운데 미국과 영국이 차지한 비중은 4분의 1을 약간 넘는다. 현재의 미국으로 들어온 비율은 5~6퍼센트에 불과하다.[101]

영어권 세계가 특별했던 이유는 끔찍한 정복과 노예제의 책략에 참여했기 때문이 아니라, 이를 중단하기로 결심했고 심지어 다른 사람들이 계속하는 것을 막기 위해 노력하면서 상당한 비용을 감수하기까지 했다는 점이다. 그것은 최초 가운데 하나였다. 1619년에 최초로 기록된 아프리카 노예의 미국 도착은 세계를 바꾸지 못했다. 그것은 그저 그때까지는 불가피해 보였던, 자기 자신에 대한 소유권이라는 양도할 수 없는 권리를 침해하는 범죄들이 끝없이 이어져온 과정의 한 고리에 지나지 않았다. 그러나 1776년 미국 독립선언은 해냈다.

과대 포장

혁명전쟁 후 파리에서 진행된 평화 협상은 프랑스와 에스파냐의 뜻대로 진행되지 않았다. 영국은 자기네가 지원했던 13개 주에 대해 너무 관대했다. 그들은 새로 독립한 미국의 영토를 크게 확대하는 것을 받아들이고, 뉴펀들랜드 앞바다의 어업권도 인정했다. 이는 단지 벤저민 프랭클린과 같은 유능한 협상가가 있었던 덕분만은 아니었다. 주권 문제가 해결되자 영국은 새 공화국이 자신들과 공통점이 많다고 생각하기 시작했고, 앞으로 긴밀한 상업 관계를 기대했다. 영국은 또한 강력한 프랑스와 에스파냐의 진출에도 잠식되지 않을 북아메리카의 강력한 신생 국가를 선호했다. 1803년 루이지애나 매입으로 미국이 영토를 두 배로 늘리고 그 대가로 나폴레옹에게 1500만 달러를 지급한 일은 그들이 올바른 선택을 했음을 보여주었다.

1783년 파리 평화조약 축하 자리에서 스코틀랜드 관리 케일럽 화이트퍼드Caleb Whitefoord가 한 프랑스 손님과 나눈 대화는 다가올 영국과 미국의 특수 관계를 예고했다. 프랑스인은 화이트퍼드에게 "13개 주의 연합인 미국이 세계 최대의 제국이 될 것이오"라고 조롱했고, 화이트퍼드는 "그렇습니다, 선생. 그리고 그들은 모두 영어를 쓰게 될 것입니다. 모두가 말입니다"라고 답했다.[102]

그로부터 50여 년 후 이 13개 주에는 또다른 13개 주가 합류했고, 1959년에는 50개 주로 늘어나 대서양 연안에서 태평양 연안까지 이어지고 멀리 하와이까지 뻗어 있었다. 인구는 더욱 증가했다. 미국이 독립을 선언했을 때 인구는 300만 명이 채 되지 않았다. 100년 후에는 5천만 명이 됐고, 그로부터 40년 후에는 1억 명이 됐다. 미국은 자유를 찾고 행복을 추구하는 잇단 이민자 물결로 채워졌다.

1862년 이후 몇 차례 만들어진 자영농지법은 중국 송나라와 저지대 지방의 정책을 본떠 새로 도착한 농민들에게 그들이 정착한 곳의 토지 소유권을 부여했다. 이 정책으로 6500만 헥타르가 개방됐고, 대규모의 독립적인 농민 계층이 형성됐다. 하지만 대부분의 이주자는 도시에 정착했으며, 1870년에서 1920년 사이 도시에 거주하는 미국인의 비율이 25퍼센트에서 50퍼센트로 두 배가 됐다. 뉴욕시의 인구는 수십만 명에서 거의 600만 명으로 늘어났다.

1865년, 프랑스 조각가 오귀스트 바르톨디Auguste Bartholdi가 프랑스 국민이 미국 국민에게 보내는 선물로서 거대한 구리 조각상 계획을 시작했을 때, 그는 새 공화국과 그들의 노예제 폐지를 상징하기 위해 고대 로마 자유의 여신인 리베르타스를 묘사하기로 선택했다.

여신은 예복을 입고 한 손에는 세상을 밝히는 횃불을, 다른 손에는 법을 상징하는 고대 석판을 들고 있다. 석판에는 로마 숫자로 독립선언일인 '1776년 7월 4일(JULY IV MDCCLXXVI)'이 적혀 있다. 옷 아래에는 잘 보이지 않지만 부서진 사슬과 족쇄가 발치에 놓여 있다. 바르톨디는 이런 모습의 신생 국가를 보고 싶어했고, 미국인들도 마찬가지였다. 이 자유의 여신상(본래 이름은 '세계를 밝히는 리베르타스 여신')은 개인 후원으로 세워졌으며, 현재 리버티아일랜드라 불리는 뉴욕 항구의 연방 소유 섬에 설치됐다. 기단을 포함한 높이가 93미터로 당시 세계에서 가장 높은 조각상이었으며, 바다를 통해 들어오는 여행자들에게 상징적인 환영의 의미를 전달했다.

청동 받침대 안의 동판에는 에마 라자루스Emma Lazarus가 동상 기금 마련을 위해 지은 유명한 시가 새겨져 있다. 이 시는 새로운 거상巨像을 '망명자의 어머니'로, 즉 문을 열어 "지치고 가난하며 자유롭게 숨쉬기를 갈망하는 웅크린 군중"을 맞아들여 나라를 채우는 새로운 로물루스로 제시한다. 조지 워싱턴이 말했듯이, "미국의 품은 부유하고 존경받는 이방인뿐 아니라 모든 나라와 종교에서 박해받고 억압받는 사람들을 맞이할 준비가 되어 있다."[103]

네덜란드 공화국과 영국은 이민자가 많은 나라였지만, 미국은 고대 로마처럼 이민자'의' 나라였다. 찰스 디킨스가 미국을 방문했을 때, 그는 열차 안에서 승무원에게 오해에 대해 사과하며 말했다. "보시다시피, 저는 이곳에서는 이방인입니다." 승무원이 답했다. "선생님, 미국에서는 우리 모두가 이방인입니다."[104]

미국 사람들은 곧바로 모든 예상을 뒤엎었다. 규제와 국내 관세가 없어 거대한 자유무역 지대가 형성됐고, 그것은 곧 운하, 증기선, 철도, 금융 거래의 깊고도 넓은 연결망으로 이어졌다. 토크빌이 목격한 일과 혁신에 대한 헌신은 온갖 공업을 자극한 실험의 열풍을 불러일으켰다. 에이브러햄 링컨은 신생 미국이 "'새로운 것'에 대한 강한 열정(완전한 광기)을 가지고 있으며, 오래된 것 가운데 견딜 수 있는 것은 오래된 위스키와 오래된 담배뿐"이라고 선언했다.[105]

처음에 미국은 모방하고 개선했다. 새뮤얼 슬레이터Samuel Slater는 잉글랜드 방적 공장에서 실습생으로 일하며 방적기 설계를 암기한 뒤 1789년 미국으로 탈출해 그곳에서 공업 생산을 시작했다. 이 때문에 그는 영국인들에게 '배신자 슬레이터'로 알려졌다. 하지만 미국인들은 곧 미친 듯이 혁신을 이루어냈다. 미국은 부분적으로 비옥한 토지가 풍부한 덕분에 세계 최대의 농업 강국이 됐다. 그에 못지않게 중요한 것은 농부들이 더 많은 혁신을 했다는 사실이다. 대표적인 것이 매년 30~40종의 개량된 말편자 특허를 낸 것과 버지니아의 대장장이 사이러스 매코믹Cyrus McCormick이 혁신적인 기계 수확기를 발명한 것 등이다.

카를 마르크스가 보기에 노예제, 면화, 미국 경제 사이의 연관성이 매우 강하고 미국 경제는 매우 강력해서 "노예제를 없애면 미국을 세계 지도에서 지워버리는 셈이 될 것이다"라고 1847년에 그는 예측했다. 그의 전망은 20년도 채 되지 않아 시험대에 올랐다. 1870년대에는 임차농과 소작인이 내전 이전보다 40퍼센트 더 많은 면화를 생산했고, 1891년에는 두 배로 늘어났다. 하지만 총생산과 수출에서 면화가 차지하는 비중은 꾸준히 감소했다. 나라의 미래는 북부의 공업 능력

(그것은 이제 전국에 걸쳐 자유롭게 발전했다)이었고, 그 결과는 경제 활동의 급증이었다.

이는 더 나아가 전 세계적 함의를 지니게 된다. 영국의 공업혁명이 계속되고 가속화될 것이라는 보장은 없었다. 다른 황금시대에 그랬던 것처럼 발전이 멈추고, 경제가 어떤 식의 증기기관이 중심에 있는 세계(증기, 수력, 태엽으로 동력을 얻는 기술의 세계)에 안주할 위험이 항상 존재했다. 물론 그런 세상도 멋지게 보였겠지만, 대부분 인류를 빈곤에서 끌어올릴 능력은 없었을 것이다. 미국이라는 야심차고 추진력 있는 나라가 이끄는, 점점 더 통합되어가는 북대서양의 지식과 경쟁의 경제는 세계를 이러한 운명으로부터 건져냈고, '2차 공업혁명'으로 불리는 시기를 열었다.

짧은 기간 안에 새롭고 광범위한 기술적 도약들이 나타났다. 전기, 통신, 재료과학, 유기화학, 내연기관, 석유 산업, 조립 라인, 공작기계 산업, 대량 생산되는 호환 부품 등 여러 분야와 구조에 영향을 미치는 것들이었다. 한 분야에서 일어난 도약이 다른 분야의 도약을 촉진했지만(전기 발동기로 조립 라인을 돌리고, 저렴한 강철이 모든 공업을 혁신했다), 이들은 또한 전체 문화에 스며든 낙관적 정서를 심어주었다. 끊임없는 발전은 사람들이 아직 발견하고 개발할 것이 많으며, 기회를 잡으면 막대한 부를 얻을 수 있다는 확신을 주었다.

경제학자 J. 브래드퍼드 들롱James Bradford DeLong은 1870년 이후 세계에서는 매년, 1500년 이전에 60년마다 이루어진 것과 같은 양의 기술과 조직에 관한 유용한 아이디어가 발전했다고 추정한다. 이 중도좌파 경제학자는 이러한 진보를 "공업 연구소, 대규모 현대 기업, 세계를 하나의 지구촌 시장경제로 만든 세계화"라는 세 가지 요인으로 설명했는데,[106] 이는 일리가 있다. 이 세 가지는 모두 과거 황금시대의 진보를 상징했던 개방성과 실험을 취하고 그것을 체계화·제도화하는 방법이었다.

기술적 도약은 무역, 이주, 통신의 비용과 번거로움을 덜어주었다. 새로운 전신은 전 세계 해저 전신망과 연결되어 모든 사건과 새로운 통찰이 곧바로 다른 대륙에도 알려지게 했다. 나선형 프로펠러를 단 철제 선체의 증기선은 철도와 연결되어 수많은 이민자뿐 아니라 소비재, 공작기계, 식료품을 대양 건너로 수송했다.

현대 기업은 생산에서 정교한 분업을 달성했다. 노동자와 기계를 조직화해 더 많은 것을 더 빠르게 생산할 수 있었고, 다른 기업과의 경쟁 속에서 더 나은 분업 방식을 개발하고자 했다. 토머스 에디슨의 멘로파크로 상징되는 공업 연구소는 다양한 전문성을 가진 과학자들을 발명을 위한 온실에 한데 모아 새로운 기술을 합리적이고 일상적으로 개발하고 배치하도록 했다.

이 모든 것의 가치는 역사상 가장 끊임없는 호기심을 보인 르네상스의 거장 레오나르도 다빈치를 통해 설명될 수 있다. 그는 혁신적 기술의 발상과 설계안을 무수히 내놓았지만, 외롭고 약간 고립된 천재였던 탓에 그 생각들을 실제로 구현한 것은 거의 없었다. 만약 레오나르도가 모험 자본, 협력 연구소, 그의 발명을 소비 제품으로 만들기 위해 대기하는 제조 회사의 지원을 받았다면 세계 역사는 얼마나 빨리 변화했을까? 이를 통해 19세기 말의 경제적 변화가 인류 역사상 가장 빠른 속도로 진보를 가속화한 이유를 이해할 수 있다.

1870년 무렵, 공장들은 대체로 사람들이 수백 년 동안 부유층만 가질 수 있었던 좋은 옷, 가구, 도자기, 식탁용품, 서적 등을 살 수 있게 해주었다. 이는 결코 작은 성과가 아니었다. 하지만 1870년 이후 대량 생산은 이전 세대가 꿈꾸지도 못한 새로운 물건들을 그들에게 제공했다. 전화기, 축음기, 타자기, 전구, 사진기, 자동차, 냉장고, 세탁기, 수세식 화장실, 깨끗한 수돗물 등등. 영국 경제학자 존 메이너드 케인스는 1919년에, 새로운 경제가 "다른 시대의 가장 부유하고 가장 강력한 군주도 누리지 못한 편리함, 안락함, 쾌적함을 낮은 비용과 최소한의 노력으로" 제공하는 데 성공했다고 썼다.[107]

그리고 그들은 그것을 계속 이어간다. 미국인들은 외국인, 연구소, 대학, 작업장, 차고 등 어디에서든 아이디어를 가져와 언제나 이를 유용하고 수익성 있는 제품으로 전환할 방법을 찾았다. 추상적인 과학과 발명을 값싼 소비 제품으로 바꾸는 이러한 특별한 재능 덕분에 그들은 이후 자동차, 대중매체, 금융, 초소형 전자공학, 월드와이드웹(WWW), 인공지능 등 모든 산업 도약의 영역을 넓힐 수 있었다.

이러한 생산 능력과 가격 절감 능력 덕분에 미국 노동자는 세계에서 가장 부유하게 됐다. 그래서 프랭클린 D. 루스벨트는 러시아 공산주의자에게 그의 견해를 재고하게 하기 위해 한 권의 책을 권해야 한다면 무엇을 권하겠느냐는 질문을 받고 "시어스로벅Sears Roebuck 상품 목록"이라고 대답했다. 통신판매 거대 기업을 이야기한 것이었다.

이제는 19세기 말 미국의 공업화가 관세 덕분이라는 수정주의적 시도도 있다. 그러나 중요한 무역 연구자인 더글러스 어윈Douglas Irwin이 발견했듯이, 미국의 생산성은 관세가 적용된 제조업과 농업이 아니라 서비스, 운송, 공공사업, 통신 등 비무역 부문에서 가장 빠르게 성장했다. 어윈은 관세가 아마도 비효율적 기업을 구제하고 자원과 자본재 가격을 올려 성장에 약간의 도움을 주는 역할을 했을 것이라고 본다.

대신에 그는 19세기 말의 급속한 성장을 개방성의 세 가지(규제가 없고 통합된 국가 경제, 대규모 이민, 외국 자본을 통한 금융 시장 발달) 측면으로 설명한다.[108]

혁신과 뜻밖의 일에 대한 개방성은 또한 미국을 문화적 초강국으로 만들었다. 미국은 전 세계에서 온 다양한 문화와 이민자들이 만나는 곳이 됐기 때문에 아이디어가 상승작용을 하고 그런 뒤에 외국의 아이디어 및 새로운 기술과 결합해 세계에 할리우드, 재즈, 로큰롤, 소셜미디어, 유명인 문화(좀 딱한 것이다) 등을 제공했다.

살바도르 달리는 1920년 뉴욕에서 자신의 미술 작품을 홍보하려고 1미터가 넘는 빵을 팔에 끼고 5번가를 걸었는데, 거의 아무도 아는 척하지 않는다고 불평했다. 그는 "미국에서는 모든 것이 실제보다 크기 때문에 초현실주의가 눈에 띄지 않는다"라고 말했다.[109]

아바스 시대의 바그다드가 한때 '세계의 교차로'라 불렸고 송나라 수도가 '세계의 중심'이라 불렸던 것과 똑같이, 넓게 맨해튼과 콕 집어 타임스스퀘어가 종종 '세계의 중심'이라 불리는 것은 상징적이다.

반제국주의 제국

아돌프 히틀러의 유럽 정복에 여전히 저항하는 유일한 나라를 이끌던 영국 총리 윈스턴 처칠은 1940년 6월, 그의 국민들이 만난을 극복하고 "언젠가 '신세계'가 그 힘과 역량을 총동원해 구세계를 구원하고 해방시키러 올 때까지 투쟁을 수행할 것"이라고 약속했다.

경제, 과학, 기술에서 미국이 차지하는 압도적인 우위는 유럽과 동

떨어진 지리적 위치와 맞물려 세계 지리정치학을 변모시켰다. 1900년 시어도어 루스벨트가 말했듯이, 이것은 미국이 "점점 더 전 세계 힘의 균형추"가 되고 있다는 의미였다. 만약 신세계가 군사적 분쟁에서 어느 한쪽을 지원하기로 결정하면 그것은 단번에 균형이 기울어지게 만들었다. 독일은 20세기 중에 두 차례나 이를 경험했다.

감명을 받은 이오시프 스탈린은 미국이 "기계의 나라"라고 단언했다. 히틀러가 소련과의 전체주의 동맹을 배신한 뒤 테헤란 회담에서였다. "무기대여법을 통해 이 기계들을 사용하지 못했다면 우리는 이 전쟁에서 졌을 것이다."[110] 공산주의 독재자에게서 나온 말 치고는 놀라운 미국 자본주의에 대한 찬사였지만, 미국의 군비 계획을 이끈 덴마크 출신 자동차 산업 경영자 윌리엄 크누센William S. Knudsen이 '경쟁의식'이라고 말한 것에 맞설 만한 것이 없음은 누구에게나 명백했다. 크누센은 미국을 설득해 생산을 국유화하거나 통제하지 않고, 단지 발주만 하고 기업들이 통제와 규제 없이 가장 저렴하고 효율적인 방법으로 생산하도록 놔두게 했다.

1939년에 미국은 탱크와 항공기가 거의 없었고 대부분 구식이었으며, 해군력도 일본보다 약했다. 1940년 7월에서 1945년 8월 사이에 미국 공장들은 조립 라인과 조선소를 전환해 총 8800척의 해군 함정을 생산했다. 여기에는 항공모함 141척, 잠수함 203척, 탱크 8만 6천 대, 포 25만 7천 문, 화물차 240만 대, 기관총 260만 정, 탄약 410억 발이 포함된다.

1940년 프랭클린 D. 루스벨트 대통령이 매년 5만 대의 항공기 생산 계획을 발표했을 때, 독일인들은 이를 터무니없는 선전으로 치부했다. 히틀러는 "미국이란 것이 미인대회 우승자, 백만장자, 어리석은 기록, 할리우드 빼고 무엇이 있는가?"라고 조롱했다.[111] 그러나 실제로 미국은 연간 6만 5천 대(하루 평균 180대)의 항공기를 생산했다. 그리고 미국은 러시아와 영국에도 충분한 원자재를 공급해 이들 국가가 세계 제2위, 제3위의 항공기 생산국이 될 수 있게 했다. 그동안 내내 미국은 다른 전쟁 참여국보다 경제적 생산을 전쟁에 덜 투입했다.

《자유의 용광로Freedom's Forge》라는 저서에서 이 믿을 수 없는 역사를 해명한 아서 허먼Arthur Herman은 이렇게 설명했다.

이것은 지금까지 고안된 전시 생산 체계 중 가장 강력하고 유연한 체계였다. 왜냐하면 결국 아무도 이것을 설계하지 않았기 때문이다. 이것은 미국 경제의 저변 생산성에서 자연스럽게 생겨난 것이었다. (…) 워싱턴에서 볼 때 혼돈과 무질서처럼 보이던 것에서 전 국가적으로 혁신과 창의성(근면은 말할 것도 없고)이 폭발적으로 분출됐다.[112]

이러한 미국의 압도적 우위는 영국에게 어떤 역할을 부여했을까? 1944년 북아프리카의 연합군총사령부(AFHQ)에서 미래의 총리 해럴드 맥밀런은 한 동료에게 이렇게 말했다.

친애하는 크로스맨Crossman, 우리는 아메리카 제국 속의 그리스인이다. 우리가 미국인들을 만나는 것은 그리스인들이 로마인을 만난 것과 흡사하다. 아주 크고 천박하고 부산한 사람들이며, 우리보다 더 활기차고 또한 더 게으르며, 더 순수한 미덕을 가졌지만 또한 더 부패하기도 하다. 그리스 노예들이 로마 황제 클라우디우스의 작전을 관리했듯이, 우리는 연합군총사령부를 운영해야 한다.[113]

이 말은 무력함의 자인인 동시에 자기만족의 표현이었다. 그리스인들은 결국 패배한 민족이었다. 동시에 그들은 로마보다 오래되고 정교한 문화를 갖고 있었으며, 이 힘이 어떻게 사용될지에 대해 크게 영향을 미쳤다.

지금까지 미국이 전후에 가졌던 것과 비슷한 우위를 가졌던 모든 강대국은 그것을 다른 나라를 복속시키는 데 사용했다. 일부 미국인들도 틀림없이 유사한 제국적 욕구를 느꼈으며, 실제로 이 나라는 국가적 이익에 부합할 경우(혹은 경제적·군사적 이해관계를 국익으로 포장할 수 있을 경우) 라틴아메리카에 자주 개입했다. 1898년 에스파냐와의 짧은 전쟁에서 승리한 미국은 필리핀뿐 아니라 하와이, 푸에르토리코, 괌을 합병했다. 시어도어 루스벨트 자신도 제국에 대한 뻔뻔한 열광자 중 한 명이었다.

따라서 미국인들은 제국주의자가 되려고 노력했지만, 그것을 특별히 즐기지는 않았다. 반식민지 투쟁에 자기네의 뿌리가 있다고 생각한 국민 정서와 맞지 않았다. 에스파냐의 압제로부터 필리핀을 해방시킨 즐거운 이야기 대신 미국 군인들의 잔혹 행위가 보도되자 전쟁에 대한 지지는 떨어졌다. 마크 트웨인과 앤드루 카네기 같은 저명한 인물들이 포함된 미국반제국주의연맹은 식민지 원정이 건국 정신을 저버리는 것이라고 주장했다. 루스벨트 이후 모든 대통령은 필리핀 합병을 민주적 자치 준비 과정으로 제시해야만 했다. 잘 알려진 것처럼, 이 나라는 가능한 모든 대안을 다 시도한 후 언제나 옳은 일을 하는 나라다.

물론 미국이 주변의 약한 나라들을 괴롭히거나 이상한 명분으로 군사적 개입을 한 사례를 찾는 것은 어렵지 않다. 패권국은 그렇게 한다. 하지만 결국 미국은 매우 다른 형태의 초강대국으로 변모했다. 그들이 이전의 초강대국들과 다른 점은 정복 제국을 세우는 데서 한발 물러나 동맹국의 자유와 번영을 위협이 아니라 외교 정책의 목표로 보기 시작했다는 것이다.

이러한 미국 특유의 성향은 부분적으로 건국 원칙의 영향 때문이다. 침략한 미군이 절대 꺾을 수 없었던 저항 형태 하나는 바로 본국의 여론이다. 미국 국민들은 다른 나라를 해방시키고 민주적 제도를 세운 뒤 떠날 수 있다는 것에 큰 자부심을 느꼈을지 모르지만(1913년 런던 주재 미국 대사는 멕시코에 대해 미국이 선호한 정책을 설명하며 "그들에게 투표하게 하고, 그들의 결정에 따라 살게 하라"라고 말했다),[114] 역사적으로 주요 강대국의 정당성의 근원이었던 정복과 지배는 미국에서는 오히려 부끄러움의 원천으로 여겨지는 경우가 많았다.

언제나 모든 사람이 지켜보고 있는 언덕 위의 도시를 자처하는 것은 단순히 스스로의 중요성을 과장되게 생각하고 있다는 것만은 아니다. 이는 또한 남들이 지켜보고 있다는 사실을 매우 의식하고 있다는 뜻이며, 스스로 크게 외친 원칙을 지키지 못하면 사람들의 눈에 띄게 된다는 것을 의미한다.

미국의 행동은 또한 깊은 경제적·기술적 변화를 반영한다. 20세기에 미국은 세계 역사상 가장 강력한 상업 및 공업 강국으로 부상했고, 이는 전쟁에 대한 계산을 바꾸어놓았다. 부를 가장 잘 만드는 방법은 더이상 경작지를 확보하거나 세금을 부과할 농민들을 복속시키는 것이 아니다. 대신 혁신하고, 생산 능력을 확장하며, 다른 경제권과 거래해야 한다. 전근대적 착취 국가들이 다른 나라와 서로 빼앗기 경쟁에 갇혀 있던 것과 달리, 현대의 개방 경제는 다른 나라가 발전하고 더 넓은 분업에 참여하며 더 많은 지식과 혁신 개발에 기여하면 이익을 본다. 또한 공업화 이후 전쟁의 파괴력은 창과 대포로 가능한 수준보다 훨씬 크기 때문에, 부유하고 공업화된 나라일수록 평화에서는 얻을 것이 더 많고 전쟁에서는 잃을 것이 더 많다. 종합적으로 볼 때, 이것은 부유하고 공업화·상업화된 나라들이 전쟁에서 얻는 이익이 적다고 보게 만든다.

이러한 변화는 미국의 관심을 점차 국제 규범 체제를 수립하는 쪽으로 옮겨가게 했다. 자신이 번영한 세계 같은 것을 보호하기 위해서였다. 미국은 국경을 무력으로 변경하려는 시도를 막기 위해 노력했으며, 위반자를 처벌하기 위해 반복적으로 국제적 연합을 조직했다. 또한 민주주의와 자유로운 해양을 안전하게 만들기 위해 노력해왔다(물론 그 과정에서 2차 세계대전 당시 스탈린이나 냉전 시기 제3세계 독재자 같은 적의 적과 협력해 손을 더럽히는 일을 망설이지 않았다).

프랭클린 D. 루스벨트가 처칠을 놀리며 말했듯이, 구세계가 지닌 문제는 "당신들의 핏속에는 400년 동안 이어져온 획득 본능이 흐르고 있으며, 어떤 곳의 땅을 얻을 수 있다면 왜 어떤 나라가 땅을 얻고 싶어하지 않을 수 있는지 이해하지 못한다"는 것이다.[115]

팍스 아메리카나

2차 세계대전 이후 미국은 매우 압도적인 위치에 있었기에 이러한 모든 이상을 실행에 옮길 수 있었다. 미국인들은 아테네인, 로마인, 아바스 왕조, 송나라, 네덜란드가 승리를 공고히 한 뒤에 했던 것과 같은 많은 일을 했다. 즉 그들은 무역을 모든 방향으로 확대하고, 이동과 개방을 가능케 하는 규칙 체계를 세우며, 자기네가 이 체계를 지탱하는 데 도움이 될 동맹국과 국제기관의 연결망을 구축했다.

이는 민족주의와 전쟁의 참혹함으로부터 배우고, 1차 세계대전 이후 미국이 세계로부터 물러나 높은 무역 장벽(그것이 전 세계에 걸쳐 보호무역주의와 배타적 민족주의를 부추겼다)을 세웠던 실수를 반복하지 않기 위한 명시적인 시도였다. 나중에 노벨 평화상을 받게 되는 루스벨트 행정부의 국무장관 코델 헐Cordell Hull은 여러 차례 "제한 없는 무역은 평화와 맞물려 있으며, 높은 관세, 무역 장벽, 불공정한 경제적 경쟁은 전쟁과 맞물려 있다"라고 주장했다. 그는 단순히 세계 무역을 되살리는 것만으로는 평화를 보장할 수 없음을 인정했지만, 이는 필수적인 전제조건이었다. 그는 평화롭고 번영하는 세계를 재건하는 유일한 방법은 "상호 의존적인 국가들이 서로의 이익을 위해 자유롭게 협력할 수 있는 국제 질서의 기반을 세우는 것"이라고 주장했다.[116] 사실상 이것은 팍스 아메리카나Pax Americana였다.

1947년, 미국은 세계무역기구(WTO)의 전신인 관세무역일반협정(GATT)을 설립하는 데 도움을 주었는데, 이는 관세 인하를 협상하고 회원국이 다른 회원국을 차별하는 것을 방지했다. 여러 차례의 협상을 거쳐 2000년까지 제조업 평균 관세는 40퍼센트에서 5퍼센트 미만으로 줄어들었고, 이에 따라 전쟁으로 붕괴한 개방적 세계 경제를 다시 구축할 수 있었다.

1948년 미국이 서유럽을 대상으로 시행한 마셜 플랜Marshall Plan에 투입된 금액은 그리 크지 않았지만, 중요한 것은 유럽 국가들이 예산의 균형을 맞추고 현실적인 환율을 적용하며 무역 장벽을 철폐하도록 조건을 걸어 서유럽에 시장 기반 제도와 평화적 협력의 전망을 제공했다는 것이다. 결국 이 국가들은 유럽연합(EU)을 형성했으며, 탱크와 군인보다 상품, 서비스, 자본, 사람(그리고 병마개 규제)이 국경을 넘는 것이 더 낫다는 결의를 다졌다.

동시에 미국은 북대서양조약기구(NATO)를 필두로 한 일련의 상호방위조약을 설계했으며, 유럽에 대한 핵우산을 제공해 공산주의의 확장을 저지했다. 미국인들은 로마인들이 했던 것과 마찬가지로 실제로 서베를린과 한국처럼 위협받는 동맹국을 방어하기 위한 진지한 노력을 기울일 용의가 있음을 보여줌으로써 신뢰를 쌓았다.

더 나아가 여러 고대 황금시대 문화들의 전략적 관용을 더욱 발전시켜, 이제 패배한 적국이 건강하게 회복하도록 도왔다. 일본과 서독이 패배 이후 수십 년 동안 안정적이고 민주적인 시장경제를 발전시키고 다른 국가들보다 훨씬 빠르게 성장하자, 미국에게 침략당하는 것이 최고의 경제 계획이라는 농담까지 널리 퍼졌다.

유럽연합은 미국의 경쟁자로 성장해 보다 다극적인 세계를 만들려 할 수도 있었고, 부유한 아시아 민주주의 국가들은 중국과 손잡고 국제 질서를 재편하려 할 수도 있었다. 그러나 실제로는 그 반대였다. 이들 국가는 미국이 자기네 지역을 떠나지 않도록 하기 위해 최선을 다하고 있다.

그 이유는 모든 부유하고 자유로운 국가들의 전쟁과 평화에 대한 동기가 미국과 같은 방식으로 바뀌었기 때문이다. 이들은 국제 무역과 평화적 협력의 세계에서 번영을 누리게 됐으며, 이를 보호할 이해관계를 갖게 됐다. 만약 이 질서가 무너진다면 번영을 얻기보다는 파괴, 불안정, 난민의 이동을 경험할 수 있다는 두려움을 갖게 됐다. 이 때문에 이들 국가 대부분은 최근 조약상 아무런 의무가 없음에도 불구하고 바다의 해적, 이라크와 시리아에서의 ISIS 정복, 블라디미르 푸틴의 우크라이나 침공 등에 대해 적극적으로 대응해왔다.

어쩌면 전 세계의 모든 부유하고 자유로운 국가들은 이제 확장된 영어권 세계의 일부라고 할 수 있다. 이는 언어의 문제가 아니라 사고방식의 문제다. 언제나 공업화 및 계몽주의와 함께하는 사고방식이다. 이들 국가는 영어를 사용하지 않을지 모르지만(서로 만나 시간을 보낼 때는 예외다), 그들은 모두 영국-미국적 이상의 상속자다. 그리고 그 이상은 마레 리베룸(해양의 자유)과 평화적 분쟁 해결이라는 네덜란드의 이상에서 빌려온 것이다. 만약 미국이 이에 대한 헌신을 포기한다면 나머지 국가들은 남은 질서를 온전하게 유지하기 위해 필사적으로 노력할 가능성이 높다. 핵 억지력을 동반한 이 체제는 현재까지 팍스 로마나 이후 주요 강대국 간 최장 기간의 평화를 가져왔다.[117]

이 팍스 아메리카나 아래에서 자유민주주의 체제, 개방적인 디지털 통신, 자유시장 경제, 그리고 무역과 금융 흐름에 기반한 세계화가 번성했다. 이 네 가지 측면이 하나의 개방된 세계를 구성한다. 이들의 공통점은 모두 분산된 체계라는 점으로, 여기서 새로운 생각과 혁신은 꼭대기에서만이 아니라 연결망 어디에서든 등장할 수 있으며, 이는 권위자나 엘리트가 아니라 소비자와 경쟁을 통해 검증된다. 이러한 조건은 이상적인 황금시대 조건으로, 다양한 실험과 기술이 등장할 수 있는 무대를 마련하고 전 세계가 그 혜택을 누릴 수 있게 한다.

인류의 번영을 물가상승률로 보정한 1인당 국내총생산으로 측정한다면 인류가 달성한 부의 절반은 1990년까지의 1만 년 동안에 창출됐다. 나머지 절반은 1990년 이후에 창출됐다. 하루 2.15달러(물가상승률과 현지 구매력 조정 기준) 이하의 극빈층은 38퍼센트에서 9퍼센트로 감소했다. 그리고 이것은 단지 중국이 세계 경제의 잠재력을 보고 경제를 개방했기 때문만은 아니다. 중국을 제외하면, 전 세계 극빈층은 3분의 2 가까이 감소했다. 이러한 성과는 이전에는 전례가 없었다.

하지만 역사를 통해 배운 대로 영원한 것은 없으며, 운명은 갑자기 바뀔 수 있다. 오늘날 세계에는 과거 황금시대의 몰락을 떠올리게 하는 우려스러운 신호가 적지 않다. 아테네와 같은 제국의 과잉 확장, 분수에 넘치는 소비 욕구, 중국과 러시아 같은 수정주의적 권위주의 국가의 부상 등이다. 이들은 게르만족이나 몽골인처럼 선도 국가의 방법과 기술을 모방했으며, 이에 따라 이제 그들에게 더 큰 위협을 가할 수 있다.

우리 세계는 유행병, 기후 변화, 난민의 이동, 테러리즘, 지정학적 위협 등 다른 황금시대 문화들을 뒤흔든 많은 충격을 경험했다. 늘 그렇듯이 결정적인 질문은 우리가 그것들에 어떻게 대응할 것이냐다. 발견, 실험, 혁신의 제도를 심화해 앞서 나가며 이들 문제에 적응할 수 있게 할 것인가? 아니면 과거의 많은 경우에 그랬던 것처럼 비관주의, 보호무역, 통제 속으로 후퇴할 것인가?

1838년 에이브러햄 링컨은 '청년회관 연설'에서, 어떤 대서양 군사 강국도 미국의 실험을 결코 짓밟을 수 없다고 선언했다. 전 세계의 모든 군대가 지구상의 모든 부를 소유하고 나폴레옹 같은 지휘관을 갖고 있다고 해도 오하이오강에서 한 모금의 물조차 강제로 가져갈 수 없다는 것이다. 하지만 링컨은 파멸을 초래할 수 있는 훨씬 더 강력한 힘이 있다고 경고했다.

만약 그것이 우리에게 도달한다면 반드시 우리 내부에서 비롯될 것입니다. 외부에서 올 수는 없습니다. 만약 파멸이 우리의 운명이라면 우리 스스로 그것을 만들어내고 끝내야 합니다. 자유인들의 나라로서 우리는 영원히 살아야 하며, 그것이 아니라면 자멸일 것입니다.[118]

요약

영국은 매우 확실하고 이례적인 방식으로 국제적 영향력에 철저하게 노출됐다. 바로 성공적인 외국의 침략과 이어진 스코틀랜드 합병을 통해서였다. 네덜란드인들이 주도한 1688년 명예혁명은 영국을 새로운 궤도로 올려놓았는데, 침략자들의 무역과 관용에 대한 이상을 받아들였을 뿐 아니라 신수神授 왕권을 버리고 법치, 재산권 보호, 자유로운 기업 활동을 기반으로 한 입헌군주제를 수용했다.

이 덕분에 영국인들은 새로운 사업 모형과 기술을 시험할 충분한 기회를 가졌다. 사실 그럴 수밖에 없었다. 정부는 시민들이 스스로 문제를 해결하도록 대부분 내버려두었기 때문이다. 이는 창의성과 협업, 그리고 도시화와 상업화의 급격한 확산으로 이어졌다. 영국은 전통적으로 나뉘어 있던 지역과 직업 사이의 경계가 허물어지면서 매우 포용적인 사회로 빠르게 변모하고 있었다. 찻집, 민간단체, 강연장, 작업장은 학자와 제조업자, 사상가와 기술자들이 자유롭게 교류하는 장이 됐다. 과학자, 기술자, 공구 제작자, 빛의 상인들이 만나 정보와 설계를 비교하고, 다양한 분야의 생각을 결합하며, 이를 판도를 바꾸는 기술과 제품으로 구현하기 위해 협력했다. 아바스 왕조나 네덜란드에서 그랬던 것처럼, 이윤을 추구하는 기업가나 상인을 더 이상 부정적으로 바라보지 않았다.

공업혁명은 현대사에서 경제와 인간 생활을 가장 진보적으로 변화시킨 사건이었다. 인간은 기계, 석탄, 증기를 생존을 위한 도구로 활용하며 마침내 승리했다. 한 노동자는 자서전에서 "사회는 끊임없이 발전하고 있다"라고 썼다. 또다른 이는 자신의 어머니와 아버지가 "모두 살아서 내가 보는 이런 발전을 직접 볼 수 있었더라면 좋았을 텐데"라고 썼다.

창의성과 경쟁의 고삐가 풀리자, 이 혁명은 곧 두 번째 혁명으로 이어졌다. 현대적 기업, 세계화, 광범위한 새 기술적 도약(전기, 조립 라인, 내연기관 같은)을 바탕으로 한 것이었다. 나아가 컴퓨터 시대와 디지털 혁명이 뒤따랐고, 이제는 로봇공학, 생명공학, 인공지능이 이어지고 있다. 이렇게 혁명은 쉬지 않고 계속되고 있다.

19세기 말에는 미국과 통합된 북대서양 경제가 그 바통을 이어받았다. 신대륙의 영국 식민지 사람들은 그들 유산의 자유주의적인 부분을 정제해 이를 군주, 귀족, 국교가 없는 대륙에 이식했다. 그들은 토머스 페인이 말했듯이 세계를 새로 시작할 힘을 갖고 있었다. 그러나 건국의 아버지들은 그 일을 할 때 매우 현명하게도 처음부터 시작하려 하지 않고, 역사가 공화주의적 제도를 세우는 방법과 그것을 유지하는 방법에 대해 말하는 바를 귀담아들었다. 특히 그들은 고대 그리스와 로마 공화국에 집착했으며, 마케도니아 왕이나 대중영합주의자 카이사르 같은 인물이 그것을 무너뜨리지 못하게 할 방법을 고민했다.

그 결과 독립선언서의 원칙과 미국 헌법의 법률 체계는 권력 균형을 이루고 열린 사회를 유지할 수 있는 강력한 틀을 만들어냈다. 미국은 그 지리적 위치, 이민에 대한 개방성, 혁신적 자유시장 경제와 결합해 빠르게 세계의 주요 경제·기술·군사 강국으로 변모했다. 지적 유산과 이 나라가 번영을 누린 환경 덕분에 미국은 반제국주의적 제국이 됐으며, 그 권력을 이용해 무역을 개방하고 분쟁을 평화적으로 해결하는 자유주의적 세계 질서를 구축했다. 이를 통해 미국은 여러 대륙의 다른 국가들이 각자 자기네의 황금시대를 건설할 수 있는 조건을 마련했으며, 오늘날 많은 국가가 자신들에게 번영을 가져다준 국제 체제를 유지하기 위해 최선을 다하고 있다.

이로써 이야기는 적절하게도 처음으로 돌아간다. 아테네와 로마의 첫 번째 황금시대는 단지 폐허와 걸작만 남긴 것이 아니라 현재의 황금시대를 형성하는 데 도움이 된 중요한 교훈 또한 남겼다. 그들 각자의 시행착오를 통해 우리는 개방성과 동맹, 혁신, 그리고 가장 효과적인 것에 대한 끊임없는 모방의 체제를 구축하는 방법을 배웠다. 그러나 이번에는 참여자 모두의 자발적인 관여를 기반으로 한 것이었다.

존 레넌은 왜 런던에서 뉴욕으로 이사했느냐는 질문을 받고 기억에 남는 대답을 했다. "내가 로마 시대에 살았다면 당연히 로마에 살았을 겁니다. 달리 어디가 있나요?"

지금은 황금시대다. 지켜낼 수만 있다면.

더 높이 날 것인가,
불가피하게 쇠퇴할 것인가

스키피오는 카르타고가 완전히 멸망해 마지막 숨을 거두는 모습을 바라보며 그 적들을 위해 눈물을 흘리고 영영 울었다고 한다. (⋯) 모든 도시, 모든 민족, 모든 권력은 인간과 마찬가지로 언젠가 파멸을 맞이한다는 사실을 깨달았기 때문이다.

— 알렉산드리아의 아피아노스[1]

최근에 딸아이가 나에게 이렇게 말했다. "역사를 공부할 때마다 드는 생각은, 와, 나는 저 시대에 살고 싶지 않다는 거예요." 물론 옳은 말이다. 번영, 평화, 진보는 인류 역사에서 드문 일이다. 특정 지역의 특정 시대에서만 잠시 정상 상태였고, 매번 그것은 결국 언젠가 꺼져 사라졌다. 그것을 당연하게 여기지 말아야 한다. 우리 문화가 번성하기를 바란다면 무엇이 번성을 가능하게 만들고 무엇이 몰락을 초래하는지 생각하는 일이 필요하다.

황금시대는 모방과 혁신에 의해 만들어진다. 그 시작은 속임수 덕분이었다. 그들은 자기네를 번영하게 해준 모든 혁신을 스스로 만들어내지 않았다. 반대로 그들은 다른 곳에서 그것을 빌려오거나 훔쳐왔다.

세계의 다른 지역에 대해 열린 태도를 가졌기에 이 문화들은 다른 사람들의 두뇌, 습관, 기술의 힘을 얻을 수 있었고, 그 덕분에 무엇이 가능한지에 대한 시야가 넓어졌다. 그들 모두는 이를 이루기 위해 서로 다른 전략을 택했다. 아테네, 이탈리아, 네덜란드의 상인들은 사업 여행을 하며 새로운 생각을 얻었다. 로마는 외국 무역보다는 정복을 통해 더 많은 방법과 사람들을 흡수했으며, 아바스 왕조는 세계의 지식을 손에 넣기 위해 적극적으로 번역 사업을 후원했다.

그러나 이들 모두는 무역, 이주, 지적 교류에 깊이 의존했다. 특히 국제 무역은 사회가 무언가를 하는 새로운 방식을 접하게 하고, 정치·예술·종교 같은 경제 외 영역에서도 오직 하나의 방식만이 가능하다는 인식을 깨뜨린다. 이들 가운데 상당수가 해양 문명이라는 사실은 이로 써 설명된다. 그들은 언제나 더 멀리 가고 더 많은 것을 본다.

아테네와 네덜란드는 취약했기 때문에 외국 무역을 받아들였다. 그들은 충분한 식량을 생산할 수 없었기 때문에, 교환을 통해 필요한 식량뿐 아니라 더 큰 부도 얻을 수 있다는 사실에 기뻐했다. 로마와 아바스 제국은 강했기 때문에 무역을 포용했다. 그들은 방대한 자유무역 지대를 구축했고, 여기서는 어느 곳에서 나온 생산품과 혁신도 전체로 빠르게 퍼질 수 있었다. 중세 유럽의 도시들은 무역망을 통해 다시 태어났고, 영어권 세계는 마침내 세계 무역을 할 수 있도록 안전한 환경을 만들었다. 지방 유력자나 해적이 무역을 방해하는 것을 막는 것은 어려운 일이었지만, 그 대가는 어느 경우든 엄청났다.

그러나 모방만으로 갈 수 있는 곳에는 한계가 있다. 진보를 자생적으로 추진하고 진정한 황금시대를 열기 위해서는 이 새로운 생각과 정보를 자기네 고유의 사고 및 방식과 결합해 농업 생산성 향상에서부터 예술적 반란에 이르기까지 혁신을 만들어내야 한다. 이는 포용성을 가져온다. 엘리트나 다수가 불편하게 느끼더라도 사람들이 자신만의 일하는 방식을 시험하도록 허용하고 장려해야 한다. 사람도 많이 필요하다. 이러한 모든 문화는 고도로 도시화되어 있었다.

포용성의 전제조건 가운데 하나는 법치다. 사람들이 개별 통치자의 변덕이 아니라 예측 가능하고 전체 주민에게 똑같이 적용되는 규칙에 의해 통치되어야 한다. 어떤 문명도 이것을 완벽하게 실현하지는 못했다. 그들 모두 노예제를 실시했고, 여성을 동등한 권리를 가진 시민으로 대우하지 않았다. 그러나 동시대 및 이전의 다른 문화에 비하면 그들은 훨씬 더 포용적이었고, 이것은 차이를 만들어냈다.

아테네는 모든 자유민에게 정치적 참여권을 주는 직접 민주정을 운영했고, 영어권 세계는 권력 분립을 갖춘 자유민주주의를 개척했다. 로마 공화국, 이탈리아 도시국가들, 네덜란드 공화국은 부유층이 지배하던 체제였지만, 권력은 분산되어 있었고 동시대와 비교하면 견제와 균형 장치가 자의적인 권력 행사를 억제하는 데 중요한 역할을 했다. 로마제국, 아바스 칼리파국, 송나라 중국의 지배자는 모든 개인의 생살여탈권을 가지고 있었지만 그들조차도 따라야 할 법체계가 있었다. 그렇지만 이런 중앙집권은 체제가 더 취약하다는 얘기였다. 개명한 군주는 언제든 개명하지 않은 군주로 대체될 수 있었다. 어떤 형태로든 권력 분립은 자유를 보호하는 데 필수적이었다. 그것이 미국 건국자들이 고대 문명으로부터 배운 교훈이었다.

포용성을 위한 또다른 필요조건은 자유시장과 자유로운 사고다. 새로운 것을 세상에 가져오려면 사람들은 새로운 이론과 주장, 상품과 서비스를 실험하고 교환할 수 있도록 허용되어야 한다. 경제사학자 조엘 모키어는 모든 주요 기술 혁신이 "전통적 지혜와 기득권에 대한 하나의 반란 행위"라고 설명했으며, 전통적 지혜와 기득권이 무엇을 추구할 수 있고 없음을 명령할 위치에 있다면 그 결과는 정체일 수밖에 없다.[2]

이러한 사회들이 매우 성공적이었던 이유 중 하나는 더 넓은 범위의 사람들로부터 예상치 못한 생각을 받아들이는 개방성이 사회 곳곳에 흩어져 있는 지역적 지식과 창의성을 활용하도록 만들었기 때문이다. 이러한 지식과 창의성은 결코 중앙의 왕궁, 봉건 영주, 동업조합에 집중될 수 없다.

이 책에서 다룬 황금시대들은 이런 점에서 서로 달랐지만, 모두 다른 동시대 문명보다 훨씬 높은 수준의 경제적 자유와 지적 자유를 제공했다. 그들은 농민, 제조업자, 상인들에게 새로운 방법과 기술을 시험할 더 많은 공간을 주었고, 철학자, 과학자, 예술가들에게는 지식과 비전을 탐구할 더 많은 자유를 주었다. 그들은 그저 더 많은 생각과 사업 모형을 고려 대상으로 삼았고, 그만큼 성공적인 것을 찾을 가능성이 높았다.

이러한 진보는 어느 시점부터 자동적으로 진행됐다. 왜냐하면 그것이 이들 문명의 자기정체감을 변화시키기 시작했기 때문이다. 더 많은 사람들이 무엇이 가능한지를 깨닫기 시작하자 그것이 낙관, 활기, 정력을 담은 더 넓은 문화의 형성을 촉진했다. 많은 이들이 그 특정한 시기에 그곳에 있었다는 사실에 큰 자부심을 느꼈던 듯한데, 부분적으로는 분명히 엘리트의 선전술이 지위와 성취의 이야기를 잘 만들어냈기 때문이기도 하지만 주로 개념 증명을 이루어냈기 때문이다.

그래서 가난한 아테네 시민들조차도 자신이 권력자와 마찬가지로 민회에서 일어나 주장을 펼칠 수 있다는 것을 알았다. 중국 농민들은 조상들이 하던 방식대로 농사를 지을 필요가 없음을 깨달았다. 이탈리아의 예술가들은 자신도 새로운 재료와 소재를 시험할 수 있다는 것을 알았다. 영국의 기구 제작자들은 유명한 혁신들에 자극받아 자신의 작업장에서 조정하고 수리했다. 어떤 시점에 이르면, 역동적인 문화가 사람들에게 모키어가 말한 의미에서 반란을 허용하고 자극을 주는 듯하다. 그리고 그것이 엄청난 창의적 동력의 팽창을 만들어낸다.

그러나 결국 모든 황금시대에는 '현상 유지 대여과기'가 찾아왔다. 흔히 쇠퇴로 가는 길은 전쟁, 전염병, 기후로 인한 기근으로 포장되지만, 이러한 것들은 인류 역사에서 늘 존재하는 요소이며 문명들은 또한 종종 이런 위기에서 다시 회복하기도 했다. 그러나 어떤 경우에는 이러한 위기가 모키어가 말한 전통적 지혜와 기득권이 반격할 기회를 주었고, 이 사회들을 특징짓던 의외의 것에 대한 개방성을 뒤엎었다. 위기는 흔히 상상 속의 좋았던 옛 시절, 고정된 경제 관계, 혹은 때 묻지 않은 신앙 같은 익숙한 것으로 후퇴하려는 충동을 만들었다.

이 모든 황금시대는 소크라테스를 죽이는 순간, 즉 이전의 개방적인 지적 교환에 대한 헌신을 버리고 호기심 대신 통제를 택하는 순간을 경험했다. 위기로 흔들리던 로마제국 말기에 이교도들은 기독교도를 박해하기 시작했고, 기독교도들은 다시 이교도를 박해했다. 송나라 중국이 침략에 직면했을 때는 유교를 국가 이데올로기로 만들었다. 아바스 제국이 분열되기 시작했을 때 칼리파들은 국가와 종교 사이의 억압적 동맹을 구축했다. 르네상스는 진지를 구축한 개신교와 대항종교 개혁에 나선 가톨릭이 각기 국가-교회 동맹을 형성하고 이단자와 과학자를 박해하면서 종말을 맞았다. 심지어 관용적이었던 네덜란드 공화국조차도 파괴적 침략과 경제 침체에 직면하자 칼뱅파 광신자들에게 장악됐다.

새로운 정통성은 종종 사회를 중앙집권화하고 법치를 훼손하기 시작한 통치자들에 의해 지탱됐다. 로마 말기 황제들은 점점 더 위압적이고 권위주의적이 됐고, 셀주크 독재자들은 시장과 정신세계를 통제하는 체제를 구축했으며, 송 왕조 이후의 중국 황제들은 농업에서부터 머리 모양까지 모든 것을 규제하려 들었고, 르네상스 말기 통치자들은 대포와 화약으로 도시의 성벽과 공화제적 제도를 무너뜨렸다. 심지어 자유주의적이던 네덜란드 공화국에서도 오랑주 공작이 견제와 균형을 해체하고 스스로 사실상의 왕이 됐다. 어려운 시기는 강한 독재자를 만들지만, 독재자는 더 어려운 시기를 만든다.

자유로운 언론이 정통 교리로 대체됐듯이, 자유시장도 이러한 시대의 종말로 향해 가면서 흔히 강화된 경제 통제로 대체됐다. 국가가 때때로 세금을 거두기 어려워지면 그들은 사유재산권과 자발적 교환을 훼손하며 가능한 한 많이 빼앗아갔다. 로마, 아바스 왕조, 중국이 경제를 봉건화함으로써 사회적 관계를 고착시키려 했던 것 같은 경우다. 반복적으로 나타나는 쇠퇴의 징후는 바로 화폐를 더 많이 찍어내는 방식으로 자금을 조달한 일이었다. 그들은 주화의 가치를 떨어뜨려 물가 급등과 경제적 혼란을 촉발했다.

참담한 것은 그들이 자기네에게 부와 창의성을 제공했던 국제 무역마저 포기하기 시작했다는 점이다. 때로는 전쟁과 분열로 육로와 해로의 안전이 위협받아 무역이 붕괴하기도 했는데, 로마와 르네상스 말기가 그러했다. 명나라 중국은 기존 질서를 어지럽힌다는 이유로 아예 해외 무역을 금지했다. 아바스 왕조의 경제 군사화는 이전에 중심적 역할을 하던 상인 계층을 약화했다. 네덜란드 역시 다른 나라들의 관세 장벽을 맞닥뜨린 끝에 결국 자기네도 관세를 도입했다.

개방성이 이 문화들을 강하게 만들었던 것처럼, 정통주의와 억압은 그들을 약하게 만들었다. 정치, 종교, 경제에서 단 하나의 답만 허용되기 시작했을 때 실험과 혁신은 멈추었고, 인류는 본래의 보다 자연스러운 상태로 되돌아갔다. 바로 정체와 기아였다.

로마, 바그다드, 중국의 항구 도시들, 네덜란드 도시들에 너무 늦게 갔던 여행자들이 남긴 글을 읽는 것은 가슴 아픈 일이다. 이곳들은 불과 몇 년 전만 해도 인류의 경이로 생각됐지만, 이제는 인적이 드물고 빈곤해진 모습이었다. 그것은 지나간 더 나은 시대의 초라한 잔해일 뿐이었다.

시급한 질문은 물론 이 사실이 우리에게 어떤 의미를 가지는가이다. 우리가 지금 누리고 있는 황금시대는 역사상 가장 비범한 시기다. 영어권 세계 질서의 보호 아래 이루어지는 통신·운송·무역의 혁명은 지역적인 도약들을 받아들이는 데 있어 지리적 장벽을 무너뜨렸기 때문이다. 로마와 아바스 시대에는 한 지역의 과학·기술·문화적 혁신이 제국의 나머지 지역으로 빠르게 확산될 수 있었다. 지금은 역사상 처음으로 그것이 전 세계로 빠르게 확산될 수 있다. 그 결과 인류 역사상 처음으로 진보가 한 지역과 한 문명에 국한되지 않을 수 있게 됐다. 인류 전체가 그 혜택을 누리게 된 것이다.

이로 인해 한때 매우 독보적이라 여겨졌던 영국과 미국의 과학 및 공업의 초기 성취가 이제는 세계 곳곳에서 반복됐다. 1820년 이후, 극빈층의 비율은 전 세계적으로 열 명 중 약 여덟 명에서 열 명 중 한 명 미만으로 감소했다. 기대수명은 30세에서 74세로 급상승했다. 아동 사망률은 거의 50퍼센트에서 4퍼센트 이하로 떨어졌다.

이 시기는 또한 이 진보와 밀접히 연관된, 가장 중요한 몇몇 자유주의적 성취들을 목격한 시대이기도 하다. 대부분의 나라에서 종교는 강제로 부과되는 무언가에서 사적인 문제로 바뀌었다. 법적 노예제는 전 세계적으로 폐지됐다. 여성은 아버지와 남편의 재산처럼 다루어지던 법들에서 점차 해방됐다. 조각조각 이어지고 완전하지는 않지만, 역사적 기준에서 보면 순식간에 인류의 절반을 자유롭게 만든, 아마도 지금까지 이루어진 가장 위대한 진전일 것이다. 지금은 도달 가능한 최고의 황금시대다.

그러나 어떤 것도 영원하지 않다. 우리는 약 200년 동안의 황금시대를 누려왔다. 황금시대가 그 이상 지속된 예는 거의 없다. 그렇다면 역사는 우리의 가능성에 대해 무엇을 말해줄까?

유감스럽게도 오늘날 우리의 시대에도 여러 쇠퇴의 불길한 징후들이 명확히 존재한다. 아테네처럼, 미국은 21세기 초반 오만한 과잉 확장을 경험했다. 아프가니스탄 및 이라크 전쟁으로 서아시아 전체를 재편할 수 있다고 믿었으며, 이는 생명과 자원을 허비하고 세계 여론을 멀어지게 했다. 2008년 금융 위기는 적어도 한동안 미국을 세계의 모범이라는 지위에서 실추시켰다. 중국 같은 나라들이 미국을 더 이상 본받을 필요가 없다고 판단하게 되면서다. 다른 강대국들처럼 미국은 현재의 재정 문제를 미래 세대에 치명적인 공공 부채를 떠넘기는 방식으로 해결해왔는데, 역사적으로 이는 파괴적인 물가 급등이나 시장의 공황을 초래하는 경향이 있었다.

많은 황금시대의 말기에 익숙하게 반복되는 양상처럼 금융 위기, 이민자의 물결, 유행병, 지정학적 긴장과 같은 일련의 위기들이 자신감 있고 탐구적인 사고방식을 세상은 위험하며 그로부터 우리 스스로를 보호할 필요가 있다는 인식으로 대체해버렸다. 불과 몇 년 사이에 우리는 투키디데스가 묘사한 무언가 새로운 것을 얻기 위해 열린 아테네적 사고방식에서, 이미 가진 것을 지키기 위해 세상을 차단하려는 스파르타식 사고방식으로 옮겨간 것처럼 보인다.

늙고 지친 많은 사회가 그러하듯이, 우리는 현재 가진 것을 고착시키려고 애쓰는 경향이 있다. 그리고 늘어나는 규제와 기준은 빠른 적응과 파괴적 혁신을 점점 어렵게 만든다. 부유한 나라들에서는 어디에든 무엇이든 짓는 것이, 그리고 신흥국들은 기존 강국들이 과거에 했던 일을 반복하는 것이 점점 더 어려워지고 있다. 언론인 앨런 비티Alan

Beattie가 말했듯이, 유럽연합 관료들은 종종 움직임에 반응하는 〈쥐라기 공원〉의 공룡처럼 보인다. "경제의 일부가 빠르게 성장하면 그들은 곧바로 뒤쫓아간다."[3]

가장 걱정스러운 것은 부유한 국가들에서 세계화와 무역에 대한 거센 반발이 일어났고, 이민자들은 다른 여러 쇠퇴의 시대에서처럼 희생양이 됐다는 점이다. 우리의 끊임없는 소생의 가장 강력한 원천으로부터 스스로를 차단할 위험성이 있는 것이다. 전 세계적으로 민족주의, 본국 송환, 중앙집권적 산업 정책이라는 관념의 부활이 일어나고 있다. 2008년 세계 금융 위기 이후 국제 무역은 성장을 멈추었고, 진보 지표들도 둔화됐다.

이와 동시에 현대 사회의 확장된 다양성에 대한 서로 다른 두 가지 반작용이 등장했는데, 이는 서로를 거울처럼 비추는 모습이다. 즉 강경한 민족주의적 우파와 급진적이고 비자유주의적인 좌파다. 둘 다 정체성 정치에 집착하며, 다른 생각과 문화가 그들의 순수하고 동질적인 이상향에서 소멸되거나 축출되는 동질성의 꿈을 추구한다. 그 결과 어떤 이들은 학내 토론에서 패하면 무대에 난입하고, 또 어떤 이들은 선거에서 지면 미국 국회의사당을 습격한다. 하나의 생각을 모두에게 강요하려는 그들의 야망은 통합의 추구로 묘사되지만, 이는 서로의 것을 빼앗는 일이기 때문에 갈등과 긴장을 부추길 뿐이다.

이 집단들은 아직 전체 사회에 답답한 정통주의를 강요할 위치에 있지는 않지만, 이들 가운데 어느 쪽이든 오래 권력을 잡은 나라에서는 법치주의가 약해지는 경향이 있다. 일부는 카이사르를 열망하는 듯하다. 튀르키예, 헝가리, 멕시코 같은 민주주의 국가들은 비자유주의적 지도자가 얼마나 빨리 견제와 균형을 해체하고 사회를 중앙집권화할 수 있는지를 보여준다. 오랜 민주주의 국가 안에서조차도 경고 사례는 적지 않다.

또다른 우려스러운 역사와의 평행선은 열린 사회의 경쟁자들이 그 성취의 많은 부분을 따라잡았다는 점이다. 게르만 부족들이 로마로부터 조직 기술과 무기 기술을 배웠고 몽골인들이 중국으로부터 화약과 강철을 가져가 결국 그들을 파괴했던 것처럼, 테러 조직과 중국·러시아는 지속적으로 자유세계의 방식과 기술을 모방함으로써 그러지 않았다면 되지 못했을 정도로 자유세계에 큰 위협이 되고 있다.

중국과 러시아는 최근 전체주의적 방향으로 선회했으며, 홍콩과 우크라이나 같은 이웃을 파괴하려고 애쓰고 있다. 이는 부분적으로 번영하고 열린 사회의 본보기와 국경을 맞댈 경우 자신들의 체제가 버티지 못할 수 있음을 알기 때문이다. 그들은 이란이나 북한 같은 불량배 국가들과 협력해 지역 전체를 위협하고 있다. 그들은 또한 선전과 소셜 미디어를 통해 우리 내부의 분열을 부추김으로써 유럽과 미국의 민주주의 국가들을 약화하려 하고 있다. 언론인이자 역사학자인 앤 애플바움Anne Applebaum이 경고했듯이, 이들 권위주의 세력은 기존의 이데올로기 경계마저 넘어 서로 협력하는 법을 배웠다. 그들은 약탈, 탄압, 권력 유지 수법을 교환하며, 목표 달성에 필요한 기술도 서로 거래한다.

그들이 성공할까? 쉽지 않을 것이다. 군사사학자 브렛 데버로는 영어권 세계의 시대와 그 덕분에 가능해진 발전이 국제 관계를 근본적으로 바꿔놓았다고 주장한다.[4] 국가 체제에서의 전통적인 갈등 양상은 국가들이 그 순간 가장 강해 보이는 세력(오늘날에는 미국)에 대항해 손을 잡는 것이었다. 그 확장을 억제하기 위해서다. 이 세력이 어쨌든 돌파해 패권국이 되면 그 국가들은 속국으로 살아남기 위해 그 패권국과 손을 잡는 것이 이득이 되지만, 패권국이 비틀거리면 그들의 이 해관계는 다시 변해 균형을 맞추기 위해 한꺼번에 패권국에 맞서 급속한 붕괴를 이끌어낸다.

그러나 이 패턴은 갑자기 바뀌었다. 세계의 큰 나라 30개국 가운데 거의 모두가 미국의 동맹국이며, 그중 20개국은 공식적인 조약을 맺은 동맹국이다. 30대 국가 가운데 영어권 세계가 주도하는 세계 질서에 도전하는 국가는 러시아와 중국 단 두 곳뿐이며, 이들은 선진국 가운데 믿을 만한 동반자를 찾는 데 큰 어려움을 겪고 있다. 그들이 수정주의적 야심을 드러내면 드러낼수록, 그리고 미국이 이끌지 않는 세계가 어떤 모습일지를 다른 나라들에게 상기시키면 상기시킬수록, 다른 국가들은 그들과 함께하는 데 흥미를 잃게 된다. 그러면 이 국가들은 오히려 미국 쪽으로 더 기울며, 러시아나 중국의 침략 또는 무역 강압에 노출된 나라들을 더 열심히 돕고 싶어하는 듯하다.

미국이 다른 나라들을 괴롭혀서 그 나라들이 친하게 굴지 않으면 안 되겠다고 생각해 그런 것은 아니다. 미국이 그러지 않기 때문에 그들이 그러는 것이다(미국이 가끔 그러한 모습을 보일 때면 대안에 대한 관심이 커진다). 오히려 미국은 그들이 공통적으로 관심을 가지고 있는 개방적 세계 질서의 가장 강력한 보증인으로 여겨진다. 심지어 미국이 물리적으로나 정신적으로 사라진다 해도 그들은 이 질서를 지키기 위해 할 수 있는 일을 할 것이다.

이 체제는 나라들이 억지로 편입되는 로마제국도 아니고, 빠져나오지 못하는 델로스 동맹도 아니다. 자기네가 평화와 무역에 공통의 이해관계가 있음을 깨달은 나라들의 비공식적인 모임이다. 실제로 그들 가운데 많은 나라들이 미국이 제공하는 안전 보장에 무임승차하고 있으며, 그 반대가 아니다.

물론 그들은 자국의 방위에 대한 비용을 내야 하지만, 미국 또한 그런 자유 국가들의 광범위한 동맹에 관심이 있다. 이로 인해 다른 나라들이 패권국에게 집단적으로 달려들어 그 실수를 유도할 기회를 노리지 않는 매우 이례적인 상황이 만들어졌다. 만약 이런 연합이 없다면 성장하는 지역 패권국들이 기회를 보아 미국을 밀어내고 예컨대 미국의 교역로를 차단하려 드는 일이 언젠가는 벌어질 것이다. 역사적으로 패권국은 그런 행동을 받아들이거나, 아니면 전쟁을 해야 했다. 하지만 지금 그런 일이 벌어진다면 미국은 정치적·외교적·재정적으로 가해자를 응징할 동맹 연결망을 갖고 있으며, 그 덕분에 이런 상황은 훨씬 일어나기 어렵다.

세계 국내총생산의 약 60퍼센트와 압도적 금융·기술 능력을 가진 가장 부유한 국가들이 단합해 있는 한, 이 국제 질서를 뒤집기는 극도로 어렵다. 그렇다고 그것이 불가능하다는 얘기는 아니다. 페리클레스와 요한 더 비트는 자부심, 종교, 이데올로기에 눈이 멀면 사람들이 자신의 최선의 이익에 따라 행동하지 않을 수 있음을 뼈아프게 깨달아야 했다. 오판이나 허세는 세계를 혼란에 빠뜨리기 십상이다. 대규모 전쟁, 심지어 대량살상 무기가 동원되는 전쟁이 벌어진다면 세계 질서가 무너질 수도 있다.

하지만 개방적 세계에 대한 가장 큰 위협은 강한 적이 아니라 약한 지지자들에게서 온다. 주요 민주주의 국가들 안에서 커지는 두려움과 민족주의는 쉽사리 그들이 개방으로부터 얻는 이익을 간과하게 하거나 그것을 위해 싸울 힘을 잃게 만들 수 있다. 예를 들어 미국이 지속적으로 평화적 협력과 개방적 무역의 수호자 역할을 맡을 것이라는 보

장은 없다. 유감스럽게도 자유민주주의 국가들이 앞으로도 자유민주
주의 국가로 남을 것이라는 보장조차 없다. 우리는 흔히 가장 무서운
적을 거울 속에서 발견한다는 사실을 잊어서는 안 된다. 역사가 D. C.
서머벨David Churchill Somervell이 언젠가 말했듯이, 사회는 자연사로 죽지
않고 자살이나 타살로 죽는다. 그리고 그것은 거의 언제나 자살이다.

역사의 긴 흐름을 다루는 책은 대부분 이 지점에서 미래의 가장 큰
도전에 맞설 준비를 하라고 말한다. 미래의 지정학적 문제, 기술의 실
존적 위험, 환경, 인구 변화 같은 것들이다. 나는 그러지 않을 것이다.
잠재적 약점에 대비하는 것보다 우리의 강점을 키우는 것이 더 중요하
다고 믿기 때문이다.

왜냐하면 앞으로 100년 후 우리의 문제는 완전히 다른 모습일 것이
고, 우리가 올바른 길을 간다면 가능한 해법의 선택지도 엄청나게 늘
어나 있을 것이기 때문이다. 가장 심각한 문제 가운데 일부는 전혀 예
기치 않게 나타날 것이고, 따라서 해결책 또한 우리를 놀라게 할 것이
다. 물론 미래의 문제가 무엇일지 생각해보는 것은 분명 나쁘지 않다.
그러나 가장 중요한 준비는 번영, 지식, 전반적인 기술 역량을 더 많이
취득하는 데 이바지하는 역동적 문화를 유지하는 것이다. 그러면 미래
문제가 어떤 형태로 오든 우리가 회복하는 데 도움이 된다.

지금 당장의 문제를 해결하는 대신 100년 후에 우리가 도달할 곳을
걱정하는 것은 전혀 건설적인 일이 아니다. 그럴 경우 그 문제가 있는
곳에 도달하지도 못할 것이다. 어쨌든 우리는 늘 미래에 대해 틀린다.
전 세계가 인구 과잉이 인류의 생존에 대한 끔찍한 위협이라고 생각하
다가, 어느 순간 갑자기 인구 감소가 진짜 위협이라고 생각하기 시작했
음을 기억해야 한다. 따라서 해결책은 단 하나의 거대한 해법이 아니

라 세계가 던지는 모든 도전에 끊임없이 적응하고 혁신할 수 있게 하는 개방적 문화다.

그렇다면 어떻게 해야 할까? 세상이 위협적으로 보일 때 어떻게 개방성을 유지할 수 있을까? 역사에서 배워야 한다. 역사는 우리가 위협에 대해 빠르지만 역효과를 내는 방식으로 반응하는 경향이 있음을 보여준다. 엄청나게 다양한 수많은 해답과 더 나은 해법을 낳을 수 있는 시행착오에 대해 마음을 열지 않는 것이다. 중세 중국인들이 아주 잘 알고 있었듯이 진짜 해법은 하나의 생각이 아니라 만물 속에 있다.

지위와 현상을 지키기 위해 뜻밖의 것을 거부하는 엘리트들은 그렇게 하면 그들이 지배하는 사회가 쇠퇴할 뿐임을 배워야 한다. 그리고 우리 모두는 지금 우리가 소중히 여기는 것들이 바로 그런 실험과 혁신의 과정에서 탄생했다는 사실을 알아야 한다. 지금 반동들이 변화로부터 지키고자 하는 모든 것은 이전 세대의 반동들이 막으려다 실패한 것들이다.

제이슨 파이퍼Jason Feifer는 이 문제를 이해하는 데 도움이 되는 완벽한 질문을 던졌다. "우리가 한때 두려워했지만 지금은 사랑하는 것은 무엇인가?"[5] 이 질문이 중요한 이유는 소설에서 인터넷까지, 민주주의에서 에펠탑까지 거의 모든 혁신이 처음에는 기괴하고 위협적으로 보였기 때문이다. 우리는 처음에 잃게 되는 것만 보고, 얻을 수 있는 것들은 보지 못했다. 하지만 시간이 지나면서 그것에 익숙해졌고, 그것을 사용하기 시작했고, 그것을 사랑할 줄 알게 됐다. 각자는 아마도 인생에서 그런 사례가 여럿 있을 것이다. 나 역시 그렇다.

우리가 그런 뜻밖의 가능성들에 계속 마음을 열어두고 그것들로부터 이익을 얻는 법을 배워야만 개인으로서도 사회로서도 계속 진보할 수 있다. 한때는 본능적으로 거부했던 것을 나중에는 좋아하게 되는 경우가 많다는 사실을 이해한다면 우리는 예측 불가능성에 대한 관용을 기를 수 있다. 그러지 않으면 다른 누군가가 할 것이다.

한 가지 이전의 황금시대들과 다른 점은 우리가 이제 다른 바구니들에 더 많은 달걀을 가지고 있다는 것이다. 과거에는 아테네나 바그다드가 무너지면 모든 것이 끝이었다. 지금 전 세계에는 서로 다른 200개의 국가가 있고, 그중 50개 정도는 번영하고 개방적인 사회다. 이들은 모두 소통과 무역의 연결망에 깊이 박혀 있다. 세계 인구의 상당수는 인류가 축적해온 지식에 접근할 수 있다. 물론 이들 중 일부 국가는 끔찍한 실수를 저지르거나 비틀거리고 실패할 수도 있다. 하지만 그렇다고 해서 다른 나라들이 그 불씨를 이어받는 것을 막을 수는 없다.

이것은 다음 황금시대가 어디에서 나타날 것인가 하는 질문을 불러온다. 10년 전만 해도 많은 사람이 중국이라고 답했을 것이다. 그러나 그 이후 중국 지도부는 경제와 문화를 모두 다시 중앙집권화해, 번영을 가져다줄 수 있었던 창의성과 혁신을 억눌렀다. 중국은 황금시대를 겪어보기도 전에 이미 '현상 유지 대여과기'에 갇혀버린 듯하며, 이는 진보가 결코 보장된 것이 아니라 특정한 행동 방침에 달려 있음을 보여준다.

튀르키예와 이란처럼 크지만 억눌린 나라는 현재의 정치적 족쇄에서 벗어난다면 정반대의 여정을 걸어갈 잠재력을 지니고 있다. 폴란드, 베트남, 인도 같은 다른 일부 역동적인 국가들이 자생적 갱신 단계에 도달할 가능성이 있음은 쉽게 알 수 있으며, 젊고 방대한 인구와 풍부한 자원을 갖춘 아프리카 역시 수많은 번영의 사례를 만들어낼 수 있다. 역사는 번영이 갑자기, 심지어 예상치 못한 곳에서 일어날 수 있음을 우리에게 가르쳐준다.

그러나 어쩌면 이런 방식 자체가 잘못된 접근인지도 모른다. 지금의 세계화와 디지털 소통의 시대에 새로운 것은 우리가 가치나 정책 면에서가 아니라 지식과 기술 면에서 진정한 의미의 세계 문명을 갖게 됐다는 사실이다. 이것 자체가 현재의 황금시대가 이룬 가장 중요한 성취 가운데 하나다. 이제 전 세계의 어디에 있든 모든 문해력 있는 사람들은 인류가 축적한 지식에 접근하고 어떤 분야의 기술이든 배울 기회가 있다. 우리는 각자가 이 놀라운 기술적 능력을 이용해 스스로를 향상시키고 번영할지, 아니면 온라인에서 낯선 이들과 말다툼이나 할지 선택할 수 있다.

이는 어느 한 국가도 번영을 가능하게 하는 아이디어를 독점할 수 없다는 얘기다. 미래의 황금시대는 더욱 분산될 것이다. 누구든지 그것을 즉시 모방할 수 있기 때문이다. 그것은 또한 모든 사회 내부에서 (도시, 지역, 기업, 개인들 사이에서) 격차가 갈수록 벌어질 것이라는 얘기이기도 하다. 성장과 적응을 위해 변화를 받아들이는 이들과 정체의 안락함에 매달리는 이들 사이, 무언가 새로운 것을 얻기 위해 열린 자세를 유지하는 이들과 이미 가진 것을 지키기 위해 세계를 닫고자 하는 이들 사이에서다.

모든 문명은 어느 정도 아테네적 요소와 스파르타적 요소를 동시에 갖고 있다. 당신도 나도 마찬가지다. 어떤 면을 밖으로 드러낼지는 우리가 선택하는 것이다.

감사의 말

황금시대의 첫 번째 규칙은 자신보다 더 똑똑한 사람, 끊임없이 자극을 주고 가르쳐주며 발전하도록 도발하는 사람들로 자신을 둘러싸는 것이다. 나는 그런 친구들과 동료들을 두고 있어 참으로 축복받았다. 그러니 이 책이 충분히 훌륭하지 않다면 그 책임은 전적으로 나에게 있다.

나는 마티아스 벵트손과 스튜어트 하야시에게 큰 빚을 졌다. 두 사람은 친절하게도 원고를 읽고 중요한 의견과 제안을 주었다. 또한 무스타파 아키올, 구스타브 블릭스, 프레드리크 에릭손, 토비아스 닐센, 톰 G. 파머, 프레드리크 세게르펠트에게도 여러 아이디어와 도움을 받은 데 깊이 감사한다.

나의 대리인 앤드루 고든은 이 저술에 믿을 수 없을 정도로 큰 지지를 보내주었고, 나보다 먼저 이 책의 완전한 잠재력을 알아보았다. 편집자 에드 포크너는 이 책을 크게 개선할 수 있도록 도와주었다. 추상적인 생각을 실체로 바꾸어준 애틀랜틱북스와 데이비드 하이엄의 모든 분들, 그리고 정성스럽게 교정해준 메어리 서덜랜드에게 감사드린다. 행사 대리인인 스피커스넷의 카롤리네 셸스테드는 물류의 달인으로, 내가 세상을 돌아다니면서도 글을 쓸 시간을 확보할 수 있게 도와주었다.

나는 워싱턴시의 카토 연구소 선임연구원인데, 여기서 역동적인 인턴들부터 디어드리 매클로스키 같은 살아 있는 전설들에 이르기까지 모두에게서 자주 자극을 받는다. 특히 피터 괴틀러와 이언 바스케스에게 감사한다. 그들은 황금시대의 조건을 옹호하는 이들을 충분히 길러내는 데 기여했고, 이 책처럼 장기적인 작업을 진행할 수 있는 시간을 갖도록 나를 격려해주었다.

참고로 카토 연구소의 이름은 1720년대의 혁명적 에세이 《카토의 편지》에서 비롯됐는데, 이는 로마 공화국에서 카이사르의 가차 없는 적이었으며 무릎 꿇고 사느니보다는 서서 죽는 길을 택했던 카토(증손자)를 영감의 원천으로 삼았다. 그 싸움에서는 카이사르가 이겼지만, 제정신인 사람이라면 자기 연구소 이름을 카이사르 연구소라고 붙이지는 않을 것이다.

역사는 긴 그림자를 드리우지만, 빛도 드리운다.

내 아내 프리다는 평생의 사랑이자 가장 큰 버팀목이며 최고의 비판자다. 아내의 사랑과 지혜에, 그리고 집 안 곳곳에 쌓여 있는 책 더미를 참아준 것에 감사한다. 우리 고양이 산사는 작가에게 완벽한 동반자다. 항상 내 곁을 지켜주면서도, 삶이라는 것은 어떤 권위가 통제하려 해도 스스로 길을 찾아 나아간다는 교훈을 일깨워준다. 우리 아이들 알렉산더, 알리시아, 닐스-에리크는 언제나 역사에 대해 가장 시사하는 바가 많은 질문을 던지며, 열린 미래를 위한 싸움이 왜 중요한지 끊임없이 상기시켜준다.

내가 그들 나이였거나 그보다 어렸을 때, 아버지 에리크 노르베리는 자주 과거의 문명, 이국의 사람들, 중대한 전투들에 관한 이야기를 들려주셨다. 재치 있고 아름답고 때로는 소름 돋는 이야기들이었다. 그분은 내게 역사에 대한 사랑을 심어주셨고, 그 사랑은 결국 역사의 패턴을 보기 시작하고 결국 그 유용성을(최종적으로는 필수적임을) 발견하게 할 만큼 오래 지속됐다. 이 책은 그분께 바친다. 전통은 부모에게서 물려받는 것이 아니라 스스로 획득하려고 노력하는 것이다.

이 책은 '황금시대'라는 키워드로 세계사 속의 일곱 문명을 살펴본 것이다. 황금시대 또는 황금기는 우리말에서도 가장 좋았던 시절을 뜻하는 일반적인 말로 쓰이고 있지만, 이는 고대 그리스의 관념을 번역한 말이다.

《신들의 계보Theogonía》로 유명한 헤시오도스Hēsíodos는 또다른 저작 《일과 나날Erga kaí Hēmérai》에서 인간의 시대를 황금시대, 백은白銀시대, 청동시대, 영웅시대, 흑철黑鐵시대의 다섯으로 나누었다. 로마의 시인 오비디우스Ovidius는 《변신 이야기Metamorphōseōn librī》에서 헤시오도스의 다섯 시대 가운데 다소 튀는 듯한 영웅시대를 제외한 네 시대를 이야기했다. 이들은 각 시대에 대해 이러저러한 설명들을 붙이고 있으나, 요컨대 황금시대가 가장 좋았고 그 이후는 쇠퇴의 과정이었다는 것이다. 운동경기에서 수여하는 금·은·동메달의 유래도 여기에 있다.

이 책에서 바로 그 황금시대라는 말을 썼으니, 여기서 다룬 일곱 문명이 세계 역사를 통틀어 '베스트 7'이라는 얘기겠다. 어렸을 때 들었던 '세계 4대 문명'(지금 와서 생각하면 유래도 불분명하고 학술 용어도 아닌 것을 교과서에 실어 달달 외우게 했다는 사실이 씁쓸하다)은 고대 문명 발상 기에 국한한 것인데, 여기서는 통시적인 7대 문명이다.

그리스와 로마야 워낙 서양 문명의 뿌리로 공인된 터여서 당연하다 싶고, 현대의 영어권 세계도 '현역 프리미엄' 탓인지 수긍이 간다. 아바스는 이슬람 몫의 대표로서 손색이 없고, 르네상스를 내세운 이탈리아도 한자리를 차지할 만하다. 가장 일반인의 눈에 띄지 않았을 '발탁' 케이스가 중국 송나라와 네덜란드다.

중국에 한자리가 돌아가는 것이 당연하다 쳐도 송나라는 조금 의외다. 기본적으로 송나라는 중국의 남쪽만 차지한 '분단' 왕조여서 통일 왕조인 한·당·명·청(원나라는 좀 문제가 있고)을 제치기가 쉽지 않았을 텐데 말이다. 심지어 송은 북방 민족에게 '조공'을 바쳐 평화를 구걸했다는 약자의 이미지가 있다. 그러나 송나라는 장강 하류 지역을 중국의 새로운 중심지로 개발하고 활발한 남방 무역을 펼쳐 내실이 있었다. 북방 민족에게 주는 것도 거기에서 나왔고, 그것은 말하자면 사업에 따르는 비용 처리에 불과했다. 저자의 선정 기준은 이름값이나 외형에 있지 않았기에 쟁쟁한 경쟁자들을 물리치고 중국 대표가 된 듯하다.

네덜란드는 더욱 소국이었다. 그러나 덩치와 상관없이 자본주의 경제를 선도하고 제국주의 시대에도 전 세계의 식민 및 무역 전쟁에서 두각을 나타낸 숨은 강자였다. 네덜란드는 농경지는커녕 거주할 공간조차 부족해 간척으로 땅을 늘려야 했지만, 그런 조건이 오히려 무역과 해양에 매달릴 수밖에 없게 만들었다. 그 결과로 남아프리카와 인도네시아를 비롯한 세계 각처의 식민지를 보유한 무역 강국이 됐다.

더구나 이 책에서 이야기하고 있는 대로 현대 영국의 정치와 경제는 네덜란드의 체제를 이식한 뒤에 발전했기 때문에 '해가 지지 않는 나라' 영국의 종횡무진 활약에도 그들의 지분이 있다.

저자는 이들 성적이 뛰어난 문명들의 개별적 성공담을 이야기하자는 것이 아니다. 그들의 성공을 꿰뚫고 있는 공통적인 요인을 이야기한다. 바로 개방성과 혁신이다. 이들은 공통적으로 그 두 가지가 있어 성공했고, 그것이 사라지자 사그라졌다는 것이다.

개방성은 이 책에서 가장 강조되는 단어이며, 저자의 전작《개방: 인류의 진보 이야기》와 연결되는 것이다. 성공한 문명을 이루기 위해서는 외래의 사상과 관습, 심지어 사람까지도 폭넓게 받아들여야 한다. 그런 이민자들의 천국이 로마, 네덜란드, 그리고 현대의 미국이다. 로마는 나중에 속주의 주민들에게까지 시민권을 주었고, 네덜란드는 사상의 자유를 가장 폭넓게 보장해 당대 유럽의 지식인들이 몰려들게 했으며, 미국의 이민자에 대한 개방성은 '아메리칸 드림'으로 표현됐다. 뉴욕 항구의 자유의 여신상은 그런 이민자에 대한 환영을 상징하는 것이었다.

그러나 개방은 수단에 불과했다. 그 개방으로 받아들인 인적·정신적·물적 자원을 적절하게 운용해 혁신이라는 결과물을 만들어내지 않으면 개방은 의미가 없는 것이었다. 이 책에서 다룬 일곱 개 문명은 모두 그 결과물을 만들어냈다. 그런 혁신이 가장 집약적으로 표출된 것이 18세기의 공업혁명이었다. 인간의 생활을 다른 차원에 올려놓은 혁명이었다.

책을 보면서 인상적이었던 것은 역시 중국 송나라와 네덜란드였다. 특히 송나라는 중국 역대 통일 제국의 크기에 비해 상당히 작은 영토를 가지고 있었으면서도 당시 유럽 전체 인구의 두 배, 전 세계 인구의 3분의 1을 차지할 정도의 '슈퍼파워'였다. 프랜시스 베이컨이 말한 세계사의 3대 발명품 화약, 나침반, 인쇄술을 서양보다 훨씬 앞서 사용한 중국의 기술력이 뒷받침된 것이었다. 바로 직후인 명나라 초에 정화가 당시로서는 초대형 선박을 타고 동아프리카까지 갔다 올 수 있었던 것이 중국의 기술 수준을 상징한다.

송나라는 영국보다 수백 년 전에 공업혁명을 이룰 뻔했다고 한다. 그것이 몽골인들의 침공으로 좌절됐다. 그러지 않았다면 '옆집'인 우리의 역사도 엄청나게 달라졌을 것이다.

이재황

주

서론

1 Joel Mokyr, *The Lever of Riches*, Oxford: Oxford University Press, 1992, p. 304. **2** Harold J. Berman, *Law and Revolution: The Formation of the Western Legal Tradition, Cambridge*, MA: Harvard University Press, 1983, preface. **3** Jack Goldstone, 'Efflorescences and Economic Growth in World History: Rethinking the "Rise of the West and the Industrial Revolution"', *Journal of World History*, vol. 13, no. 2 (2002), pp. 323−89. **4** Joel Mokyr, 'Cardwell's Law and the political economy of technological progress', *Research Policy*, vol. 23, no. 5 (1994), pp. 561−74. **5** Kenneth Clarke, *Civilisation: A Personal View*, New York: Harper & Row, 1969, p. 3f. **6** https://twitter. com/DavidDeutschOxf/status/1711754517077758309/Dav dDeutsch/Oxf

1장 아테네

1 Charles Freeman, *The Greek Achievement*, London: Penguin, 2000, p. 6. **2** Percy Bysshe Shelley, *Essays and Letters by Percy Bysshe Shelley*, London: Walter Scott, 1886, p. 136. **3** John Stuart Mill, *A System of Logic, Book VI*, Indianapolis, IN: Liberty Fund, 2006, p. 938. **4** G. W. F. Hegel, *Lectures on the Philosophy of History*, London: Henry G. Bohn, 1861, p. 268. **5** Myke Cole, *The Bronze Lie*, Oxford: Osprey, 2021. **6** https://acoup. blog/2019/09/27/collections-this-isntsparta-part-vii-spartan-ends/ and Bret Devereaux, 'Spartans were Losers', *Foreign Policy*, 22 July 2023. **7** Plutarch, *Parallel Lives*. Peter Green, *The Greco-Persian Wars*, Berkeley, CA: University of California Press, 1996, p. 130. **8** Cole, *Bronze Lie*, p. 158. **9** Plato, *Complete Works*, Indianapolis, IN: Hackett, 1997, p. 1168. **10** Victor Davis Hanson, *The Other Greeks: The Family Farms and the Agrarian Roots of Western Civilization*, Berkeley, CA: University of California Press, 1995. **11** Martin Wolf, *The Crisis of Democratic Capitalism*, London: Allen Lane, 2023. **12** Euripides, *Euripides II*, Chicago, IL: University of Chicago Press, 2012, p. 155. **13** Herodotus, *The Histories*, London: Penguin, 2003, p. 340. **14** Herodotus, *The Histories*, p. 354. **15** John Stuart Mill, 'Grote's "History of Greece"', in *Collected Works of John Stuart Mill*, Vol. 9, Toronto: University of Toronto Press, 1978. **16** Tom Holland, *Persian Fire*, London: Abacus, 2005, p. 268. **17** Tom Holland, 'Mirage in the Movie House', *Arion*, vol. 15, no. 1 (2007), pp. 172−82. **18** Victor Davis Hanson, 'A Stillborn West?', in Philip E. Tetlock, Richard Ned Lebow and Geoffrey Parker (eds), *Unmaking the West: 'What-if?' Scenarios*

That Rewrite World History, Ann Arbor, MI: University of Michigan Press, 2006, pp. 47–89. **19** Barry Strauss, 'The Resilient West', in Tetlock et al., *Unmaking the West*, pp. 90–118. **20** Tetlock, Lebow and Parker, *Unmaking the West*, p. 90. **21** Aeschylus, *Persians and Other Plays*, Oxford: Oxford University Press, 2008, p. 18. **22** Plato, *Complete Works*, pp. 1394 and 1388. **23** Thucydides, *History of the Peloponnesian War*, London: Penguin, 1972, pp. 145ff. **24** Thucydides, *History of the Peloponnesian War*, p. 75f. **25** Thucydides, *History of the Peloponnesian War*, p. 145. **26** Thucydides, *History of the Peloponnesian War*, p. 522. **27** Plato, *Complete Works*, p. 1168. **28** Friedrich Hayek, *The Constitution of Liberty*, London: Routledge, 2011, p. 237. **29** Andreas Bergh and Carl Hampus Lyttkens, 'Measuring Institutional Quality in Ancient Athens', *Journal of Institutional Economics*, vol. 2 (2014), pp. 279–310. James Gwartney, Robert Lawson and Ryan Murphy, *Economic Freedom of the World: 2023 Annual Report*, Vancouver: Fraser Institute, 2023. **30** Ian Morris, 'Economic Growth in Ancient Greece', *Journal of Institutional and Theoretical Economics*, vol. 160, no. 4 (2004), pp. 709–42. Walter Scheidel, 'Real Wages in Early Economies: Evidence for Living Standards from 1800 BCE to 1300 CE', *Journal of the Economic and Social History of the Orient*, vol. 53, no. 3 (2010). **31** Plato, *Complete Works*, p. 1392f. **32** Freeman, *The Greek Achievement*, p. 121. **33** Peter Watson, *Ideas: A History of Thought and Invention, From Fire to Freud*, New York: Harper Perennial, 2006, p. 72. **34** Plato, *Complete Works*, p. 1168. **35** Herodotus, *The Histories*, p. 187. **36** Freeman, *The Greek Achievement*, p. 9. **37** Thucydides, *History of the Peloponnesian War*, p. 598. **38** Thucydides, *History of the Peloponnesian War*, pp. 242ff. **39** Thucydides, *History of the Peloponnesian War*, p. 402. **40** Thucydides, *History of the Peloponnesian War*, p. 539. **41** https://acoup.blog/2019/09/05/collections-this-isntsparta-part-iv-spartan-wealth **42** Cicero, *The Tusculan Disputations*, Oxford: J. Vincent, Whittaker, 1840, p. 169. **43** Plato, *Complete Works*, p. 1592. **44** Aristotle, *The Complete Works*, Vol. 2, Princeton, NJ: Princeton University Press, 1995, p. 1707. **45** Aristotle, *The Complete Works*, Vol. 1, p. 1178. **46** Diogenes Laertius, *Lives of the Eminent Philosophers*, Oxford: Oxford University Press, 2020, p. 156. **47** Aristotle, *The Complete Works*, Vol. 2, p. 1732. **48** Samuel Taylor Coleridge, *The Collected Works of Samuel Taylor Coleridge, Volume 14, Part 1: Table Talk*, Princeton, NJ: Princeton University Press, 2019, p. 172f. **49** Aristotle, *The Complete Works*, Vol. 2, p. 1554. **50** Thucydides, *History of the Peloponnesian War*, p. 148.

2장 로마

1 Johann Wolfgang von Goethe, *Italian Journey: 1786–1788*, Berkeley, CA: North Point Press, 1982, p. 136. **2** Iggy Pop, 'Caesar Lives', *Classics Ireland*, vol. 2 (1995), pp. 94–6.

3 Edward Gibbon, *The History of the Decline and Fall of the Roman Empire*, Vol. 1, New York: Fred de Fau and Co., 1906, p. 99. **4** 'Man som tanker pa Romarriket?', Novus poll, 30 September 2023. **5** David Montgomery, 'What Americans Think About the Roman Empire', YouGov poll, 17 September 2024. **6** Edward Gibbon, *Decline and Fall of the Roman Empire*, Vol. 12, p. 213. **7** https://acoup.blog/2022/10/28/fireside-friday-october-28-2022-the-book-project **8** Walter Scheidel, *Escape from Rome*, Princeton, NJ: Princeton University Press, 2021, p. 59. **9** Tim Cornell, *The Beginnings of Rome*, London: Routledge, 2012, p. 367. **10** Charles Freeman, *The Closing of the Western Mind: The Rise of Faith and the Fall of Reason*, New York: Vintage Books, 2005, p. 68. **11** Mary Beard, *SPQR: A History of Ancient Rome*, London: Profile Books, 2016, p. 69. **12** James H. Oliver, 'The Ruling Power: A Study of the Roman Empire in the Second Century after Christ through the Roman Oration of Aelius Aristides', *Transactions of the American Philosophical Society*, vol. 43, no. 4 (1953), pp. 871–1003. **13** Amy Chua, *Day of Empire*, New York: Anchor Books, 2009, p. 33. **14** Josephine Quinn, *How the World Made the West*, London: Bloomsbury, 2024, p. 236. **15** Adrian Goldsworthy, *Pax Romana*, London: Weidenfeld & Nicolson, 2016, p. 25. **16** Montesquieu, *Considerations on the Causes of the Greatness of the Romans and their Decline*, 1734: https://www.constitution.org/2-Authors/cm/ccgrd_l.htm **17** Ian Morris and Barry B. Powell, *The Greeks: History, Culture, and Society*, 3rd edition, Oxford: Oxford University Press, 2022, p. 541f. **18** Freeman, *The Greek Achievement*, p. 544. **19** Freeman, *The Greek Achievement*, p. 393. **20** 'The Twelve Tables' in Samuel P. Scott, *The Civil Law I*, Cincinnati: The Central Trust Company, 1932: https://droitromain.univ-grenoble-alpes.fr/Anglica/twelve_Scott.html **21** Peter Temin, *The Roman Market Economy*, Princeton, NJ: Princeton University Press, 2013, p. 127f. **22** Beard, *SPQR*, p. 68. **23** Beard, *SPQR*, p. 308. **24** Michael C. Hawley, *Natural Law Republicanism: Cicero's Liberal Legacy*, Oxford: Oxford University Press, 2022, p. 34. **25** Marcus Tullius Cicero, *De officiis*, Cambridge, MA: Harvard University Press, 1994, 1.70. **26** Mary Beard, *Emperor of Rome*, London: Profile Books, 2023, p. 225. **27** Plutarch, *The Life of Cicero*, 49.5. **28** Willem M. Jongman, 'Gibbon was Right: the Decline and Fall of the Roman Economy', in Olivier Hekster, Gerda de Kleijn and Danielle Slootjes (eds), *Crises and the Roman Empire*, Vol. 7, Leiden: Brill, 2007, pp. 183–99. **29** Evan Gleadow, 'Roman Emperor's Face Reconstructed for the 21st Century and He's "as hot as Daniel Craig"', *Daily Star*, 9 October 2023. **30** Beard, *Emperor of Rome*, p. 52. **31** Goldsworthy, *Pax Romana*, p. 163. **32** Goldsworthy, *Pax Romana*, p. 169. **33** Goldsworthy, *Pax Romana*, p. 87. **34** Andrew Wilson, 'Large-Scale Manufacturing, Standardization, and Trade', in John Peter Oleson (ed.), *The Oxford Handbook of Engineering and Technology in the Classical World*, Oxford: Oxford University Press, 2008, p. 393. **35** Kyle Harper,

The Fate of Rome, Princeton, NJ: Princeton University Press, 2019, p. 37. **36** Oliver, 'The Ruling Power'. **37** Harper, *The Fate of Rome*, p. 84. **38** Michael Ivanovitch Rostovtzeff, *The Social and Economic History of the Roman Empire*, 2nd edition, Oxford: Clarendon Press, 1957, p. 54. **39** Peter Temin, 'The Economy of the Early Roman Empire', *Journal of Economic Perspectives*, vol. 20, no. 1 (2006), p. 149. **40** Temin, 'The Economy of the Early Roman Empire' and Temin, *The Roman Market Economy*. **41** Francois de Callatay, 'The Greco-Roman Economy in the Super Long Run: Lead, Copper and Shipwrecks', *Journal of Roman Archaeology*, vol. 18 (2005). Jongman, 'Gibbon was Right'. **42** Temin, *The Roman Market Economy*, p. 252. **43** Mokyr, *The Lever of Riches*, p. 20. **44** 자료에 대한 훌륭한 요약은 Bryan Ward-Perkins, *The Fall of Rome and the End of Civilization*, Oxford: Oxford University Press, 2006. **45** Watson, *Ideas*, p. 237. **46** Ian Morris, *The Measure of Civilization*, Princeton, NJ: Princeton University Press, 2013. **47** Harper, *The Fate of Rome*, p. 115. **48** Harper, *The Fate of Rome*, p. 125. **49** Ludwig von Mises, *Human Action: A Treatise on Economics*, Chicago, IL: Henry Regnery, 1966, p. 768. **50** J. H. W. G. Liebescheutz, *The Decline and Fall of the Roman City*, New York: Oxford University Press, 2003. **51** https://acoup.blog/2022/01/28/collections-romedecline-and-fall-part-ii-institutions **52** Harper, *The Fate of Rome*, p. 192. **53** Charles Freeman, *The Awakening: A History of the Western Mind AD 500–1700*, New York: Apollo, 2020, p. 295. **54** Freeman, *The Closing of the Western Mind*, p. 316. **55** Freeman, *The Closing of the Western Mind*, p. 317. **56** Montesquieu, *Considerations on the Causes of the Greatness of the Romans and their Decline*, 1734: https://www.constitution.org/2-Authors/cm/ccgrd_l.htm **57** Watson, *Ideas*, p. 246f. **58** Beard, *SPQR*, p. 532. **59** Holland, *The Forge of Christendom*, New York: Anchor, 2010, p. 73.

3장 아바스 칼리파국

1 Fernand Braudel, *A History of Civilizations*, London: Penguin, 1995, p. 73. **2** Adam Smith, 'The History of Astronomy', in *Essays on Philosophical Subjects*, Indianapolis, IN: Liberty Fund, 1980, p. 67. **3** Dimitri Gutas, *Greek Thought, Arabic Culture*, London: Routledge, 1998, p. 8. **4** Lord Acton, *The History of Freedom*, Grand Rapids, MI: Acton Institute, 1993, p. 60. **5** Gutas, *Greek Thought, Arabic Culture*, p. 89. **6** Ehsan Masood, *Science and Islam: A History*, London: Icon, 2009, p. 57. Gutas, *Greek Thought, Arabic Culture*, p. 97f. **7** *Empire* podcast, 'The Rise of Islam', 14 December 2023. **8** Ibn Khaldun, *Muqaddimah*, I: 303. **9** Robert G. Hoyland, *In God's Path: The Arab Conquests and the Creation of an Islamic Empire*, New York: Oxford University Press, 2015. **10** Peter Frankopan, *The Silk Roads*, London: Bloomsbury, 2016, p. 82. **11** Bernard Lewis, *What Went Wrong?*, New York: Harper Perennial, 2002, p. 174. **12** Mun'im Sirry, *Controversies* *over Islamic Origins: An Introduction to Traditionalism and Revisionism*, Newcastle upon Tyne: Cambridge Scholars Publishing, 2021, p. 274. **13** Justin Marozzi, *Baghdad: City of Peace, City of Blood*, London: Penguin, 2015. **14** Gutas, *Greek Thought, Arabic Culture*, p. 19. **15** Frankopan, *The Silk Roads*, p. 101. **16** Nima Sanandaji, *The Birthplace of Capitalism: The Middle East*, Stockholm: Timbro, 2018, p. 63. **17** William J. Bernstein, *A Splendid Exchange*, New York: Grove Press, 2008, p. 81. **18** Bernstein, *A Splendid Exchange*, p. 75. **19** Frankopan, *The Silk Roads*, p. 96. **20** Ahmad Farras Oran and Ghaida Khaznehkatbi, 'The Economic System Under the "Abbasid Dynasty"', in Muhammed Nejatullah Siddiqi (ed.), *The Encyclopaedia of Islamic Economics*, 2009. **21** Mustafa Akyol, *Why, as a Muslim, I Defend Liberty*, Washington, DC: Cato Institute, 2021, pp. 98–101. **22** Shelomo Goitein, *Studies in Islamic History and Institutions*, Leiden: Brill, 1966, pp. 241 and 239. **23** Oran and Khaznehkatbi, 'The Economic System Under the "Abbasid Dynasty"'. **24** Lewis, *What Went Wrong?*, p. 92. **25** Timur Kuran, *The Long Divergence*, Princeton, NJ: Princeton University Press, 2013. **26** Gutas, *Greek Thought, Arabic Culture*, p. 31. **27** Jim Al-Khalili, *Pathfinders: The Golden Age of Arabic Science*, London: Penguin, 2012. **28** Jonathan Lyons, *House of Wisdom*, London: Bloomsbury, 2010, p. 59. **29** Hugh Kennedy, *When Baghdad Ruled the World*, Boston, MA: Da Capo Press, 2006, pp. 251ff. **30** Joseph A. Angelo, *Encyclopedia of Space and Astronomy*, New York: Facts on File, 2006, p. 78. **31** Gutas, *Greek Thought, Arabic Culture*, p. 179. **32** S. Frederick Starr, *Lost Enlightenment*, Princeton, NJ: Princeton University Press, 2013, p. 521. **33** Gutas, *Greek Thought, Arabic Culture*, p. 158f. **34** Gutas, *Greek Thought, Arabic Culture*, p. 159. **35** Lyons, *House of Wisdom*, p. 91. **36** Sidney H. Griffith, 'The Monk in the Emir's Majlis: Reflections on a Popular Genre of Christian Literary Apologetics in Arabic in the Early Islamic Period', in Hava Lazarus-Yafeh (ed.), *The Majlis: Interreligious Encounters in Medieval Islam*, Wiesbaden: Harrassowitz, 1999, p. 42. **37** Hayyim J. Cohen, 'The Economic Background and the Secular Occupations of Muslim Jurisprudents and Traditionists in the Classical Period of Islam (Until the Middle of the Eleventh Century)', *Journal of the Economic and Social History of the Orient*, vol. 13, no. 1 (1970). **38** Al-Khalili, *Pathfinders*, ch. 5. **39** Patricia Crone, 'Ninth-Century Muslim Anarchists', *Past and Present*, no. 167 (2000), pp. 3–28. Mustafa Akyol, *Reopening Muslim Minds*, New York: St Martin's Essentials, 2021. **40** Akyol, *Reopening Muslim Minds*, p. 136f. **41** Ahmet T. Kuru, *Islam, Authoritarianism, and Underdevelopment: A Global and Historical Comparison*, Cambridge: Cambridge University Press, 2019). **42** Kuru, *Islam, Authoritarianism, and Underdevelopment*, p. 81. **43** Kuru, *Islam, Authoritarianism, and Underdevelopment*, p. 9. **44** The Letters of St Augustine, Altenmu nster: Jazzybee Verlag, 2015, p. 228. Eric Chaney, 'Religion and the Rise and Fall of Islamic Science', Harvard

University, May 2016. **45** Kuru, *Islam, Authoritarianism, and Underdevelopment*, p. 110. **46** Starr, *Lost Enlightenment*, p. 412. **47** *Alberuni's India*, Vol. 1, London: Kegan Paul, Trench & Trubner & Co., 1910, p. 152. **48** Chaney, 'Religion and the Rise and Fall of Islamic Science'. **49** Kuru, *Islam, Authoritarianism, and Underdevelopment*, p. 119. **50** Akyol, *Reopening Muslim Minds*, ch. 8. **51** Akyol, *Reopening Muslim Minds*, p. 139.

4장 송나라

1 Voltaire, *The Works of Voltaire, Vol. 4: Philosophical Dictionary Part 2*, Paris: E. R. DuMont, 1901, p. 94. **2** Adam Smith, *An Inquiry into the Nature and Causes of the Wealth of Nations*, Vol. 1, Indianapolis, IN: Liberty Fund, 1981, p. 89. **3** Stephen Davies, *The Wealth Explosion*, Brighton: Edward Everett Root, 2019, p. 85. **4** William Guanglin Liu, *The Chinese Market Economy, 1000–1500*, Albany, NY: SUNY Press, 2015, p. 134. **5** Joseph Needham, *Science and Civilisation in China*, Part 7, Cambridge: Cambridge University Press, 1987, p. xxx. **6** Marx's Economic Manuscripts of 1861–63: https://www.historyisaweapon.com/defcon6/works/1861/economic/ch35.html **7** Watson, *Ideas*, p. 297. **8** Joseph Needham and Wang Ling, *Science & Civilisation in China, Vol. 1: Introductory Orientations*, Cambridge: Cambridge University Press, 1954, p. 134. **9** Peter Lorge, *The Reunification of China: Peace Through War Under the Song Dynasty*, Cambridge: Cambridge University Press, 2018, p. 4. **10** Lorge, *The Reunification of China*, p. 29. **11** Dieter Kuhn, *The Age of Confucian Rule*, Cambridge, MA: Harvard University Press, 2011, p. 33. **12** Kuhn, *The Age of Confucian Rule*, p. 276. **13** Kuhn, *The Age of Confucian Rule*, p. 125. **14** Kuhn, *The Age of Confucian Rule*, p. 278. **15** Mark Elvin, *The Pattern of the Chinese Past*, Stanford, CA: Stanford University Press, 1973, p. 71f. **16** Liu, *The Chinese Market Economy*, ch. 6. **17** Shiba Yoshinobu, *Commerce and Society in Sung China*, Ann Arbor, MI: University of Michigan Press, 1970, p. 46. **18** Yoshinobu, *Commerce and Society in Sung China*, p. 212. **19** Elvin, *The Pattern of the Chinese Past*, p. 130. **20** William H. McNeill, 'The Eccentricity of Wheels, or Eurasian Transportation in Historical Perspective', *American Historical Review*, vol. 92, no. 5 (1987), pp. 1111–26. **21** Elvin, *The Pattern of the Chinese Past*, p. 216. **22** Kuhn, *The Age of Confucian Rule*, p. 194. **23** William Guanglin Liu, 'The Making of a Fiscal State in Song China, 960–1279'. **24** Tom G. Palmer, *Realizing Freedom*, Washington DC: Cato Institute, 2009, p. 351. **25** Yoshinobu, *Commerce and Society in Sung China*, p. 48. **26** Kuhn, *The Age of Confucian Rule*, p. 251. **27** Yoshinobu, *Commerce and Society in Sung China*, p. 212f. **28** Kuhn, *The Age of Confucian Rule*, p. 230. **29** Kuhn, *The Age of Confucian Rule*, p. 42. **30** Ronnie Littlejohn, *Confucianism: An Introduction*, London: I. B. Tauris, 2010, p. 126. **31** Ian Morris, *Why the West Rules – For Now*, London: Profile Books, 2010,

p. 380. **32** Davies, *The Wealth Explosion*, p. 82. **33** Kuhn, *The Age of Confucian Rule*, p. 208. **34** Kuhn, *The Age of Confucian Rule*, p. 211. Jacques Gernet, *Daily Life in China on the Eve of the Mongol Invasion, 1250–1276*, p. 44. **35** Joseph Needham, *Science and Civilisation in China, Vol. 4: Physics and Physical Technology, Part 3*, New York: Cambridge University Press, 1971, p. 476. **36** Kuhn, *The Age of Confucian Rule*, p. 275. **37** Yoshinobu, *Commerce and Society in Sung China*, p. 205. **38** Yoshinobu, *Commerce and Society in Sung China*, p. 204. **39** Patricia Buckley Ebrey, *Chinese Civilization: A Sourcebook*, New York: Free Press, 1993, 182f. **40** Brian McKnight and Henrika Kuklick, *Law and Order in Sung China*, Cambridge: Cambridge University Press, 1992, pp. 53ff. **41** Needham, *Science and Civilisation in China, Vol. 4, Part 3*, p. 464. **42** Elvin, *The Pattern of the Chinese Past*, p. 197f. **43** Elvin, *The Pattern of the Chinese Past*, p. 198. **44** Elvin, *The Pattern of the Chinese Past*, p. 199. **45** Kuhn, *The Age of Confucian Rule*, p. 98. **46** Max Loehr, 'Some Fundamental Issues in the History of Chinese Painting', *Journal of Asian Studies*, vol. 23, no. 2 (1964), pp. 185–93. **47** Joseph Needham and Wang Ling, *Science and Civilisation in China, vol. 4: Physics and Physical Technology, Part 2*, Cambridge: Cambridge University Press, 1965, p. 508. **48** Liu, *The Chinese Market Economy*, p. 50. **49** Liu, *The Chinese Market Economy*, p. 74. **50** Elvin, *The Pattern of the Chinese Past*, p. 217. **51** Hok-Lam Chan, 'Ming Taizu's "Placards" on Harsh Regulations and Punishments Revealed in Gu Qiyuan's Kezuo zhuiyu', *Asia Major*, vol. 22, no. 1 (2009). **52** Loehr, 'Some Fundamental Issues in the History of Chinese Painting', 1964. **53** Elvin, *The Pattern of the Chinese Past*, p. 233. **54** Liu, *The Chinese Market Economy*, p. 1. **55** Liu, *The Chinese Market Economy*, p. 64. **56** Liu, *The Chinese Market Economy*, p. 5. **57** John Stuart Mill, *On Liberty*, London: Savill and Edwards, 1868, p. 42.

5장 르네상스 이탈리아

1 Denys Hay (ed.), *The Renaissance Debate*, New York: Holt, Rinehart and Winston, 1965, p. 22. **2** Hay, *The Renaissance Debate*, p. 9. **3** Vaclav Smil, *Creating the Twentieth Century: Technical Innovations of 1867–1914 and Their Lasting Impact*, Oxford: Oxford University Press, 2005, p. 7f. **4** Felipe Fernandez-Armesto, *The Renaissance Bazaar*, Oxford: Oxford University Press, 2003, p. 195. **5** Irene Bowen Backu, 'Asia Materialized: Perceptions of China in Renaissance Florence', Dissertation, University of Chicago, 2014. **6** Lyons, *House of Wisdom*, p. 156f. **7** Freeman, *The Awakening*, p. 123. **8** Richard Rubenstein, *Aristotle's Children*, Orlando, FL: Harcourt, 2004, p. 125. **9** Pius II, 'A Bleak Prospect', in James Bruce Ross and Mary Martin McLaughlin (eds), *The Portable Renaissance Reader*, London: Penguin, 1977. **10** E. L. Jones, *The European Miracle*, 2nd edition, Cambridge: Cambridge University Press, 1987, p. 91. **11** Acton, *The History of*

Freedom, p. 62. **12** Berman, *Law and Revolution*. **13** Berman, *Law and Revolution*, p. 43. **14** Berman, *Law and Revolution*, pp. 145ff. **15** Berman, *Law and Revolution*, p. 282. **16** Hay, *The Renaissance Debate*, p. 13. **17** Freeman, *The Awakening*, p. 134. **18** Frankopan, *The Silk Roads*, p. 149. **19** Fernand Braudel, *Civilization and Capitalism, 15th–18th Century, Vol. 3: The Perspective of the World*, Berkeley, CA: University of California, 1992, p. 559. **20** Freeman, *The Awakening*, p. 148. **21** Braudel, *Civilization and Capitalism*, p. 559. **22** Winston Churchill, *A History of the English-Speaking Peoples, Vol. 2: A New World*, London: Cassell and Co., 1956, p. 9. **23** Giovanni Boccaccio, 'The Return of the Muses', in Ross and McLaughlin, *The Portable Renaissance Reader*. **24** Ross King, *The Bookseller of Florence*, New York: Grove Press, 2022, p. 20. **25** King, *The Bookseller of Florence*, p. 104. **26** King, *The Bookseller of Florence*, p. 17. **27** Stephen Greenblatt, *The Swerve: How the World Became Modern*, New York: W. W. Norton & Co., 2011, pp. 25ff. **28** King, *The Bookseller of Florence*, p. 171. **29** King, *The Bookseller of Florence*, p. 394. **30** Jacob Burckhardt, *The Civilization of the Renaissance in Italy*, London: Penguin Books, 2004, p. 98. **31** Ross and McLaughlin, *The Portable Renaissance Reader*, p. 30. **32** Watson, *Ideas*, p. 404. **33** Watson, *Ideas*, p. 403. **34** Ian Mortimer, *Centuries of Change*, London: Bodley Head, 2014, pp. 120ff. **35** Hay, *The Renaissance Debate*, p. 14. **36** Brian Jeffrey Maxson, *A Short History of Florence*, London: Bloomsbury Academic, 2023, p. 36. **37** Burckhardt, *The Civilization of the Renaissance in Italy*, p. 65. **38** Freeman, *The Awakening*, p. 282. **39** King, *The Bookseller of Florence*, p. 159. **40** Leonardo Bruni, 'Panegyric to the City of Florence', in Mark Jurdjevic, Natasha Piano and John P. McCormick (eds), *Florentine Political Writing from Petrarch to Machiavelli*, Philadelphia, PA: University of Pennsylvania Press, 2019. **41** Freeman, *The Awakening*, p. 276. **42** Jim Powell, *The Triumph of Liberty*, New York: Free Press, 2000, p. 73. **43** King, *The Bookseller of Florence*, p. 55. Mikkel Thorup, *Intellectual History of Economic Normativities*, New York: Palgrave Macmillan, 2016, p. 33. **44** Poggio Bracciolini, 'On Avarice', in Benjamin G. Kohl and Ronald G. Witt (eds), *The Earthly Republic*, Philadelphia, PA: University of Pennsylvania Press, 1978, pp. 257–60. **45** King, *The Bookseller of Florence*, p. 362. **46** Catherine Fletcher, *The Beauty and the Terror*, London: Bodley Head, 2021, p. 155. **47** Anders Bergman, *Humanismens födelse*, Stockholm: Dialogos, 2016, p. 133. **48** King, *The Bookseller of Florence*, p. 208. **49** Gianozzo Manetti, *On Human Worth and Excellence*, Cambridge, MA: Harvard University Press, 2019, pp. xviii, xxxvii and xliii. **50** Giovanni Pico della Mirandola, *Oration on the Dignity of Man*, Chicago, IL: Henry Regnery Company, 1956, p. 7f. **51** Manetti, *On Human Worth and Excellence*, p. 199. **52** Manetti, *On Human Worth and Excellence*, p. 249. **53** Maxson, *A Short History of Florence*, p. 39. **54** King, *The Bookseller of Florence*, p. 57. **55** King, *The Bookseller of Florence*, p. 269. **56**

Kenneth Clarke, *Civilisation: A Personal View*, New York: Harper & Row, 1969, p. 135. **57** Watson, *Ideas*, pp. 415ff. **58** Freeman, *The Awakening*, p. 321. **59** Marsilio Ficino, 'The Golden Age in Florence', in Ross and McLaughlin, *The Portable Renaissance Reader*, p. 79. **60** Erasmus, 'Letter to Capito', in Ross and McLaughlin, *The Portable Renaissance Reader*. **61** John Hale, *Civilisation of Europe in the Renaissance*, New York: Simon & Schuster, 1995, p. 586. **62** Loys Le Roy, 'The Excellence of this Age', in Ross and McLaughlin, *The Portable Renaissance Reader*. **63** King, *The Bookseller of Florence*, pp. 272ff. **64** Anthony Gottlieb, *The Dream of Reason*, London: Penguin, 2016, p. 430. **65** William Eamon, *Science and the Secrets of Nature*, Princeton, NJ: Princeton University Press, 1996, p. 272. **66** Freeman, *The Awakening*, p. 519. **67** King, *The Bookseller of Florence*, p. 187. **68** Alejandro A. Chafuen, *Christians for Freedom: Late-Scholastic Economics*, San Francisco, CA: Ignatius Press, 1986, p. 63f. **69** Francisco de Vitoria, *Political Writings*, Cambridge: Cambridge University Press, 1991, pp. 250–3. **70** Bartolome de Las Casas, *In Defense of the Indians*, DeKalb, IL: Northern Illinois University Press, 1992, p. xvi. **71** Angus Stroud, *Stuart England*, London: Routledge, 2002, p. 27f. **72** Freeman, *The Awakening*, p. 325. **73** Leonardo da Vinci, *Notebooks*, Oxford: Oxford University Press, 2008, p. 267f. **74** Ross and McLaughlin, *The Portable Renaissance Reader*, p. 1. **75** Peter Burke, *The Italian Renaissance: Culture and Society in Italy*, 3rd edition, Princeton, NJ: Princeton University Press, 2014, p. 138. **76** King, *The Bookseller of Florence*, p. 371. **77** Watson, *Ideas*, p. 465f. **78** Freeman, *The Awakening*, p. 525. **79** Davies, *The Wealth Explosion*, p. 172. **80** Czeslaw Milosz, *The History of Polish Literature*, Berkeley, CA: University of California Press, 1983, p. 38f. **81** Greenblatt, *The Swerve*, p. 239. **82** Joel Mokyr, *A Culture of Growth: The Origins of the Modern Economy*, Princeton, NJ: Princeton University Press, 2017, p. 156. **83** Paul Johnson, *A History of Christianity*, Ann Arbor, MI: Borders Books, 2005, p. 277. **84** Erasmus, 'Letter to pope Leo X', in Ross and McLaughlin, *The Portable Renaissance Reader*. Hale, *Civilisation of Europe in the Renaissance*, p. 585.

6장 네덜란드 공화국

1 William Temple, *Observations Upon the United Provinces of the Netherlands*, London: Printed by A. Maxwell for Sa. Gellibrand, 1673. **2** 말장난하려는 것이 아니다. In 'Golden Ages', *The Rest is History* podcast, 25 October 2021. **3** Davies, *The Wealth Explosion*, pp. 149ff. **4** Simon Schama, *The Embarrassment of Riches: An Interpretation of Dutch Culture in the Golden Age*, New York: Vintage, 1997, p. 81. **5** Schama, *The Embarrassment of Riches*, p. 266. **6** Schama, *The Embarrassment of Riches*, pp. 266 and 44. **7** Jonathan Israel, *The Dutch Republic: Its Rise, Greatness, and Fall 1477–1806*, Oxford: Clarendon Press, 1998, p. 117. **8** Braudel, *Civilization and Capitalism*, p. 205. **9** Maarten Prak and

Jan Luiten van Zanden, *Pioneers of Capitalism: The Netherlands 1000–1800*, Princeton, NJ: Princeton University Press, 2023, p. 67f. **10** Israel, *The Dutch Republic*, p. 115. **11** Jan de Vries and Ad van der Woude, *The first modern economy*, Cambridge: Cambridge University Press, 1997. **12** John Evelyn, *Miscellaneous Writings*, London: Henry Colburn, 1825, p. 631. **13** Prak and van Zanden, *Pioneers of Capitalism*, p. 89. **14** Schama, *The Embarrassment of Riches*, p. 152. **15** Smith, *Wealth of Nations*, Vol. 1, p. 113. **16** Temple, *Observations Upon the United Provinces of the Netherlands*. **17** Israel, *The Dutch Republic*, p. 1f. **18** Israel, *The Dutch Republic*, p. 676. **19** Elise van Nederveen Meerkerk, 'Market Wage or Discrimination? The Remuneration of Male and Female Wool Spinners in the Seventeenth-century Dutch Republic', *Economic History Review*, vol. 63, no. 1 (2010), pp. 165–86. **20** Schama, *The Embarrassment of Riches*, p. 407. **21** Israel, *The Dutch Republic*, p. 678. **22** Israel, *The Dutch Republic*, p. 99f. **23** Geoffrey Parker, *The Dutch Revolt*, London: Penguin Books, 1988, p. 47. **24** Johann Wolfgang von Goethe, *Egmont*, in *Cosimo Classics, Vol. 19: Faust, Part I, Egmont & Hermann, Dorothea, Dr Faustus*, New York: Cosimo, 2010, p. 330. **25** Hugo Grotius, *Commentary on the Law of Prize and Booty*, Indianapolis, IN: Liberty Fund, 2006, p. 33. **26** Hugo Grotius, *The Rights of War and Peace*, Indianapolis, IN: Liberty Fund, 2005, p. xxiv. **27** Prak and van Zanden, *Pioneers of Capitalism*, pp. 156ff. **28** Geert H. Janssen, 'The Republic of the Refugees', *Historical Journal*, vol. 60, no. 1 (2017), pp. 233–52. **29** Maarten Prak, *The Dutch Republic in the Seventeenth Century*, Cambridge: Cambridge University Press, 2005, p. 141. **30** Prak and van Zanden, *Pioneers of Capitalism*, p. 101. **31** Gerard Tellis and Stav Rosenzweig, *How Transformative Innovations Shaped the Rise of Nations*, London: Anthem Press, 2018, p. 157. **32** Slave Voyages, Trans-Atlantic Slave Trade Estimates: https://www.slavevoyages.org/assessment/estimates **33** Prak, *The Dutch Republic in the Seventeenth Century*, p. 112. **34** Israel, *The Dutch Republic*, p. 268. **35** Schama, *The Embarrassment of Riches*, p. 245f. **36** Pieter de la Court, *The True Interest and Political Maxims, of the Republic of Holland*, 1746: https://oll.libertyfund.org/titles/court-the-true-interest-and-political-maxims-of-therepublic-of-holland **37** Goethe, *Egmont*, p. 330. **38** David Gordon (ed.), *The Turgot Collection*, Auburn, AL: Ludwig von Mises Institute, 2011, p. 94. **39** Bernard Mandeville, 'The Fable of the Bees', in Henry C. Clark (ed.), *Commerce, Culture, and Liberty: Readings on Capitalism before Adam Smith*, Indianapolis, IN: Liberty Fund, 2003. **40** Karl Marx: *Capital: A Critical Analysis of Capitalist Production*, Berlin: Dietz Verlag, 1990. **41** Schama, *The Embarrassment of Riches*, p. 323. **42** Israel, *The Dutch Republic*, pp. 630ff and 351f. **43** De Vries and van der Woude, *The First Modern Economy*, pp. 647, 620. **44** Earl A. Thompson and Jonathan Treussard, 'The Tulipmania: Fact or Artifact?', *Public Choice*, vol. 130, no. 1 (2007),

524

pp. 99–114. **45** Schama, *The Embarrassment of Riches*, p. 224. **46** Grotius, *The Rights of War and Peace*, p. xvii. **47** Schama, *The Embarrassment of Riches*, p. 266. **48** Prak, *The Dutch Republic in the Seventeenth Century*, p. 201. **49** Israel, *The Dutch Republic*, p. 901f. **50** Prak, *The Dutch Republic in the Seventeenth Century*, p. 226. **51** Elizabeth L. Eisenstein, *The Printing Press as an Agent of Change*, Cambridge: Cambridge University Press, 1980, p. 413. **52** Pierre Bayle, *Historical and Critical Dictionary*, London: J. J. & P. Knapton, 1735, p. 389. **53** Mokyr, *A Culture of Growth*, p. 189. **54** Israel, *The Dutch Republic*, p. 892. **55** Prak, *The Dutch Republic in the Seventeenth Century*, p. 232f. **56** Steven Nadler, *Spinoza: A Life*, Cambridge: Cambridge University Press, 2001, p. 111. **57** Baruch Spinoza, *Complete Works*, Indianapolis, IN: Hackett, 2002, p. 571. **58** Pierre Bayle, *A Philosophical Commentary on These Words of the Gospel, Luke 14.23, 'Compel Them to Come In, That My House May Be Full'*, Indianapolis, IN: Liberty Fund, 2005, p. 148. **59** Ritchie Robertson, *The Enlightenment: The Pursuit of Happiness 1680–1790*, London: Allen Lane, 2020, p. 595. **60** John Locke, *Political Writings*, London: Penguin, 1993, p. 431. **61** Craig Koslofsky, *Evening's Empire: A History of the Night in Early Modern Europe*, Cambridge: Cambridge University Press, 2011, p. 135f. **62** Peter Gay and R. K. Webb, *Modern Europe to 1815*, New York: Harper & Row, 1973, p. 223. **63** Prak, *The Dutch Republic in the Seventeenth Century*, p. 241. **64** Israel, *The Dutch Republic*, p. 882. **65** Israel, *The Dutch Republic*, p. 818. **66** Israel, *The Dutch Republic*, p. 1007. **67** Prak, *The Dutch Republic in the Seventeenth Century*, p. 265. **68** Frederick A. Pottle, *Boswell in Holland 1763–1764*, New York: McGraw-Hill, 1952, p. 281.

7장 영어권 세계

1 John Knox Laughton, *Nelson*, London: Macmillan & Co, 1895, p. 221. **2** Thomas Paine, *Complete Works*, Boston, MA: J. P. Mendum, 1859, p. 174. **3** Daniel Hannan, 'The Anglosphere is Alive and Well, but I Wonder Whether it Needs a Better Name', *Daily Telegraph*, 2 March 2014. **4** Gregory Clark, 'The Condition of the Working Class in England, 1209–2004', *Journal of Political Economy*, vol. 113, no. 6 (2005), pp. 1307–40. **5** David Landes, *The Unbound Prometheus*, Cambridge: Cambridge University Press, 2003, p. 5. **6** Deirdre McCloskey, 'The Industrial Revolution, 1780–1860: A Survey', in Roderick Floud and Deirdre McCloskey (eds), *The Economic History of Britain, 1700–Present*, Cambridge: Cambridge University Press, 1981, p. 118. **7** John Miller, *The Glorious Revolution*, 2nd edition, London: Routledge, 1997, p. 3. **8** Lord Macaulay, *History of England*, Vol. 3, London: Longmans, Green & Co., 1898, p. 285f. **9** Jonathan Israel, 'The Dutch Role in the Glorious Revolution', in Jonathan Israel (ed.), *The Anglo-Dutch Moment: Essays on the Glorious Revolution and its World Impact*, Cambridge: Cambridge

University Press, 2003, p. 120. **10** Dawson Massy, *The Secret History of Romanism*, Dublin: Seeleys, 1853, p. 293. **11** Steve Pincus, *1688: The First Modern Revolution*, New Haven, CT: Yale University Press, 2009, p. 283. **12** Miller, *The Glorious Revolution*, p. 3. **13** John Lothrop Motley, *The Rise of the Dutch Republic*, London: Strahan & Co., 1863, p. v. **14** Smith, *Wealth of Nations*, vol. 2, p. 761. **15** Arthur Herman, *How the Scots Invented the Modern World*, New York: Broadway Books, 2001, p. 190. **16** David Ormrod, *The Rise of Commercial Empires: England and the Netherlands in the Age of Mercantilism, 1650–1770*, Cambridge: Cambridge University Press, 2003, p. 92f. **17** Voltaire, *Letters on England*, London: Penguin, 2005, p. 41. **18** Lisa Jardine, *Going Dutch: How England Plundered Holland's Glory*, London: Harper Press, 2008. **19** Friedrich Engels, *The Condition of the Working Class in England in 1844*, New York: John W. Lovell, 1887, p. 11. **20** George Selgin, *Good Money: Birmingham Button Makers, the Royal Mint, and the Beginnings of Modern Coinage, 1775–1821*, Ann Arbor, MI: University of Michigan Press, 2008. **21** David Philips, 'Crime, Law, and Punishment in the Industrial Revolution', in Patrick O'Brien and Roland Quinault (eds), *The Industrial Revolution and British Society*, Cambridge: Cambridge University Press, 1993. **22** Joel Mokyr, *The Enlightened Economy: Britain and the Industrial Revolution 1700–1850*, London: Penguin, 2011, p. 378. **23** Mokyr, *The Enlightened Economy*, p. 200. **24** Mokyr, *The Enlightened Economy*, p. 365. **25** Deirdre McCloskey, *Bourgeois Equality*, Chicago, IL: University of Chicago Press, 2016, p. 265f. **26** McCloskey, *Bourgeois Equality*, chs. 25–26. **27** Adam Smith, *Lectures on Jurisprudence*, Indianapolis, IN: Liberty Fund, 1982, p. 538. **28** Joel Mokyr, *Gifts of Athena*, Princeton, NJ: Princeton University Press, 2005, p. 34f. and Mokyr, *The Enlightened Economy*, p. 46. **29** Mokyr, *A Culture of Growth*, p. 196. **30** Mokyr, *The Enlightened Economy*, p. 57. **31** Mokyr, *The Enlightened Economy*, p. 253. **32** Smith, *Wealth of Nations*, Vol. 1, p. 540. **33** Jack Goldstone, *Why Europe?*, New York: McGraw-Hill, 2009, p. 129. **34** James Boswell, *The Life of Samuel Johnson*, Vol. 5, London: John Murray, 1831, p. 67. **35** Anton Howes, 'Is Innovation in Human Nature?', 22 October 2016: https://www.antonhowes.com/blog/is-innovation-in-human-nature **36** Smith, *Wealth of Nations*, Vol. 1, p. 21. **37** Mokyr, *The Enlightened Economy*, p. 94f. **38** David Hume, *Essays: Moral, Political and Literary*, Indianapolis, IN: Liberty Fund, 1987, p. 328. **39** A. P. Usher, 'The Industrialisation of Modern Britain', *Technology and Culture*, vol. 1, no. 2 (1960), pp. 109–27. **40** Mokyr, *The Enlightened Economy*, p. 179. **41** F. A. Hayek (ed), *Capitalism and the Historians*, Chicago, IL: University of Chicago Press, 1963, p. 16. **42** Mokyr, *The Enlightened Economy*, p. 442. Martin Ravaillon, *The Economics of Poverty: History, Measurement and Policy*, Oxford: Oxford University Press, 2016, ch. 1. **43** Amanda Vickery, 'Golden Age to Separate Spheres? A Review of the Categories and

Chronology of English Women's History', *Historical Journal*, vol. 36, no. 2 (1993), pp. 383–414. **44** Virginia Postrel, *The Fabric of Civilization*, New York: Basic Books, 2021, p. 66f. **45** Emma Griffin, *Liberty's Dawn: A People's History of the Industrial Revolution*, New Haven, CT: Yale University Press, 2014, pp. 51, 243 and 121. **46** 'Child Labour in Historical Perspective 1800–1985: Case Studies from Europe, Japan and Colombia', UNICEF, 1986. **47** Griffin, *Liberty's Dawn*, pp. 66ff. **48** Morgan Kelly, Joel Mokyr and Cormac Ó Gráda, 'The Mechanics of the Industrial Revolution', *Journal of Political Economy*, vol. 131, no. 4 (2023), pp. 59–94. Emma Griffin, *A Short History of the Industrial Revolution*, 2nd edition, London: Palgrave Macmillan, 2018, p. 151. **49** Friedrich Engels, 'Preface to the English Edition', in *The Condition of the Working Class in England*, Moscow: Progress Publishers, 1977. **50** Mokyr, *The Enlightened Economy*, p. 475. **51** E. P. Thompson, *The Making of the English Working Class*, New York: Pantheon Books, 1964, p. 208. **52** Griffin, *Liberty's Dawn*, pp. 55 and 16. **53** Griffin, *Liberty's Dawn*, pp. 214ff. **54** Griffin, *Liberty's Dawn*, p. 243f. **55** Griffin, *Liberty's Dawn*, pp. 41 and 243. **56** Griffin, *Liberty's Dawn*, p. 243. **57** Griffin, *Liberty's Dawn*, p. 246. **58** T. S. Ashton, *The Industrial Revolution 1760–1830*, Oxford: Oxford University Press, 1948, p. 161. **59** Griffin, *Liberty's Dawn*, p. 212. **60** Griffin, *Liberty's Dawn*, p. 19. **61** George MacDonald Fraser, *Flashman and the Mountain of Light*, London: HarperCollins, 2011, p. 24. **62** Steven Davies, 'The Brutality of British Empire on Display in Legacy of Violence', *Reason Magazine*, November 2022. **63** David M. Levy, *How the Dismal Science Got Its Name*, Ann Arbor, MI: University of Michigan Press, 2002. **64** Zareer Masani, *Macaulay: Britain's Liberal Imperialist*, London: Vintage, 2013, p. 45. **65** https://en.wikisource.org/wiki/Final_Act_of_the_Congress_of_Vienna/Act_XV **66** Seymour Drescher, *Tocqueville and Beaumont on Social Reform*, New York: Harper Torchbooks, 1968, p. 138. **67** Daniel Hannan, *How We Invented Freedom and Why it Matters*, London: Head of Zeus, 2013, p. 286. **68** Mokyr, *The Enlightened Economy*, p. 160. **69** John Bright, *Selected Speeches of the Rt. Hon. John Bright M.P. on Public Questions*, London: J. M. Dent & Co., 1907, p. 204. **70** David Brion Davis, 'Foreword', in Seymour Drescher, *Econocide: British Slavery in the Era of Abolition*, Chapel Hill, NC: University of North Carolina Press, 2010. **71** Mokyr, *The Enlightened Economy*, p. 163. **72** Mokyr, *The Enlightened Economy*, p. 262. **73** A. L. Rowse, *The Expansion of Elizabethan England*, Madison, WI: University of Wisconsin Press, 2003, ch. 6. **74** Alexis de Tocqueville, *Democracy in America*, Vol. 1, Indianapolis, IN: Liberty Fund, 2012, p. 581. **75** Alexis de Tocqueville, *Journey to America*, London: Faber & Faber, 1959, p. 177. **76** Alexis de Tocqueville, *The Old Regime and the Revolution*, New York: Harper & Brothers, 1856, p. 300. **77** De Tocqueville, *Democracy in America*, Vol. 1, p. 51. **78** Bernard Bailyn, *The Ideological Origins of the American*

Revolution, Cambridge, MA: Harvard University Press, 1977, p. 36. **79** George H. Smith, *The American Revolution and the Declaration of Independence*, Washington, DC: Cato Institute, 2017, p. 19f. **80** Mike Duncan, *Hero of Two Worlds: The Marquis de Lafayette in the Age of Revolution*, New York: PublicAffairs, 2021, ch. 2. **81** John Adams, *The Works of John Adams*, Vol. 7, Boston, MA: Little, Brown, 1852, p. 593. **82** Thomas E. Ricks, *First Principles*, New York: Harper Perennial, 2021, p. xxiv. **83** Ricks, *First Principles*, p. 66. Thomas Jefferson, *The Life and Selected Writings of Thomas Jefferson*, New York: Modern Library, 1993, p. 633. **84** Ricks, *First Principles*, p. 255. **85** Fareed Zakaria, *Age of Revolutions*, London: Allen Lane, 2024, p. 126. **86** Woody Holton, *Liberty is Sweet: The Hidden History of the American Revolution*, New York: Simon & Schuster, 2021, ch. 9. **87** Jefferson, *The Life and Selected Writings*, p. 64f. **88** I. Kramnick and R. L. Moore, *The Godless Constitution: A Moral Defence of the Secular State*, New York: W. W. Norton & Co., 2005, ch. 2. **89** Paul Johnson, *A History of the American People*, New York: HarperCollins, 1998, p. 209. **90** *The Farington Diary*, ed. James Greig, London: Hutchinson & Co., 1923, Vol. 1, p. 278. **91** Johnson, *A History of the American People*, p. 3. **92** Jefferson, *The Life and Selected Writings*, p. 257. **93** James Loewen, *Lies Across America: What American Sites Get Wrong*, New York: Simon & Schuster, 2007, p. 312. **94** Nikole Hannah-Jones, 'The 1619 Project', *New York Times Magazine*, 14 August 2019. **95** David Olusoga, *Black and British: A Forgotten History*, London: Pan Macmillan, 2016, pp. 201ff. **96** https://www.wsws.org/en/articles/2019/11/28/wood-n28.html **97** Alexander Hamilton, James Madison and John Jay, *The Federalist Papers*, New York: Mentor Books, 1961, p. 266. **98** Ricks, *First Principles*, p. 268. **99** Damon Root, *A Glorious Liberty*, Lincoln, NE: Potomac Books, 2023, pp. 71–4. **100** Andrew Carroll and Robert G. Torricelli (eds), *In Our Own Words*, New York: Atria Books, 2000, p. 235. **101** Dick Harrison, *Slaveri: Forntiden till renässansen*, Lund: Historiska Media, 2006. Fredrik Segerfeldt, *Den svarte mannens börda*, Stockholm: Timbro, 2018. SlaveVoyages Database: https://www.slavevoyages.org **102** Johnson, *A History of the American People*, p. 170. **103** T. West, *Vindicating the Founders: Race, Sex, Class, and Justice in the Origins of America*, Lanham, MD: Rowman & Littlefield, 1997, p. 149. **104** Johnson, *A History of the American People*, p. 681. **105** Abraham Lincoln, *Speeches and Writings 1859–1865: Speeches, Letters, and Miscellaneous Writings, Presidential Messages and Proclamations*, New York: Library of America, 1989, p. 3f. **106** J. Bradford DeLong, *Slouching Towards Utopia: An Economic History of the Twentieth Century*, New York: Basic Books, 2022, p. 35. **107** John Maynard Keynes, *The Economic Consequences of the Peace*, New York: Harcourt, Brace & Howe, 1920, p. 11. **108** Douglas Irwin, *Clashing Over Commerce: A History of US Trade Policy*, Chicago, IL: University of Chicago Press, 2017. **109** Johnson, *A*

History of the American People, p. 714. **110** Susan Butler, *Roosevelt and Stalin: Portrait of a Partnership*, New York: Vintage, 2015, p. 117. **111** Arthur Herman, *Freedom's Forge*, New York: Random House, 2012, p. 13. **112** Herman, *Freedom's Forge*, p. 154. **113** Nigel Ashton, 'Harold Macmillan and the "Golden Days" of Anglo-American Relations Revisited, 1957–63', *Diplomatic History*, vol. 29, no. 4 (2005), pp. 691–723. **114** Niall Ferguson, *Empire: How Britain Made the Modern World*, London: Penguin, 2004, p. 350. **115** Ferguson, *Empire*, p. 351. **116** Irwin, *Clashing Over Commerce*, pp. 421 and 456. **117** John Mueller, *Retreat from Doomsday: The Obsolescence of Major War*, New York: Basic Books, 2001, p. 18. Steven Pinker, *The Better Angels of Our Nature: The Decline of Violence in History and Its Causes*, London: Allen Lane, 2011. **118** https://www.abrahamlincolnonline.org/lincoln/speeches/lyceum.htm

결론

1 Polybius, *The Histories*, Vol. 6, Cambridge, MA: Harvard University Press, 2012, p. 489. **2** Joel Mokyr, 'Invention and Rebellion: Why do Innovations Occur at all? An Evolutionary Approach', in E. S. Brezis and P. Temin (eds), *Elites, Minorities, and Economic Growth*, Amsterdam: Elsevier, 1999. **3** Alan Beattie, 'Brussels Setting Rules for AI isn't Pretty, but Someone's got to do it', *Financial Times*, 13 December 2023. **4** https://acoup.blog/2023/07/07/collections-the-status-quocoalition **5** Jason Feifer, *Build for Tomorrow*, New York: Harmony, 2022, p. 37.

찾아보기

정점의 문명

역사의 황금시대가 가르쳐주는 것

1판 1쇄 2026년 3월 30일

지은이 | 요한 노르베리
옮긴이 | 이재황

펴낸이 | 류종필
편집 | 이정우, 권준, 노민정, 이은진
경영지원 | 홍정민
표지 디자인 | 석운디자인
본문 디자인 | 이미연

펴낸곳 | (주)도서출판 책과함께
　　　　주소 (03961) 서울시 마포구 방울내로 9길 24 동주빌딩 202호
　　　　전화 (02) 335-1982
　　　　팩스 (02) 335-1316
　　　　전자우편 prpub@daum.net
　　　　블로그 blog.naver.com/prpub
　　　　등록 2003년 4월 3일 제2003-000392호

ISBN 979-11-94263-99-9 03900